国家社会科学基金重大项目（项目编号：21&ZD140）资助

21世纪经济管理新形态教材·工商管理系列

现代企业战略管理：
思想、方法与实务
（第2版）

贾旭东 ◎ 编著

清华大学出版社
北 京

内 容 简 介

本书分为思想、方法和实务三篇，系统、全面地介绍了现代企业战略管理的理论、方法及实施。思想篇展示了战略管理学科概貌，回顾和展望了战略管理发展史及理论前沿，以帮助读者培养战略思想。方法篇整合了主流的战略方法，为战略制定与决策给出了一个系统全面、可操作性强的方法体系。实务篇深入讨论了战略实施与控制问题，为战略落地提供了全面指导。

本书提供了大量的案例和习题，以便读者理解和巩固所学知识。全书兼顾思想性与实用性，能够帮助读者理论联系实际，学以致用。

本书可作为高等院校相关专业本科生、研究生及 EMBA/MBA 的教材和参考用书，亦可供相关领域的管理人员参考。

图书在版编目（CIP）数据

现代企业战略管理：思想、方法与实务 / 贾旭东编著 . —2 版 . —北京：清华大学出版社，2022.11

21 世纪经济管理新形态教材 . 工商管理系列

ISBN 978-7-302-62056-3

Ⅰ. ①现…　Ⅱ. ①贾…　Ⅲ. ①企业战略—战略管理—高等学校—教材　Ⅳ. ① F272.1

中国版本图书馆 CIP 数据核字（2022）第 192699 号

责任编辑：徐永杰
封面设计：汉风唐韵
责任校对：王荣静
责任印制：宋　林

出版发行：清华大学出版社
网　　址：http://www.tup.com.cn，http://www.wqbook.com
地　　址：北京清华大学学研大厦 A 座　　　邮　　编：100084
社 总 机：010-83470000　　　　　　　　邮　　购：010-62786544
投稿与读者服务：010-62776969，c-service@tup.tsinghua.edu.cn
质 量 反 馈：010-62772015，zhiliang@tup.tsinghua.edu.cn
印 装 者：三河市铭诚印务有限公司
经　　销：全国新华书店
开　　本：185mm×260mm　　　印　　张：20　　　字　　数：424 千字
版　　次：2018 年 3 月第 1 版　2022 年 11 月第 2 版　印　　次：2022 年 11 月第 1 次印刷
定　　价：59.80 元

产品编号：098004-01

前　言

《现代企业战略管理：思想、方法与实务》于 2018 年首次出版，迄今已经过去了 4 年。4 年时间不长也不短，但中国企业的生存环境却已经发生了重大变化——逆全球化殃及世界、新冠肺炎疫情肆虐全球、大国竞争愈演愈烈，使我们越来越能体会到"百年未有之大变局"的深刻含义。

如何描述当今的时代？企业界、学术界都开始流行一个词："乌卡时代"。"乌卡"是"VUCA"的音译，其中 V 代表 volatility（易变性），U 代表 uncertainty（不确定性），C 代表 complexity（复杂性），A 代表 ambiguity（模糊性）。社会充满了易变性、不确定性、复杂性和模糊性，这就是当今的时代。

面对"乌卡时代"，实务界再次出现了"战略无用"的声音，认为战略本质上属于计划范畴，而计划赶不上变化已成为常态，做战略又有何用呢？笔者认为，这当然是复杂多变的现实对战略管理思想和理论提出的重大挑战，如果仍然沿用静态、线性的环境假设以及机械的还原论的理论和方法，的确已经难以应对动态多变的环境。但是，"不谋万世者不足谋一时，不谋全局者不足谋一域"，恰恰是在复杂多变的生存环境下，企业才更要做好战略管理工作，才更加需要战略管理理论和方法的帮助以规避和化解风险，否则将如"盲人骑瞎马，夜半临深池"般危险。

同时，面对"乌卡时代"，学术界也出现了一些认为传统战略管理理论已经过时、应该将其"颠覆"的思想，有的书中开始出现当前企业界正在进行实践但未有明确成果的案例，以及理论界正在热烈讨论但尚未达成共识的观点，笔者认为，这要避免走向另一个极端。

回顾学科发展史，战略管理理论就是在 20 世纪企业环境剧烈变化的背景下诞生的，其天然的使命和任务就是帮助企业应对环境的变化，而当前的环境只是变化更加迅速和剧烈而已，这个"变"并没有变。尽管信息化、数字化、智能化技术的迅猛发展催生了诸如虚拟经营、平台、O2O 等新型的商业模式，产生了虚拟企业、平台企业、商业生态系统等新型的企业组织模式，衍生了更多需要深入研究探索的理论与实践问题，但商业的基本逻辑、管理的基本职能、创造客户价值的企业本质并没有发生根本性的变化。所以，战略管理之"道"未变，变的是战略管理之"术"。因此，对中国企业而言，要适应当前和未来的战略环境，不需要也不可能完全抛弃经典的战略管理思想、理论和方法，最重要的是如何在其基础上进行创新性的实践，尤其是动态地应用这些理论、工具和方法。

2020 年 3 月 10 日，正值举国上下全力抗疫的关键时期，教育部高等学校工商管理类专业教学指导委员会联合清华大学出版社，推出了"工商教指委抗疫公益直播"系列免费课程，笔者应邀讲授了"'乌卡时代'的战略管理"这一主题（讲座视频精选于 2020 年 4 月 30 日刊载于"贾语箴言"公众号），首次提出了"以不变之变应万变"这一源于中华优秀传统文化的战略管理思想。不变者即为"道"，变者即为"术"，"不变之变"即"道术结合"，以此可应万变。

基于这一战略管理思想，笔者认为，在企业经营管理活动中应建立以战略管理为"主程序"的管理系统，即以战略管理为主体和核心，以战略统摄和调动其他管理职能。在这个层面上，战略管理为"道"，职能管理为"术"。在战略管理工作中，要建立"使命驱动、愿景引领的动态战略管理系统"，即企业使命和愿景相对稳定，以此驱动和引领企业发展，而各种管理措施则动态应变。在这一层面，使命、愿景为"道"，其他管理措施为"术"。以道驭术则事半功倍，以术驭道则南辕北辙，企业只有在管理的不同层面明确"道"与"术"，明确主要矛盾与次要矛盾，进而抓住、解决主要矛盾，以此统领企业发展全局，才能在不确定的环境中为企业创造出一个相对确定的未来。

笔者已将这一战略管理思想运用于近年来主持的企业战略咨询项目中，取得了良好的效果，使其经受住了实践的检验。本书的再版同样贯彻和体现了这一思想。同时笔者认为，一本教材要承载的一定是所属学科在发展过程中积淀下来的经典知识，这些知识为学术界所公认并经过了实践检验后才可以写入教材。而学术界最近提出的理论、仍处于争论和研讨中的观点、最新的企业实践案例，因为仍需时间和实践的检验，故而可以在教材中介绍，但不能作为成熟的理论和已有定论的案例来出现，这是笔者在多本教材的编写过程中始终坚持和把握的基本原则，笔者认为这也是一本优秀教材应该具备的基本特征。

基于这些思想与理念，在本书的再版过程中，笔者始终在继承和创新中把握平衡，追求"道"与"术"的统一、经典与前沿的统一、静态与动态的统一。体现在全书结构上，我们基本保留了第 1 版的框架，因为这一框架已经经过了时间的检验，得到了广大读者的认可。这一从战略管理思想到方法再到实务的阐释结构，使得哪怕是初学者都能够很快建立起战略管理知识体系的立体架构和清晰逻辑，从而全面、系统地理解明兹伯格所说的战略管理这头"大象"。目前，已有企业在这一框架的指导下建立起了自己的战略管理系统，将战略管理的丰富理论和方法很好地运用于实践，适应了当前的复杂环境。

在内容上，我们对全书的所有章节都进行了不同程度的增删或修改，删去了一些已经不符合当今企业环境与现实的内容，修正、精练了一些文字表述，增加了一些与当前的企业环境与战略变革密切相关的内容。如在企业职能战略中的信息化战略部分补充了与企业数字化转型相关的内容；如在战略管理理论前沿与展望部分，大幅增加了与当前企业战略创新密切相关的前沿理论的介绍，以便读者可以在掌握经典战略管理思想、理论和方法的基础上，能够了解学术动态、跟上理论前沿，更好地在理论的指导下应对当前和未来的机遇与挑战。

  本书的再版工作得到了清华大学出版社的大力支持和帮助，尤其是徐永杰编辑付出了大量的时间和精力，在此表示衷心感谢！兰州大学管理学院 2020 级硕士研究生张豪楠、李伶、窦龙琪同学协助检索了大量的文献资料，在此一并感谢！

  笔者衷心希望，《现代企业战略管理：思想、方法与实务（第 2 版）》能够帮助中国企业早日发现和掌握"战略管理之道"，进而以道驭术，"以不变之变应万变"，在"乌卡时代"复杂多变的环境中更好地生存与发展，为实现中华民族伟大复兴的"中国梦"、为推动构建人类命运共同体做出新的、更大的贡献！

贾旭东

2022 年 7 月于兰州大学齐云楼

目　录

第一篇　思想篇

第二篇　方法篇

第三篇　实务篇

① 第一篇

思想篇

第一章
企业战略管理概论

本章是对企业战略管理基础概念及学科概况的综合介绍，主要内容是：追溯战略思想的历史，多角度地介绍企业战略和企业战略管理的基础概念及内涵，剖析企业战略管理的作用和意义，介绍企业战略管理的过程，展示企业战略管理的学科特点，总结企业战略管理的学习方法。

通过本章的学习，读者能够全面了解企业战略管理的基本概念，掌握企业战略管理的学科特点和学习方法，为以后的学习打下坚实的基础。

第一节　企业战略概述

在中外古代军事斗争中产生了丰富的战略思想并逐步应用于政治、经济等领域，为现代企业战略管理的理论与实践提供了丰富的营养。随着企业战略管理理论的产生与发展，人们对企业战略的概念也产生了多样化的理解和认识，使我们可以从不同的角度来认识和理解企业战略的内涵。

一、中外战略思想溯源

中外古代战略思想多产生于军事斗争实践，并随着时代的发展逐渐扩大到政治、经济等领域，成为企业战略思想和理论的来源。

在我国古代典籍中有着丰富的战略思想，主要来自军事与政治领域。"战略"一词，"战"是指战斗和战争，"略"是指筹略、策略和计划；《左传》和《史记》中已经出现完整的"战略"一词；公元3世纪末，西晋史学家司马彪曾著有题为《战略》的一部兵书；公元17世纪初，明朝茅元仪曾辑《廿一史战略考》一书。从这些文献的内容来看，当时的"战略"一词泛指战争作战的谋略。

我国传统战略思想博大精深，许多军事家和政治家都对战略问题有精深的研究。我国见之著录的兵书达2 000余部，现存500余部，其中多谈到战略问题，相关著作也浩如烟海，以《孙子兵法》《三国演义》《战国策》和《资治通鉴》最具有代表性。

在我国春秋时代，杰出的军事家孙武总结战争经验写成的《孙子兵法》，被誉为"兵学圣典"，蕴含丰富的战略思想，是世界上最有影响的古代战略理论著作。《孙子兵法》共13篇、5 000余言，论述了战略问题的许多要素，如把战略谋划与战略决策称为"庙算"；把"安国全军"作为最理想的战略目标；以"伐谋""伐交""攻城"作为可以依次选择的战略手段；以"道""天""地""将""法"作为战略力量的基本成分。《孙子兵法》强调计谋、战略和战术的重要性，指出"用兵之道，以计为首""计先定于内，而后兵出境"；强调周密的战略侦察与正确的战略判断在战略决策和战略指挥中的重要作用，指出"知彼知己，百战不殆；知天知地，胜乃不穷"。《孙子兵法》中丰富的战略思想在今天仍有重要的理论和现实意义，为企业战略管理的理论和实践提供了重要的指导与借鉴。

三国时代，诸葛亮的《隆中对》，是我国历史上军事战略系统分析的典范，是一个完整的战略规划。它思路清晰、分析透彻、战略明确、措施得当，是我国古代战略思想的经典之作。

《中国大百科全书·军事卷》给"战略"的定义是："指导战争全局的方略。即指导者为达成战争的政治目的，依据战争规律所制定和采取的准备和实施战争的方针、策略和方法。"《辞海》对战略一词的解释为"对战争全局的筹划和指挥"。毛泽东曾指出："战略问题是研究战争全局规律性的东西。"

在西方，"战略"一词"strategy"源于公元前5世纪前后希腊语里出现的"strategos"一词，原意是"将兵术"或"将道"，即"将军指挥军队的艺术"。《简明不列颠百科全书》中对"战略"的定义是："在战争中利用军事手段达到战争目的的科学和艺术。"《韦氏新国际英语大词典》定义战略一词为"军事指挥官克敌制胜的科学与艺术"。进入19世纪末，西方的战略理论逐渐形成不同派别，其中的代表性人物及作品有约米尼的《战争艺术》、利德尔·哈特的《战略论》，以及杜黑的制空权理论、马汉的海上战略理论等。德国近代军事学家冯·克劳塞维茨在其《战争论》一书中指出："战略是为了达到战争目的而对战斗的应用，因此战略必须为整个军事行动规定一个适应战斗目的的目标，也就是拟制战争计划，并且必须把达到这一目标的一系列行动同这一目标联系起来，也就是拟制各个战局的方案和部署其中的战斗。"因此，无论东方、西方，"战略"总是导源于军事，意指"为将之道"，其本意是对战争全局的筹划和指导。

随着人类社会实践的发展，"战略"一词被引申到政治领域，作为某政党、政府规定的一定历史时期内的全局性方针，包括在政治斗争中预定达到的主要目标和为此进行的部署和安排。随后，"战略"这个术语又广泛出现在社会经济领域。第二次世界大战后，随着研究发展中国家经济发展问题的"发展经济学"的兴起，20 世纪 60 年代出现了"发展战略"的概念和用语；随后，西方又将"战略"一词用于企业。时至今日，"战略"的概念已经有了多方面的扩延，出现了诸如世界战略、国家战略、地区战略以及政治战略、外交战略、经济战略、社会战略、能源战略、教育战略、科技战略、企业战略等术语和概念。

二、企业战略的概念与内涵

最早把战略思想引进企业经营管理领域的是美国的管理学家切斯特·巴纳德，他在其代表作《经理的职能》（1938）中指出，企业是一个由物质、生物、个人和社会等多方面因素构成的综合系统。他运用了"战略因素"这一概念对企业诸因素及其相互影响进行分析以说明企业组织的决策机制，但该词的应用并不广泛。直到 1965 年美国管理学家安索夫所著《企业战略》问世后，"企业战略"一词才开始广泛应用。

企业战略至今仍没有明确、统一的定义，学者们多角度的研究和探讨赋予其不同的含义。典型的观点可以分为两类：有的学者认为企业战略应包含企业的目的与目标，以及实现目的与目标的手段与途径；也有学者认为企业战略仅仅是实现企业目的与目标的方法和手段，而目的与目标本身是企业战略的前提，并不属于企业战略范畴。前者对企业战略的认识是广义的，而后者的理解是狭义的。这里整理了在企业战略理论与实践的发展过程中一些学者的代表性观点，读者可以从中获得对企业战略内涵多角度、多元化的理解。

1. 早期战略观点

20 世纪 60 年代以前，企业战略理论尚处于萌芽时期，缺乏对企业战略概念的深层次探讨。到 20 世纪 60 年代，西方企业战略理论研究形成第一次浪潮，学派林立，方法多样，有"理论丛林"之称，企业战略概念相当流行。20 世纪 70 年代，随着企业战略实践的发展和理论研究的深入，形成了关于企业战略本质的多种观点，大致可以归纳为以下四类。

1）安德鲁斯的定义

美国哈佛商学院教授安德鲁斯认为，企业总体战略是一种决策模式，它确定和揭示了企业的目的和目标、企业应该从事的经营业务、企业的组织类型以及企业应对员工、顾客和社会做出的经济与非经济的贡献，同时提出实现目的和目标的重大方针与计划。安德鲁斯的战略定义是通过一种模式，把企业的目的、方针、政策和经营活动有机地结合起来，使企业形成自己的特殊战略属性和竞争优势，以便解决不确定环境中的企业发展问题。

2）奎因的定义

美国达梯莱斯学院教授奎因认为，战略是一种模式或计划，它将一个组织的主要目的、政策与活动按照一定的顺序结合成一个紧密的整体。企业战略的本质是在经营行动之前，根据企业内部条件和外部环境及其变化趋势，有意识地决定企业的目的与目标、方针与政策、活动或项目。战略作为一种统一、综合、一体化的计划，不仅要处理不可预见、不可知的事件，更要为企业提供在各种情况下的备选方案，以应付外部环境可能出现的例外情况。大型组织里每一个有职权的管理层次都应有自己的战略。分战略必须在一定程度上或多或少地实现自我完善，并与其他的分战略相互沟通、相互支持。

安德鲁斯与奎因的定义都将确立组织的目的与目标作为战略制定过程中不可缺少的部分，属于广义的战略定义。

3）安索夫的定义

美国著名战略学家安索夫与安德鲁斯一样，是企业战略理论第一次浪潮的代表人物，安索夫对企业战略理论的一大贡献是将企业战略分为总体战略和经营战略两大类型。在他看来，企业战略是一种关于企业经营性质的决策，总体战略决定企业该进入哪种类型的业务；而经营战略则在企业进入某种类型的经营业务以后，决定在这一领域里进行竞争的方式和方法。

安索夫的企业战略定义与安德鲁斯和奎因的不同，属于狭义的战略定义。

4）明茨伯格的定义

加拿大麦吉尔大学教授明茨伯格对企业战略的定义有独到之处。他指出，人们在生产经营活动中不同的场合以不同的方式赋予企业战略不同的内涵，说明人们可以根据需要接受多样化的战略定义。在这种观点的基础上，明茨伯格借鉴市场营销学中四要素（4P）的提法，提出企业战略是由五种规范的定义阐述的，即计划（plan）、计策（ploy）、模式（pattern）、定位（position）和观念（perspective），构成了企业战略的"5P"。这五种定义从不同的角度对企业战略这一概念进行了阐述。

（1）战略是一种计划。战略是一种有意识、有计划、有组织的行动程序，是解决一个企业如何从现在的状态达到将来位置的问题。战略主要为企业提供发展方向和途径，包括一系列处理某种特定情况的方针政策，属于企业"行动之前的概念"。

（2）战略是一种计策。战略不仅仅是行动之前的计划，还可以在特定的环境下成为行动过程中的手段和策略，成为一种在竞争博弈中威胁和战胜竞争对手的工具。例如，得知竞争对手想要扩大生产能力时，企业便提出自己的战略是扩大厂房面积和生产能力。由于该企业资金雄厚、产品质量优异，竞争对手自知无力竞争，便会放弃扩大生产能力的设想。然而，一旦对手放弃了原计划，企业却并不一定要将扩大能力的战略付诸实施。因此，这种战略只能称为一种威胁竞争对手的计策。

（3）战略是一种模式。战略可以体现为企业一系列的具体行动和现实结果，而不仅仅是行动前的计划或手段。无论企业事先是否制定了战略，只要有具体的经营行为，就有事实上的战略。

明茨伯格认为，战略作为计划或模式的两种定义是相互独立的。实践中，计划往往没有实施，而模式却可能在事先并未计划的情况下形成，因而战略可能是人类行为而非设计的结果。因此，战略是一种从计划向实现流动的结果，这是一种动态的战略观点，它将整个战略看成一种"行为流"的运动过程，如图1-1所示。

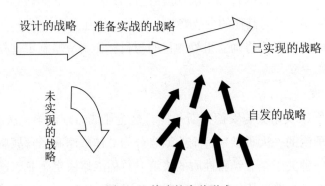

图1-1 战略的多种形式

（4）战略是一种定位。战略是一个组织在其所处环境中的位置，对企业而言就是确定自己在市场中的位置。制定战略时应充分考虑外部环境，尤其是行业竞争结构对企业行为和效益的影响，确定自己在行业中的地位和达到该地位所应采取的各种措施。把战略看成一种定位就是要通过正确地配置企业资源，形成有利的竞争优势。

（5）战略是一种观念。战略表达了企业对客观世界固有的认知，体现了企业对环境的价值取向和组织中人们对客观世界固有的看法，进而反映了企业战略决策者的价值观念。因此，战略是主观而不是客观的产物。当企业战略决策者的主观判断符合企业内外部环境的实际情况时所制定的战略就是正确的；反之，当其主观判断不符合环境现实时，企业战略就是错误的。

2. 20世纪80年代以来的战略观点

20世纪80年代以来，企业战略各种学派经过交叉影响、融合分化，形成了对企业竞争与发展极具影响的三大战略学派，进一步完善了企业战略理论体系。这一时期的战略观点主要有以下四类：

1）战略是一种意象

战略学者汉默尔和普拉哈拉德认为，战略不应该是一种规划，因为成功企业不是规划出来的，战略在本质上应该是一种意象（intent），它是企业渴望得到的远大前程和领先地位。战略意象是企业成功道路上的灯塔，它不随时间的推移而变化，指引企业不断向前；它可以凝聚企业员工的向心力，不因遭受暂时的挫折而改变，鼓舞企业达成共同愿景。战略是一种意象，要求企业更加注重未来，寻求发展的机会，积极变革以实现战略意象，要求企业必须更加具有创造力，能够最大限度地利用现有资源和能力实现战略意象，包括"杠杆式运用资源""战略性资源外取""创新型竞争发展"等。

2）战略是一种选择

哈佛大学商学院的波特教授认为，企业战略的目标是使企业获得成功，能否成功取决于企业是否拥有有价值的竞争地位，而有价值的竞争地位来源于企业相对于竞争对手的持续竞争优势。竞争优势有两种：成本优势和特色优势，因此，企业战略的一个中心内容就是选择哪种类型的竞争优势。因此，企业战略的本质在于它是一种选择（choice）。

后来，波特进一步丰富了这一观点。他认为，企业战略包括三个层面的问题：①战略是定位（positioning）。战略建立在独特的经营活动之上，定位的目的在于创造一个独特的、有价值的、涉及不同系列经营活动的地位，从本质上讲，战略就是选择与竞争对手不同的经营活动。②战略是取舍（trade-offs）。选择独特的定位还不足以保证企业获得持续成功，企业需要决定其经营业务范围，这就涉及取舍。从本质上讲，战略就是选择从事哪些经营业务而不从事哪些经营业务。③战略是匹配（pit）。一个战略的成功取决于许多方面和环节，保持它们的相互匹配至关重要。总之，无论是定位、取舍，还是匹配，这三个层面问题的核心仍然是选择，选择的目的在于构造特色，而特色是竞争优势的重要来源。

3）战略是一种革命

1996年，战略学者加里·汉默尔通过多年的考察与研究，把公司分为三种类型：规则制定者、规则接受者、规则破坏者。规则制定者大都是寡头垄断集团，是该行业的市场领导者，享受着市场领先优势。规则接受者是指"臣服"于寡头的市场跟随者，不得不忍受必须紧跟不断变化的规则的痛苦。规则破坏者一般是新兴企业，它们作为挑战、反抗、革命者，既不受传统束缚又没有对先驱者的敬畏。汉默尔认为，随着市场竞争日益加剧、顾客需求不断改变、科学技术飞速发展、产业革命周期越来越短，企业应当积极寻找产业革命的机会，并努力成为先行者，如果墨守成规、不思进取，将会为此付出沉重代价。因此，他认为战略是一种革命（revolution）。

4）战略是一种过程

1999年，明茨伯格和兰培尔指出，企业战略本质上是一种过程（process），处于不同生存与发展阶段的企业，对企业目标、自身实力和环境变化会有不同的认识与反应，而不同学派的理论观点正好能够解释不同层面的问题。所以，任何一种学派的观点都不可能单独成为指导企业战略制定与实施的定律和原则。

20世纪80年代的企业战略观的特点有：①战略制定的出发点和目标通常是通过打击或消灭竞争对手，获得和保持竞争优势，促进企业的生存与发展。②战略制定通常都要考虑企业内部条件和外部环境因素，只是侧重点不尽相同，有的强调战略的环境适应性，有的强调战略的能动性。③战略制定大都强调动态性，不再把战略看成"行动之前的概念"，而把它视为企业与环境相互作用的过程，有时甚至把战略视为企业经营行动的自然结果。

综合以上观点，作者认为，企业战略就是企业未来生存发展的长期目标以及实现该目标的途径和手段的总和。我们对企业战略的理解是广义的，即企业战略的内涵：①包括企业的长期目标，确定企业生存发展的长期目标本身就是一种战略行为。②包括如何实现企业的长期目标，所有能够实现战略目标的途径和手段都是企业战略不可分割的组成部分。

三、企业战略与相关概念的辨析

实际应用中，企业战略经常与其他相关概念发生混淆，因此，需要进行简要的辨析。

1. 企业战略与战术（策略）的区别

企业战略不同于战术（策略），它们之间既有密切联系，又有明显区别。一般来说，战略与战术（策略）主要是全局与局部、目的与手段的关系。战略是企业的最终目标及对达到目标的手段和途径的总体谋划，是关于企业全局性、长远性、根本性的重大决策。而战术（策略）是指为达到战略目标所采取的具体行动，是为实现战略任务而采取的手段，它具有局部性和暂时性等特征。

一般来讲，先有战略，后有战术（策略），战略高于战术（策略）并统驭和指导战术（策略）的实施，而战术（策略）必须服从和支持战略的要求。

2. 企业战略与规划、计划的区别

从广义来讲，战略、规划、计划都是对未来的筹划，从管理的职能上看，都可归于"计划"范畴。国外也往往采用广义的计划概念，只是按时间区分为短期计划（1年以下）、中期计划（3~5年）和长期计划（5年以上）。

从狭义来讲，战略、规划、计划既有联系，又有区别。战略是规划和计划的灵魂，规划和计划必须体现既定的战略。战略是规划的基础，规划又是计划的基础，应当先有战略，再有规划，再订计划，使其成为可以布置、可以检查的具体行动方案。从这个意义上来讲，规划和计划是战略的继续、深入和细化。

从实施的范围来看，企业战略是全面的，企业规划和计划可以是全面的，也可以是局部的；从实施的时间来看，企业战略是长期的，企业规划一般是中期的，也可以是长期的，企业计划是短期的；从实施的内容来看，企业战略是原则性的，包括许多事先难以确定的

因素，企业规划是轮廓性的或粗线条的，企业计划是细线条的，具有具体性、稳定性和可操作性，是一种明确而细致的行动安排，所包含的不确定因素也相应少得多；从实施的方法来看，企业战略是以定性为主，企业规划是定性与定量并重，企业计划则以定量为主。

第二节　企业战略管理概述

企业战略管理是企业制定并实现其战略的动态管理活动。战略管理要帮助企业回答和解决生存意义、未来定位和产业范围等重大问题，确定企业未来生存发展的正确方向，对企业优化资源配置、提高经济效益、强化凝聚力、提高工作效率与社会和谐发展有着重要意义和作用。

一、企业战略管理的概念与内涵

从"战略管理之父"安索夫于 1972 年在《企业经营政策》杂志上发表《战略管理思想》一文，正式提出"战略管理"概念至今，学者们对企业战略管理的概念进行了多方探讨，提出了许多有价值的观念。

安索夫认为，企业战略管理是将企业日常业务决策同长期计划决策相结合而形成的一系列经营管理活动。企业战略管理是对企业战略的设计、选择、控制和实施，直至达到预期总目标的全过程。

美国著名战略学者弗雷德·R.戴维认为，战略管理就是制定、实施和评价使组织能够达到其目标的、跨功能决策的艺术与科学。该定义突出了战略管理活动的跨功能性以及知识的综合性和交叉性，同时特别突出了战略管理的艺术性。

我国学者也从不同角度对企业战略管理进行了定义，如企业战略管理就是企业确定其使命，根据组织外部环境和内部条件设定企业的战略目标，为保证目标的正确落实和实现进行谋划，并依靠企业内部能力将这种谋划和决策付诸实施，以及在实施过程中进行控制的一个动态管理过程；企业战略管理就是企业为求得生存和长期稳健发展，对企业的发展目标、实现目标的途径和手段的总体谋划。

综合国内外学者的观点，作者认为，企业战略管理就是企业制定并实现其战略的动态管理活动。企业战略回答的是企业作为整体为什么能够得到社会的回报从而长期存在下去的根本性问题，而战略管理研究的就是如何分析、制定、选择并实施企业战略，并通过对实施过程及结果的评价与控制来确保企业目标的有效实现。战略管理不仅涉及战略的制定和决策，也包括将制定出的战略付诸实施并动态调整的全部过程，企业所有员工的所有工作都是围绕着战略的制定与实施展开的，所以我们说战略管理是企业管理的主线，是全员、全过程、全方位的管理。

二、企业战略管理的基本问题

企业战略管理必须回答六个基本问题，包括三个大问题和三个小问题。

三个大问题是：我是谁（who）？到哪儿去（where）？如何去（how）？这三个问题具有哲学意味，体现了企业的最终目标。要回答这三个问题，就要对企业做出动态、整体的思考，从根本上阐明企业的经营现状、未来目标与存在意义。

"我是谁？"即"我们的企业是一个什么样的企业？它将是一个什么样的企业？它应当成为一个什么样的企业？"也就是说，企业战略必须确定企业的使命和目标，确定企业所承担的责任与角色，明确企业的现状和前途。

"到哪儿去？"就是"企业要实现什么样的目标？"即确定企业经营管理活动的预期成果。通过企业战略目标的设置，就可以确定企业目标和经营活动的轻重缓急，预期企业经营活动应达到的标准，以及预测企业实施既定经营活动后可能实现的经营成果。

"如何去？"就是"怎样实现企业的目标？"即寻求实现企业战略目标的途径和方式。实际上就是为了实现战略目标，对企业的一切活动进行有效的管理。回答了这个问题，也就明确了企业在市场中确立竞争优势，在市场竞争中取胜的战略措施。

战略管理的三个小问题是：企业的业务是什么？企业的业务应该是什么？为什么？这三个问题是围绕着企业的业务范围展开的，和前三个问题相比，属于比较微观的层面。

要回答"企业的业务是什么？"需要引发企业对现状的思考，明确企业目前进入了哪些业务领域？其业务性质为何？清楚地认识目前的状况是制定企业战略的出发点，一个不知道自己当前处于什么地位以及正在做什么的企业是很难确定其未来的方向的。

要回答"企业的业务应该是什么？"这个问题，需要说明企业未来要做什么事？要进入哪些业务领域？从而引发对目标的思考。一个不清楚自己未来应处于什么地位以及该做什么的企业，是很难确定其前进的路线和具体时间安排的。

要回答"为什么？"这一问题，需要说明企业对当前业务与目标业务认知的根据是什么，从而引发对企业存在理由，即企业使命的思考。对企业使命的清晰理解和认识是制定战略的核心问题。一个没有真正弄清自身存在理由的企业是很难长期生存及进化发展的。

总而言之，企业战略管理的基本问题就是要明确企业现在在做什么，确定企业将来要做什么，以及应当如何去做。如果说企业战略是引导企业达到预定目的的导航图，那么战略管理就是要使企业沿着导航图前进并成功到达目的地。

三、企业战略管理的作用

企业管理学理论与实践的发展从职能管理走向战略管理是一次飞跃，它对企业的长期生存与发展具有极其重大的意义。战略管理作为一种新的企业管理方式或思想之所以受到人们的青睐，是因为它具有以下几方面的作用：

1. 战略管理能帮助企业找到未来生存与发展的正确方向

战略方向选择得正确与否，是决定企业经营成败的关键。正如美国未来学家托夫勒所说的那样："如果对于将来没有一个长期明确的方向，对本企业的未来形势没有一个实在的指导方针，不管企业的规模多大，地位多稳定，都将在新的革命性的技术和经济的大变革中失去生存条件。"战略管理以未来的环境变化趋势作为企业决策的基础，使企业管理者重视对经营环境和自身资源能力的研究，增强企业经营活动对外部环境的适应性，使二者达成最佳的结合。

2. 战略管理有助于企业优化资源配置，提高经济效益

多位学者的实证研究都证明了战略管理对提高企业经济效益的巨大作用和意义。1970年，桑恩（Thune）和豪斯（House）首先研究了战略管理与经济效益的关系。他们历时7年对石油、食品、医药、钢铁、化工和机械6个不同行业的36家（18对）大中型企业运用战略管理的情况进行了比较研究，每一对企业都包括一家进行了正式战略规划的企业与一家没有进行正式战略规划的企业作为对比。经过研究，他们发现在所有的行业中，正式进行了战略管理的企业在投资收益率、股权资本收益率和每股收益等财务指标上都明显地好于没有正式战略规划的企业。同时还发现，企业采取正式的战略规划以后，其经济效益要比没有战略规划时有较大幅度的改善。

哈罗德（Herold）又用了4年时间专题研究了桑恩和豪斯所涉及的医药与化工行业，其研究结论又一次证明了桑恩、豪斯结论的正确性，而且指出有正式战略规划的企业与无正式战略规划的企业在经济效益上的差别在不断扩大。

1982年，罗宾逊（Robinson）用3年的时间研究了101家小型的零售、服务和制造企业。其研究报告指出，在销售、利润和生产率上，有战略规划的企业要比没有战略规划的企业在经济效益上有显著改善和提高。

总之，不断有研究证明，企业采用战略管理的思想和方法进行管理会显著提高经济效益，增强企业生存与发展的能力。

3. 战略管理是企业管理的主程序

企业战略是企业日常生产经营活动的总纲领，企业战略管理不仅包括战略分析与制定，而且将战略实施与控制作为其重要组成部分，这就使战略管理将企业所有的经营管理工作都囊括其中。战略管理的理论框架为企业经营管理提供了主导性的思维方法和工作框架，各职能管理学科的知识都通过战略管理的基本框架整合在一起。企业战略制定后，各层次和职能部门都要制定各自的战略并采用各职能管理领域的知识来加以执行。

因此，战略管理是企业经营管理的主线，战略管理的框架和方法提供了企业经营管理的主程序，企业上下所有部门和员工的所有工作都不过是在不同层面对企业战略的执行和落实，因此可以说：企业无小事，事事皆战略。

4. 战略管理有助于强化企业凝聚力，提高工作效率

通过实施战略管理，特别是吸收员工参与制定企业战略，不仅使企业明确了自身的使命、愿景和目标，更使企业全体员工了解了企业当前和未来面临的经营形势、进一步发展应解决的重大问题及今后的发展目标和措施、各部门应完成的任务、各员工应担负的责任及员工个人在企业发展过程中可能获得的成长和利益。实践表明，企业如果在战略制定过程中能够达到这些目标，使员工了解上述信息，将显著增强企业的凝聚力和士气，使员工提高工作主动性，增强责任感，积极性、创造性和工作效率明显提高。

5. 战略管理有助于企业与社会和谐发展

企业进行战略管理必须制定企业使命，必然要求企业思考和明确其社会责任、处理与各种利益团体关系的行为准则、树立怎样的企业形象、在哪些方面应满足社会的需求。实施战略管理有助于企业从社会的角度来审视自身，在满足社会需求和履行社会责任的基础上，建立自身和社会共同发展的和谐关系。

总而言之，企业战略管理的作用就是提高企业的生存发展能力，帮助企业获得成功。

四、企业战略管理的特征

战略管理作为企业经营管理活动的主线，是企业经营活动的最高纲领和最终目标，具有以下特征：

1. 适应性

适应环境是企业战略管理的必然特点和内在要求。企业在其特定环境中存在，环境为企业提供了生产经营所需的资源和要素，规定了企业的活动范围和发展空间，从各个方面影响着企业经营，企业只有适应环境才能生存发展。虽然企业可以发挥其主观能动性，在一定的范围和程度上影响甚至改造环境，但这种影响和改造是相对的，任何企业都没有无限度改造环境的能力，因此，企业战略管理对环境的适应性是战略管理的基本前提之一。

2. 全局性

企业战略管理要符合整个世界和所在国的政治经济、社会文化、科学技术的发展趋势，也要符合企业所在行业的发展趋势，这需要企业在战略管理过程中考虑到外部环境的全局。同时，战略对企业经营管理的所有方面都具有普遍的、全面的、权威的指导意义，因而战略管理并不强调某一事业部或某一职能部门的重要性，而是通过制定企业的使命、目标和

战略来协调企业各部门的活动。在评价和控制过程中，战略管理重视的不是各事业部和职能部门自身的表现，而是它们对实现企业使命、目标、战略的贡献大小。这都使得战略管理具有全局性的特点。

3. 未来性

战略管理是面向未来的，企业战略是决策者在分析企业外部环境及内部条件的历史与现状的基础上，对其变化趋势进行预测的基础上制定的，优秀的战略往往是预测准确的战略，这样的战略才能使企业适应环境发展变化的趋势，获得经营的成功。

4. 长远性

企业战略管理的长远性表现在三个方面：目标的长期性、环境的长期性和措施的长期性。战略管理反对短期化行为，在长远利益与短期利益发生冲突时，要着眼于企业的未来，自觉地放弃无助于企业长远发展的短期利益而谋求企业长远的目标。同时，战略实施的成效也要以长远利益来衡量。

5. 指导性

企业战略规定了企业在一定时期内的发展目标以及实现这一目标的基本途径和手段，对企业各方面的工作都具有指导意义。企业各层级、各部门的各项职能管理工作都要在企业战略的指导下来进行，这才能使企业各项经营活动不偏离其战略目标。

6. 风险性

随着科学技术及国内外经济、社会发展变化速度越来越快，企业战略环境的动态性不断增强，不确定性因素不断增多，许多事物具有不可预测性，使企业的战略环境总是处于不确定和变幻莫测的趋势之中，因此，任何企业战略的制定和实施都具有一定的风险性，这是在制定及实施战略时必须充分估计到的。

7. 竞争性

战略管理是适应市场的需要而产生的，企业战略是为了培育和增强企业的竞争优势而制定的，其目的就是使企业能在激烈的市场竞争中发展壮大自己的实力，使其在与对手争夺市场和资源的竞争中占有相对的优势。因此，竞争性是企业战略的本质特征之一。

8. 复杂性

企业战略管理的复杂性表现在两个方面：①企业战略的制定是企业战略决策者认知结构和价值观念的反映，是一种高智慧、综合性的复杂脑力劳动，是一种非程序性和不确定性决策，而且往往是集体决策的结果，其制定过程是非常复杂的。②企业战略的实施和控制是非常复杂的。新战略的贯彻实施往往涉及企业产品结构、组织机构、人事安排的调整，关系到员工的切身利益和企业内的权力再分配，因而战略的贯彻实施也是非常复杂的。

9. 不精确性

由于企业战略环境的复杂性，对影响企业战略的诸多环境因素很难全部进行精确的量化计算和分析，使得战略决策者必须大量借助创造性思维和直觉思维进行决策。面对同样的战略环境，由于决策者的思维方式、价值观念和个性特征的差异，可能得出完全不同的判断，进而制定完全不同的战略，在没有实施之前又很难做出孰是孰非的评判。加之，企业战略分析与决策受到时间和信息不完备的限制，往往只能在可取得的信息及时间许可的范围内寻求令人满意的方案，即较优方案而非最优方案。因此，战略问题一般都是不精确的，是很难给出最优方案或标准答案的。

10. 艺术性

战略管理是一门综合性学科，其学科特点决定了其艺术性远远高于科学性。①战略管理要解决的问题是让企业在不确定的未来环境中获得长期生存与发展，环境变化的不确定性和环境因素的复杂性、变动性使得战略管理异常复杂、难以精确，必须由战略决策者创造性地运用战略管理思想和方法来进行决策和执行。②在战略管理的理论和实践中，人们在不断摸索和创造更加科学的战略分析、制定、实施和控制方法，但这些方法的科学性都是相对的，同样的方法由不同的战略决策者来运用会产生截然不同的效果，能否获得战略管理的成功更多取决于战略决策者对这些方法艺术性的运用。因此，从古希腊战略一词的含义，到当代战略学家的相关论述都能看出，战略管理更多具有艺术性的特点。

五、企业战略管理的原则

加拿大学者斯蒂格利茨（Joseph Stiglitz）在实证研究的基础上提出，成功的战略管理必须遵循以下五大原则：

1. 适应环境原则

实施战略管理要求企业随时监视和扫描内外部环境的动态变化，细致分析机会与威胁的存在方式和影响程度，以便正确制定恰当的战略和及时修订现行的战略。成功的企业战略重视企业与环境的互动关系，使企业能够适应、利用甚至影响环境的变化。因此，适应环境是企业战略管理的基本前提和基础。

2. 整体最优原则

战略管理将企业看作一个不可分割的整体，以整体和全局的观点来管理企业，它不强调企业某个战略业务单元（strategic business unit，SBU）或某个职能部门（functional department，FD）的重要性，而是强调通过制定企业的使命、愿景和目标来协调、统一各部门、单位的活动，使之形成合力，提高企业整体的优化程度，获得企业整体的成功。

3. 全程管理原则

成功的战略管理要求将战略的制定、实施、控制和调整作为一个完整的过程来加以管理，不可忽视其中任一阶段，以确保战略的权威性、一贯性和高效性，确保企业整个经营管理过程都处于战略指导之下，为实现企业战略目标服务。

4. 全员参与原则

战略管理不仅要求企业高层管理者的英明决策，也要求企业中下层管理者及全体员工的广泛参与和全力支持。战略规划更多依靠高层管理者的慎重抉择，而战略实施却主要依赖中下层管理者及全体员工全心全意地投入。因此，只有让员工普遍参与到战略管理活动中来，才能得到广大员工的支持，减少企业战略执行的困难和障碍，保证企业战略实施获得成功。

5. 反馈修正原则

企业战略管理是一个周而复始、螺旋上升的动态管理过程，它关心的是企业长期、稳定的发展，由于环境在不断发生变化，因而在战略实施过程中，只有不断地跟踪、反馈和调整才能确保企业战略的适应性，对现行战略管理的评价和控制就是新一轮企业战略管理的开始。

第三节 企业战略管理过程、特点与学习方法

企业战略管理是由三个主要阶段构成的循环往复的动态管理过程，是企业高层管理者最重要的知识和技能。整合性、高层次等学科特点决定了战略管理的学习方法也具有与其他学科不同的特点。

一、企业战略管理过程

战略管理是在充分占有信息的基础上制定关系企业未来发展方向的重大决策并将这些决策付诸实施的动态管理过程。一个规范的、全面的战略管理过程可大体分解为三个阶段：战略分析、战略制定与选择、战略实施与控制，如图1-2所示。

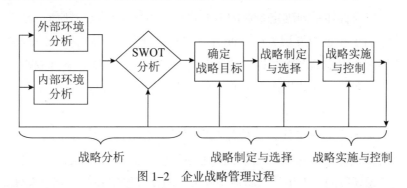

图1-2 企业战略管理过程

1. 战略分析

战略分析是企业战略管理的关键环节，是企业确定科学合理的战略目标、制定和实施

正确战略的前提与基础，其目的是要全面认识和了解企业内外部的环境，找到影响企业战略发展的关键因素。

一般来说，战略分析总体上包括企业外部环境分析和企业内部环境分析两大部分。企业外部环境分析又包括宏观环境分析和产业环境分析两个层面，宏观环境分析是对影响企业经营的宏观、间接因素的分析，一般从四个方面展开，即政治因素、经济因素、社会文化因素及科技因素。产业环境是对企业所处行业的状况进行分析，这是企业外部环境中和企业关系比较密切、对企业经营有直接影响的方面。包括行业特点分析、竞争结构分析、行业市场分析及竞争对手分析等内容。企业外部环境分析的目的是寻找和发现有利于企业发展的机会，以及对企业存在的威胁，以便在制定和选择战略中能够利用外部条件所提供的机会，同时规避对企业的威胁。

企业的内部环境就是企业内部的状况，包括企业生产经营的现状、企业的资源与能力、企业文化等方面。企业内部环境分析的目的是发现企业的优势和劣势，以便在制定和实施战略时能扬长避短、发挥优势，有效地利用和发挥企业的资源与能力。

目前公认的企业战略分析框架是遵循着由远及近、由外至内的逻辑顺序展开的，这样可以保证对企业内外部环境中的重要影响因素进行全面的分析，不致遗漏；也体现了环境因素对企业由远及近、由间接到直接的影响和作用，符合客观现实，不致偏颇。

通过战略分析，战略决策者要了解企业内外部的环境状况正在发生哪些变化？它们怎样影响企业和企业活动？企业有哪些资源和能力来应对这些变化？企业的利益相关者——员工、股东、客户及社会公众等的期望是什么？这些因素会怎样影响企业当前的竞争地位？将来可能会发生什么？等等。

2. 战略制定与选择

战略制定与选择过程实质上就是战略决策过程，主要任务是根据企业对战略环境的分析和认识，制定和选择企业目标与战略，完成企业战略系统的构建工作。构建一个完整的企业战略系统必须建立两个子系统：企业战略目标体系和企业战略体系。

构建企业战略目标体系即确定企业的战略目标，该体系又包括使命、愿景和目标三个层面，为企业指出了长远的发展方向，回答了"我是谁""到哪儿去"的问题。构建企业战略体系即根据企业组织的层次结构，按照总体战略、业务战略和职能战略三个层次制定并选择企业战略，战略系统的构建为企业提出了实现战略目标的途径和手段，回答了"如何去"的问题。

企业战略目标体系和战略体系的构建都应当建立在战略环境分析的基础之上。首先，战略目标绝不是制定企业战略的既定前提，它也是企业在进行环境分析的基础上确立的，确立目标必须考虑环境的约束条件，如果仅凭企业的良好愿望和远大理想来确立战略目标，不认真研究和考虑环境的影响，会导致战略目标脱离实际，成为空中楼阁，无法实现。其次，制定实现战略目标的多种战略方案更是要对外部环境的机会与威胁、内部环境的优势与劣势进行匹配，制定出既能发挥企业优势、抓住外部机会，又可弥补企业劣势、规避外部威胁的战略，这样的战略才是可行和有效的。

3. 战略实施与控制

当企业构建起了完整的战略系统，确定了战略方案后，就必须将其付诸实施，根据战略方案的要求，调整企业组织结构，分配职能工作，进行资源配置，并通过计划、预算等落实执行既定战略。

战略实施的首要任务就是制订战略计划，将各管理层次和职能部门的战略进一步分解，使企业每一位员工的工作都成为企业战略的有机组成部分，将企业的资源与能力按照战略的需要进行有效配置，集中企业全部的力量来实现战略目标。

企业战略实施的成功，离不开有力的领导、高效的组织和积极的文化，如何在战略执行过程中进行有效领导、构建精干高效的组织结构以及培育支持战略的企业文化是战略实施的关键问题。

要保证企业战略的有效实施，实现既定的战略目标，必须对战略实施的全过程进行有效控制。因此，企业高层必须全面、及时地掌握战略实施的确切情况，及时进行信息反馈，将实际战略绩效与预定战略目标进行比较，如二者有显著的偏差，就应当采取有效的措施进行纠正，使战略实施沿着既定轨道和方向前进。当由于战略分析不周、判断有误，或是企业内外部环境发生了未曾预想的变化而引起战略方向的偏差时，就需要重新审视环境，制定新的战略方案，开启新一轮的战略管理过程。

为了理论研究和教学的方便，我们一般都将企业战略管理的三个阶段描述为一个直线递进的过程，但实际上，这三个阶段绝不是简单的直线关系。在现实工作中，各阶段之间往往是相互联系、相互交叉、同步进行的。例如，进行战略分析时，企业的历史战略或隐含战略仍在实施，而在新制定的战略付诸实施的同时，战略控制和新一轮的战略分析与制定已经开始。因此，战略管理是一个环环相扣、循环往复、螺旋上升、持续发展的动态管理过程，它将企业所有的经营管理工作都纳入企业战略体系，使企业上下的所有工作都围绕着企业战略展开，在动态持续的变化和发展中实现企业的战略目标。

二、企业战略管理的学科特点

在企业管理的学科体系中，战略管理具有特殊的地位和价值，越来越成为现代企业高层管理人员最重要的管理活动和技能。

1. 战略管理是整合性管理理论，是企业最高层次的管理理论

职能管理理论如生产管理理论、财务管理理论、市场营销管理理论等都是以企业经营管理的某个局部问题为研究对象，但随着经济社会的高速发展，企业面对的问题越来越呈现出综合性、整体性和关联性的特点，现代企业迫切需要一门综合性的管理理论

学科来指导企业进行整体经营管理的实践，这使得企业战略管理理论的诞生和发展成为一种必然。

从理论层次来看，战略管理理论是最高层次的管理理论。自 20 世纪初泰罗创立科学管理以来，管理理论有了极大的发展，各派管理学说不断涌现。按照内容所涉范围和影响程度，人们将管理理论划分成下列三个不同的层次：

（1）管理基础理论。管理基础理论是管理中带有共性的基础理论、基本原则和基本技术。主要包括管理数学、管理经济学、管理心理学、管理学原理、组织行为学等学科。

（2）职能管理理论。职能管理理论是将管理基础理论与特定的管理职能相结合，以提高组织职能部门的效率和效能为目的。主要包括生产（运作）管理、市场营销管理、财务管理、人力资源管理、研究与开发管理、物流管理等学科。

（3）战略管理理论。战略管理理论是最高层次的管理理论，它不仅综合运用管理基础和职能管理理论，还融合了政治学、经济学、法学、社会学、文化学、系统科学等多学科的知识，以企业的长期健康发展为最终目标。

因此，战略管理是管理理论中整合性、高层次的管理理论。只有掌握战略管理理论，才能处理好现代企业长远发展的整体性问题，获得可持续的竞争优势和长期发展能力。

2. 战略管理是企业高层管理人员最重要的活动和能力体现

罗伯特·卡茨（Robert L.Katz）将企业管理工作对管理者的能力要求划分成三个方面：

（1）技术能力。技术能力即操作能力，它与一个人从事的具体工作有关，是一个人运用一定的技术来完成某项组织任务的能力，包括方法、程序和技术。

（2）人际能力。人际能力涉及管理人员和与之接触的人们之间的关系，是一个人与他人共事、共同完成工作任务、解决问题的能力，包括领导、沟通、激励、排解纠纷和培植协作精神等。

（3）思维能力。思维能力是管理者的战略能力，是从整体上认识企业和环境，洞察企业与外界环境之间的关系，以及理解企业的各个组成部分应如何互相依靠和协调来生产公司的产品，为顾客提供服务。

对处于企业组织不同层次管理人员的能力要求是不同的。从图 1-3 中可以看出，基层管理者所需要的能力主要是技术能力和人际能力；中层管理者的有效性主要依赖于人际能力和思维能力；高层管理者最需要的能力是思维能力，这是保证工作有效性最重要的因素。因此，战略管理能力是企业家能力与素质的综合体现，也是企业高层管理者最重要的能力。

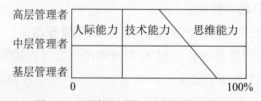

图 1-3　不同层次管理人员的能力分布

3. 战略管理的目的是提高企业对外部环境的适应性，使企业可持续发展

企业作为主要的经济组织，是社会大系统中一个不可分割的和具有开放性的组成部分，其存在和发展在很大程度上受到外部环境因素的影响。进入网络经济时代，企业外部环境既复杂多样，又动荡多变，战略管理促使企业高层管理人员在制定、实施企业战略的各个阶段上，都要清楚地了解有哪些内外部因素影响着企业，影响的方向、性质和程度如何，以便制定新的战略或及时调整企业现行的战略以适应外部环境的变化，不断提高企业的适应能力。企业对环境的适应性要求企业战略必须具有弹性，使企业像自然界中的一个有机体一样，随着周围环境的气候、温度、湿度、食物等条件的变化而对自身进行及时调整。因此，如何让企业在这种复杂多变的外部环境中健康生存并持续地发展下去，是战略管理的最终任务和目的。

三、企业战略管理的学习方法

我们学习企业战略管理的目的是树立战略意识、培养战略头脑、训练战略思维、增强战略执行力，使企业获得成功。成功的战略管理以对战略思想与理论的了解和领悟为基础，以丰富全面的多学科知识为辅助，以宽广博大的胸怀和视野为依托。企业战略管理独特的学科特点决定了其学习方法具有一定的特殊性，要全面掌握战略管理理论，提高战略思维和实践能力，我们在学习中应当注意以下问题：

1. 全面学习掌握战略管理思想理论与方法

明茨伯格曾经把战略管理这门学科比喻为一头大象，要全面认识和了解这头大象，就要尽可能广泛地接触和阅读战略管理的有关文献，掌握各个战略学派的研究视角和观点。同时，还要权变地看待各个学派和观点，取其精华，去其糟粕，从多个角度认识其思想的实质和精髓。

中外战略思想的悠久历史及丰富的理论与实践为企业战略管理的学习研究提供了充分的营养，尤其是博大精深的中国古代战略思想更是值得我们参考和借鉴。因此，学习战略管理完全可以从中外政治学、军事学、社会学的大量文献中汲取养分，这是我们提高战略思维和实践能力，推进企业战略管理理论发展与创新，实现企业战略目标的重要思想和理论来源。

2. 建立丰富多元的知识结构与素养

战略管理是企业管理的主程序，学习战略管理是对管理基础学科和职能管理学科理论学习的升华、提高和整合，战略管理的实践也要综合运用管理基础学科和各职能管理学科的理论和知识。因此，全面掌握管理基础学科和职能管理学科的知识是深入理解与运用战略管理理论的前提和基础。

同时，战略管理具有深刻的内涵和广阔的外延，其他非管理学科的知识都可以纳入战略管理研究和运用的视野。战略管理的理论研究和企业实践也越来越呈现出多学科交叉的特点，需要运用政治学、经济学、法学、社会学、文化学、系统科学和自然科学等多学科的知识。因此，要全面掌握和成功实践战略管理，离不开丰富多元的知识结构和素养的支撑，我们应当培养从自然科学到社会科学的全面的知识素养，为战略管理的学习和实践提供坚实的基础。

3. 深刻领悟"战略管理之道"

战略管理的艺术性大大高于其科学性，因而这门学科的核心和我们最需要掌握的是战略管理的思想精髓，我们称其为"战略管理之道"。

"道"属于"隐性知识"，只可领悟，难以言传，对它的掌握无法通过简单的知识学习来获得，更不可简单模仿，即使把所有的战略管理理论和方法倒背如流也不代表具备了战略管理能力。是否"得道"体现在战略思维能力和实践能力的高低上，体现在对战略管理理论和方法艺术性、创造性的运用上，因此，理论的研究和学习与实践的摸索和总结都是我们"求道"的途径和手段，只有在全面掌握战略管理理论并进行认真实践总结的基础上深刻领悟，才有可能领悟"战略管理之道"，领会战略管理的真谛。

4. 开阔胸怀与视野

现代企业在激烈动荡的复杂环境中生存和发展，对环境和自身的深刻认识与洞察、对企业未来的长远展望和谋划都离不开企业家宽广博大的胸怀和视野。虽然战略管理理论是指导企业获得成功的强大武器，但一个胸襟狭小、坐井观天的管理者是根本无法领悟战略管理精髓的，只有高瞻远瞩、深谋远虑的企业家才有可能领导企业获得成功。因此，管理者的胸怀和视野是企业战略管理成功与否的依托和关键，这是我们在战略管理的学习中要着力培养的。

1. 什么是企业战略？学者们对企业战略的概念有哪些不同理解？

2. 广义与狭义的企业战略概念有何不同？你是如何理解的？

3. 什么是企业战略管理？企业战略管理的核心问题有哪些？

4. 企业战略管理有哪些作用、哪些特点？

5. 企业战略管理过程，为什么说战略管理是企业管理的主程序？

6. 企业战略管理学科有哪些特点？怎样才能学好企业战略管理？

第二章
企业战略管理理论发展史

本章是对西方企业战略管理理论发展历程的全面回顾和对未来发展趋势的总体展望。包括早期战略思想阶段、古典战略理论阶段和竞争战略理论阶段的主要理论学派和观点，也介绍了战略管理理论的最新研究成果和发展趋势。

通过本章的学习，读者能全面了解企业战略管理这一学科在不同发展阶段的主要研究成果和理论观点，建立对企业战略管理理论与实践多角度、多方面的认识，深入理解和思考企业战略管理的主导思想。

第一节　早期战略思想阶段

从历史沿革及演变过程来看，西方企业战略管理理论的产生与发展大致经历了三个阶段，即早期战略思想阶段、古典战略理论阶段和竞争战略理论阶段。

从管理思想发展史来看，企业战略的思想是随着西方企业管理理论的发展而逐渐形成的。早期的管理研究和实践者都将思考的重点放在组织内部活动的管理上，还没有涉及对企业整体经营管理问题的研究。

20世纪初，法国管理学家法约尔对企业内部的管理活动进行整合，将工业企业中的各种活动划分为技术活动、商业活动、财务活动、安全活动、会计活动和管理活动六大类，提出了计划、组织、指挥、协调和控制即管理的五项职能，并认为计划职能是企业管理的首要职能。法约尔的这一思想奠定了现代管理学研究的基本理论框架，具有重大的历史意义。同时，他认识到了计划职能在企业管理中的首要地位，形成了战略思想和理论产生发展的重要理论基础，可以说是企业战略思想最初的萌芽。

20世纪20年代，美国杜邦公司和通用电气公司率先将战略职能引进企业组织系统，开始从企业高层以及组织与环境的关系等角度考虑企业发展问题。1934年，制度经济学家康芒斯（John R. Commons）在其著作《制度经济学》中首次使用了"战略因素"一词，但没有从企业整体的高度说明"战略因素"对企业经营活动的影响。

1938年，巴纳德（C.I. Barnard）在其著作《经理人员的职能》中分析了战略因素对企业系统的作用，首次将战略的概念引入了管理理论。他认为没有必要把战略因素局限于管理活动和交易活动的某些方面，在需要做出决策的任何情况下，企业组织都必须考虑到战略因素。这一观点使企业战略思想更加得到理论界和企业界的重视，极大地推动了企业战略理论研究的发展。

20世纪50年代末，美国学者戈登（Gordon）与豪厄尔（Howell）在福特基金会和卡内基公司的赞助下，对美国工商管理学院的课程设置进行了专题研究，提出了应当开设经营政策（business policy）课程的建议。他们认为，以往学生虽然学习了各门专业管理课程，如市场学、财务管理、生产管理、人事管理等，但缺乏综合分析能力。通过开设经营政策课程，可以使学生利用所学知识，从企业整体考虑经营问题，培养他们综合分析和解决问题的能力。这里的经营政策课程，就是战略管理课程的前身。

综上，在20世纪60年代之前，出现了企业战略管理的思想萌芽，但还没有形成系统的理论框架，我们将其称为早期战略思想阶段。

第二节　古典战略理论阶段

20世纪60年代初到80年代初，是西方企业战略理论研究和实践蓬勃发展的黄金时期，完成了战略管理的基础性理论研究和初步的实践探索，形成了相对完整和成熟的战略管理理论体系，产生了十大战略理论学派，其理论研究和思想成果影响至今。因此，这一时期称为古典战略理论阶段。

一、古典战略理论阶段理论发展概况

战略管理作为相对完整理论体系的出现是在20世纪60年代。60年代初，美国著名管理学家小阿尔福莱德·D.钱德勒（Alfred D. Chandler Jr.）在著名的《战略与结构》一书中对企业战略的定义以及环境、战略与组织结构之间的关系进行了开创性的研究。1965年，安索夫出版了第一本有关战略的著作《企业战略》，成为现代企业战略理论研究的起点。

20世纪70年代是企业环境剧烈动荡的时期，也是战略管理研究的兴盛时期。在此期间，战略管理研究逐步从理论转向实际运用，研究的视野更加开阔，方法更加多样。1972年，安索夫在《企业经营政策》上发表《战略管理思想》一文，正式提出"战略管理"的概念，为企业战略管理理论的发展奠定了基础。此外，许多战略分析工具，如波士顿咨询公司的经营组合矩阵、GE的战略经营规划网、霍福尔产品—市场发展矩阵等也相继形成。

二、十大战略管理学派简介

古典战略理论阶段的理论成果和战略思想集中体现在十大战略管理学派的学说中，下面对这十大学派的思想观点进行简要介绍。

1. 设计学派

设计学派（the design school）的观点始于塞日尼克，发展于钱德勒，后由安德鲁斯做了精确的界定。

1957年，塞日尼克在其著作《行政管理中的领导行为》中提出经理人员及历史经验等因素是关系到企业战略制定与实施能否成功的重要因素。

1962年，钱德勒在其著作《战略与结构》中指出，企业的经营战略要适应环境的变化，而其组织结构则必须随企业战略的变化而改变，即战略为先导，组织追随战略。他被公认为研究环境—战略—结构之间关系的首位管理学家，他的研究为战略管理理论的发展打下了重要的基础。

1971年，安德鲁斯在《公司战略概念》中认为，企业外部环境对企业战略的形成有着重大的影响。环境不断产生机遇与威胁，组织就要不断调整，以发挥自身优势，弥补自身劣势，规避威胁并利用机遇。战略形成过程实际上就是把企业内部条件与企业外部环境进行匹配的过程，由此建立了著名的SWOT战略分析模型，这是设计学派的重要基础，也已成为战略管理学科最基础和重要的方法。安德鲁斯还建立了将企业战略分为制定与实施两大部分的基本模型，为形成完整成熟的战略管理过程模型构造了基本理论框架。

2. 计划学派

几乎与设计学派同时产生的计划学派（the planning school）以安索夫为代表，以安索夫 1965 年出版《企业战略》为标志。1972 年，安索夫正式提出"战略管理"的概念，1979 年又在《战略管理》一书中系统地提出了战略管理模式。他认为，企业在制定战略时必须首先明确自己的经营性质，只有这样，企业的战略才能一方面为企业的生产经营活动提供指导；另一方面为企业的发展提供空间。

计划学派继承了设计学派 SWOT 的思想，引进了决策科学中的数量分析方法，提出了许多制定企业战略的数学模型和定量分析方法。计划学派十分强调战略形成过程的规范化和程序化，其代表人物之一斯塔纳（George Steiner）认为，所有的战略都必须分解成能够成功贯彻的亚战略。长期全面的战略计划处于组织的最高层，依次分解为中期战略计划和短期经营计划，包括目标、战略、预算、程序在内的整个工作被组合成一套完整的战略计划层级体系，其中的每一项都被交予企业的某个明确的实体单元，如分公司、部门、分支机构或个人，按照详细说明予以实施。

3. 定位学派

定位学派（the positioning school）的观点于 20 世纪 80 年代初开始流行，代表人物为波特。1980 年，他在哈顿（Hatten）和申德尔（Sehendel）等对战略定位问题的研究基础上提出行业是企业经营的最直接环境，而每个行业的结构又决定了企业的竞争范围，从而决定了企业的潜在利润水平。因此，战略的制定就是一个企业在产业中进行定位的过程，即首先选择利润水平较高的产业，然后在产业中谋求有利的竞争地位。波特认为，企业在战略制定过程中必须做好：企业所处行业的结构分析和企业在行业内的相对竞争地位分析。

波特的定位思想是从产业经济及产业组织理论出发的，后来，定位学派的思想有两个重要发展：①卡尔·夏皮洛（Carl Shapiro）等认为战略业务单元（SBU）在产业中的地位难以持久，因而定位很难实现，战略实际上是一场不断定位、不断争夺的游戏。②波特在 20 世纪 90 年代进一步拓展了定位的观念，认为定位不仅要考虑产业的经济特征，还要考虑环境的文化、制度、外协等各个方面的因素。

4. 企业家学派

企业家学派（the entrepreneurial school）的研究重点是企业高层管理者，认为企业必须有一个极富创新精神的领导者，企业家就是战略"设计师"，战略的形成深深植根于企业家的思维之中，这一点与设计学派极为相似，但与设计学派不同并与计划学派完全相反的是，企业家学派并不认为甚至反对战略形成需要依赖严格精致的分析框架，相反，它发现许多成功的企业并没有系统的文字性战略，但企业也经营得很好，因而认为战略是企业家个人价值观念和预见未来的产物。

因此，企业家学派不仅将战略形成过程绝对地依附于企业家身上，而且从根本上认为战略形成过程就是一个直觉思维、灵感闪现的过程，是一个企业家对企业未来图景的洞察过程，它依赖于企业家某些与生俱来的心理特点和思维方式，如感觉、知觉、判断、推理、经验和远见。这种认识使战略从精妙的设计、周密的计划或者准确的定位变成了隐约可见的"愿景"（visions）。

5. 认知学派

20世纪80年代以来，研究人员借鉴认知心理学领域的研究成果，试图发现战略形成过程的心理特征。通过这些研究，形成了独特的认知学派（the cognitive school）并得到了持续稳定的发展，其影响也越来越大。

认知学派将战略形成看作一个心理过程，认为战略的形成是基于处理信息、获得知识和建立概念的认知过程，并且主要通过直接经验形成自己的知识结构和思维方式。经验是知识产生的基础，知识又成为行为的决定因素，进而决定着后来的经验。企业战略制定不仅是一个理性思维过程，也包括非理性思维过程，面对大量真假难辨的信息、数据和有限时间的限制，非理性思维在战略决策中可以发挥更大的作用。战略是一个精神活动的过程，不同的战略家对客观事物的认识不同，就会形成不同的战略。

6. 学习学派

学习学派（the learning school）的形成以奎因于1980年出版的《应变战略：逻辑渐进主义》为标志，更早则可以追溯至林德布罗姆（C. Lindblom）的早期渐进主义著作，其中影响较大的有波瓦（Bower）和伯杰尔曼（Burgelman）的突破思维定式的观点，明茨伯格的关于战略是通过自然选择形成的观点，韦克（Weick）的关于战略是通过总结过去的经验教训而形成的观点，等等。

学习学派认为战略的核心是处理未知的未来，而环境是复杂又难以预测的，因而战略形成不是一个严格的计划过程，其形成和演变带有明显的"逻辑渐进主义"色彩。战略的形成与发展就是思想与行动、控制与学习、稳定与改变相结合的艺术性过程，在此过程中集体学习对战略制定与形成至关重要，只有通过组织学习，企业才能应对环境的不确定性。所以高层管理者的职责不是制定战略，而是管理组织学习的过程。

7. 权力学派

权力学派（the power school）把战略形成看作一个受到权力明显影响的过程而独具特色，强调将权力和政治手段应用于战略形成以有利于获得政治团体期望的特殊利益。权力学派之所以强调权力，是因为在企业战略制定的过程中，战略形成不仅受到经济因素的影响，还会受到政治因素的影响。

权力学派大体上有两种不同的观点：①微观权力观把企业的战略制定看作一种实质上的政治活动，是企业内部各种正式和非正式利益团体运用权力、施加影响，进行讨价还价、游说、妥协，最后在各派间达成一致的过程。②宏观权力观则把组织看作一个整体，它将其力量作用于竞争者、同盟者、合作者及其他相关利益团体。因此，权力学派认为，战略的形成是一个权力谈判及平衡的过程，战略制定不仅要注意行业环境、竞争力量等经济因素，而且要注意利益团体、权力分享等政治因素。

8. 文化学派

文化学派（the cultural school）认为，企业文化及其背后的价值观对战略形成有重要影响，因而战略的形成是基于企业成员共同信念和理解的社会交往过程，是将企业组织中各种积极因素进行整合以发挥作用的过程。文化学派的观点对解释许多企业在同等条件下的经营行为和经营业绩存在的巨大差异很有说服力。实际上，权力和文化是一体两面的。权力控制着组织实体并使其分裂，文化则将个体连接起来并重新整合为一个整体。权力学派的研究着眼于自我利益和局部，文化学派的研究则注重团队利益和整体。

9. 环境学派

环境学派（the environmental school）认为，企业与环境是互动的，环境对企业战略具有至关重要的影响，企业必须适应环境并找到自己生存和发展的位置。由于组织在战略形成过程中无法控制环境变化，企业的组织和领导处于从属和被动的地位，只能对环境变化做出相应的反应，所以战略形成在本质上是一个反应过程。

环境学派中主要存在两种不同的发展方向。一种称作"权变理论"（contingency theory），权变理论要求企业发挥主观能动性，因为企业可以在一定的环境条件下，对环境的变化采取相应的对策以影响和作用于环境，争取企业经营的主动权。

另一种称作"规制理论"（institutional theory），它强调企业所处的环境往往是企业难以把握和控制的，企业战略的制定必须充分考虑环境的变化，只有如此，企业才能在适应环境的过程中找到自己的生存空间，并获得进一步的发展。

10. 结构学派

结构学派（the configuration school）是比较特殊的学派，它博采众长，集各种学派观点之大成，把企业组织看成由一系列行为和特征组成的有机结构，把战略制定看成对其他各种学派观点的一种整合，明茨伯格提出的"5P"是结构学派最具代表性的观点。

结构学派把战略形成看作一个转型过程——当企业处于某种状态时，战略就应该能够反映并适应相应的转型。转型是结构的必然结果，如果结构是一种存在状态，那么战略制定就是从一个状态到另一个状态的飞跃过程。具体而言，随着企业组织的不断成长和所处环境的日趋成熟，初建时期的结构就会让位于一种更为正规的、由职业经理人依靠计划过程来领导的结构。

实际上，几乎每一学派都可以在结构学派观点中找到自身的影子。譬如，面对相对稳定的环境，在企业战略形成过程中计划学派就占有重要地位；而面对比较动态的环境，企业家学派则对企业战略的制定起着更大的作用。

三、古典战略理论时期理论观点的核心思想

从各学派的观点中不难看出，尽管这一时期学者们的研究方法各异，具体主张不尽相

同，但总体的核心思想是一致的，主要体现在以下几方面：

（1）企业战略的基点是适应环境。企业所处的环境往往是企业自身难以左右的，因而企业制定战略必须充分考虑环境的变化，只有适应环境变化，企业才能求得生存与发展。

（2）企业战略的目标在于提高市场占有率。企业战略适应环境变化旨在满足市场需求，获得理想的市场占有率，这样才利于企业生存与发展。

（3）企业战略实施要求组织结构随之变化与适应。古典战略管理实质上是一个组织对其环境的适应过程以及由此带来的组织内部结构化过程，因而势必要求企业组织结构与企业战略相适应。

第三节 竞争战略理论阶段

20 世纪 80 年代初以来，战略管理的理论体系进一步臻于完善，其中波特教授提出了以产业（市场）结构分析为基础的竞争战略理论，为战略管理理论的发展和完善做出了突出贡献。在波特理论的影响下，战略理论研究的焦点纷纷转向企业如何获得和保持竞争优势，分为三大主要学派：行业结构学派、核心能力学派和战略资源学派。

一、行业结构学派

行业结构学派的主要代表就是波特，他把行业结构分析作为确立竞争战略的基石，从产业组织论的观点出发，将企业行为与其经营环境的分析有机结合，提出了一整套竞争战略的理论与方法。

波特在 1980 年的《竞争战略》中指出，企业盈利能力取决于其选择何种竞争战略，而竞争战略的选择应基于：①选择有吸引力的、高潜在利润的产业。不同产业所具有的吸引力以及带来的持续盈利机会是不同的，一个企业选择朝阳产业要比选择夕阳产业更利于提高自己的获利能力。②在已选择的产业中确定自己优势的竞争地位。一般来说，不管一个产业中的吸引力以及提供的盈利机会如何，处于竞争优势地位的企业要比劣势企业更有利可图。在《竞争战略》中，波特提出了著名的五种竞争作用力分析模型，在此基础上又提出了赢得竞争优势的三种通用战略，即成本领先战略、差异化战略和集中化战略。

与经典战略理论相比，竞争战略理论前进了一大步。它指出了企业在分析产业（市场）结构竞争环境的基础上制定竞争战略的重要性。然而，同经典战略理论一样，竞争战略理论仍缺乏对企业内在环境的考虑，波特后来对此缺陷有所认识，于是在 1985 年的《竞争优势》一书中，从企业的内在环境出发，提出以价值链为基础的战略分析模型，试图弥补原有理论的不足。但是，价值链虽然看起来简洁明了，实际上却很难操作。在这样的背景下，以资源、知识为基础的核心竞争力理论和战略资源理论便迅速地发展起来。

二、核心能力学派

1990 年，普拉哈拉德和汉默尔在《哈佛商业评论》上发表《公司的核心能力》一文，1994 年两人又合著《竞争大未来》，正式提出了核心能力理论，形成了 20 世纪 90 年代西方最热门的企业战略理论学派。

普拉哈拉德和汉默尔认为，从本质上来讲，企业的核心能力是"组织中的积累性学识，特别是关于如何协调不同的生产技能和有机结合多种技术流的学识"（Prahald 和 Hamel，1990），是指企业发展独特技术、开发独特产品和创造独特营销手段的能力。它具有三个明显的特征：①能够为客户带来巨大的价值，即核心能力具备最终产品消费者可感知的价值。②能够支撑多种核心产品，即核心能力提供了企业进入种类繁多市场的潜在途径，从而显示出系统的竞争能力。③竞争者难以复制或模仿。

该学派认为，企业经营战略的关键就在于识别、培养和发展企业的核心能力。只有具备了核心能力，企业才能快速适应市场的变化，满足顾客的需求，才能在顾客心目中将企业与竞争对手区分开来，为获取超额利润提供保证。

三、战略资源学派

1984 年，沃纳菲尔特在《战略管理杂志》发表了《企业资源基础论》一文，认为企业优势来源于企业所拥有资源的数量、质量和使用效率，而不在于外部的环境因素，这篇论文成为战略资源学派奠基之作。20 世纪 80 年代，库尔和申德尔通过对美国医药产业内企业间存在的关键绩效差异的研究，进一步确定企业的内在特质是造成它们业绩差异的重要原因。1995 年，柯林斯和蒙哥马利在《哈佛商业评论》上发表了《资源竞争：90 年代的战略》一文，深化了对企业资源的认识。

战略资源学派认为，每个组织都是独特的资源和能力的结合体，可以将企业看作各种资源的不同组合，由于每个企业的资源组合不同，因此不存在完全一模一样的企业。公司的竞争优势取决于其拥有的有价值的资源，因此，企业战略的主要内容是如何培育企业独特的战略资源，以及最大限度地优化配置这种战略资源的能力。

四、三大学派对战略管理理论的贡献与不足

由以上介绍看出，在企业战略环境的内外部分析中，以波特为代表的行业结构学派完

善了外部环境分析的框架，而内部环境分析问题的解决，则是由核心能力学派和战略资源学派来完成的。三大学派都对战略管理理论的发展做出了重要贡献，但也存在不足。

1. 行业结构学派的贡献与不足

行业结构学派将产业组织理论引入了企业战略管理分析，提出了企业竞争战略理论，首开了总结通用战略的先河。最重要的是，波特提出的五种竞争作用力分析模型、价值链分析等理论方法，为复杂而又难以捉摸的战略问题提供了一个简明而有力的分析工具。

但是，行业结构学派的理论也有着明显的缺陷。首先，行业结构学派的战略观念是静态的，没有充分考虑竞争环境的快速和动态变化对企业战略的影响。其次，过分强调市场竞争。制定企业战略需要考虑竞争对手的反应，但这并不是第一位的要素，忽视了顾客所需要的价值才是企业最大的损失和失败。最后，产业结构的分析方法尚不完善，五种竞争作用力分析模型忽视了影响企业战略的很多重要因素，尤其是企业资源、能力等内部因素对企业战略的影响。

同时，波特一再反对在同一业务中同时采用成本领先战略与产品差异化战略的"夹在中间"战略，认为成本领先战略与产品差异化战略水火不相容，但新的生产方式的出现，如戴尔（Dell）及李维斯（Levis）的大规模定制概念已经使波特的这一论断无法成立。

2. 核心能力学派与战略资源学派的贡献与不足

核心能力学派和战略资源学派的研究都是从企业内部展开的，有着很多的共同点。其基本观点是，并不是企业所有的资源、知识和能力都能形成持续的竞争优势，而只有当资源、知识和能力同时符合珍贵（能增加企业外部环境中的机会或减少威胁的资源、知识和能力才是珍贵的）、异质（企业独一无二的，没有被当前和潜在竞争对手所拥有）、不可模仿（其他企业无法获得的）、难以替代（没有战略性等价物）的标准之时，它们才成为核心能力或战略资源，才能让企业利用外部环境中的机会，采取与众不同的战略定位，获得持久的竞争优势。

核心能力学派和战略资源学派突出了企业内部条件对保持竞争优势及获取超额利润的决定性作用；强调了对资源和能力的分析在企业战略制定过程中的重要性；提供了进行资源和能力分析的理论和方法；把组织机构、管理、控制和协调机制第一次看成一种资源。表现在战略管理实践上，核心能力学派和战略资源学派要求企业从自身资源和能力出发，在自己拥有一定优势的产业及其关联产业进行多元化经营，避免受产业吸引力的诱导而盲目进入不相关的产业经营。这对指导企业回归主营行业，降低多元化的风险具有重大意义。

但是，核心能力学派和战略资源学派也有着突出的理论缺陷：①该理论至今尚未形成一个全面、准确、统一、规范的资源和能力概念，两个名词的混淆和误用使企业无所适从。②这一理论尚未形成体系，缺少严密的概念及基本定理。③如何识别、形成、应用、巩固、保护战略资源和核心能力，如何进行有效管理，尚缺乏可操作性较强的途径。

第四节 企业战略管理理论前沿与展望

进入 21 世纪，企业战略管理进一步巩固了在管理学科中的核心地位，战略管理实践方兴未艾，这都使得战略管理的理论研究更加蓬勃发展，出现了许多新的研究成果，从中我们可以看到战略管理学科的前沿和未来的发展趋势。

一、重视战略实践，强调对实践经验的总结和提炼

传统的企业战略管理研究比较重视理论推理、数学模型和计量分析，但数学模型和计量分析仅仅是战略管理的工具和手段，过于迷信这些工具和手段容易束缚人的思想，窒息创新精神。越来越多的学者从成功企业战略管理的实践经验中认识到，战略管理具有很强的实践性，离开实践纸上谈兵，绝不会有成功的战略。因此，新的战略管理理论更加注重从实践中学习并运用于实践，如最新提出的愿景驱动式管理、战略转折点管理等理论都是在大量实例研究的基础上总结提炼出来的。

过去的战略管理研究，常采用个别因素和市场关系的分析模式，显然已经不能适应复杂多变的经营环境。但同时，战略毕竟又是各个企业自己制定的，它受到不同领导者管理艺术及其风格的影响。因此，理论界在继续重视研究个别企业实践经验的同时，更加注意进行整体分析，两种方法的有机结合推动了战略管理的进一步发展。

目前，来源于实践的战略研究已经产生了很多有价值的成果。例如，许多战略专家发现，美国在国际竞争中屡遭败北的原因在于，美国许多企业偏重财务管理，轻视生产和技术管理。他们提出，只有具备强大的物质基础，把管理返回生产技术上来，才能改变目前的被动状态。此外，近年来西方国家的战略管理，对企业的精神因素也很重视。他们把企业的价值观和信念作为战略的基础，认为企业成功与否主要取决于集体精神与行为，而不取决于外部环境和条件。例如，美国惠普公司认为企业经营好坏，主要取决于企业家精神，而不强调企业的市场竞争地位。组织的士气、企业的精神，需要经过较长时间方能确立，而它一旦形成一个相对稳定的企业文化，便能激发起职工的巨大工作热情。

二、信息技术发展对战略管理的影响与战略管理的信息化、数字化趋势

随着信息技术的迅猛发展，人类社会正经历着深刻的数字化变革，被称为第四次工业革命的数字化革命使人类社会开始进入智能时代，既带来了新的发展模式和机会，也改变了人们的生活方式和工作模式，对很多行业产生了冲击与挑战，对战略管理的理论和实践已经和必将产生深远和全面的影响。

1. 虚拟企业等新型企业组织模式的出现带来了战略管理的新课题

信息技术的迅猛发展和数字化革命给企业的组织和运营方式带来了深刻的变革。数字化革命被称为新产业时代，不同于工业时代对原有生产要素的组合，数字化时代对越来越多的生产要素赋予数字价值，构造新的要素组合，从而改变产业发展空间和企业组织模式，而新型组织结构和企业模式的出现给企业战略管理的理论研究和实践带来了全新的课题。

在信息化、数字化时代，企业经营的宏观环境发生了极大的变化：消费者对企业的产品和服务越来越挑剔，个性化要求越来越强烈，对产品或服务提供的时间要求越来越高，而对单一企业产品或服务的依赖性和忠诚度却在不断降低；市场竞争日趋激烈，市场波动加速，企业生命周期和产品生命周期逐渐缩短，企业进入了速度竞争的时代。在新的竞争环境下，企业开始反思已有的组织结构，试图建立有足够弹性的、更加灵活的组织和管理模式，网络型组织结构由此产生，进而出现了被誉为21世纪主导性企业模式的新型企业——虚拟企业（virtual enterprise，VE）。

自从1991年肯尼斯·普瑞斯（Kenneth Preiss）与史蒂文·L.戈德曼（Steven L. Goldman）、罗杰·N.内格尔（Roger N. Nagel）在《21世纪制造企业研究：一个工业主导的观点》的研究报告中首次提出虚拟企业概念以来，关于虚拟企业的理论研究一直是管理科学中的一个研究前沿和热点。虚拟企业是由具有价值链不同环节核心能力的独立厂商，为更好地满足市场需求，以契约合作方式、通过信息化网络平台进行专业分工，以统一的品牌向市场提供产品或服务而形成的动态企业联合体。虚拟企业，这一迥异于传统实体企业的全新企业组织模式的出现和广泛运用，对传统的基于实体企业的战略管理理论带来了新的挑战，需要学术界进行更多的研究探索和理论创新。

面对基于信息技术、数字化技术的企业组织模式变革，企业战略管理的理论和方法也面临着巨大的挑战。如何适应新的竞争环境、建立面向数字变革的战略管理理论，已经成为众多战略管理学者关注的焦点。学者们已经提出了许多基于IT的战略管理思想、指导企业进行数字化转型的战略思想，主张通过利用信息技术、数字化技术或建立战略信息系统来获得竞争优势。不少专家已将信息技术与数字化信息系统作为竞争战略或其重要组成部分，信息与数字化技术已不仅仅被看作是一种工具、一种资源，而是成为决定企业兴衰存亡之关键，进行数字化转型已经成为企业重要的竞争战略之一。

2. 平台等数字化条件下的商业模式创新推动了企业战略创新

数字化时代的到来在拓展了产业边界的同时，也改变甚至重构了传统的商业关系，重新定义了企业的市场角色及其与用户的关系，产生了具有更强链接、更多交互、更易沟通的价值创造模式，催生了全新的商业模式，而这种商业模式的创新也引发了企业战略的创新和企业战略形态的改变。

陈威如和余卓轩在《平台战略》一书中研究了基于互联网的新兴商业模式——平台模式，以及随之而产生的企业战略新形态——平台战略。平台模式就是利用互联网的网络效应而产生的新兴商业模式。互联网技术的广泛运用和普及，使得某些企业作为服务提供者能够跳过中间渠道直接面对最终客户，即服务使用者，从而构建了这种新的商业模式。能够通过互联网提供的服务，如杀毒软件下载和计算机杀毒服务，其用户人数越多单位成本就越低，而自我增值和扩张能力就越强，就会产生更大的网络集聚效应，从而在网络平台上聚集更大量的用户群体，运营该平台的核心企业就可以利用其汇聚庞大用户群体的能力影响价值链上的其他环节。

平台模式的出现改变了传统的用户付费商业模式，使之转变为用户免费使用互联网企业提供的服务，成为"被补贴者"，而被互联网平台上庞大的用户群体吸引而来的第三方，如广告企业等则成为为之买单的"付费者"。实施"平台战略"的平台企业其实是通过互联网平台构建了一个"平台生态圈"，在创新商业模式的同时，其战略思维和形态也随之发生了变化。因此，在数字化背景下，网络优势已经成为一种独特的战略资源和战略优势，基于平台这一数字化时代的重要标志性新型商业模式，网络效应可能成为组织价值创造的源泉和超额绩效的来源。

另外，数字化时代推动了消费需求与生产过程的融合。顾客越来越希望参与产品的研发和体验，企业赢得市场的关键不再是更低的成本和更高的效率，而是如何满足顾客的个性化需求，让顾客产生参与感、成就感和获得感。这种数字化时代的消费变革要求企业和更多的利益相关者进行合作，创造更有生产力的联结型商业模式，这些基于互联网和数字化的商业模式创新及其对战略管理理论的影响值得学术界关注和研究。

3. 战略管理呈现网络化、信息化、数字化发展趋势

随着信息技术的不断发展，战略管理越来越呈现出网络化、信息化、数字化的发展趋势。全球知名调研机构 IDC 在 2018 年的一项调查表明，在全球企业 1 000 强中，有 67% 的企业已将数字化转型作为其战略核心，数字化逐渐成为全球企业战略变革的核心方向。

全面、准确、及时、客观地分析和掌握外部环境的变化和企业内部条件的优劣是有效制定和实施科学可行的企业战略的关键，而信息社会中企业的内外部环境更加复杂多变，这对企业认知环境、分析环境、适应环境的能力提出了严峻的挑战。与此同时，信息技术的发展和社会数字化基础设施的完善为企业提供了技术支撑和条件，企业可以通过数字化转型，充分运用大数据、云计算、人工智能等技术建立完善的信息网络，迅速获得企业环境各方面的信息，进而准确分析优势、劣势、机遇和威胁，从而选择最佳战略方案。

在数字化环境下，企业战略的制定与实施也与传统战略理论有了很大的不同。例如，市场营销战略是企业重要的职能战略，电子商务、数字经济、平台经济的蓬勃发展为企业市场营销战略的制定提供了新的思路、渠道和空间，而网络传输、电子数据交换、人工智能、机器学习、用户画像等技术和手段又为企业营销战略提供了技术支持，因而企业营销战略的制定与实施已经呈现出明显的电子化、网络化、数字化发展趋势，而企业的其他职能战略乃至业务战略、总体战略的制定与实施也都呈现出同样的变化和发展趋势。

三、从注重竞争转向超越竞争、强调合作

自亚当·斯密以来，由西方文化主导的经济学和工商管理学体系，都是以"竞争"为主线的。反映在战略管理学科上，20世纪90年代以前西方的战略管理理论和实践也大多建立在对抗竞争的基础之上。然而，过度的对抗性竞争有可能破坏产业环境、损害竞争秩序，带来鱼死网破、两败俱伤的严重后果，造成社会资源的巨大浪费。同时，在网络经济的背景下，技术的日益分散化也在客观上使任何企业都不可能长期垄断某一领域，完全依靠自己的能力掌握竞争的主动权。因此，20世纪90年代中期以后，理论界和企业界都逐渐认识到，"竞争"与"合作"本来就是人类经济活动两个同等重要和普遍的方面，没有好坏与主次之分，都是推动人类社会经济和其他方面进步的动力。竞争的目的应该是长期生存和健康发展，企业间不一定也不应该只有竞争关系，必须超越这种完全以竞争为中心的战略逻辑。合资、合营、特许经营、战略联盟、战略外包等以合作为中心思想的企业战略开始受到企业的青睐，通过创新、创造和合作来超越竞争开始成为企业战略管理研究的一个新焦点，出现了一些崭新的理论。

1. 顾客价值中心理论

早在1954年，彼得·德鲁克就曾指出，公司的首要任务是"创造顾客"，顾客购买和消费的绝不是产品，而是价值。1988年，泽瑟摩尔（Zaithaml）首先从顾客的角度提出了顾客感知价值理论。他将顾客感知价值定义为：顾客所能感知到的利得与其在获取产品或服务中所付出的成本进行权衡后对产品或服务效用的整体评价。

很快，对顾客价值的理论研究蓬勃展开并延伸到企业战略管理的研究中。以顾客价值为中心的战略理论扩展和超越了传统战略理论的逻辑，使顾客价值成为企业间的竞争规则。成功创造了顾客价值的企业成为规则的制定者，它比遵守者知道的信息和拥有的相关资源要多，这个战略逻辑的起点就决定了竞争的胜负。因此，企业之间竞争的胜负取决于能否有效地掌握和满足顾客需求，创造顾客价值。企业可以从培育产业先见、转移战略核心、超越资产和能力进行战略决策、为顾客打破惯例等方面围绕顾客价值重组自己的战略体系，创造独特的竞争优势，而不必和竞争对手进行你死我活的竞争。

2. 战略联盟理论

战略联盟最早是由美国DEC公司总裁简·霍普兰德（J. Hopland）和管理学家罗杰·奈格尔（R.Nigel）提出的，战略联盟理论的出现，使人们将关注的焦点转向了企业间各种形式的合作关系。

战略联盟是指由两个或两个以上有着对等经营实力的独立企业，为达到共同拥有市场、共同使用资源等战略目标，以股权或契约合作方式而结成的优势相长、风险共担、要素水平式双向或多向流动的长期合作关系。

战略联盟理论强调合作竞争，认为企业的竞争优势可以构建在自身优势与他人优势相

结合的基础上。可以结成战略联盟的组织既包括生产企业、供应商和客户，还可以包括金融机构、行业协会、科研机构、政府职能部门等，从而形成相互补充、相互完善、利益共享、风险共担、联合竞争、共同发展的新的市场体系。近年来，发达国家企业已经应用战略联盟理论来指导企业的实践活动。据统计，在世界150多家大型跨国公司中，以不同形式结成战略联盟的高达90%。面对战略联盟的蓬勃发展，有的西方战略管理学家甚至提出，在很大程度上，21世纪将是企业联盟之间的竞争。

3. 商业生态系统理论

1986年，专门从事全球商业与经济伙伴研究的美国剑桥战略咨询公司董事长兼总裁詹姆斯·穆尔（James F. Moore）在《哈佛商业评论》上发表了《新竞争生态学》一文，首次提出了商业生态系统（business ecosystem）概念。接着，穆尔又于1996年出版了《竞争的消亡》，利用生态学原理初步建立了商业生态系统的理论框架，标志着战略管理理论的指导思想发生了重大突破。

在该书中，穆尔以生物学中的生态系统这一独特视角来描述当今市场中的企业活动，以高科技公司为案例，通过对其成长过程的描述向人们展示了处于同一商业系统中的相互依存的"商业物种"共同进化现象，以及整个商业生态系统的进化过程，阐明了新时代商业竞争的竞合法则，描述了商业生态系统的生命周期阶段及其领导策略。

该理论认为，在当今产业界限日益模糊的情况下，企业不应把自己仅仅看作单个的企业，而应把自己当作由供应商、生产者、竞争者和其他利益相关者构成的生态系统的成员。在这个生态系统中，战略制定的基本单位成为合作演化的生态系统；企业业绩不仅与企业内部管理好坏和行业平均利润有关，还与企业在生态系统中联盟和网络关系管理的好坏相关；整个生态网络的发展和自己在其中的地位成为企业战略思考的重点；合作范围扩展到所有可以被纳入生态系统的企业；竞争主要在企业生态系统之间以及在系统内取得领导和中心地位的企业之间展开。

商业生态系统理论较之以往的竞争战略理论有了较为明显的突破。具体表现为：①商业生态系统理论是以领导企业为核心的商业联合体为主要研究对象，探讨商业联合体的形成及演化问题，打破了传统的以行业划分为前提的战略理论的限制。②将生态学方法应用于商业系统研究，引入了商业多样性、领域边界等概念，为描述商业运行提供了有力的工具。③提出了如何创造一个商业生态系统的原理与方法，并论述了企业在商业生态系统中取得领导地位的原则。④商业生态系统理论弥补了以前战略管理理论偏重竞争而忽视合作的缺陷，给出了在商业融合环境下理解商业运作整体结构的新思路，与超越竞争的其他理论相比，它的研究视野更宽更广，因而更具有前瞻性。前述"平台模式"实质上就是平台企业利用互联网工具建立的网络生态系统，是商业生态系统理论在互联网背景下的运用，无论对企业管理创新的实践还是战略管理的理论研究都具有重大意义。

因此，在商业生态理论的影响下，未来战略管理理论将着重研究如何提升商业生态系统的竞争力，而对于单个企业来讲，选择与自身组织结构和企业文化等相匹配的商业生态系统，以及实现企业间良好的分工协作是其战略研究的重点。

四、战略管理理论研究的动态化趋势

当前世界的政治经济格局正在发生着深刻的变化，企业面临的全球竞争环境更加复杂多变和难以预测，面对这样的挑战，传统战略管理理论的静态分析方法已经无法满足企业战略管理的需要，战略管理研究开始重视动荡环境中的企业生存发展问题。

同时，由战略分析、制定、实施与控制等阶段组成的战略管理过程是一个不断重复、不断更新的动态过程。在传统的战略管理理论中通常都是对这几个阶段进行分步研究，但在实际应用中，这几个步骤往往是同时发生，或是按照不同的步骤进行的，而且这一系统还应该有足够的弹性或柔性以适应企业所面临的时刻变化着的外部环境。因此，以战略管理理论为依据进行的动态企业战略研究，也是国内外理论界的重要研究方向。

另外，如何使已经制定的战略能够根据环境的变化进行动态调整，尽可能取得预期成效，也成为战略管理研究必须解决的新课题。于是，近年来一些管理学者提出了一些新的战略理论，如动态能力论、竞争动力学方法等。

1. 动态能力论

明确提出"动态能力"（dynamic capability）战略观的是蒂斯（Teece）、皮萨诺（Pisano）和谢恩（Shuen），他们在 1997 年发表的《动态能力与战略管理》里提出：组织资源的相对卓越性并不完全合理，而且从规范观点的角度来看，企业必须永远处于一种建立动态能力的状态下。"动态能力"观中的能力（capability）不同于"核心能力"（core competence），动态能力是指企业整合、建立及重构内部、外部竞争能力以适应环境变化的能力。

动态能力论强调了在过去的战略理论中未能受到重视的两个方面：①"动态"的概念是指企业重塑竞争力以使其与变化的经营环境保持一致的能力，当市场的时间效应和速度成为企业战略成功的关键、技术变化的速度加快、未来竞争和市场的实质难以确定时，就需要企业有特定的、对创新的反应能力。②"能力"这一概念强调的是战略管理必须适当地使用、整合和再造企业内外部的资源和能力以适应环境的变化。

在传统战略管理理论所研究的静态竞争条件下，制定竞争战略时很少考虑和预测竞争对手的反应以及随后一系列的竞争博弈。而在动态竞争条件下，制定竞争战略的有效性很大程度上依赖于预测竞争对手的反应、削弱和限制竞争对手还击的能力。在动态竞争条件下，如果一个企业总是以自己的优势打击对手的弱点，在多次打击之后，就会发现对手已经产生抵抗力，通过模仿或者学习克服了自己的弱点，或者想办法改变竞争规则、创造新优势，企业如果过于依赖或固守原有的竞争优势而没有及时建立新的优势，就会在下一回合的竞争中处于不利地位。因此，动态竞争条件下制定竞争战略的目的是要创造新的竞争优势，其关键是如何把握机会放弃自己原有的优势，建立新的优势。基于动态能力理论，有学者提出，企业唯一可持续的竞争优势就是比对手更快的学习能力，而形成可持续竞争优势的重要方法就是建立学习型组织。

2. 竞争动力学方法

竞争动力学方法是在竞争力模式理论、核心能力理论和战略资源理论的基础上，通过对企业间的相互作用、参与竞争的企业质量、企业的竞争速度和灵活性等影响企业经营绩效的主要内、外部因素的分析，来回答在动态竞争条件下，企业应如何制定和实施战略管理，才能获得超过平均水平的收益和可持续的竞争优势。

第一，它研究处于竞争状态的企业之间的竞争作用，以及这种竞争作用产生的原因和发生的可能性；第二，它研究和分析影响企业竞争或对竞争进行反应的能力要素；第三，它分析和对比了不同条件下的竞争结果。近年来，竞争动力学的研究和分析方法在国外受到越来越多的关注，有关的研究成果被普遍地应用在战略管理的实践中。

3. 系统复杂性理论

复杂性理论历来是系统科学关注的对象和研究的前沿，但在传统战略管理理论研究中却没有受到足够的重视，主要是由于环境的相对稳定性和可预测性保证了传统战略理论的成功。但在动态竞争环境中做出较准确的中长期预测，难度越来越大。这样一来，战略管理就必须考虑动态环境，必须增强战略的柔性以实现对组织的快速调整和变革。这种突变的、不可逆的、非线性的变化是复杂性的显著特征，使得复杂性理论在战略制定和实施过程中的运用成为可能。基于复杂性理论的战略管理思想，将重点研究组织内部不同组成部分的内在关系及如何交替改变它们的相对位置，以减少控制、增强企业的自适应、自组织能力，维持组织在渐进变革和快速变革过程中的动态平衡。

本章思考题

1. 在古典战略理论阶段出现了哪些战略学派？

2. 设计学派对古典战略理论的发展做出了哪些贡献？

3. 企业家学派的核心观点是什么？

4. 学习学派的核心观点是什么？

5. 古典战略理论时期理论观点的核心思想是什么？

6. 行业结构学派的代表人物是谁？有哪些主要观点？

7. 核心能力学派与战略资源学派做出了什么理论贡献？尚存哪些不足？

8. 目前，战略管理学科有哪些发展趋势？

9. 信息技术和数字化革命怎样影响战略管理的理论和实践？

第三章
战略管理者与战略思维

本章概要

　　本章围绕影响企业战略管理的结构性和主体性因素展开。介绍了公司治理与战略管理的关系，给出了企业战略管理者的分类并逐一分析了他们在企业战略管理中的作用，最后讨论了企业家的战略思维问题。

　　通过本章的学习，读者能够充分了解以企业家为首的战略管理者如何在企业战略管理中发挥作用，尤其是企业家应怎样认识和培养战略思维能力，领导企业获得成功。

导入案例

第一节　公司治理与战略管理

　　公司治理是现代企业制度的核心，而战略管理也已经成为企业管理的主线，二者之间有着必然和密切的联系，对企业构建竞争优势、获得经营成功发挥着重要影响和作用。

一、公司治理概述

在传统的企业制度形式中，所有者和管理者是同一个人，因而并不存在公司治理问题。伴随着公司制的诞生，随着所有权和经营权的分离，企业的所有者与经营者之间产生了委托—代理问题，道德风险和逆向选择问题越来越突出，为有效解决上述问题，建立有效的公司治理机制尤为必要。

1932 年，伯利（Berle）和米恩斯（Means）在《现代公司和私有产权》一书中，通过大量的实证研究认为，现代企业的所有权和控制权实现了分离，控制权由所有者转移到支薪经理（管理者）手中，而管理者利益又经常偏离股东利益，引起人们对公司治理的重视。1984 年，英国人特里克（Tricker）首次论述了现代公司治理的重要性，他认为公司治理是关于如何治理公司实体，特别是有限责任公司的过程，即运用权力指导公司的方向，监督管理人员的行动，使其担负起应尽的职责并按照公司所在国的法律法规来约束公司。

此后的大量研究丰富了公司治理的研究范围。例如，企业契约理论把企业看作一系列契约的组合来代替市场机制，这种代替节约了交易成本，同时又增加了管理成本（监督成本、信息成本等）。对于每个公司，参与者都要追求自身利益最大化，使得公司权利的配置非常复杂。公司治理作为一种制度安排，对企业从创立、经营乃至死亡的全过程责任、利益的分配问题做了事先的考虑和约定，可以看作企业所有契约中最早成立和最基础的契约。

公司治理的核心在于寻求一种保证战略决策有效性的管理模式。从另一个角度来看，公司治理也可以理解为关于企业组织方式、控制机制、利益分配的所有法律、机构、文化和制度安排，界定的不仅仅是企业与其所有者（shareholders）之间的关系，而且包括企业与其所有相关利益集团，如雇员、顾客、供货商、所在社区等的关系，是企业的要素投入者和利益相关者之间的一种制度安排，是公司针对利益相关者之间可能出现的利益冲突而建立的一种秩序和规则。

由于不同国家经济水平、社会文化传统和政治法律制度的不同，经过长期的公司发展历程和企业制度的演变，形成了不同的公司治理模式。从股权结构和监控机制的角度来看，可分为英美模式和德日模式，前者以股东主权和竞争性资本市场为主要特征，后者则以主银行制和法人相互持股为主要特征。

现代英美公司治理模式的典型特征是股权分散，总经理持股很少，股票流动性较大。公司治理的主要目标是保证公司的高层经理与股东利益之间的一致性，运用各种长期报酬手段，帮助公司有效应付或避免一些潜在的代理问题，从而保证公司战略管理的有效性。由于经历了较长时期资本主义自由发展的过程，资本流通相对活跃，证券市场发展相对充分，英美公司较少受政府、工会、管理机构或银行的影响，公司治理的有效性在很大程度上有赖于证券市场对公司经营管理者的激励和监督。

德日公司治理模式以后起的工业化国家为代表，这些国家一般都经历过一个相对人为的资本主义急速发展时期，受政府、工会、管理机构或银行的影响较深，资本流动性较弱，证券市场上相对较多地呈现交叉持股现象，并且占总股份的比例较大。在这样的公司治理模式下，监督和约束首先来自交叉持股的公司和银行。这些大股东从公司长远利益考虑，直接对经营者的选拔和经营过程进行有效干预，其持股的目的往往不是为了较高的股息和红利，而是为了稳定相互支持与控制的局面。

二、公司治理与企业战略管理的联系

英文的"治理"（governance）一词来自希腊文，其原意就是掌舵、控制和指引的意思；董事（director）在英文中也有指导、指引方向的意思，因而只从字面上就能发现公司治理和战略管理有着密切的联系。公司治理和公司管理之间存在相互协调发展的内在联系，而战略管理研究的是企业发展方向问题，是公司管理的核心，决定着企业未来的兴衰成败，因此，战略管理是维系公司治理与公司管理的纽带。通过对不同类型治理结构的研究可以发现，公司治理通过董事会、经理人和特有的监督约束机制对战略管理施加着重要影响。

1. 公司治理影响战略管理者在战略管理中的角色

战略管理者是战略环境的分析者、企业战略的制定者、战略实施的领导者和参与者、战略实施过程的监督者和战略执行结果的评价者，具体来说，主要包括董事会、经理层、业务单元及事业部经理、职能部门管理者、专职计划人员及其他战略管理的参与者。其中，董事会有着重要的地位和作用。从公司治理的角度来看，董事会被视为代表股东和其他利益相关者利益监督经理人员的有效机制，是公司决策控制系统的最高点。

在不同的治理结构下，董事会和高层管理者在战略的选择、实施和控制上的目标及作用具有较大的差异。首先，权能的不同会影响董事会参与战略管理的程度，积极的董事会在建立、修改公司战略中起领导作用，低度参与的董事会只是行使形式上的监控和审查权能。其次，董事会的权能也影响董事会对高层管理者的约束和监督，英美模式将监督权交给了市场，而在德日模式下，董事会更容易对高层管理人员施加影响，在战略上体现自己的意愿。

2. 公司治理影响公司战略的制定

制定战略目标是战略管理的核心和关键，而公司治理主体对公司制定战略目标有着决定性的作用。同时，董事会和高层管理者对战略目标的选择又受到自身利益关系的制约，而这种制约正是公司治理结构制衡的对象。

相对来讲，在所有权非常集中的日本与德国，银行、企业等大股东由于持有公司较多的股权，成为公司治理的主体。它们与上市公司形成了非常密切的合作关系，更看重公司的长远发展，以保证自己的投资安全和保值增值，这种关系可以使公司的决策层更专心于公司的长期发展战略。因此，高层管理人员在进行战略决策时，必须将大股东的利益要求放在首位，其战略选择也必然体现这一趋势。

而英美公司由于股权分散，单个投资者没有动力去直接监督经理层，只能通过"用脚投票"作为控制经理人员的主要手段，发达的控制权市场也成了约束经理层最重要的力量。因而投资者在股市中关注的主要是公司的财务业绩，股东更多地依据公司在资本市场上的表现来衡量经理人员的能力，一旦公司股价下跌，马上就可能面临敌意接管（takeover），包括公司董事和经理层在内的人员就要被替换，因而高层管理者更注重公司的短期财务指标和股价，以使自己在任职期间不会受到市场的"弹劾"。

因此，在这两种不同的治理模式下，德日公司相对更容易采纳高风险、高收益、投资期长的战略，而英美公司则倾向于选择风险相对较小、投资见效较快的战略，管理层在制定公司战略时更追求短期利益，不注重对研究开发和长期项目的投资。

3. 公司治理影响对战略决策过程与绩效的监督

公司治理的另一个核心问题是关于组织监督和制衡机制的安排，这种安排也直接影响到战略决策过程。在德日模式下，董事会对经理人员的监督和约束是比较有效的，但德日公司董事会的决策是依靠集体讨论来决定的，对董事会本身来说，缺少外部制衡，因此这种方式的有效性和经济性还有待于实证研究。

而英美模式则由于具有较为完善的市场机制和法律环境，经理人市场发育也相对比较充分，虽然董事会的监督和约束能力较弱，但成熟的市场可以弥补这一不足，因而，公司外部监督与约束较德日模式相对要强一些。

4. 公司治理和战略管理共同影响企业竞争优势的构建

从企业生命周期来看，公司治理结构、战略选择与企业生命周期是相适应的。企业在不同发展阶段针对不同的管理问题应采取不同的战略，公司治理结构也有所不同。创业期主要是企业基本能力的积累阶段，企业规模较小、业务单一、组织结构简单；成熟期的企业资金流量大、规模适中、产品线丰富、管理效率高；而处于衰退期的企业则具有组织臃肿、产品过时、效率低下等特征。因此，不同时期企业的治理结构有所不同，战略选择也有着较大区别，导致不同时期企业竞争优势的定位也有所不同。

从公司治理的各个层次与整个战略管理全过程来看，二者的有效协同将有利于企业竞争优势的提升。第一，公司治理主体的形成及选择对战略导向具有决定性的作用，公司整体的运作将由战略的导向而定；反之，公司竞争优势得到提升后，公司的治理主体将有意识地完善自身的结构，并自觉而有效地实施战略。第二，企业治理主体的安排将影响战略主体的决策动力，两个主体之间的部分重合有利于公司目标的统一和价值观的整合，这将极大地促进公司核心能力的培育和提高。

第二节　企业战略管理者

战略管理者是企业战略管理的主体，也是企业战略管理过程的设计者、推动者、实践者和参加者。基于以上考虑，我们将企业战略管理者综合划分为四类：①公司层战略管理者，主要由企业董事会和经理层组成，也包括企业的专职战略管理部门及其规划人员。②业务层战略管理者，包括各业务单元或事业部的主要领导者。③运营层战略管理者，主要是指企业各职能部门的负责人以及在某一特定业务单位内的职能领导和部门领导。④战略管理参与者，主要包括企业员工、非正式组织领导、战略咨询顾问及行业专家。

一、公司层战略管理者

在企业战略管理者之中，董事会和企业经理层居于最高层，是主要和核心的战略管理者，担任着制定企业战略、进行战略决策、组织战略实施并进行战略控制的重要职能。同时，很多大型企业都设有专门的战略管理部门与专职战略规划人员，这个部门及其人员往往由总经理或高级经理直接领导，为企业战略管理服务，相当于经理层的内部智囊团或高级参谋机构，在企业组织中处于特殊地位，我们也将其作为公司层战略管理者来认识。

1. 董事会

公司董事会是现代公司的权力中心，它决定着公司的重大战略决策，是战略管理的起点和终点，因此董事会与战略管理之间的关系非常紧密，二者的相互影响和互动直接影响企业的战略适应能力及综合竞争力。

董事会在战略管理过程中的作用概括起来主要体现在两个方面：决策与监督。所谓决策，就是董事会要提出企业的使命，为经理层划定战略选择的具体范围，提供建议并积极参与战略制定过程，最终决定公司的战略方案，确保战略有利于股东利益，还要审批经理层的战略计划和重大战略行动，为他们提出忠告和建议，规划出具体的改进措施。所谓监督，就是董事会要通过其下属的委员会及时了解并监测企业内外部环境的变化，提醒经理层注意这些变化将会给企业造成的影响；同时对管理层执行公司战略的绩效进行评价，决定经理人员的奖惩和更替。

美国学者惠伦按照董事会参与企业战略管理的程度以及在战略管理中所起的不同作用，将董事会进行分类，形成了董事会连续统一体（board of directors continuum）（见表 3-1）。参与战略管理程度最高的董事会属于促进型董事会，这种类型的董事会都会积极认真地完成其任务，如每半年或一年召开一次董事会研究企业长期发展的战略问题。相反，处在另一极端的董事会属于挂名型董事会，它们从未提出或决定企业战略，除非企业陷入严重危机。

表 3-1　董事会在战略管理中的参与程度

参与战略管理的程度

低　　　　　　　　　　　　　　　　　　　　　　　　　　　　　高
被动消极地　　　　　　　　　　　　　　　　　　　　　　主动积极地

挂名型	无主见型	低度参与型	中度参与型	积极参与型	促进型
从来不知道应该做什么，对战略毫不关心	听任管理人员做出一切决策；只负责对管理人员提出的建议进行审查	只是从形式上对部分企业高层管理者的建议进行审查	有限地参与有关管理方面的决策，或者有选择地评审关键性战略决策或行动方案	对企业的使命、战略、政策和目标提出询问，并做出最后抉择，通过各种委员会进行年度的管理审计	在建立和修改企业使命、目标、战略和政策中起领导作用，并设有一个非常负责的战略委员会

2. 企业经理层

战略管理涉及企业活动的各个方面，虽然它也需要企业中、下层管理者和全体员工的参与和支持，但毋庸置疑，企业经理层扮演着无可替代的重要作用。这不仅是由于他们能够统观企业全局、全面了解企业情况，而且更重要的是他们具有对战略实施所需资源进行配置的权力。

（1）总经理[①]。企业战略管理的内容可以从两个方面来理解，首先是制定企业战略，其中包括在企业环境发生变化时重新制定或修订企业战略；其次是实施和控制既定的企业战略。这两方面包含了战略管理的全部内容，也构成了总经理最基本的职能。

总经理是企业最重要、最关键的战略管理者，他对企业所处环境非常熟悉和敏感，对企业内部状况又非常了解，所以在企业战略的制定上，他的意见最有权威性，有关战略方案也往往是在总经理的主持下拟定出来，并报送董事会的。一些次要的战略方案或对于小企业而言，总经理可能就是最终的战略决策者。一旦战略付诸实施，总经理又天然地成为其最高执行负责人。因此，总经理的主要责任就是领导整个战略管理过程，制定公司的主要战略目标和战略措施，组织领导企业战略的实施并对战略执行状况进行控制。

（2）高级经理。高级经理是指企业经理层中除总经理外的其他高层管理人员，如副总经理、财务总监等。高级经理在战略管理中也起着不可忽视的作用。一般来说，经总经理授权，他们往往在企业中负责某一具体领域的工作，是其所负责领域的专家，在这些领域中他们的意见是最重要的，总经理的决策往往是在归纳、分析、概括各高级经理建议与观点的基础上形成的，甚至一些战略方案根本就是集体决策的产物。因此，高级经理一般都会参与整个公司战略中关键要素的提出和确立，参与战略分析与制定，并同总经理紧密合作,协调和控制战略管理的全过程。企业总体战略一经批准,就要分解至企业各领域各层次,

---

[①]　或者总裁、首席执行官等，企业规模不同、设置不同，则会有不同的职衔称谓，本书统称为总经理或企业家，是指企业事实上的最高负责人。

转化为具体的战略方针和计划，高级经理们就成为这些领域具体战略、方针和计划的制定者与实施者。

但是，战略制定和实施的责任并不局限在总经理与高级经理的身上，企业中的每一个主要单元——业务单位、部门、参谋人员、支持小组或者地区分公司，在战略管理中都有一个主要或支持性的角色。而负责那个组织单元的管理者在上级的指导下，通常要完成该部门的部分或绝大部分战略制定工作，并决定执行战略的途径和方法。虽然越接近公司组织结构的底层，管理者的战略制定和执行的范围就越窄，职能就越明确，但每一个管理者在其所辖领域里都是战略制定者和实施者，因而各级管理人员也都是企业的战略管理者。

3. 战略管理部门与专职战略规划人员

随着战略管理实践的发展，繁重的战略分析、制定和控制工作常常使企业高层管理人员难以应付，越来越多的大中型企业开始设置专门的战略管理部门，为企业高层管理者乃至董事会进行战略管理提供帮助。该部门往往被冠以"战略研究部""企划部""规划部""战略中心"等名称，通常由一个高级经理甚至总经理亲自领导，主要负责跟踪企业内外部环境的变化、收集信息并进行分析处理、监测企业生产经营实际表现等职能。

企业战略管理部门由一些专职的战略规划人员组成，这些人员都要求具有全面的个人素质，是该企业或行业的专家，熟谙战略管理尤其是战略分析、制定与控制的理论和方法。他们的首要工作是帮助高层管理者制定企业的目标和战略，设计企业战略管理系统，协调、指导和审查业务战略、职能战略及重大战略计划的制订，帮助经理层进行战略管理。

此外，他们要对企业的战略环境进行监控，收集和分析环境变化与企业运行的各种信息和数据，提出和评价各种可执行的战略方案，为企业各业务单元或事业部提供环境分析结果，对其战略计划给予指导，对企业高层管理者所关心的问题进行专项研究。

在战略实施中，该部门通常不被赋予具体执行战略的责任和权力，一般只是负责监督实施结果与预期目标的差异，当遇到重大事项时，及时发出预警，向上级或有关部门报告，由经理层做出决策，进行必要的干预和调控。

二、业务层战略管理者

业务层战略管理者主要是各业务单元、事业部的负责人，他们是对某一特定业务承担经营责任的管理者，拥有该业务单元内的领导权。该层次的战略管理者处于企业组织结构的中层，在战略管理中处于承上启下的地位。他们负责将企业的总体战略进一步具体化，制定业务战略并领导其执行。

业务层战略管理者的出现和存在几乎是一种必然。由于现代大中型企业的经营范围往往在地理上越来越分散、产业上越来越多元，处于公司总部的高层管理者对每一个地理区域和经营单元情况的了解都不足以支持他们制定和实施所有必要的战略方案。因此，高层管理者将一部分战略制定和实施的责权下放给业务单元和事业部的负责人，从而让他们在这个层次上取得特定和明确的战略结果，这几乎成了一种惯例。

另外，把战略责权下放到业务单元和事业部，让它们担负起制定和执行业务战略的责任，实际上建立了一种成败权责制度。如果战略的执行者就是战略的制定者，他们就很难在没有达到目标的情况下推卸责任或寻找借口。同时，如果执行者本人也参与了战略制定工作的话，那么他们很可能对该战略有很强的支持和信心，而这一点正是有效执行战略的重要前提。但不容否认，业务层的战略管理者在战略管理中也有自身的局限性，例如，战略管理方面的理论与技术掌握不多；限于工作范围和利益，很难站在整个企业的高度提出问题并进行决策；可以用于战略思考的时间有限；等等。

美国学者的一项研究指出，该层次战略管理者在企业战略选择过程中有这样一些特点：他们选择的战略通常与总经理选择的有所不同；其观点部分地受到他们个人视野及所在单位使命和目标的影响。另一项研究发现：业务层管理人员倾向于上报那些可能被上司接受的方案，而扣下不易通过的方案；他们为上级战略决策提供的数据量取决于：收集数据的难易程度、他们将对日后指标完成情况负责的程度、为获得有利决策所必需的数据量和他们认为上司做决策时所希望看到的数据。

总之，经营层管理人员在企业战略管理方面所扮演的角色是战略性角色和可操作性角色的有机组合，两种角色孰大孰小无法一概而论。能否使经营层管理人员扮演好战略管理角色的关键，是高层管理者对他们的态度及具体的管理措施。高层管理者不仅要肯定经营层管理人员在战略管理方面的战略性角色和能动作用，而且要设计用以支持其施展战略性功能的具体措施，包括培育合作创新型的企业文化、建立自由畅通的信息交流渠道、尝试针对经营层管理人员的模糊工作任务和职位制度、成立多个可控的权力中心、制定基于人力资本增值和项目发展的绩效测评制度，等等。

三、运营层战略管理者

运营层战略管理者包括企业各职能部门的负责人以及在某一特定业务单元或事业部内的职能领导和部门领导，他们对该职能部门或业务单位的某一部分职能工作有着直接的领导权，如生产制造、市场营销、财务、研究与开发、人力资源等，他们在战略管理中的主要职责体现在战略实施上，就是组织领导其下属，在所负责的领域里执行职能战略，支持总体战略或业务战略的实施。作为辅助职能，企业总部职能部门的领导还有协助经理层制定和完善企业总体战略和职能战略的责任，而业务单元和事业部的职能领导也要协助所在单位的负责人制定和完善该业务单元的战略。

运营层战略管理者负责企业的具体职能工作，因此，该层次管理者是企业战略实施的中坚，对企业战略执行起到至关重要的作用。他们还要为公司层管理者和业务层管理者提供必要的信息，以协助公司层管理者和业务层管理者形成切实可行的战略方案。由于该层次的管理者比上两个层次的管理者更加接近市场、接近顾客、接近一线员工，由此提出的意见和建议对企业战略的形成具有非常现实的帮助，利于提高企业各层次战略的可操作性。

四、战略管理参与者

在传统理论中，上述三个层次的战略管理者是企业战略管理的主要力量，但由于企业环境与自身的巨大变化和这三个层次战略管理者天然的局限性，仅有他们是远远不足以制定和实施一个优秀的企业战略的。在企业战略管理中还有一些重要的参与者，他们对战略的制定和执行有着各自不同而又不可或缺的作用。

1. 企业员工

在传统的战略管理理论中，战略制定与实施主要是企业高层管理者的任务。进入21世纪，即使最优秀的管理者在面对动态复杂的竞争环境时，也会受到认知有限及信息不对称的制约，导致战略制定滞后于环境的变化，无法把握稍纵即逝的商机。因此，21世纪的企业战略管理必须采用全员参与的模式，尤其强调一线员工的参与，因为他们能最早感受到环境的变化，最快地捕捉到市场机会。

不可否认，企业战略制定过程中的战略构思、分析和决策主要是企业首脑及高层管理者的责任，企业战略实施中遇到重大困难或出现新的发展机遇也只能依靠企业首脑和高层管理者坚毅、明智的领导。但无论企业战略分析、制定、实施还是做出或大或小的调整，都离不开广大员工的信息输入，企业使命、愿景和目标的顺利实现必须建立在广大员工理解、支持和全心全意投入的基础之上，因此，企业员工是企业战略管理者中的重要角色。

2. 非正式组织领导

企业是一个包括许多子系统在内的正式组织，但各种非正式组织也必然与之相伴相生，这是不以正式组织领导的意志为转移的。非正式组织对企业战略的制定和执行也具有重要影响，这种影响的大小同时取决于企业正式领导的领导方式和非正式组织领导人的影响力。

在决定企业使命、愿景、目标和各层次战略的过程中，企业内部可能会有各种不同的意见，这些意见反映了企业内部不同团体的利益需求和思想认识。如果不能成功凝聚集体的智慧，达成各方都满意的战略，则战略制定的过程就会演变成各种利益集团讨价还价的过程。如果正式领导不向非正式组织妥协，则非正式组织可能对强行通过的企业战略加以抵制，企业的战略执行就可能遭遇巨大的阻力和扭曲，严重影响企业战略的推行，而经妥协产生出来的决策又往往是次优的。

因此，企业管理者必须高度重视非正式组织及其领导在战略管理中的作用，通过充分沟通、有效引导或采取其他有效措施，使非正式组织及其领导积极参与到企业战略管理中来，支持、配合和协助企业战略的制定、实施和控制。

3. 战略咨询顾问与行业专家

在这个企业环境急剧变化的时代，企业家自身的知识和能力越来越难以应对复杂环境下的战略决策，导致很多企业无法进行系统的思考和制定可行的战略。在这种背景下，企业到外部寻找智力支持是理想和常用的做法。在西方，企业聘请管理咨询顾问辅助战略决策和企业管理已经十分普遍，西方管理咨询业也已经发展得非常成熟，出现了诸如波士顿、麦肯锡、罗兰贝格等世界知名的咨询公司。

因此，在企业战略管理尤其是战略制定过程中，咨询顾问往往是一些重要而特殊的参与者，他们来自企业外部，往往由高等院校、科研单位、社会研究机构及管理咨询公司中的专家构成。优秀的咨询顾问能够协助企业制定科学可行的战略，解决战略执行中的矛盾和问题，帮助企业实现战略目标。因此，有人把管理咨询顾问比喻为所有行业的"参谋长"，称为站在所有行业之上的人，其重要性可见一斑。

但是，企业要正确认识咨询顾问尤其是战略咨询顾问在企业战略管理中扮演的角色，这是用好外脑、有效发挥战略咨询顾问的经验和智慧，帮助企业实现战略目标的关键。浙江大学项保华教授指出，战略咨询顾问所扮演的角色有以下三种：

（1）"擦鞋匠"。被咨询企业是"鞋子"，战略咨询顾问就是"擦鞋匠"。"鞋子"脏了，"擦鞋匠"可以帮着擦干净，但"擦鞋匠"再能干也无法把一双"草鞋"擦成"皮鞋"或者将一双"旧鞋"擦成"新鞋"。因此，战略咨询顾问不可能代替企业解决所有问题，只能帮助和指导企业解决自己的问题。

（2）"挖宝人"。尽管"擦鞋匠"不能把一双"草鞋"擦成"皮鞋"或者将一双"旧鞋"擦成"新鞋"，却可以发现和提升被咨询企业的潜在价值，告诉被咨询企业，"草鞋"派什么用场最好，"旧鞋"坏了如何修补，等等。在企业受困于日常经营事务无暇进行系统思考、当局者迷时，战略咨询顾问凭借自身的知识与经验，通过全面详尽的信息加工和分析，就能够协助被咨询企业拓宽战略思路，制定和实施良好的战略。

（3）"助动者"。"助动者"是指战略咨询顾问不仅能协助企业推动战略的成功执行，还能对被咨询企业起到"催化剂"的作用。由于咨询顾问的中介沟通，消除了存在于被咨询企业内部人员之间的成见与摩擦，使企业达成共识，形成合力，有助于战略实施的成功。

因此，战略咨询顾问是企业的战略合作伙伴，是企业战略管理的重要参与者，企业应当在战略管理过程中高度重视双方的合作，发挥各自的优势。

另外，在企业战略管理尤其是战略制定过程中往往还需要征询一些行业专家的意见，行业专家一般对本行业的技术与发展动向有深入了解，在某些领域有着精深的研究和造诣，他们能够帮助企业准确地认识行业特征、把握发展动向、提供技术信息，也是战略管理重要的参与者。

除以上四类战略管理者外，企业还有许多利益相关者，他们对企业都有各自的期望和需求，如股东希望企业能使其资产保值增值，带来投资回报；顾客希望企业以更好的产品和服务满足其需求；政府希望企业合规经营、依法纳税、为经济发展做出贡献；供应商和经销商希望企业健康发展，与其更好地合作，谋求更大的利益；主要社会团体，如环保组织希望企业的生产经营不以损害环境为代价，消费者权益保护组织希望企业维护消费者的权益，工会希望企业保障员工的利益，等等。这些利益相关者对企业的期望和要求会通过各种渠道和方式体现出来，企业在制定和实施战略中必须加以考虑，才能使企业的生存价值得到体现，企业的战略得到最大限度的认同和支持。

五、企业战略管理方式与战略管理者的观念类型

无数案例证明，只有在企业各层次、各方面战略管理者都积极参与、相互合作的情况下，企业战略管理才有可能成功。国外学者在这方面进行了很多研究，如根据董事会与企业经理层参与企业战略管理的程度，学者们描述了四种不同的战略管理方式，如图 3-1 所示。

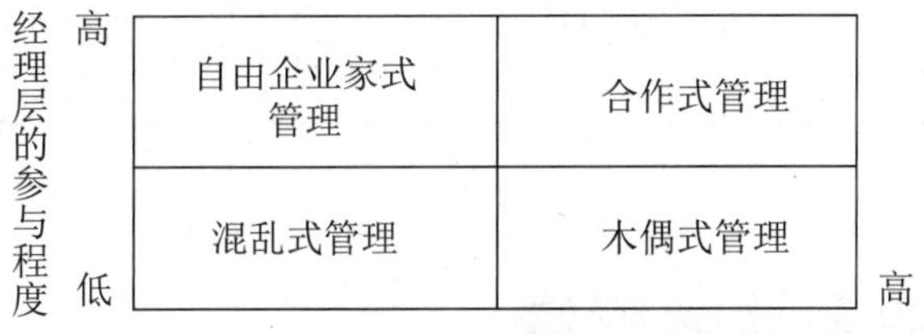

图 3-1　企业战略管理的方式

（1）混乱式管理（chaos management）。混乱式管理是指企业的董事会和经理层都不重视和参与企业的战略管理。董事会被动地等待企业经理层提出战略方案，而企业经理层则埋头于日常事务、循规守旧，这种企业根本就没有实施战略管理。

（2）自由企业家式管理（entrepreneurship management）。自由企业家式管理是指企业战略管理工作完全由企业经理层负责，董事会根本不参与。在这种企业中，经理层或者拥有最大的股权，或者是影响力极大的人，董事会只是摆设。

（3）木偶式管理（marionette management）。木偶式管理是指企业的董事会完全掌握了企业的重大决策权，而企业的经理层只能唯命是从，贯彻执行董事会的决策。

（4）合作式管理（partnership management）。合作式管理是指企业的董事会和经理层都积极参与企业战略管理，并在这一过程中积极合作。这是一种最有效的企业战略管理方式。

在另一项研究中，美国学者将企业战略管理者的观念按属性划分为变革意识、管理思想、目标意识、行为准则和驱动意识五个维度，按照观念的不同将企业战略管理者划分为五种类型，如表 3-2 所示。

表 3-2　战略管理者的观念类型

观念类型	稳定型	反应型	预期型	探求型	创造型
变革意识	依赖过去的战略，追求战略实践的一致性，不冒风险，在稳定环境中寻求生存	以求稳为基础，对环境变化做适应性被动反应，不愿冒风险，对新战略艰难适应	有变革愿望，能够接受一定的风险，对环境和新战略的适应已逐步增强	变革愿望强，敢冒风险，战略选择广泛，有着较强的外在适应性	有强烈的变革愿望，勇冒风险，乐于在变化的环境中经营，追求战略选择的广泛、变异、新奇
管理思想	古典的、物质刺激的、规章制度的、严格控制的	古典的但亦有着某种人情的物质刺激，正规的、权力的	人情的、相信人的和分权的，采用物质和精神的双重刺激	尊重人、愿分享权力、注重员工激励	激励人的，用成就、创造、挑战、工作意义、价值激发员工
目标意识	过去性目标	顺应性目标	现实性目标	满意性目标	挑战性目标
行为准则	按章办事，遵纪"守法"	既定标准，遵"规"守"矩"	遵守常规，但亦相当灵活	灵活性强，不拘陈规	权变投机，勇于变革创造
驱动意识	"以不变应万变"，在外部压力下不得已而为之	"识时务者为俊杰"，对内外变化呈刺激反应模式	"在其位谋其政"，责任感驱动强烈	"不入虎穴，焉得虎子"，较强的功利心驱动	"人生能有几回搏"，喜欢自由行事，事业成就感驱动

第三节　企业家战略思维

　　德国著名的军事战略家克劳塞维茨曾说过："在双方军队参战之前，战争的胜负已经可以从双方的战略家身上看出来了。"我国古代也有"将帅不济，累死三军"的说法。这都说明企业战略管理者尤其是企业家的战略能力和水平高低决定着企业战略管理的成败。

　　思维是人脑的机能，是人脑在实践基础上对客观世界的能动反应，正确的思维是物质与精神、主观与客观、理论和实践、知和行的统一。企业家必须具备战略思维能力，只有这样才能在错综复杂的环境中把握正确的发展方向，制定正确的企业战略。

一、战略思维概述

1. 战略思维的概念

　　所谓战略思维，就是领导者（个人或集团）在进行战略谋划时所特有的思维方式、思维理念和思维活动的总和。战略思维是战略主体在头脑中所进行的思维比较、归纳、综合、分析、推理、判断、选择、总结与升华的全过程。

战略思维是一种总揽和驾驭全局、照顾到事物的各个方面和各个阶段、从事物的整体和过程出发思考问题和解决问题以追求整体最优的思维能力和思想方法。战略思维的核心是全局性思维，其基本着眼点是如何正确处理全局与局部、长远与眼前的关系。

2. 战略思维的基本原则

（1）目的性原则。战略制定的首要任务是确定企业的战略目标，有了明确的目标，企业才有了生存发展的方向，战略领导者进行战略思维、做出战略决策就必须把实现一定的战略目标、赢得有利的战略态势作为根本出发点。

（2）全局性原则。古今中外成功的军事战略家在战争中都不计较一城一地之得失，一切思维和行动都以战争全局的胜利为本，正所谓"不谋全局者不足谋一域"。同样，企业战略管理追求的是企业整体的成功而非局部的胜利。因此，战略领导者进行战略思维、做出战略决策必须处理好全局与局部的关系，力求实现全局利益与局部利益的统一，当二者发生矛盾时，局部利益必须服从全局利益。

（3）长远性原则。战略管理研究的是如何实现企业的长期目标，这就要求战略领导者放眼未来，用长远眼光看待和处理企业问题，正确处理企业在实现长远目标的一个长期过程中不同发展阶段的关系，既要为实现现阶段的短期目标而奋斗，又要为实现长远目标创造条件，而不能鼠目寸光、只看眼前，正所谓"不谋万世者不足谋一时"。

（4）重点性原则。企业的资源和能力是有限的，某一特定时期企业外部的环境要素和企业内部的主要矛盾、突出问题也是特定的，企业家的时间、精力更是有限的，因此，战略领导者在战略管理中不可能也不应该面面俱到，而是应当抓住一定时期的主要矛盾，确定战略重点，做好中心工作，以推动全局工作的开展和全局性问题的解决。

二、战略思维的基本内容

从战略思维的形成过程来看，现代领导者的战略思维主要有超前性思维、系统性思维、创造性思维及动态性思维四方面内容。

1. 超前性思维

"凡事预则立，不预则废"，战略管理自始至终都贯穿着超前和预见，预见未来的能力是领导者战略思维能力的突出表现，因此，超前性思维是战略思维的核心。

所谓超前性思维，是指面向未来，超越客观事物实际发展进程的思维。其特点是，这种思维过程发生于思维对象实际变化过程之前，即在思维对象实际发生变化之前，就考察其未来可能出现的各种趋势、状态和结果。

超前性思维是在分析现实的基础上对未来的思考，表面上看来是时间上超前和空间上超前，但其本质是认识上超前和观念上超前，也就是思维主体对客体的超越，这是超前性思维的本质特征。当然，认识上的超前和观念上的超前是以客观事实为依据、以对客观规律的认识为前提的，是建立在对企业内外部环境变化的全面把握和科学分析的基础之上的。战略管理者只有通过科学分析内部条件和外部环境、科学认识历史背景和时代特点，才能对事物的发展趋势和发展阶段做出大致准确的预见。

超前性思维要求企业高层管理者必须从长远角度看问题，时刻关心企业的长远发展。一般来说，企业各级管理者分配在企业战略规划上的时间因其在企业内的地位不同而异，其中总经理的大部分时间应当用于考虑企业今后 2~4 年的发展上，而部门经理则集中精力考虑今后 3~6 个月内的工作。

2. 系统性思维

系统思想作为一种从整体上解决复杂问题的科学方法，为人们提供了一整套用宏观战略眼光分析问题的世界观和方法论，所以特别适用于进行战略和战略思维的研究。系统性思维的本质在于根据战略思维对象自身所具有的系统性质考察事物。

1）客观事物的系统性

系统性是客观事物所具有的本质属性，主要表现在以下几个方面：

（1）系统整体性。系统整体性即任何事物都是一定意义上的系统，都是由若干相互依存、相互制约的部分所构成；系统的整体功能存在于各个部分的相互作用之中，并且不等于各个部分功能的简单相加；要认识事物的性质和规律，必须从系统整体出发。

（2）系统相关性。系统相关性即世界上一切事物都是相互联系相互作用的，这种关系表现在构成系统的各部分之间、各部分与系统之间、系统与环境之间，系统的性质和规律就存在于这种相互联系和作用之中，其中某一方面的变化都可能引起系统性质和规律的变化，要认识事物的性质和规律，必须着眼于部分、系统、环境三者之间的相互影响和相互作用。

（3）系统层次性。任何系统都存在三个层次，即子系统——部分、系统、大系统——环境，处于不同层次的系统具有不同的性质和功能。因此，在分析处理问题时，首先需要分清问题所属的系统层次和系统性质，在此基础上，才有可能提出正确的解决方案。

（4）系统动态性。无论是自然系统还是社会系统都含有时间因素，也就是说它们都存在于四维空间之中，都有产生、发展、消亡（更新）的过程。虽然我们在考察某些系统时，可以暂时抛开时间因素，把本来具有动态特性的系统当作静态系统来考察，但这并不意味着客观世界中存在静态系统。

（5）系统功能与结构统一性。有什么样的系统结构就有什么样的系统功能；系统结构可以根据系统功能的要求来设计；要改变系统功能，首先要改变系统结构。

2）系统性思维的特点

系统性思维是全方位的、时空统一的、多维的、开放性的思维，它是战略思维的基础。系统性思维具有以下特点：

（1）全方位整体性。全方位整体性即从各个侧面、各个角度、各个层次考察企业。也就是立足企业的整体，把思维触角伸向四维空间的任一方面、任一角落，不受任何条条框框的束缚，制定出驾驭全局和指导全局的企业战略。

（2）时空统一性。时空统一性即把对事物的时间考察（包括过去、现在和未来）与空间考察（包括上、下、左、右、前、后、东、西、南、北、中）统一起来，形成立体的思维结构。

（3）无限开放性。无限开放思维的客观基础在于客观事物自身所具有的无限开放性，反映在企业领导者的思维过程中，就表现为不断开拓自己的思维空间，不断与外界交流信息，使自己的视野与无限开放的外界环境相吻合。

3）企业家系统性思维的原则

企业家的系统思维，是指系统主体——企业家在进行思维时，坚持从系统观点出发，着眼于事物的整体、部分与环境三者之间的相互联系、相互作用和相互制约，多侧面、多角度、多层次、多变量地考察事物。通过对事物进行纵向与横向、动态与静态、局部与整体、内部与外部的综合分析，全面地认识事物，有效地把握事物，从而为制定和实施最佳战略提供认识依据。企业家进行系统思维应当遵循以下原则：

（1）系统整体性思维原则。战略思维作为客观事物及其规律在人头脑中的反应，要有整体性的意识和特质。领导者要着眼大局，有整体观念，从大局的高度来观察、处置局部问题，局部利益要服从全局的最高利益。当全局与局部利益发生矛盾时，就要以局部服从全局，不计较一时一地之得失，绝不能为了谋取局部利益而损害全局利益。高瞻远瞩、深谋远虑和目光短浅、只顾眼前，是战略家和事务家的本质区别。毛泽东在谈到战争时就曾指出"只要有战争，就有战争的全局""研究带全局性的战争指导规律，是战略学的任务""指挥全局的人，最要紧的，是把自己的注意力摆在照顾战争的全局上面"。

同时，全局是由局部构成的，全局的胜利要靠各个局部的协调动作和共同努力。一般的局部尽管对于全局不起决定性作用，但若多数局部都失败了，全局的胜利也就无法实现。因此，企业家也要统筹兼顾、全面安排，照顾到各个局部，有效发挥各个局部的作用，使之协调动作，共同完成企业整体、全局的战略目标。

（2）系统结构性思维原则。结构性思维要求企业家注意研究事物的结构，通过优化结构来提高全局的整体功能。结构是事物、系统内部各种要素相互联系、相互作用的方式，系统整体的性质和功能既取决于构成系统的各种要素的性质和功能，更取决于各种要素之间的结构。我们既可以为了实现某种功能而建构事物的特定结构，也可以通过改变事物的结构而改变事物的功能。领导者必须认真研究与战略管理有关的结构问题，如产业结构、组织结构、投资结构、人员结构等，通过合理的结构来实现资源配置的优化和企业运营效率的提高。

（3）系统协同性思维原则。任何系统都是由互有差异的要素相互联系、相互作用所形成的差异协同体。用系统差异协同的观点来看企业，整个企业就是一个存在不同职能、不同岗位、不同专业、不同性格等要素差异的协同体，只有实现了系统要素的差异协同发展，才能确保企业战略目标的实现。

（4）系统核心性思维原则。系统核心性思维原则是指企业家要把注意力的重心放在对战略全局有决定性意义的问题和动作上。全局中各个局部所处的地位、作用是不同的。有的起一般性作用，有的起比较重要的作用，有的则发挥着最重要的、决定性的作用。因此，在战略管理的过程中一方面要统筹全局；另一方面又要突出和抓住重点，不能平均用力。"一着不慎，满盘皆输"，这里的"一着"并非是任意的、无关全局的，而是在全局中具有决定性意义的。

3. 创造性思维

如果说超前性思维是战略思维的核心，系统性思维是企业家战略思维的基础，那么创造性思维则是战略思维的灵魂所在。所谓创造性思维，就是在思维过程中，冲破各种思想障碍和束缚，寻求"独到"和"超越"。在常人、前人的基础上，有新的创见、新的发现和新的突破。它表现在企业家的活动中，就是制定和实施异乎常人与前人的，并且符合事物发展规律的企业战略。

创造性思维有以下特点：

（1）独立性。独立性是创造性思维的基础，没有独立性就没有创造性思维。也就是不唯"上"，不唯"书"，只唯"实"，独立自主、实事求是地制定和实施企业战略。

（2）求异性。创造性思维的重要特点在于求异，而不是求同。企业家战略思维的"求同"往往导致墨守成规、缺乏创见。而只有"求异"，只有"标新立异"，才能展开思想的翅膀，在无限的空间里追求异乎寻常的企业战略。

（3）联动性。联动性是指思维主体由于受到某种启发而产生的思维联想和升华。其具体表现形式有：①纵向联动，即发现某一现象后，立即深究一步。②逆向联动，即看到一种现象，立即联想到它的反面，"如果反过来，会怎样？"③横向联动，即发现一种现象后，立即联想到与之相似或相关的事物。

（4）多向性。所谓多向性，是指从不同侧面、不同角度考虑问题，这是创造性思维的重要特点，同时也是它往往能够另辟蹊径，"柳暗花明又一村"的主要原因。创造性思维的多向性，主要取决于企业领导者的三种思维机制，即发散思维机制、转向思维机制和创新思维机制。对于具有强烈创新意识的人，即使在思维没有受阻甚至已经找到较好方案的情况下，还能够不满足、不止步，继续寻找更好的方案。

4. 动态性思维

21 世纪的企业生存于一个复杂动荡的环境中，因此，战略领导者必须具备动态思维方法，善于在企业和环境都处于运动、变化的情况下进行动态的战略管理，必须注意做好以下工作：

（1）收集信息情报。企业应当建立信息情报组织系统，通过文件、电话、报纸、广播、网络、会议、交谈、观察、调查、考察等渠道获得尽可能多的信息情报资料。同时，在信息情报的海洋里要善于分析思考，不能做信息情报的"奴隶"。

（2）保持充分弹性。企业要素和外部环境都随着时间、空间不断地发展、变化，为了在复杂的、时常难以控制的变化中争取主动，必须在战略制定和实施中都留有余地，保持系统调节的预备能力和适应变化的能力。

（3）注意时间配合。在工作中不仅要照顾到各个局部，还要照顾到各个阶段，安排和组织好企业内部各种活动时间上的配合，协调好各项工作的步骤、进展和衔接。

三、直觉思维、分析思维与战略思维

直觉思维和分析思维是人类的两种基本思维方式。直觉思维主要是右半脑的思维活动，能够对错综复杂的现象进行综合处理，非线性地研究问题，充分发挥人的智慧，提出创造性的设想，但这种方法难以准确把握和复制，无法独立于思维者个人，容易出现片面性。而分析思维主要是左半脑的思维活动，可以借助科学技术方法进行理性的思考，对各种要素进行最优组合，但对那些难以描述清楚的复杂现象却无法分析，而且很难利用客观信息和主观综合能力得出创造性结果。两种思维方式的对比见表3-3。

表3-3　两种思维方式的对比

	直觉思维方式	分析思维方式
优点	1.速度快，节省时间、财力 2.可根据经验、直感对错综复杂的现象、定性信息做迅速判断和综合	1.降低思维复杂性 2.全面，防止漏掉有关因素 3.思维过程程序化，盲目性小
缺点	1.面对复杂问题不知从何处下手 2.易出现偏差和片面性 3.过分依赖个人的思维能力	1.费时，成本高 2.缺乏创造性成果 3.过分简化原问题，易使实际问题变形
适用情况	定性和模糊信息较多，时间紧迫	问题复杂，较易定量，有充裕的时间
可能结果	智慧的火花	条件简化情况下各部分的最优组合，对系统的全面分析

由于企业战略问题的复杂性，仅凭经验和直觉思维进行研究非常困难，只靠分析思维，运用科学技术手段来计算和推断也是无能为力，这是战略管理的学科特点所决定的。

制定和实施企业战略要进行大量的调查研究，掌握充分的资料和数据，借助理性思维和逻辑推理，进行准确的量化分析，这是战略决策正确的基础和依据。但是，仅靠理性思维和逻辑思维无法全面把握经济、社会和科技的迅猛发展和变化，企业及其环境系统的复杂性、时域的动态性和不确定性及突变特点使战略问题无法简单转化为数学模型来处理。需要企业家借助想象和直觉等非理性思维，以敏锐的眼光、独到的视角捕捉机会、发现风险，这又使主观判断、创造性、革新和风险精神在战略形成中发挥重要作用。

研究证明，战略创造性常常在正确而有洞察力的分析下得到激发，而为了得到正确的分析，又需要运用直觉思维和探索精神提出恰当的问题，产生新的概念，二者的有机结合才能形成优秀的战略构思和方案。因此，战略思维必须将科学的分析方法和智力的灵活性结合起来，即将分析思维方式与直觉思维方式结合起来，相互补充，取长补短。

但在企业战略管理实践中经常伴有直觉思维和分析思维这两种方法间的冲突。有过直觉判断成功经验的领导者往往难以接受正式战略规划方法的束缚，不愿进行理性的战略分析和规划；也有人认为在正式的战略分析中不应该有直觉思维存在。实际上，这两种思维方式在战略思维中是相互交融、不可或缺的。理性、科学的战略分析能够帮助领导者更加全面系统地考虑战略问题，从而更加敏锐地将其直觉融入规划中去，还能够为决策者提供更多深思熟虑的时间，而所谓科学的战略规划方法的本质，就是将战略家头脑中的直觉数量化和程序化。

因此，战略思维是直觉思维和分析思维的结合，企业战略管理的思维方法，不仅要靠严密细致的理性分析思维，也要依靠经验、想象、直觉等非理性思维。

本章思考题

1. 公司治理与企业战略管理有何联系？

2. 企业战略管理者有哪些类型？

3. 董事会在企业战略管理过程中起到什么作用？

4. 总经理在企业战略管理中具有哪些职能？

5. 为什么企业员工也要参与企业战略管理？

6. 战略咨询顾问在企业战略管理中扮演哪些角色？他们和企业是怎样的关系？

7. 战略思维必须遵循哪些基本原则？

8. 战略思维包括哪些基本内容？

9. 为什么战略思维是直觉思维和分析思维的结合？

2 第二篇

方 法 篇

第四章
宏观环境分析

本章从政治环境、经济环境、社会文化环境和科技环境（PEST）四个方面，全面深入地介绍了企业宏观战略环境分析的主要思路和方法，勾勒出了企业宏观战略环境分析的基本线条，给出了一个一般性的宏观环境分析框架。

通过本章的学习，读者除能够掌握企业宏观环境分析的基本框架外，更需重点理解宏观环境分析的主导思路和逻辑，做到举一反三，能够根据特定行业和企业情况进行动态、全面、深入的宏观战略环境分析。

第一节　政治环境分析

政治环境主要是指制约和影响企业经营的各种政治要素及其运行所形成的环境，即国际国内的政治制度、体制、经营所在国的方针政策及法律、法规等方面的因素。政治因素从宏观上广泛而深刻地影响着企业战略的制定与实施，尤其关系到企业的长期发展，有时甚至起到决定性的作用。政治环境分析可以从国内政治环境和国际政治环境两方面展开。

一、国内政治环境分析

国内政治环境分析就是对企业所在国的政治环境进行分析，一般来说，国家政治稳定、政策明确连续、司法公正廉明、政治气氛宽松，有利于企业的健康稳定发展。

1. 政治形势分析

政治形势分析即分析和预测国家政治形势的宏观状况及走势。一般可以从以下两方面展开：

（1）分析国内政局是否稳定。国内安定团结的政治局面，不仅有利于经济发展和人民收入的增加，而且会使公众心理预期乐观积极，市场需求稳定增长，给企业带来长期健康发展的机会。

（2）要判断政局的中长期走势，就必须了解国家的主要政治力量及其政治活动趋势。不同政治组织或派别的力量消长及其在政坛影响力的大小对政府的路线方针与政策会产生不同程度的影响。

2. 政治体制分析

一个国家的政治体制及其运作方式是影响国内外投资者对这个国家投资意愿的直接决定因素，也将直接影响到国内外企业在这个国家的经济利益。由于绝大多数国家的政治格局经常由于政党更迭而发生明显的变化，并直接影响各种经济政策的选择与实施，所以进行政治体制分析的重点是执政党和政府的产生及其运作方式。

3. 法律环境分析

法律环境是指与企业相关的社会法律系统，包括国家或地方政府颁布的各项法律法规以及国家立法、司法与执法机关等。法律环境为企业的经营提供了活动范围和游戏规则，它规定了企业可以做什么、不可以做什么。企业研究并熟悉法律环境，既可保证在战略管理过程中能够严格依法管理和经营，也能够运用法律手段保障自身的权益。

法律环境主要应分析以下因素：

（1）法律规范。要对和企业经营密切相关的经济法律法规进行认真深入的学习研究，如《中华人民共和国公司法》《中华人民共和国中外合资经营企业法》《中华人民共和国民法典》《中华人民共和国专利法》《中华人民共和国商标法》《中华人民共和国税法》《中华人民共和国企业破产法》等。

（2）国家立法、司法、执法机关。国家司法系统调节着企业和国家的关系，规定了企业行为的规范和界限、企业间关系的调节和处置方式，体现了国家对企业利益的承认和保护程度。我国的司法、执法机关主要有法院、检察院、公安机关以及各种行政执法机关。与企业关系较为密切的行政执法机关有工商行政管理机关、税务机关、物价机关、计量管理机关、技术质量管理机关、专利机关、环境保护管理机关、政府审计机关等，还有一些临时性的行政执法机关，如各级政府的财政、税收、物价检查组织等，企业都要进行分析和研究。

（3）企业的法律意识。企业的法律意识是法律观、法律感和法律思想的总称，是企业对法律制度的认识和评价。企业的法律意识，最终都会物化为一定性质的法律行为，并造成一定的行为后果，从而构成每个企业都不得不面对的生存环境。

将经营系统建立在法律漏洞基础上的企业不可能有长期发展的机会，靠这种手段获得的成功一定难以长久，一旦受到法律制裁，被制裁的成本将远远高于其因钻法律空子所获得的利益。因此，企业一定要树立法律意识，把企业战略构建在法律法规所允许的范围内，这才能使企业获得长期的发展。

4. 执政党路线方针与政策分析

执政党及其领导下的政府的执政理念决定了其政治经济路线、方针与政策，规定了国家政治、经济、社会、文化的发展方向，决定了经济发展的水平、质量和速度，也直接关系到社会购买力及市场需求的变化，对制定企业战略有重大意义和价值，应当进行全面详尽的分析。

一般来说，执政党的执政理念和政治经济路线集中体现在各项经济政策中，代表性的政策有：产业政策、财政税收政策、货币政策、外贸政策和劳动工资政策。

1）产业政策分析

产业政策是根据国民经济计划确定的总目标和长期的产业结构设想而制定的，是经济发展目标的具体化，因而在国家总的经济政策体系中居于特殊地位，对其他各项经济政策的制定和实施具有指导作用。政府常常通过产业政策来引导企业行为，产业政策决定和体现了不同时期政府对各产业进行鼓励、支持或约束、紧缩的方向和力度，也体现了国家宏观经济政策的长期导向。因此，企业应密切关注国家产业政策，将对产业政策的分析作为政策分析的重点。

2）财政政策分析

财政政策是国家在一定时期内为了实现特定的经济社会发展战略目标，在财政领域内制定的各项政策的统称。财政政策有收入政策工具和支出政策工具两类，收入政策工具主要是指税收政策；而支出政策工具又分为购买性支出政策和转移性支出政策，其中，购买性支出政策又有公共工程支出政策和消耗性支出政策之别。下面逐一分析各种财政政策对企业经营的影响。

（1）税收政策。税收是国家财政收入的主要来源，税收政策深入影响国民经济的各个领域，从生产、交换、分配和消费各环节影响着要素的流动和国民收入的初次分配与再分配，国家一般通过减税或增税两种方式来进行经济调节。如何正确利用税收政策实施企业战略、使企业税负合理化是企业家应当高度关注的战略问题。

（2）公共工程支出政策。政府通过人为地扩大公共工程支出，更多地投资于民间资本无能力或不愿意承担的工程，可以扩大总需求，有助于经济复苏。

（3）政府消耗性支付政策。政府消耗性支付政策是指政府直接购买劳务和消费品并用于当期，如增加政府雇员、提高雇员工资、扩大办公设备的购买量等。

（4）转移支付政策。转移支付政策是指政府通过为企业、个人或下级政府提供无偿资金援助，以调节社会分配和生产的政策，如对居民的补助、对企业的投资补助、限价补助、进出口补助等都会直接促进企业生产发展或保证企业利润的提高。

以上四种财政政策都是政府的财政支出政策工具，一般来说，政府开支的增加将首先使那些与政府直接联系的企业受益。企业能够从承接政府投资的项目、为政府供应产品或服务和获得政府的投资补助中获得更多的发展机会和利润。

3）货币政策分析

货币政策是指国家以宏观调控目标为标准，在金融信贷方面制定的各项政策措施的统称。财政政策和货币政策，是国家宏观调控力度最大的两项政策，国家常常选择适当的财政与货币政策配合使用，运用两者间的协调机制来保持国民经济的良性循环。

从整体上说，财政政策和货币政策都包括紧、松两种政策选择。两者的组合模式无外乎四种形式，即双松模式、双紧模式、紧财政松货币模式、松财政紧货币模式，这几种模式的组合对经济运行进而对企业经营产生着不同的作用。

企业通过对国家财政和货币政策的分析，能够准确地把握政府对经济进行宏观调控的思路和手段，预见到未来经济发展的走势，从而制定科学可行的企业战略。

4）外贸政策分析

外贸政策是国家制定的对外经贸方面的政策，在世界经济全球化的大背景下，外贸政策对企业经营的影响越来越大，表现在：①外贸政策对进口数量和结构的作用，直接影响到国际竞争对国内市场的影响程度和企业技术进步的快慢。②如果外贸政策鼓励进口先进的技术设备，会直接促进国内企业的技术进步，不但节约了技术创新成本，缩短了时间，而且减少了资源耗费，提高了产出效率。相反，如果鼓励进口消费品、限制进口先进的技术设备或者一视同仁地限制进口，就会阻碍国内企业的技术进步。另外，国家还常常通过以外贸政策调控出口增长速度和出口结构的手段来调节产业结构。

广义的外贸政策也包括汇率政策，汇率是商品国内价格与国际价格的折算系数。如果汇率过高，出口价格相对低廉、初级加工、低技术的劳动密集型产品可以凭低价优势迅速扩大出口，但也助长了企业追求数量扩张的惯性；同时进口价格相对昂贵，阻止了一般商品的进口，削弱了进口产品的竞争，也阻止了先进技术设备的引进，妨碍了企业的技术进步。相反，如果汇率过低，将会阻止粗放型出口的增长，有利于引进先进的技术设备。因此，企业对国家的汇率政策和机制也要高度关注。

5）劳动工资政策分析

劳动工资政策是国家用以界定劳资双方在劳动中所发生的权利义务关系的法律法规，往往规定了劳动用工的方式、劳动合同的签订和解除、劳动工资水平、工作条件和要求、休息与休假、员工福利等内容，对企业用工的方式方法和人力成本都有着重要影响。

5. 政府职能与行为分析

政府是国家政治权力的行使者，也是重要的企业利益相关者之一，所以对政府的分析是企业政治环境分析必不可少的内容。

对政府的分析可以从政府职能与政府行为两方面展开。政府职能是政府在国家社会政治系统中所扮演的角色，承担的责任、义务和所拥有权力的总和，决定着政府进行宏观调控、管理公共事务的范围、领域和方式方法；而政府行为是政府根据宪法和法律，通过政府机关及其工作人员运用和行使国家权力的行动，直接体现了政府的结构和职能。

同时，政府是由许多不同的部分及其相互联系的运行机制所组成的一个非常复杂的有机整体，其自身具有一定的结构。政府结构对政府行为产生着重大的影响，不同的结构、不同的运行机制和组成部分都将产生不同的政府行为，对社会经济发展也产生着不同的影响。因此，在分析政府的行为时，不仅要分析权力的运行机制，还要分析政府系统的整体行为、构成政府系统的各个部分如中央政府、地方政府、不同部门（行业）的政府行为，甚至代表政府行事的政府官员的行为。

二、国际政治环境分析

进入21世纪，现代企业已经生存在一个全球化的环境中，无论企业在哪些国家和地区生产经营，国际政治环境都对其有着直接或间接的影响。因此，企业应当树立全球化观念，从全球角度考虑企业战略问题，这就需要对国际政治环境有清晰的认识。

1. 国际政治局势分析

国际政治局势分析是对国际政治局势现状及发展趋势的总体判断，据此可以建立对国际政治环境整体的认识和了解，有利于深入分析其他方面的问题。

当前的国际政治格局仍是"冷战"后形成的"一超多强"结构，即美国独霸下的大国关系格局，但从长期看，国际政治多极化和美国霸权的衰落是必然规律。同时，日本、俄罗斯、印度、欧盟诸国等都在各自国家战略的指导下，在国际舞台上积极活动，施加影响，努力争取更加有利的战略位置和更多的国家利益。

2. 大国战略与国际关系分析

世界政治环境中最重要的影响因素是美国、欧盟、日本、俄罗斯等大国和地区所采取的战略。同时，不少国家和地区都与其他国家和地区建有不同性质的政治联盟，这些政治联盟往往规定在某成员国家和地区的某些利益受到伤害时，其他成员国家和地区将采取预先约定的共同制约手段。除政治联盟外，不同地区还有一些经济联盟，这些经济联盟使原本分割的地区在某些方面具有整体特征，使企业一般环境的范围扩大，也有可能影响企业在不同投资地区的利益。因此，要进一步深入认识全球政治环境的现状与趋势，就要对大国战略以及在各自战略指导下的国际关系进行分析。

3. 国际法律环境分析

国际方面的法律因素主要涉及各国的国内法以及国际公约和条约的有关规定，各个国家社会制度不同、经济发展阶段和国情不同，体现统治阶级意志的法制也不同，我国企业要与某个国家进行交易活动或实施国际化战略，就必须事先掌握通行的国际法规、国际惯例及东道国的法律制度。

（1）世界主要法律体系。目前世界上有三种主要的法律体系，分别是伊斯兰法、判例法和成文法。伊斯兰法来源于《古兰经》，在公元前 10 世纪就有了雏形，其特点是掺杂了许多伊斯兰宗教戒律，有保护其宗教信仰的色彩，如禁止投资酿酒业或烟草业等。判例法起源于英国，流行于美国、英国、加拿大、澳大利亚、新西兰、印度、南非等国家，其法律系统分成商法、民法和刑法三个相互独立的部分，特点是法院依据司法惯例、以前对类似案例的判决、普遍习俗及法官对良好公共政策的看法对案例进行判决，法院在司法条款解释方面扮演主要角色。成文法起源于古罗马法。世界上有 70 多个国家使用这种法律体系，包括法国、西班牙、意大利、德国、日本和绝大多数拉丁美洲国家。其特点是法院依据详尽编纂在一起的不同时期的法律典籍与条文进行判决。

（2）企业国际化经营中的关键法律问题。国际化战略是企业常用的增长型战略，也是经济全球化环境中企业战略发展的必然趋势。企业在进行国际化经营中经常涉及的东道国法律包括：公司法、合同法、外国投资法、证券交易法、银行借贷法、税法、知识产权保护法、环境保护法、专利法、广告法、商标法、劳工法等。其中，尤其要重视以下法律问题：涉及欺诈、歧视、推销方法、定价及地区独家代理协议的竞争法规；维护零售价格的法律；撤销经销商和批发商协议的法律；有关产品质量及扩展的法律；有关包装的法律；有关产品保修与售后服务的法律；有关价格控制的法律；有关专利、商标、版权的法律；有关劳工的法律；有关投资的法律；有关合同的法律。

（3）关税、配额及非关税贸易壁垒。关税和配额是企业在国际经营中最主要的贸易障碍。由于 WTO 致力于减少和消除关税、配额，越来越多的国家开始采用非关税贸易壁垒进行贸易保护，即用法律法规等形式限制外商进入某些经济领域或提高质量标准、反倾销等。

企业在进行战略分析时要充分考虑关税、配额及非关税贸易壁垒对国际化经营的影响，我国企业尤其应当认真学习研究 WTO 的相关规则，提高在 WTO 框架下进行国际经营、维护自身合法权益的能力。

4. 目标国的国内政治环境分析

当企业在战略分析中涉及某国家或地区的相关问题，或对国际化经营有所考虑，准备制定或实施国际化战略、进入某个国家或地区的市场时，必须充分了解和掌握目标国家和地区的政治环境，可运用前面介绍的国内政治环境分析的一般框架和思路，对目标国和地区的政治环境进行分析。

5. 国际政治风险评估

在国际环境中经营，政治风险是企业无法控制和掌握，甚至无法预料的根本性风险。企业在制定和实施国际化战略时必须对国际政治风险进行评估。

国际政治风险又可以分为两类：①宏观政治风险是指对所有外国企业的投资和经营活动产生同样不利影响的威胁或阻碍外国企业经营活动的政治因素，如征收财产、非自由兑换货币、战争、经济和政治制裁、国内动乱及拒绝履行合同等方面。②微观政治风险是对某一或某些外国企业的投资和经营活动产生同样不利影响的威胁因素或阻碍外国企业经营活动的限制与规定，包括政府产业法规、对特定行业税收的改变、国产化法规、报复行动、恐怖活动、从有潜在敌意地区的撤离及不同的政治观念和宗教党派等。

1）国际政治风险评估指标体系

世界上较有影响的国际政治风险评估机构及指数有以下几种：

（1）商业环境风险（business environment risk intelligence，BERI）指数。这是有关140多个国家的风险排名、分析和预测数据。主要预测三类风险：社会及政治因素引起的政治风险、经营风险和R系数（利润返回母国或资本调拨回国的风险）。

（2）风险控制信息服务（CRIS）。风险控制信息服务指数是对BERI指数的有益补充。它主要涉及人身安全，如雇员及家属是否会被绑架和受到伤害等问题。它是通过专家对政党状况、叛乱、当地治安和机场安全等项内容进行的重点预测基础上得出的。

（3）普林斯模型。普林斯模型是通过国际问题专家、政府接触、使馆官员及分析国际货币基金组织和政府出版物得出的预测。主要包括以下分析要素：专家评估一国的国家性质；政权稳定性风险；发生动乱的可能性；投资限制；未来对贸易的限制。

（4）国际国家风险指南（international country risk guide，ICRG）。国际国家风险是自1980年起对140个国家的政治、经济和金融风险的排名系统，包括众多的金融风险、经济风险和政治风险评价因素，仅政治风险就有13项。

2）控制政治风险的方法和途径

约翰·丹尼尔斯和詹姆斯·施维卡特把国际政治风险的控制与管理方法概括为以下几种：改变期望风险和期望收益；在东道国内选择合适的经营位置；分散资源；利用合作协议；建立联盟；使子公司议价能力最大化。

第二节　经济环境分析

经济环境是指企业经营过程中所面临的各种外部经济条件，包括经济要素的性质、水平、结构、变动趋势等多方面的内容，涉及国家、社会、市场及自然等多个领域，主要包括宏观经济总体状况、社会经济结构、经济体制以及各种经济资源状况等。国家经济政策对企业经济环境有着重要影响，因此，经济环境分析要与政治环境分析中对国家经济政策的分析相结合。

一、宏观经济总体分析

宏观经济的总体状况及发展趋势将直接影响一个国家的市场规模和产业前景，既可能形成企业的发展机会，也可能对企业造成威胁。宏观经济的总体分析可以从经济发展阶段、经济规模与发展水平和宏观经济形势三方面展开。

1. 经济发展阶段分析

按照经济周期理论，企业要考察目前国家经济处于何种发展阶段。国家经济处在经济周期哪个阶段、发展趋势是走向繁荣还是走向萧条，对各个经济主体的中短期预期都会产生巨大的影响进而又反作用于宏观经济，推动当前经济趋势的发展。

2. 经济规模与发展水平分析

经济规模与发展水平是指一个国家经济发展的规模、速度和所达到的水准，常常用市场规模来衡量一个国家的经济规模。

市场规模是指一个国家或地区的市场总容量，或者说是商品的总需求水平。一个国家市场的大小、市场潜力的有无对企业的经营影响非常大，处于一个规模巨大的市场中必然对企业经营发展有利，企业可以大胆实施增长型的战略；如果企业面临的市场很小，则必须小心谨慎，同时及早寻求新的市场。

3. 宏观经济形势分析

对宏观经济形势的分析和判断必须建立在对反映经济运行各方面状况的一些指标的量化分析基础之上，通常从以下方面来综合考察。

1）物价水平与通货膨胀率

物价水平与通货膨胀率都是反映宏观经济通货膨胀水平的基本指标，市场物价水平通常用物价指数来衡量。如果通货膨胀严重，则物价总水平上浮较大，使人们的基本生活需要支出大幅度增加，购买力下降，降低了居民的实际收入水平，影响居民福利的提高；而误导的价格信号又会使某些消费行为提前，某些购买行为被推迟；个人可自由支配收入的降低会长时间抑制耐用消费品的需求，导致产品积压，生产停滞；而生产资料价格大幅度上涨，使企业生产经营成本上升，增加了生产性投资的风险，对企业经营产生不利影响。同样，通货紧缩也会给经济造成危害。在商品价格持续下滑的情况下，企业盈利能力下降，可能减少生产和投资；消费者预期价格还会继续走低，因而减少当期消费，进一步影响经济增长；同时，企业实际偿债负担加重，可能导致企业破产和金融机构不良资产增加，对经济金融稳定造成冲击。

2）居民收入

市场消费需求是人们有支付能力的需求，仅仅有消费欲望，有绝对消费力，并不能创造市场；只有既有消费欲望，又有购买力，才具有现实意义。收入是个人在特定的时间内所得到的资金流量，国民收入即是整个国家在该时间内所得到的资金流量。在研究收入对宏观经济的影响时，常常应用以下指标：

（1）个人收入。个人收入是指城乡居民从各种来源所得到的收入。其中，各地区居民收入总额用以衡量当地消费市场的容量；人均收入反映了购买力水平的高低。

（2）个人可支配收入。从个人收入中，减除缴纳税收和其他经常性转移支出后，所余下的实际收入，即能够用以作为个人消费或储蓄的数额。

（3）可任意支配收入。在个人可支配收入中，有相当一部分要用来维持个人或家庭的生活以及支付必不可少的费用。只有在可支配收入中减去这部分维持生活的必需支出，才是个人可任意支配收入，这是影响消费需求变化的最活跃因素。

可支配收入决定了社会和个人的购买力，由此决定了潜在的市场容量。因而，可支配收入与GDP（国内生产总值）可以一起起到影响企业发展空间的作用。

3）利率与汇率

利率与汇率等经济指标是典型的市场信号，它们一方面将影响可支配收入、物价水平和社会资金供应从而影响社会总体购买力；另一方面也将通过对企业经营要素价格和投资成本的影响而作用于企业的经营成本，进而影响企业的潜在获利能力。

4）储蓄与信贷

储蓄是金融的根本来源，融资就是将储蓄者的资金提供给投资者使用，所以金融活动的本质就是将储蓄转化为投资。因此，储蓄状况对整个金融系统的运行影响很大。同时，较高的储蓄率也会推迟现实的消费支出，加大潜在的购买力。

信贷是金融或商业机构向有一定支付能力的消费者融通资金的行为，消费信贷是指消费者可用贷款先取得商品使用权，再按约定期限归还贷款。消费信贷的规模与期限在一定程度上影响着某一时限内现实购买力的大小，也直接影响着提供信贷商品的销售量。例如，购买住房及其他昂贵消费品，是否及如何提供消费信贷往往是影响消费者购买决策的关键因素，消费信贷可提前实现这些商品的销售，促进该产业及企业的发展。

5）固定资产投资与存货

投资是经济体系中最活跃的因素，经济周期通常与投资波动相联系。因此，固定资产投资规模及其增长率是衡量特定时期国家经济是否过热、是否有通货膨胀危险的重要指标。

存货也是非常重要的宏观经济指标，因为存货增加能够灵敏地反映总供求和经济周期的变化。对存货增加的分析，可以解释许多问题，如经济增长的高速度与低效益并存、银行不良贷款比率居高不下等。由于存货增加主要属于非意愿投资，因而产成品存货增长将导致企业效益下降和银行不良贷款增加。

二、社会经济结构分析

社会经济结构是指社会经济中不同的经济成分、产业部门以及社会再生产各个方面在组成国民经济整体时相互的适应性、数量比例及排列关联的状况。社会经济结构主要包括产业结构、所有制结构、地区结构、消费结构等，其中最重要的是产业结构。

1. 产业结构分析

产业结构是指国民经济中各产业部门之间的相互组合关系。从广义来看包括两个方面内容：国民经济各产业之间在生产规模上的相互比例；各产业之间的相互关联方式。目前对产业结构多做狭义理解，即国民经济中各产业之间的相互比例关系。

产业结构是社会经济结构中最重要的方面，国家对产业结构的发展思路和调整方向都会在产业政策中反映出来，企业只要认真分析研究，就能找到未来产业发展的方向和机会，从而制定合理的企业战略，利用和享受国家的产业政策，抓住国家产业结构调整带来的机遇，规避未来产业发展的威胁，实现长期健康发展。

2. 所有制结构分析

所有制结构是指国家经济体系中各种所有制经济在国民经济中的数量构成和比重关系。合理的所有制结构能够有效发挥各种所有制的优势，促进经济整体健康发展；反之则会导致严重的社会资源浪费和生产效率低下，影响经济长期发展。

3. 地区结构分析

地区结构是在国家经济总量中不同地区所占比重的分布，往往表现为地区之间经济特点、产业布局和经济发展水平的差异。不同地区具有不同的资源禀赋和发展历史，其区域产业结构也不尽相同，这使得不同地区的经济发展特点、水平和模式都有一定差异。

地区结构的差异和区域经济发展的不平衡既为企业带来了增长空间和回旋余地，也对企业的地域发展战略提出了挑战，因此，企业进行地区结构分析就能够充分抓住区域经济的特点和差异，获得更大的发展空间。

4. 消费结构分析

人们在消费过程中所消费的各种消费资料和劳务的组成关系及比例关系，就是消费结构。消费结构可以从不同的角度进行分类，按照消费对象不同可以分为对生活资料的消费和对社会服务的消费，前者消费的对象是物质产品，后者则是为生活服务的劳务；按消费需要的层次来分类不同可以分为对生存资料的消费、享受资料的消费和发展资料的消费；按消费方式分类不同可以分为社会消费与个人消费，前者是指满足共同需要的消费，后者是指满足个人需要的消费；按所消费的商品内含价值来分类，可以分为高档、中档、低档消费品的消费。

消费结构的变化趋势是逐步由低消费结构向高消费结构发展，由主要是物质生活消费向更多的精神消费扩展。在生产力水平较低的条件下，人们必须首先满足基本的生活需要，当温饱问题解决之后，消费的增长就侧重于享受资料和发展资料。到一定阶段，在全部消费中，生存资料消费所占比重会明显低于享受资料和发展资料消费的比重。同时，随着消费水平的提高，人们在消费品的数量方面得到一定满足之后，将对消费品的质量提出更高的要求，消费支出将更多地投向高档和精致的新产品，从而从低消费结构向高消费结构发展。在物质生活达到一定水平之后，精神生活将更加被重视。这种消费结构变化趋势的实现将是长期的、逐步的。

三、经济体制分析

经济体制是国家经济组织的形式，规定了国家与企业、企业与企业、企业与各经济部门的关系，并通过一定的管理手段和方法，对社会经济活动的范围、内容和方式起影响和调控作用。经济体制的职能在于将稀缺的资源在无限的、彼此有竞争的需求之间加以配置。人类已经形成了三种主要的经济体制。

计划经济体制下，由政府决定应当生产什么或为谁生产。国家预测人们的需要并为企业确定相应的生产指标，同时建立起原料和制成品的分配网络。实际上，计划与复杂的生产决策之间的协调常常困难重重，导致一些商品的生产过剩或短缺，因为这些生产商品没有与消费者的实际偏好相吻合。

市场经济与一个社会的经济制度性质无关，是以市场配置资源或调节经济运行的经济。在市场经济中，按生产要素贡献和市场效率分配刺激经济实体实现生产要素的最佳结合，从而提高资源配置的效率。

在现实中，所有国家实行的都是一种混合经济体制，根据国家的需要及执政党的政治观点，政府对经济的干预程度有所不同。经济体制对企业的生存与发展提出了系统的基本规则和条件，对企业的发展有着至关重要的影响。

四、资本市场分析

资本市场是金融市场的重要组成部分，通常是指由期限在 1 年以上的各种融资活动组成的市场，是提供一种有效地将资金从储蓄者（证券持有者）手中转移到投资者（企业或政府部门，同时又是证券发行者）手中的市场机制。从宏观上，资本市场可以分为储蓄市场、证券市场（又可分为发行市场与交易市场）、长期信贷市场、保险市场、融资租赁市场、债券市场、其他金融衍生品市场等。其中，证券市场与债券市场是资本市场的核心。

1. 资本市场总体分析

资本市场作为金融市场最重要的组成部分，具有资源配置、资本资产风险定价、为资本资产的流动提供服务等功能，在现代经济中发挥着不可替代的作用。资本市场的主体通常被称为市场参与者，在发达的资本市场中，发行和购买金融工具的市场参与者一般包括居民家庭、企业、中央政府及其代理、地方政府以及境外投资者。参与资本市场的服务企业分为金融中介企业和非金融企业，其中金融中介机构在资本市场的所有参与者中发挥着最重要的作用。

2. 股票市场分析

证券市场是资本市场的核心，而股票市场又是最重要的证券市场之一。是否发行股票进行上市融资，是企业财务战略的核心决策问题，企业只有对股票市场信息有充分的了解和掌握，在对自身所处发展阶段、发展现状及资金需求进行综合研判的情况下，才能做出正确、理性的选择。

3. 债券市场分析

一个长久繁荣健康的债券市场是构筑活跃的金融市场的基石，在整个金融体系中，它是联系银行货币存贷市场和资本市场的桥梁和纽带。与股票相比，债券融资的优点在于筹资成本相对低廉，同时可以防范股权为人所控。因此，许多发达国家企业的债券融资规模与股票规模相当，美国和日本的企业债券融资规模甚至超过了股票。

我国商业银行信贷资产证券化以及流动性管理、中央银行疏通货币政策传导机制、稳步推进利率市场化改革、货币政策与财政政策的协调、本外币政策协调等都需要发展债券市场。同时，中国居民、企业、金融机构对投资多元化的要求越来越高，对债券资产也必然产生巨大的需求。所以，建立统一的、多层次的、面向所有社会投资者的债券市场是中国债券市场发展的必然目标。

对我国企业而言，不仅应当关注股票市场，还要认真分析、了解和关注中国未来债券市场的发展，以便制定正确的融资战略，拓宽企业融资渠道，获得总体战略的成功。

五、人力资源市场分析

人力资源市场是配置劳动力并且协调就业决策的市场。人力资源市场是一个多维的概念。从空间范围上看，有世界人力资源市场、全国人力资源市场和地区人力资源市场之分。人力资源市场还可以按其他标准划分，如按产业划分、按职业划分、按人口划分、按交易规则划分、按技工种类划分等。

1. 人力资源供给分析

人力资源供给有广义和狭义之分。广义供给是指整个社会的劳动力供给，包括各地区、各行业的各类劳动力供给；狭义供给则可以分为某企业的人力资源供给、某行业的人力资源供给或某地区的人力资源供给。单个企业可以得到的人力资源供给水平主要取决于企业规模、经营分布、产品多样性、工作位置等因素；一个行业可得到的人力资源供给受到行业特点、行业发展前景、社会预期等因素的影响；一个地区可以得到的人力资源的供给主要取决于劳动力流动的程度以及本地人口可以被吸纳就业的程度等。

人力资源的供给来源是分析人力资源供给的重要问题，主要包括企业外部的人力资源供给来源和企业内部的人力资源供给来源。在宏观环境分析中，企业应重点分析外部的人力资源供给来源，实际上就是社会供给来源。

企业外部人力资源的供给受整个社会经济发展状况、产业结构、人口等多方面的影响，还受教育政策和劳动、人事政策的影响。人口数量是影响人力资源供给的一个重要因素，一般来说，人口数量越大，说明人力资源越丰富。

2. 人力资源需求分析

人力资源需求包括总量需求和个量需求。总量需求是指一个国家在某一阶段或时限内对人力资源的需求总量，包括数量、质量和结构等方面的需求量；个量需求是指某一企业在某一阶段或时限内对人力资源的需求量，同样包括数量、质量和结构等方面。影响整个社会人力资源需求的因素主要有以下几方面：

（1）经济的发展和增长。经济高速增长必然会创造大量的就业岗位，增加劳动力需求，而经济增长速度减慢或经济下滑必然会引起劳动力需求下降，甚至引起失业率上升。

（2）产业结构。人力资源需求结构本身就是由产业结构、行业特点、地区特点等因素决定的，因此产业结构的现状及变化趋势影响着人力资源需求结构和比例的状况与变化。

（3）技术水平。技术水平对人力资源需求既有正向影响，也有反向影响。例如，有了新技术，一方面会生产出新产品，从而扩大对劳动力的需求；另一方面由于采用新技术使生产效率大大提高，又会减少对人力资源的投入。

除以上因素外，经济波动、人口增长与年龄构成以及新思想、新观念也会对人力资源的需求产生影响。

3. 人力资源市场总体分析

人力资源市场的运行过程也就是求职者与用人单位以及社会中介、政府之间相互影响和作用的过程，具有市场主体资格的劳动者和用人单位始终是人力资源市场运作的主角。企业确定一定时期内对人力资源需求的种类、数量及政策，制定人力资源战略，将受到社会对同等人力资源的供给和需求的双重影响和制约，因此企业还要从总体上把握人力资源市场的特点和发展趋势。

六、自然资源与环境分析

自然资源包括三类：第一类取之不尽、用之不竭，如空气和阳光；第二类虽数量有限但可更新，如木材、粮食；第三类既有限又不能再生，如石油、煤及各种矿产资源。第一、第二类资源分布不均，而且不同年份、季节情况不同，第三类更是面临长期短缺。

自然资源状况对企业经营有着很大甚至战略性的影响。首先，自然资源往往是企业原辅材料的来源，甚至能够从产业链上游影响整个产业链上企业的生产成本。其次，自然资源往往是某个产业的战略资源，决定着该产业的发展前景。最后，自然资源往往是企业的主要能源或能源生产的来源，影响企业的生产成本；另外，自然环境是人类共同生存的环境，自然环境的破坏和污染直接或间接地影响着每一个人、每一个组织。

因此，自然环境是企业不可忽视的重要外部环境。应进行战略分析的自然资源与环境因素主要有以下三方面。

1. 地理位置分析

企业的地理位置直接影响投入要素的可获情况、投入要素的质量和要素成本。交通便利地区、港口城市或历史上形成的特定生产要素集散中心都是可以利用的地理位置上的明显机会。除此之外，地理位置还影响着企业获得自然资源的质量、适合从事的业务种类、基本经营方式和可利用的社会协作关系。

2. 气候条件分析

现代企业在战略规划时需要考虑的气候条件主要是气候对特定产品性能要求方面的影响、地区气候条件对生产组织和安排的影响以及气候异常变化所提供的某些短期机会。

3. 资源状况分析

某地区自然资源拥有量和可利用情况是形成该地区比较优势的重要方面之一，它影响着企业对投资地区和投资回报期的选择。一般来讲，自然资源状况对从事资源开采和原材料初加工企业的影响更大一些。企业应从全球的高度和视角关注与企业生产经营密切相关的重要资源或战略性资源的状况，掌握该资源在全球的分布、储量、品质等资料，并考虑采取战略性的举措控制该资源的开采和加工，以保证企业未来能够长期可持续地生产经营。

七、社会资源分析

企业经营除了需要自然资源，更离不开一些重要的社会资源的支持，因此，进行社会资源分析是制定企业战略所必需的。在众多的社会资源中，最为重要的是物流资源、信息资源和知识资源。

1. 物流资源分析

对物流资源的概念有两种理解，广义地讲是指物流服务和物流作业所依赖的资金、技术、知识、信息、人员、场地、设备、设施、网络的所有元素，狭义地讲主要是指物流企业、物流市场以及运输仓储等物流基础设施。进行物流资源分析一般从狭义的角度来认识，即分析企业经营所在地的物流业及其基础设施状况。

物流成本是企业成本的重要组成部分，物流成本的高低与企业的效益紧密相关，而且具有乘数效应，即物流成本的降低可以显著增加企业的效益。企业的物流活动不仅限于企业内部，很多甚至大部分物流活动都在企业外部发生，必须使用社会的物流资源，因此，企业物流活动的成本与效率相当程度上取决于社会环境中的物流资源状况。

2. 信息资源分析

信息资源是相对于物质资源和能量资源而言的一种非物质形态的社会财富。从狭义上讲，信息资源就是人们收集、开发、加工、利用的文献资料和数据。在这个层面上，信息就是信息资源。从广义上讲，信息资源包括信息和信息的收集、加工、整理、存储、处理、传递及利用相关的技术设施、资金和人才。广义的信息资源概念是把信息系统的所有投入都作为一种资源，一般对信息资源多从广义的角度来认识。

随着大数据、云计算、人工智能等领域技术的迅猛发展，人类已经进入了以信息技术为核心的知识经济时代，一个重要特征是信息资源成为最主要的战略资源，它同物资、能源一起成为推动社会发展的支柱资源。

进行信息资源分析主要是分析社会信息资源的来源和集散地，掌握社会信息生产、加工、处理、传播的渠道，为企业利用信息，做出正确的战略决策提供基础条件和方便。关于企业外部环境的信息存在于社会的方方面面，往往集中于一些生产、储存、加工、处理信息的专门机构：图书馆、档案馆、博物馆及科技情报和文献机构是文献信息资源最集中的地方；网络，信息时代的海量信息都在网络上储存和传播；科技开发机构、新闻出版机构等社会信息资源生产机构；数据库，是稳定的信息资源储存机构。

3. 知识资源分析

知识创造财富，知识推动发展，知识资源是一个国家、地区和企业发展最大的优势资源，企业分析其生产经营环境中知识资源的拥有情况具有重大的战略意义。

1）知识与信息的区别与联系

知识来源于信息，是人们在改造世界的实践过程中所获得的认识和经验的总和，但知识与信息既有联系又有着本质的不同。

（1）信息是可编码的知识或称为显性知识，而知识除了包括显性知识之外，还包括隐性知识，即存在于人大脑之中的、不可编码化的知识，包括经验、教训、技能等，因而知识包含了信息。

（2）知识作为认识成果，不能与人分离，它存在于人的实践过程中，其价值主要体现在能够在一定程度上正确地指导实践，而信息却可以独立于人体而存在，其基本作用是作为认识的媒介，可以使主体对客体有所了解或从信息中获得某种感受。

（3）知识是对信息的加工，具有动态属性，它只能在知识劳动者对信息的运用中体现，并可能在交流中发生裂变、聚变从而创造出新的知识，而信息却是静态的，它无须人的交流与运用也照样能够存在。例如，一个静态的广告牌，它本身包含了许多信息，但我们却不能说它具有知识。

2）知识资源分析方法

（1）知识基础设施分析。知识基础设施是一个国家或地区从事知识生产、交流和创造的机构数量与质量。知识基础设施的水平往往与三大产业有关，即教育、信息和科技产业，可以用知识生产机构数量、水平、知识创造投入、高知识拥有者占人口的比重等指标来衡量，如某地区科研机构、高等院校数量与水平；科研经费投入绝对数与相对数；工程技术人员或高学历人员占总人口的比重等。

（2）知识吸收能力分析。知识吸收能力决定于人力资源状况，它反映一个地区人口利用已有知识，以及能否利用知识进行创新、促进发展的能力。可以用两个指标衡量：①人力资源存量，即人口已经接受教育的状况（以人口平均受教育年限衡量）。②新生人力资源的创造，即人口正在接受教育的状况（以每万人在校学生人数或入学率来衡量）。

（3）知识交流能力分析。知识交流能力反映一个地区的人口传播知识的能力，决定于该地区人口在其需要知识时是否有获得的途径，以及知识传播的效率。其衡量指标包括：人均报纸订阅量（第一代纸质知识传播工具）、电话或手机普及率（第二代电信交流工具）、每万人互联网用户数（第三代网络交流工具），等等。

（4）知识创新能力分析。知识创新能力反映一个国家或地区知识生产和创新的能力，是该国家或地区的核心能力。一个国家或地区要在未来的全球竞争中立于不败之地，就必须大大强化这种能力。其衡量指标包括人均国内专利授权数、人均国际检索收录论文数、人均科研成果数等。

第三节　社会文化环境分析

社会文化环境是指一个国家或地区的社会和文化状况，包括社会阶层的形成与变动、人口状况、人们的生活与工作方式、文化传统与风俗习惯等因素，它通过两个方面影响企业：①影响社会公众的构成、居民的价值观和生活方式，从而影响他们对产业和企业的态度，进而影响到企业的公众形象和市场营销。②影响企业内部人员的价值观和工作态度，从而影响企业的士气。下面我们从人口、文化和社会三个角度来分析。

一、人口环境分析

人口因素对企业的影响分别表现在人口数量对市场总容量和劳动力成本的影响；人口结构对需求结构、进而对产业结构和产品结构的影响；人口的分布对产业分布和需求集中地区的影响；人口的受教育程度对需求类型、产业人才质量、企业人力资源状况等方面的影响；等等。对人口环境的分析一般从以下几方面展开：

1. 人口总体分析

市场是由有购买欲望同时又有支付能力的人构成的，一个国家或地区人口的多少直接决定了市场规模和需求潜力，所以人口数量是影响企业市场规模的首要因素。①人口的增长势必引起生活消费品市场容量的增长，而且，在人一生中的不同阶段，生活消费品的消费结构和数量也不同。②人口总体分布情况也是决定劳动力供给的最主要因素。企业掌握了人口总体的资料，就可以对产业和企业市场的规模和潜力、未来的人力资源市场及投资地域与方向等进行清晰的分析预测。

2. 人口结构分析

人口结构是人们形成不同消费偏好的重要原因，也是进一步分析市场潜力的重要依据，同时，人口结构也将影响社会人力资源的供给，从而影响到企业的人力资源战略。人口结构有着丰富的内容，它包括人口自然结构（如年龄结构、性别结构等）、人口地域结构（如城乡结构、地域分布等）、人口社会结构（如家庭结构、职业结构等）。

1）性别结构分析

性别结构是人口自然结构的基本内容之一，其主要影响因素有出生性别比及死亡人口的性别差异。在通常情况下，死亡人口的性别差异变化不大，因而出生性别比将成为影响总人口性别比的决定性因素。性别差异给消费需求带来差异，购买习惯与购买行为也有差别。

2）年龄结构分析

随着社会经济的发展，科学技术的进步，生活条件和医疗条件的改善，人类的平均寿命大大延长，全球人口年龄结构呈现以下变化趋势：

（1）人口老龄化趋势。人类寿命延长，死亡率下降，人口老龄化是当今世界发展的必然趋势。对企业来说，人口老龄化的趋势使得"银色市场"日渐形成并扩大成为一个必然趋势，针对老年人的商品和服务市场必然日益兴旺。

（2）出生率下降的趋势。人口出生率下降，出生婴儿数和学龄前儿童减少，给儿童食品、童装、玩具等生产经营者带来威胁，但同时也使年轻夫妇有更多的闲暇时间用于旅游、娱乐和在外用餐，这又为旅游业、娱乐业和餐饮业带来了市场机会。

3）地域结构分析

人口在地域上的分布，关系到市场需求的异同。居住不同地区的人群，由于地理环境、气候条件、自然资源、风俗习惯的不同，消费需求的内容和数量也存在差异。同时，人口的城市化和区域性转移，也会引起社会消费结构的变化，这都为企业带来了新的市场和发展机会。

4）家庭结构分析

家庭是社会的细胞，也是商品采购和消费的基本单位。一个市场拥有家庭单位和家庭平均成员的多少，以及家庭组成状况等，对市场消费需求的潜量和需求结构，都有十分重要的影响。通过对特定国家和地区处于每一阶段的家庭数量的统计分析，企业就能够对当地市场消费的特点有比较清楚的了解，从而可以制定有针对性的营销战略。

5）职业结构与社会阶层分析

职业是指从业人员为获取主要生活来源所从事的社会工作类别，职业结构就是指社会上从事不同职业人群的比例构成，而社会阶层的划分往往是由人们所从事的职业决定的，因此，职业结构影响和决定了社会阶层的构成。社会上从事不同职业和不同社会阶层的人群都有着不同的特点，往往体现出不同的价值观和生活消费习惯，因此，企业对职业结构与社会阶层的分析有助于准确把握社会需求结构的变化，进而制定正确的企业战略。

二、文化环境分析

文化环境是指哲学、宗教、语言、文学艺术、风俗习惯、价值观念等要素构成的社会文化系统。文化对所有社会公众和企业利益相关者都有着多层次、全方位、渗透性的影响，它影响和制约着人们的观念与思维，影响着消费者的消费行为和人们的工作态度。

文化可以分为主体文化和次级文化两个层次。一个国家或地区的主体文化是占据支配地位的，起凝聚整个国家/地区和民族的作用，由千百年的历史所形成的文化，包括价值观、人生观等；次级文化是在主体文化支配下所形成的文化分支，包括种族、地域、宗教等。我们主要从以下几方面进行分析：

1. 宗教信仰

某国家或某地区的主要宗教信仰或多年沿袭下来的宗教观念会逐渐在社会公众心目中树立某种价值观，形成某种生活模式，进而深刻地影响人们的消费偏好和生活习惯，而且这种习惯和偏好有着很强的刚性，很难改变。因此，企业要进入某个区域市场，就必须首先学习了解、进而遵守和适应当地的宗教习惯，必须理解和遵守当地的宗教禁忌。

2. 价值观念

价值观念是指人们对社会生活中各种事物的态度和看法。价值观的影响范围很广，涉及企业环境的各个方面，同时成为其他环境因素存在和变化的基础。对企业而言，价值观的影响表现在：①企业外部。价值观影响着社会对财富、劳动、分配等个人利益关系的态度，从而影响社会对企业活动的评价标准，影响人们对企业存在意义和企业目标的看法，影响对企业社会作用的认识，当然也影响人们对商品、交换等市场行为的认识。②企业内部。价值观影响企业成员在处理与企业、与管理部门、与企业内其他人员的关系上的认识，影响企业与其投资者和其利益集团的关系，也影响企业员工的行为方式和工作态度。

3. 生活方式

生活方式不但影响需求量和需求结构，还影响人们对不同产业的看法，影响人们对企业行为、企业之间关系以及企业和个人关系的评价。生活方式的影响范围很广，作用时期也很长。生活方式的影响一般为渐进的方式，在人们或企业尚未清楚地确认之前就已经开始发生作用。所以，能够较早地认识到生活方式的变化及其变化的规律，企业，甚至有可能根据生活方式的变化规律而主动引导变化，使自己能较长时期处于市场领导地位。

4. 消费习俗

消费习俗是指历代传递下来的一种消费方式，是风俗习惯的一项重要内容。消费习俗在饮食、服饰、居住、婚丧、节日、人情往来等方面都表现出独特的心理特征和行为方式。

5. 消费流行

由于社会文化多方面的影响，使消费者产生共同的审美观念、生活方式和情趣爱好，从而导致社会需求的一致性，就是消费流行。消费流行在服饰、家电以及某些保健品方面，表现最为突出。消费流行在时间上有一定的稳定性，但有长有短，有的可能几年，有的则可能是几个月；在空间上还有一定的地域性，同一时间内，不同地区流行的商品品种、款式、型号、颜色可能不尽相同。

三、社会环境分析

企业的社会环境包括企业经营环境中社会因素的方方面面。从战略管理的角度来看，企业主要关心那些和企业经营有实际或潜在利害关系，或有一定社会影响力的社会团体和个体，统称为社会公众，一般包括政府机构、新闻媒体、金融机构、社会团体、一般公众等。社会公众对企业经营有直接或间接的影响，企业和公众之间是否有良好的关系、公众心目中树立了怎样的企业形象、公众对企业有怎样的期望和要求等因素都会直接或间接地影响战略的实现，他们从不同角度和不同方面关注、监督、影响、制约着企业战略的制定与实施。

1. 融资公众

融资公众是指和企业融资有关的金融机构，如银行、投资公司、证券经纪公司、保险公司等。企业应当处理好和融资公众之间的关系，尤其要注意树立良好的信誉，使融资公众能够在企业融资上提供支持和帮助。

2. 媒体公众

媒体公众主要是报纸、杂志、广播电台和电视台等大众传播媒体。由于其工作性质，媒体公众具有特殊的地位，在相当程度上影响甚至左右着其他公众对企业的认识和态度，对企业具有战略性的影响。因此，企业必须与媒体建立友善关系，得到媒体对企业的支持和认同，保证企业信息能够在需要的时候及时准确地发布出去。

3. 社会团体

一般来说，主要的社会团体包括工会组织、消费者权益保护组织、环保组织及其他群众团体等。社会团体对企业有着不同的要求和期望，如企业内的工会组织代表本企业职工的利益，同时往往和属于社会团体的上一级工会组织有着密切的联系，要求企业维护和保障员工的利益；消费者权益保护组织要求企业保护消费者的权益；环保组织要求企业保护生态环境等。社会团体往往在社会上有相当大的影响，企业应当高度重视与其处理好关系。

4. 社区公众

社区公众是指企业经营所在地邻近的居民和社区组织。保护社区环境、关心和支持当地政府、支持文化和慈善事业、赞助当地公益活动等是社区对企业的主要期望和要求。如果能够得到社区公众的支持，企业就能有一个宽松的生产经营环境。如果处理不好和社区的关系甚至关系恶化，可能会给企业的正常生产经营带来不利影响，甚至挑起诉讼或酿成有一定社会影响的重大事件，一旦对企业造成严重的负面社会影响就很难消除。

5. 一般公众

一般公众是指上述各种关系公众之外的社会公众。一般公众虽未有组织地对企业采取行动，但他们是企业的潜在消费者甚至未来的员工，企业形象会影响他们对企业的认知。企业要通过高效的公关活动建立良好的社会形象，为企业的长期发展打下坚实的社会基础。

社会文化环境的改变已经对企业提出了越来越多地承担社会责任的要求，企业已经不仅是传统观念上的营利性经济组织，而是对自然、人类、社会、经济的协调持续发展负有责任的组织，企业有责任作为社会的一员，贡献自己的力量，来帮助社会解决诸如失业、国民教育、环境保护、消费者利益保护等问题。

第四节 科技环境分析

科技环境是指企业所处环境中科技要素以及和该要素有关的各种社会现象的集合。它包括社会科技水平、社会科技力量、国家科技体制、国家科技政策和行业科技状况等诸多因素。科技环境不仅直接影响企业内部的生产与经营，还同时与其他环境因素互相依赖、互相作用，给企业的经营活动带来机会或威胁，对企业长期发展有着举足轻重的影响。

一、社会科技水平分析

社会科技水平是构成科技环境的首要因素，它包括以下四个方面。

1. 科技研究领域分析

科技研究领域是一个国家有人员或机构在进行科学研究活动的科技领域。科研领域的多少代表着一个国家科技研究的广度，一般来说，国际科技发展的前沿和热门领域，国家都会组织科技力量进入，否则将在某些领域被国际科技的发展所淘汰。

2. 科研成果结构与水平分析

科研成果结构与水平是一个国家科技力量在各个科研领域已经取得的科研成果构成情况和水平高低，从对科技成果的构成和水平的分析就可以看到国家科技研究的优势和劣势所在，也就能够对一个国家或地区的总体科技能力有一个准确的判断。

3. 科研发展的重点方向分析

科研发展的重点方向是一个国家或地区在未来将重点发展的科研领域。这往往是国家科技力量和经费重点投入的方向，也是影响国家经济发展和总体实力的战略性问题。

4. 科技成果的推广应用状况分析

科技成果的推广与应用代表着一个国家或地区科学技术研究成果对经济发展的现实和长远作用，集中体现在科技成果对经济发展的贡献上。促进科技成果的推广和应用，对经济发展将产生显著和巨大的推动作用。

二、社会科技力量分析

社会科技力量分析是对一个国家或地区从事科学技术研究工作的机构和人员的总体和结构状况进行分析，借以了解该国家或地区的科研实力总体及分布状况，可以从科研力量构成和科研机构分布与水平两方面进行分析。

1. 科研力量构成分析

科研力量构成是指在一个国家或地区有哪些机构或人员从事科学技术研究工作，这是一个国家或地区科研工作队伍的主要结构。从国际上来看，一个国家的科研力量主要由三方面构成：①企业的研发机构。在国外，企业研发机构是应用科学技术研究的主体，大量的应用型成果都是由企业科研机构研究成功并直接转化为生产力的。②高等院校。高等院校身兼教学、科研与社会服务三项主要职能，一般的研究型大学都具有较强的科研实力，是国家基础和前沿科学研究的骨干。③专业科研机构。其是在各领域专门从事科学研究的机构，一般在所从事的领域有一些突出的特长。

2. 科研机构分布与水平分析

科研机构分布与水平是指国家或地区科研机构的空间分布与各自的科研实力和水平。企业要了解：国家及行业主要科研机构的分布状况、各自的研究领域和专长、科研实力如何、有哪些主要学术带头人、擅长的研究领域是什么、在哪些领域有突出贡献、在国际或国内处于怎样的水平，等等。通过对以上信息的了解和跟踪，企业能够随时掌握国家和地区科技发展的前沿和动态，从中可以发现技术革命和产业变革的端倪，掌握竞争的先机。

三、国家科技体制与政策分析

科技体制是指一个国家社会科技系统的结构、运行方式及其与国民经济其他部门的关系状态的总称，国家科技政策指的是国家凭借行政权力与立法权力，对科技事业履行管理、指导职能所制定的法规和政策。

1.科技体制分析

科技体制是科学技术活动的组织体系和管理制度的总称。它包括组织结构、运行机制、管理原则等内容。

2.科技政策分析

一般来说，一个国家或地区经常采取的科技发展相关政策主要有以下几方面：

（1）财税扶持政策。政府常通过行政拨款、税收优惠和银行贴息等调控方式，抑制或鼓励创新资源向某个阶段、某些部门倾斜。

（2）投融资政策。国家常对重点科研创新领域或科技成果推广领域给予特殊的投融资政策，以促进战略性科学研究或技术推广，企业应充分把握这样的政策机会。

（3）培育市场主体政策。为激发社会的科技创新热情，政府常常会采取政策措施积极培育民营高科技企业成为科技研究和创新主体。如 20 世纪 80 年代初，深圳市政府就对民营企业发展高新技术产业采取了一系列引导措施。

（4）人才激励政策。科技研究和创新主要依靠科研人才，他们是科技创新的核心力量，决定着科技创新的发展潜力。各国政府在推动科技创新中都很重视人才建设，推广实施人才发展战略，在培养、引进人才，促进人才流动等方面都制定了许多激励政策。

发达国家的历史经验表明，采用正确的科技体制与政策对促进科技进步、增强科研水平、提高科技对经济增长的贡献率起着至关紧要的作用。企业对国家和地区科技体制与政策的深入了解能够为企业技术开发和科技创新提供很多宝贵的机会。

四、产业科技状况与发展动态分析

科技环境分析的最后要对产业的科技状况与发展动态进行研究，这对企业的发展有着直接的影响，可以从基础科技理论、核心关键技术开发、应用技术与专利三个方面展开。

1.基础科技理论分析

这里所说的基础科技理论是与本产业的产品和技术相关的重大基础性科学技术理论，这些方面科学理论研究的进展往往会很快扩散到技术应用层面，进而对产业的产品、技术和市场需求产生重大影响，甚至使之产生革命性的变化。例如，新一代移动通信技术的研究和应用技术标准的成熟会很快导致手机业的技术革新和产业规则重建；平板显示技术的成熟加快了彩电业产品的更新换代，等等。因此，企业必须深入了解本行业的技术和产品涉及哪些方面的基础科学理论和应用技术研究、基础理论的研究动态和主要研究力量、未来可能产生突破的主要领域和前沿、理论突破对本产业可能的影响，一旦出现重大科研成果，就可以及时采取战略性的举措，走在行业变革的前列。

2.核心关键技术开发分析

核心关键技术开发是对本行业生产至关重要的应用型的核心关键技术。这种技术往往可以构成企业核心竞争力的来源，谁首先掌握了这些技术谁就可以建立起竞争对手难以替代的技术优势。因此，企业应当全面了解核心技术的发展历史、现状和动态，预测其发展趋势和方向，采取产学研合作、自主研发等手段掌握行业的核心关键技术。

3. 应用技术与专利分析

应用技术与专利是行业技术中较为成熟、可以直接应用的部分，也是最容易产业化的技术和创新，对企业来说即期利益最大，而且往往可以通过市场交易的手段得到。因此，企业应当做到：了解行业中的应用技术与专利掌握在哪些机构和个人手中；对本企业产品至关重要的关键技术和专利，尽可能通过市场手段加以获取；自身拥有的应用技术与专利要通过法律手段加以保护，尽可能使其发挥出应有的作用。

总之，在企业面临的诸多环境因素中，科技因素对企业的影响是双重的：①可能给某些企业带来机遇。②会导致社会需求结构发生变化，从而给某些企业甚至整个行业带来威胁。如果一个企业墨守成规，不能跟上技术革命的步伐，它就必然会失败。

本章思考题

1. 如何进行企业法律环境分析？

2. 产业政策对国家经济发展有何作用？如何进行分析？

3. 国家怎样用财政政策与货币政策配合进行宏观调控？

4. 国际政治环境分析从哪些方面展开？

5. 怎样分析国家的宏观经济形势？

6. 社会经济结构由哪些方面构成？如何进行分析？

7. 企业的主要社会资源有哪些？如何进行分析？

8. 社会人口结构从哪些方面进行分析？

9. 从哪些方面进行企业的科技环境分析？

第五章
行业与市场环境分析

本章概要

　　本章属于企业中观环境分析，分别从行业总体与结构、市场与顾客和竞争者三个主要角度，介绍了企业对行业和市场环境的分析思路与主要内容。

　　通过本章的学习，读者除掌握行业与市场环境分析的基本框架以外，应重点理解行业与市场环境分析的主导思路，做到举一反三，抓住行业特点和企业情况，对企业所处的行业环境与市场环境进行动态、全面、深入的战略分析。

导入案例

第一节　行业分析

　　行业是影响企业生产经营活动最直接的外部因素，是企业赖以生存和发展的空间。行业环境分析的目的就在于了解企业所在行业的总体状况，进行行业选择，寻找所在行业中存在的威胁和机会，把握竞争态势，确定自己在行业中的地位。

一、行业分类

行业是指生产相似产品、采用相似的价值增值流程或使用同类资源的厂商的集合。划分行业最简单的方法就是以产品的相似性为标准。例如，中国国际航空公司可以划入航空业，该行业中还有其他提供同样服务的公司，如南方航空公司、东方航空公司等；也可以根据所采取的运作系统的相似性来划分行业，如咨询业及采矿业；或根据所依赖的资源的相似性来划分，如信息技术业及石油化工业。经济统计学家倾向于采用基于产品相似性的固定的行业分类，因而大部分的行业统计数据都是基于产品分类的。

如图5-1所示是传统的"产业柱"行业划分方法，它自左而右而非自上而下地对行业进行分类排列，每一列自上而下地开始，从上游的从事原材料开采与种植或为制造业公司提供生产资料的部门，到下游的把制造业公司的产品出售给购买者的部门。

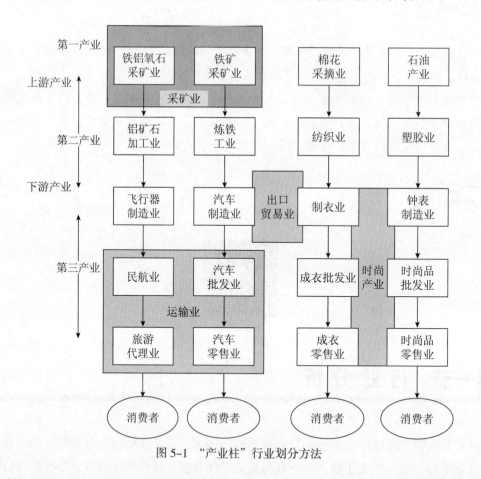

图5-1 "产业柱"行业划分方法

与经济统计学家不同，战略家更喜欢挑战现有的行业定义，从不同的视角界定行业，如按照价值增值活动重新划分行业。图中浅色的方块代表采用其他标准界定行业的一些例子，当然还可以采用其他方式来界定，可以定义得更宽泛，也可以更狭窄。例如，有人认为有物理店面的制衣店与网上经营或电子订货的制衣店应该属于不同的产业。

由于企业的竞争优势来源于以不同的方式进行产品开发和市场营销，所以对自身的行业定义进行反思或重新定义，是开发独特产品、做出与众不同的行业定位甚至制定创新性企业战略的重要途径。

二、行业总体分析

行业总体分析主要是从总体上认识行业的地位、特点、发展趋势等方面的宏观问题，并考察与企业生产经营相关的行业特征，使企业能够深刻理解行业发展的一般规律和未来前景，从而做出正确的战略决策。行业总体分析一般围绕行业地位、特性、发展趋势、经营特征与成功关键因素等展开。

1. 行业在社会经济中的地位分析

认识行业首先要了解该行业在社会经济中的地位。行业在社会经济中的地位主要表现在以下三个方面：

（1）行业的产值（净产值和总产值）、利税额及吸收劳动力的数量，在国内生产总值、财政收入和就业总量中的比重。一般来说，行业这三方面指标占全国的比重越高，行业的地位就越重要。

（2）行业的现状和未来对整个社会经济及其他行业发展的影响程度。行业发展对经济整体和其他行业发展的影响越大越广，说明行业越重要。例如，信息产业对所有行业都产生着深远而广泛的影响，也对国民经济做出了重大贡献，因此，必然是应当重点发展的产业。

（3）行业在国际市场上的竞争优势和比较优势。一般来说，国家都会对国际竞争力较强的行业给予重点支持，同时对具有比较优势的行业也会进行扶持。

行业产品的收入弹性系数也能说明行业在社会经济中的地位，其计算公式为

某行业产品的收入弹性系数＝某行业产品的需求增长率 / 人均国民收入增长率

若弹性大于 1，说明行业在产业结构中能够占有更大的份额，有更广阔的发展余地。

通过对行业社会经济地位的分析，企业能够确定本行业在社会经济系统中所处的位置和扮演的角色，明确该行业是否是社会经济发展的主导行业或支柱行业。由于国家一般对支柱行业都会给予支持，企业就可以分析出国家的产业政策走向和产业发展的前景。

2. 行业特性分析

由于其使命、发展条件以及产品特点、生产工艺过程等方面的不同，每个行业都有自己独有的特征。行业特性分析可以从以下几个方面展开：

（1）行业分工特性。行业分工特性是指从产业链的纵向和横向来分析行业与上下游产业及横向同类产业之间的分工合作关系。从产业链纵向来看，一个产业往往有上游产业和

下游产业，上游产业一般是为本产业提供原材料的产业，下游产业一般是以本产业产品为原材料的产业，如纺织业的上游产业有农业、畜牧业，而下游产业有服装业。另外，一个产业内部还有不同的层次，高层次行业包括若干低层次行业，如将机械行业作为高层次行业，它又包括电机行业、机床行业等多种低层次行业。

从行业所处产业链位置的横向来看，同一层次的行业又包括许多不同方面的行业，如与车床同在一个层次的还有铣床行业、刨床行业等。还有为本行业生产提供辅助材料、辅助工艺加工的行业，都对本行业的生产经营有着一定的影响。

行业的这种纵横分工关系界定了每个行业在产业链中的位置和经营范围，决定了每个行业与其他行业的分工合作关系。企业考虑自身战略问题离不开对本行业的分析，而要全面深刻地理解一个行业就必须把该行业放到一个纵横交错的行业关系中全面考虑。

（2）行业产品特性。按照行业生产的产品性质，可以将行业分为五大类，即生产最终商品的行业；生产各种工作母机的行业；制造各种工作母机所需工作母机的生产行业；生产坯料、零部件、元器件的行业；生产原料、动力的行业。从这五个方面也可以看到本行业的性质和特点。

（3）行业资源特性。从行业所使用的资源和技术来分类，行业可以划分为劳动密集型行业、资金密集型行业和技术密集型行业。这三种行业在所使用的主要资源上有着质的差别，体现了不同的行业特性。

3. 行业经营特征与成功关键因素分析

每一个行业都有其特定的经济特征和经营特征。行业的经济特征分析，主要是分析行业的规模经济和市场份额要求，进而分析对行业经济特征具有重要意义的经验曲线效应。行业的经营特征分析涉及的问题较多，如资本要求、规模经济、成本构成、价格决定、经营边际利润、各种资本利润率下的单位成本变动、增加效益的方法、广告和营销等，它们是行业和竞争分析的基础。

在行业分析中还应抓住行业成功的关键因素。大前研一在《企业家的战略头脑》（1986）中指出，不同行业的企业具有不同的成功关键因素，它们位于不同的功能和领域，控制一两个关键因素就足以建立起竞争优势，优秀的企业都是从果断应用以成功的关键因素为基础的战略开始的。

行业成功关键因素是由该行业的特点所决定的。进入每个行业都有各自的基本要求，不具备这些要求的企业根本不可能在该行业中获得经营成功。例如，机械制造业和汽车业对规模有很高的要求，规模就成为这两个行业中的成功要素之一；计算机行业需要极高的创新能力和灵活性，这两个因素就是该行业的成功关键因素。一个行业的成功关键因素一般有三四个，确认这些关键因素是行业分析的首要任务。一般可从竞争对手、用户需求、产业结构、进入壁垒、替代品、成本特征、销售渠道等方面寻找成功关键因素。

4. 影响行业兴衰的主要因素

一个行业的兴衰受到很多因素的影响，主要有技术进步、政府影响和干预及社会意识倾向等。

（1）技术进步。技术因素对行业发展的作用，在企业科技环境分析中已有介绍。在众多技术因素中，最重要的也是首先考虑的是产品的稳定性。例如，仅以风行一时的时尚产品为基础的行业如果不能跟上技术更新的步伐就必然会被淘汰，如家电业的录像机、VCD都已经淡出市场。而产品性质较稳定的产业，如钢铁工业和化学工业，其产品需求也有着较长期的稳定性。

技术进步对行业的影响是巨大的。如电灯的出现极大地削减了对煤气灯的需求。显而易见，投资于衰落的行业是一种错误的选择。投资者必须不断地考察一个行业产品的前途，分析其被更优产品或其他产品替代的趋势。

（2）政府的影响和干预。政府可以通过多种途径广泛地影响一个行业，只是程度不同而已，因而企业战略决策者必须评估政府对特定行业的影响，结合宏观环境分析，判断其对企业的影响。

（3）社会意识倾向。在当今社会，公众和政府越来越强调经济行为应负的社会责任，越来越注重工业化给社会带来的种种影响，这种日益增强的社会意识倾向对许多行业已经产生了明显的作用。例如，美国政府要求汽车制造商加固汽车保险杆、安装乘员安全带、改善燃油系统、提高防污染系统的质量等。医药行业也受到政府的专门管制，如受美国的仪器与药品管理委员会和消费者的监督。防止环境污染、保持生态平衡目前已成为工业化国家一个重要的社会趋势，在发展中国家也正日益受到重视。

5. 行业发展趋势分析

根据行业生命周期理论，每个行业一般都要经历初期成长、迅速增长、激烈竞争与合并、早期成熟、饱和、衰退这一发展过程，当然现实发展中不排除跳跃。引起行业变动的主要因素有如下几个：

（1）行业长期增长率的变化。长期增长率会影响行业的投资、行业的供给与需求，以及行业内部的竞争。

（2）产品的用户及产品用途的改变。产品的用户及产品用途的改变会改变服务的要求、扩大或缩小产品线、增减资本、变更市场营销方法等。

（3）产品创新。产品的不断创新会扩大需求、强化竞争者之间的产品差异、影响制造方法、规模经济、营销成本和渠道等。

（4）工艺技术创新。技术的创新可以极大地降低成本，增加对资本的要求，影响经济规模和纵向一体化的效果，改变企业的相对成本地位。

（5）市场营销方法的创新。它可以增加需求和产品差异。

（6）专利知识的传播。专利知识或重要技术的传播会为新竞争者的进入提供方便，从而引起行业的变动。

（7）成本与效益的变化。成本与效益的变化主要取决于规模经济的变化，当规模经济导致产品单位成本降低时，企业就会进一步扩大规模、降低成本、增加效益。

（8）主要企业的进退。大企业的进入和退出会改变现有的竞争状况。

（9）从差别产品到一般产品的重心转移。行业的演变，不同程度上取决于产品差异的强弱，行业成熟的标志是产品的趋同。

（10）社会政策和法律的改变。社会政策和法律的改变主要指政府产业政策的引导和限制作用会对行业产生重大影响。

三、行业生命周期分析

行业的生命周期是一个行业从出现直至完全退出社会经济领域所经历的时间。行业的生命周期包括导入期、成长期、成熟期和衰退期。如图5-2所示，生命周期曲线的形状是由社会对该行业的产品需求状况决定的。行业随着社会某种需求的产生而产生，又随着社会对这种需求的发展而发展，最后，当这种需求消失时，整个行业也就随之消失，行业的生命即告终止。行业在生命周期的不同阶段表现出不同的特点，可以从市场增长率、需求增长率、产品品种、竞争者数量、进入（或退出）行业的障碍、技术变革和用户购买行为等方面来判断行业处于生命周期的哪个阶段。

1. 导入期

在导入期，行业的市场增长率较高、需求增长较快、技术变动较大、进入壁垒低，行业中的企业主要致力于开发新用户、抢占市场，在图5-2上表现为呈45°角向上倾斜的曲线。此时，技术的不确定性非常大，在产品、市场、服务等方面有很大的发展余地，由于用户对产品尚不太了解，一般不愿盲目接受，因而销售量增长缓慢而且不稳定，产品本身往往也存在这样那样的问题，产品销售收入有时不足以补偿产品的生产和销售费用，处于亏损状态，这时企业要承担风险，投入一定资金，加强促销活动，同时要解决产品本身存在的问题，尽力争取市场，缩短投入期。

2. 成长期

在成长期，行业的市场增长率很高，需求高速增长，技术趋于定型，行业特点、行业竞争状况和用户特点已比较明显，产品品种和竞争者数量增多，进入壁垒提高，此时进入行业比较困难，在图5-2上表现为一条陡峭的曲线。如果企业所处的行业位于此阶段，就会给企业带来高速发展的机会。

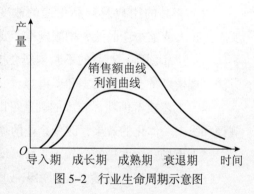

图5-2 行业生命周期示意图

3. 成熟期

在成熟期，行业的市场增长率不高，需求增长不明显，技术已经成熟，行业特点、行业竞争状况和用户特点清晰而稳定，买方市场形成，行业盈利能力下降，新产品和产品的新用途开发更为艰难，进入壁垒很高，此时进入行业非常困难。图 5-2 上的曲线表现为持续和平缓。

4. 衰退期

处于衰退期的行业，市场增长率下降，需求下降，产品品种和竞争者数量减少，在图 5-2 上表现为销售额曲线越来越趋向于横坐标，而利润曲线基本上与横坐标重合，甚至低于横坐标。

图 5-2 所示的是一种理论上的行业生命周期曲线图，各行业按实际销售量绘制的曲线不一定像其一样光滑、规则。另外，很多行业的生命周期特征并不明显或典型，因而行业生命周期分析方法在使用中有一定的局限性，应与其他方法结合使用。

四、行业竞争结构分析

美国迈克尔·波特教授在其所著的《竞争战略》（1980）一书中提出：任何一个行业都存在五种竞争作用力，即新进入者的威胁、替代品的威胁、用户议价能力、供应者议价能力和现有企业间的竞争，如图 5-3 所示。这五种基本竞争力量的状况及其综合强度，决定着行业竞争的激烈程度，同时也决定了行业的最终获利能力。

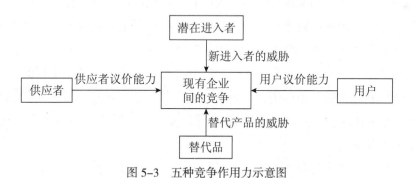

图 5-3　五种竞争作用力示意图

1. 潜在进入者

行业外准备或正在进入某行业的企业被称为潜在进入者。潜在进入者的加入，使行业内原有竞争力量的格局将要或已经发生变化。因为潜在进入者在加入某一新领域时，会向该行业注入新的生产能力和物质资源，以获取一定的市场份额，其结果可能导致原有企业因与其竞争而出现价格下跌、成本上升、利润下降的局面。这种由于竞争力量变化而对行业内原有企业产生的威胁称为进入威胁。

但是，一个企业能否进入另一个行业，取决于该行业对潜在进入者的进入壁垒，以及该行业内现有企业对进入者的态度。

1）进入壁垒

如果进入壁垒比较多、比较高，对欲进入行业的企业来说就会非常困难，对行业内现有企业来说，进入威胁就会小一些；反之，进入威胁就会增大。决定进入壁垒的主要因素有如下方面：

（1）规模经济。规模经济是指在一定时期内，企业所生产的产品或劳务的绝对量增加时，其单位成本就会趋于下降。规模经济会迫使新进入者不得不面对两种难以接受的选择：或者以大的生产规模进入该行业，结果是大量投资引致的市场投入量的增加，利益分配格局剧烈变化，引发该行业现有企业的强烈抵制；或者以较小的生产规模进入该行业，结果是产品成本过高造成竞争劣势。

（2）产品差异。产品差异是指由于顾客或用户对企业产品的质量或品牌信誉的忠实程度不同而形成的产品之间的差别。新进入者要想进入市场并从现有企业中夺取用户，取得一定的市场份额，就要在产品开发、广告和用户服务等方面进行大量的投资，而这种投资具有特殊的风险性。

（3）资金需求。资金需求是指企业进入行业所需的物资和货币的总需求量，是一个重要的进入壁垒。如果进入一个新的行业需要大量的投资，就会迫使企业慎重地考虑是否值得进入或应如何进入。

（4）转换成本。转换成本是指企业从一个行业（或产品）转向另一个行业（或产品）时所支付的一次性成本。如果转换成本过大，对企业就会形成进入障碍，企业或者冒着成本过高的风险进入该行业，或者放弃进入的机会而停滞不前。转换成本包括由于重新训练业务人员、增加新设备、调整检测工具等因素而增加的成本。

（5）销售渠道。销售渠道是指企业进入新行业时所面临的与以往不同的产品分销途径或方式。一个行业原有的分销渠道已为行业中原有的企业所占有，新进入者要想让这些销售渠道接受自己的产品或服务，就必须采用让利、合作、广告津贴等减少企业利润的方式，这就形成了进入壁垒。

（6）资源供应。如果行业内现有企业已经与原材料及技术供应渠道建立了良好、稳定的供应关系，则新进入者进入后的资源供应问题就很困难，进入壁垒就相当高。

（7）经营特色。如果行业内原有企业已经树立了良好的企业形象或建立了突出的经营特色并取得了用户信任，新进入者就要付出相当大的代价来树立自己独特的企业形象、建立自己的经营特色、取得用户的信任，甚至在一开始进入该行业时就要承受一定的亏损。

（8）其他成本因素。如果行业内现有企业已经掌握了某种技术诀窍、积累了丰富的生产经验，或由于工人操作熟练、废品率低造成其成本较低，新进入者一时还难以达到这一成本水平，就可能面临亏损或不利的竞争局面。

（9）政府政策。政府的政策、法规和法令、政府补贴和政府的某些限制政策等也会在某些行业成为限制新进入者的进入壁垒。

2）现有企业的反应

如果现有企业对新进入者采取比较宽容的态度，进入某一行业就相对容易；反之，如果现有企业非常敏感，就会对新进入者采取激烈的反击和报复措施，如在规模、价格、广告等方面提高进入壁垒或主动发起市场进攻以扼制新进入者。

2. 供应者

供应者是向企业及其竞争者提供生产经营所需资源的企业或个人，包括提供原材料、零配件、设备、能源、劳务及其他用品等。任何行业中的供应者都会想尽办法使对方在价格、质量、服务等方面满足自己的要求，使自己获得更高的收益，在这方面表现出来的能力就是"供应者的议价能力"或"供应者的讨价还价能力"。能力强的可以得到较多的收益，能力弱的收益就低，甚至会遭受损失。影响供应者讨价还价能力的主要因素有如下方面：

（1）供应者和本行业的集中程度。如果供应者所在行业的集中程度比对方高，即本行业原材料供应由几家大企业控制，则供应者的相对地位就更加重要，就能够给购买者施加更大的压力，迫使对方接受自己的交易条件。

（2）交易量的大小。如果供应者的供应量占购买者购买量的比重大，则供应者的讨价还价能力就大。

（3）供应品特色。如果供应品的差异性大、具有特色，用户对产品的依赖性就大，供应者就会处于优势地位，在交易中持强硬态度。

（4）转换成本的大小。如果购买者转换供货单位的成本大、转换困难，供应者讨价还价的地位自然就高。

（5）供应品的可替代程度。如果供应品的可替代程度较高，存在合适的替代品，则供应者的竞争会受到限制，讨价还价能力相应减弱。

（6）供应者前向一体化的可能性。如果供应者有可能前向一体化，就会增强对本行业的竞争压力，使对方处于不利地位，讨价还价能力就强。

（7）本行业后向一体化的可能性。如果本行业的企业有可能后向一体化，就降低了它们对供应者的依赖程度，从而减弱了供应者对本行业的竞争压力。

（8）供需双方的信息掌握程度。在信息社会，信息影响着供应者和购买者双方的力量对比，谁拥有的信息量大、掌握信息的速度快、运用及时，谁就拥有价格谈判的主动权。

（9）本行业与供应者的相对重要程度。如果供应者对本行业起到关键作用，则供应者讨价还价的能力就提高。反之，如果本行业是供应者的重要用户，供应者的命运与本行业息息相关，则供应者的讨价还价能力就小。

除按照波特的五种竞争作用力分析模型进行的供应者讨价还价能力分析以外，还应当对行业或企业的主要供应商进行更加详尽和全面的分析。因为供应商对企业的生产经营有着实质性的影响，由其供应的原材料数量和质量将直接影响产品的数量和质量；所提供的资源价格会直接影响产品成本、价格和利润。所以，企业对供应商的影响力要有足够的认识，应当尽可能地与其保持长期的良好关系，及时、全面地掌握供应商各方面的变化与动态，使物资供应在时间上和连续性上能得到切实保证。另外，企业要从整个供应链的高度，综合考虑供应商与企业的长期合作与整合问题，可以采取一体化战略或联盟战略来确保供应。

3. 用户

用户议价能力，也叫用户的讨价还价能力，是指用户在价格、质量、服务等方面提出有利于其利益的条件，造成供应企业之间的相互竞争，从而降低产品价格的能力。用户的讨价还价能力受到以下因素的影响：

（1）用户的集中程度。如果本行业产品集中供应给少数用户、用户的购买能力集中或用户购买数量占企业产量的比重较高，则用户的重要性就高，讨价还价能力就强。

（2）本行业产品的标准化程度。如果用户购买的是标准产品或产品的差异性较小，用户就可以挑选供应者，并造成供应者之间的相互竞争，从而得利。

（3）本行业产品对用户产品质量的影响程度。如果本行业产品与用户产品质量关系密切，甚至有举足轻重的影响，则用户对价格不敏感，甚至愿意付出更高的价格得到质量更好的产品。

（4）本行业产品占用户成本的比重。若用户购买的本行业产品在其成本中占很大比重，则他们讨价还价的动力较强，在购买时对价格问题就更为挑剔，反之则对价格不太敏感。

（5）用户的转换成本。如果用户的转换成本不高，则不必固定于某个供应者，议价能力就会提高。

（6）用户的盈利能力。如果用户的盈利水平较高，则用户的注意力就不会过于局限在价格上，对价格不太敏感，讨价还价的动力会有所降低。

（7）用户后向一体化的可能性。用户如果有可能采用后向一体化战略，就会在交易中对供应者施加压力，取得优势地位，对本行业造成威胁。

（8）本行业前向一体化的可能性。本行业如果有可能采用前向一体化战略，就会在交易中对用户施加压力，取得谈判的优势。

（9）用户掌握的信息。用户充分掌握了有关市场需求、市场价格、供应者制造成本等详尽的信息资料，就会具有较强的讨价还价能力。

4. 替代品

替代品是指那些与本企业产品具有相同功能或类似功能的产品。在质量相同的情况下，如果替代品的价格比被替代产品的价格更具竞争力，那么替代产品投入市场以后，被替代产品就会失去优势，生产被替代产品的企业收益就会降低，对企业构成威胁。科学技术的发展导致替代产品不断出现，如塑料替代钢材、电气机车替代蒸汽机车、空调替代电风扇等。

5. 现有企业间的竞争

现有企业间的竞争是指行业内各企业之间的竞争关系和程度，决定企业间竞争激烈程度的因素主要有如下方面：

（1）竞争者的多少及竞争者间的实力对比。一般来说，一个行业内企业数量越多，竞争越激烈。但是，如果行业内主要竞争对手基本上势均力敌，那么无论行业内企业数目有多少，行业内部的竞争必然激烈，在这种情况下，某个企业想要成为行业的领先企业或保持原有的高收益水平，就要付出较高的代价。反之，如果行业内只有少数几个大的竞争对手，形成半垄断状态，企业间的竞争便会趋于和缓。

（2）行业市场增长率。市场增长率高的行业，由于企业都专注于扩大市场，相互之间的竞争就会弱化。如果行业市场增长率不高，就可能导致竞争加剧。

（3）产品差异化程度与用户转换费用。如果用户从购买一个企业产品转到另一个企业产品的转换费用较低时，用户对企业的依赖性就比较低，企业间的竞争就比较激烈；反之，如果转换费用高，或者行业内企业的产品都具有明显的特色，那么往往目标市场就有差异，竞争就不剧烈。

（4）固定成本和存储成本。如果行业固定成本较高，企业产量必须至少达到保本点，这迫使企业必须充分利用其生产能力，发挥固定资产的效率和效益；当生产能力利用不足时，企业宁愿削价以维持产量，也不愿意让固定资产闲置，进而造成行业生产过剩，企业间竞争加剧。在存储费用高或产品不易保存的行业内，企业都急于实现销售，也会使行业内竞争加剧。

（5）退出障碍。退出障碍是指那些迫使投资收益低，甚至亏损的企业仍然留在行业中从事生产经营活动的各种因素，或者说是企业要退出某个行业时要付出的代价。包括：固定资产专业化的程度、退出成本的高低、协同关系的密切程度、感情障碍，以及政府和社会的限制等。从企业长期利益的角度来看，一个行业的理想状态应该是进入壁垒高而退出壁垒低，这样既有利于扼制新进入者，又有利于不成功的竞争者退出该行业。如图5-4所示。

从收益方面来看，竞争激烈的行业，企业间收益水平处于均等状态。在竞争相对缓和的行业，企业会普遍获得较高的收益。

从资本流向来看，竞争激烈的行业，会导致投资收益率下降，最终会使那些投资收益率长期低于竞争收益率的企业终止经营，将资本投向其他行业。相反，在竞争相对缓和的行业，由于投资收益率较高，就会刺激外部资本流入该行业，

图5-4　进入、退出障碍和获利能力

表现为一方面是新进入者带入的资本；另一方面是行业内现有企业追加的投资。

虽然五种竞争力共同决定行业竞争的强度和获利能力，但对于不同的行业或在不同的时期，各种力量的作用是不同的，一般是最强的一种力量或几种力量共同处于支配地位，起决定作用。因此，进行行业竞争结构分析就必须抓住那些处于支配地位、起决定作用的竞争力。

五、行业内部结构分析

在运用五种竞争作用力分析模型分析了影响行业竞争的主要力量之后，我们还要深入行业内部，对其已有的结构进行进一步分析。

（1）要收集和整理构成一个特定行业结构的各种原始资料，一般有：制造商的个数及其在行业中的相对地位；市场用户的构成；从制造商到最终的产品使用者的分销渠道；行业内部纵向一体化的程度；行业的进入和退出壁垒；行业的规模；行业的其他一般环境特征，如行业的竞争状况、行业的商品生命周期、行业的技术变化和竞争范围等。

（2）选择适当的方法分析行业的基本结构。目前常用的方法是战略集团分析法，这种方法对由多个不同的竞争集团构成的行业是一种有效的分析方法。

企业战略集团（strategic groups）是指在同一产业内有相同或相似竞争战略的企业集合，它们往往具有类似的产品组合，利用类似的分销渠道，实行程度相近的纵向一体化，采用相同或类似的工艺技术方法，生产相同性能的产品满足用户的需求，广泛地运用大众传媒进行广告宣传并按相同的价格——质量比进行产品销售等。

在同一产业内有相同或相似竞争战略的企业是最具"同类"性的企业，其多少与性质对企业竞争的影响很大。一般来讲，多样性强的产业可以容纳较多的战略集团，单一性强的产业可能仅能容纳一个战略集团。划分企业战略集团的主要标准可以是企业规模、市场广度、产品与服务质量、地理位置与市场重心、一体化水平、企业目标、企业市场定位等。在进行企业战略分组、分类时，可以运用直角坐标法，每次取两个或三个标准作为坐标轴，把要归类的企业在坐标中标出，企业在坐标系中的位置越近，企业的战略越接近，越趋于在同一战略集团内。反之则相反。

在制作战略集团图时，一般是找出行业内不同企业的一些共同特征，从中选择所要研究的两个作为变量，把行业内各企业置入双变量二维空间图，并把处于相同战略空间上的企业作为同一个战略集团，用圆圈代表各集团占行业总销售收入的大小比例，即可看出行业内各企业集团间的竞争地位关系。如图5-5所示是采用纵向一体化程度的高低和产品线的宽窄作为变量，对某行业进行的战略集团划分。

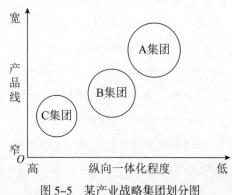

图5-5　某产业战略集团划分图

行业的发展趋势对不同战略集团有不同的影响，由此可以进一步分析各个集团的走向；由于各个战略集团的市场地位强弱不同，导致不同战略集团企业的利润潜力各不相同；加盟各个战略集团的障碍大小不一；不同战略集团的企业常常享有不同的对供应商和客户的谈判力，所受到的其他行业替代产品的竞争压力也不一样；一个行业内的战略集团越少，竞争程度越高。

第二节　市 场 分 析

企业是因市场而存在的，每个行业的市场都有其特点，企业要在行业中建立竞争优势，就要对本行业的市场有深入的了解和认识，因此，市场分析就是对行业市场进行的具体分析，主要从市场供求、市场细分和顾客三个方面进行。

一、市场供求分析

在规范的经济分析中，需求是指消费者在某一特定时期内，在每一价格水平时愿意而且能够购买的商品数量。需求量指在某一特定价格水平时，消费者计划购买的量，是在一个特定的价格点上对应的数量。需求则是在不同价格水平时对应的不同需求量的总称，用需求曲线来表示。影响需求的因素主要有：商品的价格、消费者的货币收入、消费者的偏好、相关商品的价格、价格变化预期等。

供给是指生产厂商在某一特定时期内，在每一价格水平时愿意并且能够供应的商品量。供给包括单个厂商的供给和市场供给，市场供给是某种商品的单个厂商供给量的总和。供给也是供给欲望与供给能力的统一，供给能力包括新生产的产品和过去的存货。供给的多少取决于生产，供给量是指某种商品在某一特定价格水平时，生产厂商愿意或计划供给的商品量。供给的变动是指商品本身价格不变的情况下其他因素变动所引起的商品供给变动，影响供给变动的因素包括：其他相关商品的价格、生产要素（生产设备和原材料、劳动力、土地等）的价格、技术条件变动、政府政策，以及厂商对未来的预期等。

需求和供给相互作用的结果，最终会使商品的需求量和供给量在某一价格上正好相等。此时既没有过剩，也没有短缺，市场正好出清，经济学把此时的价格称为均衡价格，供给和需求量相等的数量为均衡数量。只要产品的价格高于均衡价格，就会受到一种向下的压力；低于均衡价格，就会有一种向上的推力。因此，围绕着均衡价格，行业的市场供求状况总不外乎三种情况：供求平衡、供不应求和供大于求。企业进行市场供求分析不仅仅要了解总体的市场供求状况，更为重要的是按照产品结构了解供求动态，即企业要分析，在自己生产销售的产品中，哪些是供求平衡的，哪些是供不应求的，又有哪些是供大于求的，进而分别分析其市场供求状况产生的原因，以采取相应的战略对策。

二、市场细分分析

在需求结构日益复杂、需求种类日益增加的情况下，企业没有可能、也没有必要将某一产业的全部市场作为自己的经营范围，只能根据自己的核心能力选择某一特定的市场范围，在这个市场空间中力争形成独特的竞争优势，占据有利的市场地位，这就需要进行市场细分。市场细分过程包括以下五个步骤。

1. 决定细分基础

企业可以采用不同的细分基础将完整的产品市场进行细分。细分基础一般有：功能（又称为产品）、价格、地域、最终市场等。

（1）按功能细分。按功能对产品市场进行细分是最常采用且最容易为用户接受的一种方式。例如，将汽车分为公共运输车、特殊用途车、轿车等。

（2）按价格细分。按价格细分可以有若干种情况，如在功能差别的基础上对不同的功能采用差别价格，又如对具有季节性的产品形成季节价格差别。

（3）按地域细分。按地域细分的前提是不同地域的用户群对产品的消费要求有所不同，为了满足这些消费差别，企业需要对产品功能进行调整，由此造成产品功能上的差别。另外，不同地域在收入水平上的差别、由空间距离所引起的运输难度和运输成本差别等因素也会对产品的包装、分销和其他供应条件发生影响。可见，按地域细分一般以功能差别和由此造成的成本差别为基础。

（4）按最终市场细分。按最终市场细分是指根据最终用户的差别划分市场。其具体形式可以包括根据用户规模、服务水准、购买规模（频率）、所需的分销方式、用户特征等形成不同的细分市场。

企业究竟采用以上细分基础中的哪一个或哪几个的组合，需要考虑各类细分市场的特征。因此，接下来需要决定选择细分市场的参考标准。

2. 选择细分标准和对应的判别权数

选择细分市场的参考标准一般包括各类细分市场的潜在获利能力、市场的状态、竞争优势、协同效应以及竞争形势等。其中，市场的状态可以从市场发展速度和前景、市场成熟程度、未来市场规模等方面进行分析；竞争优势反映企业在该细分市场中经营所具有的或可以形成的在质量和服务上的优势；协同效应主要表现在企业在该细分市场上的经营活动与企业其他活动在资源及业务上具有的共享程度，或是企业经营活动与同一产业链上前后向活动的衔接及一体化程度。竞争形势主要反映企业在该细分市场上的竞争强度。

可以看出，以上各项选择标准的组合实际上是一个范围缩小了的产业结构分析，各项因素对企业的影响程度可以是不同的。因此，企业在分析之前首先需要决定采用哪些选择参考标准，然后需要决定各项选择参考标准在标准组合中的重要性，即决定各项因素的权数。

3. 进行细分排队

细分排队是指企业根据各细分市场上消费者的需要和消费者对各项需要重要性的确认，以及本企业和竞争对手企业在满足消费者各项需要上的能力或表现，发现在各类细分市场上企业所处的竞争地位。消费者对某特定产品（服务）的需要可能有：及时交货、产品质量、可靠性、价格、退货政策、企业（产品）信誉、价值、产品线长度、折扣政策、稳定性等。可以用以下的矩阵进行分析（图5-6）。

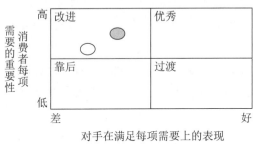

注：○某对手　●本企业

图5-6　细分排队矩阵分析

矩阵的纵坐标为消费者对某特定产品各项需要的重要性判断，横中线表示一般重要性；横中线以上表示高于一般重要性，越向上越重要；横中线以下表示低于一般水平的重要性，越向下越不重要；横坐标为本企业及其他竞争对手企业在满足特定需要上的表现，纵中线为一般表现；纵中线以左为低于一般水平的表现，越向左表现越差；纵中线以右为高于一般水平表现，越向右表现越好。对同一产品，要将消费者的每一项需要均绘制在矩阵中，对不同的需要可以标以不同的色彩。然后根据企业在满足各项需要上的优势决定企业满足消费者需要的综合能力，以作为选择细分市场的依据之一。

处于"优秀"格内的需要既受到消费者的重视，又是企业（及对手）能较好满足的需要，如果本企业的表现强于对手，就能够形成竞争优势；处于"改进"格的需要虽然受到消费者的重视，但在满足上的表现较差（可以是本企业表现差，也可以是对手表现差），企业如需取得优势，需要进行某些改进；在"过渡"格中的需要，对消费者来说并不重要，但企业却能很好地给予满足；处于"靠后"格的需要，消费者不重视，企业也不能很好地满足。因为前两格的需要都是消费者所重视的需要，因此，企业只有在表现上强于对手，才能取得竞争优势，也才有进入该细分市场并获得成功的可能。后两格的需要在分析时尚不受消费者的重视。所以，企业如果要进入这两格细分市场，还需要对消费者进行教育，提高他们对这些需要的兴趣；或是在资源分配时，将对这些需要，特别是处于"靠后"格需要的满足置于较后的位置，或者暂不考虑对这些需要的满足。

4. 归并细分市场要求

在这一步，企业需要列出在若干细分市场上相同的消费者要求。对这些共同的要求，可以由统一设计的功能、部件或同一水平和类型的服务来给予满足，其他各具特色的要求则需要分别根据产品所服务的细分市场进行特别设计。

5. 选择细分市场和差别化

经过以上步骤的分析，企业就可以选择那些能比对手更有竞争力的细分市场作为自己开展经营活动的区域，并根据市场的要求具体确定差别化的形式，制定相应的战略。

企业可以借助于细分市场吸引力分析表来进行细分市场的选择。细分市场吸引力分析表的横栏为按某一基础对市场进行的细分，纵栏为能反映企业目标要求的选择参考标准。对已经在该项业务领域活动的企业来说，可以在纵栏的最后一栏列入企业目前在各细分市场上的销售百分比，以表示企业的市场地位。

表5-1是某方便食品制造商对其产品进行的细分市场吸引力分析表，该企业以分销渠道作为对市场进行细分的基础，将各分销渠道是否符合本企业能力、获利潜力、分销渠道的竞争情况、市场成熟程度和市场规模，以及在各分销渠道上产品的创新机会等作为对细分市场进行选择的参考标准。

表 5-1　细分市场吸引力分析表（以某方便食品为例）

分销渠道	邮购	批发店	杂货店	食品店	零售店	饭店	机构	快餐店
符合本企业能力	低	高	低	中	高	符合	高	符合
获利能力	低	高	—	中—低	高	低	低	中
竞争情况	无吸引力	有吸引力	无吸引力	—	—	—	—	中
市场成熟程度和市场规模	发展小	发展中	衰退高	慢发展	快发展	慢发展	稳定	发展
产品创新机会	高	高	高	高	高	高	高	高
本企业销售百分比（%）	—	5	10	5	25	5	5	40（一个客户）

从表5-1中可以看出，该企业存在三个需要特别注意的细分市场表现：①从各项选择参考标准来看，批发店渠道应该得到发展，而企业所占的市场份额较低。②杂货店渠道可以逐步退出，目前企业在该渠道所占的市场份额又过高。③快餐店这一分销渠道符合企业能力，市场处于发展阶段，产品创新机会也较高。但企业只有一个快餐店客户，且对该客户的销售额占了企业全部销售额的40%，表示其对某一用户依赖很大，需要引起注意。

三、顾客分析

顾客就是企业服务的对象，企业的一切生产经营活动都应以满足顾客的需要为中心。从这个意义上说，顾客是企业最重要的环境因素。这里顾客的概念是广义的，是指所有购买本企业产品的单位或个人。对生产消费品的企业来说，顾客就是最终市场上的消费者；

对生产工业制成品提供下游产业进行深加工的企业来说，顾客主要是指购买本企业产品进行进一步加工的生产者；当然，有的产品既可以直接进入消费品市场供消费者消费，又可以成为工业原材料，则企业的顾客就同时包括了消费者和生产者。因此，顾客分析主要从对消费者和生产者的分析入手。

1. 消费者心理与偏好分析

由于经济的不断发展和人们收入水平的不断提高，人的消费动机已从过去的单一性转向多样性和复杂性，如何认识和分析消费者已经成为影响企业经营成败的关键因素。因此，企业必须首先分析消费者消费行为发生变化的深层次原因，即消费者心理与偏好。

消费者的消费心理，主要是指消费者在购买商品时，是出于怎样的考虑，为什么决定购买或不购买。例如，消费者购买一种产品是出于经济实惠的考虑，还是希望通过在消费该商品的同时显示其特定的社会地位。如果消费者主要考虑前者，则他们在消费行为上的表现就是对商品的价格斤斤计较，愿意选择价格较低的商品。如果出于后一种考虑，则对价格不会过分关心，主要选择价格较高的商品来显示其与众不同或抬高其社会地位。

分析消费者心理，还要分析消费者的生活方式和性格。例如，消费者是追求时髦，还是追求朴素或随俗；其性格是外向还是内向，是独立还是依赖，是乐观还是悲观等。一个收入水平很高，但追求朴素、性格内向的消费者，在面对同类而不同价的商品时，往往会选择价格较低的商品，但这并不说明他没有足够的支付能力。相反，一个收入水平不高，但追求时髦、性格外向的消费者则往往选择价格较高的商品，在收不抵支的情况下，他甚至会负债消费。现代社会许多收入不高的年轻人的高消费，大多属于这种情况。

2. 消费者行为分析

消费者行为是指消费者为满足个人或家庭生活需要而发生的购买商品的决策或行动。消费者行为是消费者心理和偏好的外在体现，通过对消费者行为的分析能够帮助企业更好地把握消费者的心理和偏好。

1）消费者购买行为模式

（1）经济学模式。经济学模式即将消费者看作"经济人"。"经济人"的行为是合理的、完全理性的，其购买决策建立在大量理性的、清醒的经济计算基础之上。这种购买模式的消费者追求"最大边际效用"，他们会根据自己获得的市场信息、个人愿望和收入，购买那些能使自己得到最大效用（或满足）的物品。用经济学模式分析消费者购买行为，注重产品的价格和性能因素，强调经济动机对消费者购买行为的影响，但单纯的经济分析难以完全解释清楚消费者行为的发生及其变化。

（2）传统心理学模式。传统心理学模式强调需求的驱策力，即需求促使人们产生购买行动，而需求是由驱策力引起的。这一理论倡导者主张，通过各种各样的强化力量加强诱因—反应的关系，借助强大的驱策力来建立消费者的购买行为。企业促销策略、广告策略的制定一般都是基于这种模式，也收到了较好的效果。但这种理论不能令人满意地解释人们对商品及促销活动的感受以及人际的影响在购买行为中的作用。

（3）社会心理模式。社会心理模式的提出是社会学家和心理学家共同努力的结果。这一模式将人看作社会人，认为人会遵从大众文化的标准及形式，人们的行为会遵从于周围的文化以及密切接触群体的特定标准。即人们的需求和行为都要受到社会群体的压力和影响，以至于处于同一社会阶层的人们在商品需求、兴趣、爱好、购买方式、购买习惯上有着许多惊人的相似。营销人员所面临的主要任务就是确定哪些人对哪些产品最具影响力，以使这些人在最大限度和范围内施展其影响，这种模式对营销活动有重要的指导意义。

2）消费者行为的影响因素

影响消费者行为的内在因素有如下方面：

（1）动机。消费者行为的直接原因是动机。消费者动机是很复杂的，可以概括为两部分：生理动机和心理动机。动机是由需要产生的，内在需要在外界的刺激下就会产生动机。马斯洛指出人类的需要可以由低到高排列成五个不同的层次，即生理需要、安全需要、社会需要、自尊需要和自我实现需要。不同人的需要不同，同一个人不同时期的需要也不同、同一个人对同一件商品也会有多方面的需要，需要具有差异性、多样性和动态发展性。

（2）感受。感受是指消费者在其了解的范围内，通过其眼、耳、鼻、舌、身接受外界环境色、声、香、味、形等刺激所形成的心理上的反应，是个体对社会和物质环境最简单、最初的理解。

（3）态度。态度通常指个体对事物所持有的一种协调一致的、有组织的、习惯性的内在心理反应。态度不仅是在后天环境中产生的，也是针对某一对象产生的。

（4）学习。学习是指在相似的情况下，由过去的行为所引发的行为改变，或者说，学习是指由于经验而引起的个人行为的改变。

影响消费者行为的外在因素有如下方面：

（1）相关群体。相关群体指能直接或间接影响一个人的态度、行为或价值观的团体，可分为参与群体与非所属群体。相关群体对消费者购买行为的影响主要体现在：向消费者展示新的生活方式和消费模式，供人们选择；影响人们的态度，帮助消费者在社会群体中认识消费方面的"自我"；相关群体的"仿效"作用能使某群体内的消费行为趋于一致；相关群体中的"意见领袖"（或意见领导者）常常对其他成员发挥着巨大的示范作用。

（2）家庭状况。家庭对消费者购买行为的影响很大。我们可以从三个方面研究：①家庭就是一个相关群体，影响着其成员的购买行为。②家庭中有着不同的购买角色，他们在不同商品的购买决策上发挥着不同的作用。③处于家庭生活周期不同阶段的购买行为不同。

（3）消费者所处的地理环境。如居住在城市还是农村，对消费者的消费行为有很大影响。一般来讲，高质高价的商品容易为城市居民，特别是大城市的居民所接受，农村消费者则欢迎高质低价或中等质量、中等或低价的商品。

另外，消费者所属的社会阶层及社会文化状况都对消费者的购买行为有不同程度的影响，在宏观环境分析中已经有过介绍。

3）消费者购买行为的主要类型

（1）经常性购买。经常性购买是一种简单的、频度高的购买行为，通常指购买价格低廉的、经常使用的商品。

（2）选择性购买。选择性类型的购买比经常性购买复杂。企业应当适时地传达有关新品种商品的信息，增加顾客对新产品的了解和信任感，促使其下决心购买。

（3）探究性购买。探究性购买是指消费者对自己需要的商品一无所知，既不了解性能特点，又不清楚选择标准和使用养护方法。

企业应当根据不同类型消费者对自己产品不同类型的购买方式设计有针对性的营销策略。

4）消费者购买决策过程的主要步骤

（1）确认需求。消费者购买之前首先要确认自身需要解决的"问题"，即存在哪种需求。

（2）寻求信息。消费者的信息来源包括消费者的个人经验、相关群体影响、媒体宣传等方面。企业要注意利用以上因素为消费者提供信息，同时还要考虑到影响消费者获取信息的因素。

（3）估价比较、决定购买。在比较复杂的购买行动中，消费者对已经得到的信息进行估价、比较，以便做出购买决策。企业应设法使自己的品牌、特点给消费者留下印象，以便消费者在选择和比较中做出决定。

（4）购后评价。消费者购买商品以后，购买过程实际上还在继续，他会对已购的商品做出评价。企业对这一步必须给予充分的重视，因为它关系到产品今后的市场和企业的信誉。判断消费者购后行为有两种理论，即预期满意理论和认识差距理论。

以上步骤表明，消费者的购买活动先于购买行为而发生，后于购买行为而结束。售货现场的交易过程只不过是消费者购买决策过程中的一个步骤，企业必须研究整个购买过程，才能制定有效的战略。

3. 生产者购买行为分析

生产者的购买行为与生活资料消费者的购买行为既有很多相似之处，也有着明显的差别。

1）生产者购买行为的特征

生产者的购买行为特征有：购买者的数目少、交易量大；区域相对集中；需求受消费品市场的影响。生产企业对生产资料的需求常取决于消费品市场对这些生产资料制品的需求，这种需求叫"派生性需求"或"引申需求"。其特点是需求缺乏弹性。生产资料的购买者对商品和劳务的价格变动反应不大；需求受社会技术发展状况和经济状况影响较大；

专业性采购一般由经过良好训练、具备专业知识和有一定采购经验的采购人员负责；需要产品服务供应者售前售后对用户的服务更为重要；直接采购时，厂家与用户直接见面；品质与时间要求对生产资料的品质严于消费品，对供货时间的要求也较高；由多数人影响购买决定。

2）生产者购买行为类型及购买决策过程

根据企业采购的目标和需要不同，生产资料购买行为可分为以下三种类型：

（1）直接续购。直接续购即购买方企业为满足生产活动的需要，按常规方式订货，由采购部门按过去的订货目录向原来的供货方继续订购过去采购过的同类产品。

（2）修正重购。修正重购即购买方企业部分地改变要采购的商品的规格、质量、价格或供应者。

（3）新购。新购即指购买方企业第一次采购某种生产资料。

这三种类型中，直接续购属惯例化购买，一般由采购部门担任；新购是最复杂的购买情况；修正重购则介于这两者之间。

3）影响生产者购买行为的主要因素

影响生产者购买行为的主要因素有：环境因素，即企业外部因素的影响；组织因素，是指企业自身的采购目标、政策、程序、组织结构和内部工作制度等对购买行为的影响；人际因素，是指企业中人事关系对购买行为的影响，生产资料的采购决策常由企业各层次不同部门人员组成的"采购核心"做出，一般包括使用者、影响者、采购者、决策者及控制者；个人因素，所有组织的购买行为都是在有组织的、相互影响的基础上产生的一种个人行为，参与购买决策的个人难免受个人因素的影响，如购买者个人年龄、收入、受教育程度、职位、性格及对待风险的态度等。

第三节　竞争者分析

市场经济中的企业都在竞争中生存，竞争者之间的博弈是企业进行战略决策的重要依据，因此，企业只有认真分析了解竞争者，才能取得竞争的主动，采取正确的战略。

一、竞争者识别

竞争者分析的首要问题是，谁是企业的竞争者？竞争者包括现实的竞争者和潜在的竞争者，企业要分别找出这两类竞争者。竞争者的特征是复杂的，确定竞争者的方法有很多，这里我们介绍以下三种：

1. 视觉地图法

视觉地图法即用图表的方法来确定与本企业或本企业产品最为相似的竞争者。这是一种半定量的方法，该方法可用于回答两个问题：竞争者是谁？他们目前处于什么地位？

视觉地图法需要采用若干相似性指标。当指标数量不超过两个时，较容易解决，即利用两项指标构建二维坐标，根据这两项指标值对企业及目标对象进行坐标定位，位置与企业位置最接近的就是最有可能的竞争者。

下面以一家DVD影碟机厂商为例制作一个视觉地图。DVD机的两个重要特征是清晰度和纠错能力。为了解A、B、C、D四种DVD机在消费者心中的相似程度，可以在目标市场随机调研，请受访者给每种DVD机的两个特征打分（分值最高是7分，最低1分），假设得到四种品牌DVD机的打分结果如表5-2所示。

表5-2 品牌评分（以DVD机为例）

品牌	特征	
	清晰度	纠错能力
A	7	1
B	7	7
C	6	6
D	1	7

品牌间的相似程度可通过两种品牌的可见距离的远近值获得，常见的度量可见距离的方法是两种品牌的每种特征的分数之差的平方和。例如，品牌A和品牌B的可见距离是$(7-7)^2+(1-7)^2=36$。这个平方和的值越小，就说明这两种品牌越相似，竞争就越强。表5-3显示出了其他品牌的可见距离。

表5-3 不同品牌间的可见距离

品牌	A	B	C	D
A				
B	36			
C	26	2		
D	72	36	26	

根据表5-3的评分值可得出视觉地图（图5-7）。原点定在每一标尺的中间点上，如果往视觉地图的右边移动，该品牌就被视为图像更清晰。如果往上移动，该品牌就被视为纠错能力越强。从表5-3和图5-7可见，品牌B和品牌C的可见距离只有2，因此品牌B和

品牌 C 是最为相似的竞争者，也可以说是最直接的竞争者。

2. 企业直接指定法

企业直接指定法就是企业基于产品形式、行业、品牌和消费愿望等维度划分出不同类型的市场竞争，然后依据其经验在同类型的市场竞争中直接指定自己的竞争者。

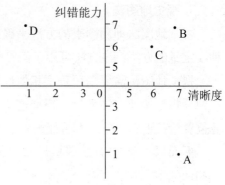

图 5-7　根据品牌评分制作的视觉地图

严格来讲这并不是一种全面准确的判断方法，但现实中的企业经营者却往往采用这种方法，因为他们对本行业的同行比较了解，知道谁是最主要的竞争者，而且这种方法也比较简单直接。但值得注意的是，这种方法只能为企业找到最直接和最主要的竞争者，却有可能忽略相关行业和潜在的竞争者。例如，柯达一直把富士当作主要竞争者，而忽略了佳能、索尼等数码影像厂商正由潜在威胁者变为主要的竞争者。

3. 价值网分析法

直接指定法适用于直接竞争者的确定，潜在竞争者则可以用价值网分析法来确定。

潜在竞争者可能来自供应商、中间商、顾客、替代者和互补者五个方面。价值网分析法即将除直接竞争者以外的上述五个方面的潜在竞争者组成一个价值网的二维空间，如图 5-8 所示。在这个二维空间中，市场参与者之间是一种相互依赖的关系。本企业被放置在价值网的中心，纵轴方向是与本企业有交易的参与者，如供应商、中间商和顾客；横轴方向是与公司相互作用但并不交易的参与者，如替代者将直接威胁企业的生存，而互补者将增加公司在价值网中的附加价值。下面从纵、横两个方向进行分析说明。

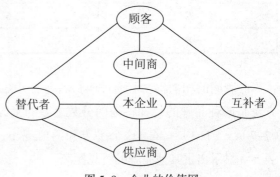

图 5-8　企业的价值网

（1）价值网纵轴方向——纵向一体化威胁。每个企业的顾客和供应商都在从事着非常复杂却又和企业紧密相关的生产活动，他们中的每一个都有很大的潜力，完全可能通过自己的发展进入企业所在的行业中来，实施纵向一体化战略，逐渐形成一个真正的、有竞争力的对手。

一旦供应商掌握了和企业一样，甚至比企业更先进的技术和设备，就完全有可能转变为企业的竞争者。同样，顾客也可以为了自身发展的需要（如扩大利润来源、降低采购成本）或者出于某些商业上的考虑（如商业秘密保护）而向后整合，成为企业的竞争者。

（2）价值网横轴方向——相关多元化威胁。在价值网的横轴坐标方向，两个互补公司的产品会产生互补作用，如美国英特尔公司和微软公司，英特尔制造芯片，而微软生产软件，这两种产品配合起来使用时可以极大地增加各自的价值。作为互补品生产者，两家公司在各自行业中的地位与实力相当，实际上在为满足顾客的同一需求而努力。原来互补的这两家企业，很可能将自己的产品向两头延伸，从而由互补企业直接转变为竞争者。

二、主要竞争者的战略分析

主要竞争者是指那些对企业现有市场地位构成直接威胁或对企业目标市场地位构成主要挑战的竞争者。对主要竞争者进行分析首先要对其战略及支持其战略的能力进行分析，包括目标分析、假设分析、现行战略分析和潜在能力分析四个方面的内容，如图5-9所示。

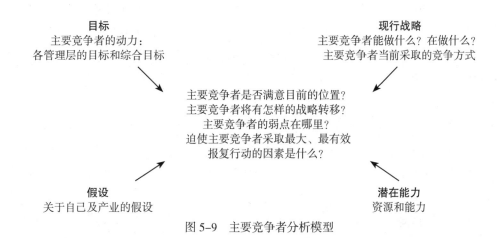

图 5-9 主要竞争者分析模型

1. 主要竞争者目标分析

了解主要竞争者的目标就可以推断竞争者的战略发展方向和可能采取的行动，从而在战略管理一开始就能针对主要竞争者的可能行动考虑应对方法。竞争者目标分析的内容主要包括如下方面：

（1）主要竞争者的财务目标及财务目标的内部权衡要求。这一目标涉及企业可能设立的有关发展速度和进攻强度的具体目标，以及企业业务构成的改变。

（2）对风险的态度，以及风险与发展目标之间的权衡标准。这一目标将影响企业可能选择的战略类型和实现战略的方式。

（3）主要竞争者的行为准则和基本信条及其影响力。这一目标可以让企业判断出主要竞争者不可能采取的战略类型和实现战略的方式。

（4）主要竞争者的组织结构和决策结构。不同的组织结构一般对应对于不同的业务组合，反映不同的领导方式和资源分配方式。而不同的决策结构反映企业内部权力的配置及对战略的影响，对战略选择影响很大。

（5）主要竞争者所采取的控制制度和激励制度及其有效性。这将影响企业战略所受到的约束和鼓励条件以及战略实施成功的可能性。

（6）主要竞争者最高领导和领导集体的工作风格以及最高领导集体发生变化的可能性。最高领导者和领导集体的工作风格将影响他们对环境的认识和战略类型的选择，而最高领导集体发生变化的可能性将影响到战略类型和竞争手段的改变。

（7）主要竞争者的管理层对企业未来目标的认同程度。这将影响战略实施的效果。

从以上对主要竞争者的目标分析可以得知主要竞争者竞争动力的来源、竞争动力的表现形式（不同的战略类型和实现战略的方式）、主要竞争者的长期综合目标和目标的结构。

2. 主要竞争者现行战略分析

对主要竞争者现行战略进行分析的重点在于，预计现行战略的可能实施效果、其战略的成功实施可能造成的当前竞争地位的改变、主要竞争者改变现行战略的可能性，以及由此引起的对本企业的影响。其中，主要竞争者改变现行战略的可能性是受主要竞争者目标和假设支配的。通过对主要竞争者现行战略的分析，我们可以了解主要竞争者正在做什么和能够做什么，了解主要竞争者的竞争方式。

3. 主要竞争者潜在能力分析

潜在能力是支持主要竞争者实施其战略的基础条件，因此必须加以分析，才能评估其战略的可行性和可能性。潜在能力分析涉及对主要竞争者以下几个方面能力的分析：

（1）核心潜力分析。核心潜力可以表现为主要竞争者在某项职能活动方面独特的长处，如技术开发能力、研究开发的商品化能力、品牌优势和对品牌的利用能力等。

（2）竞争能力分析。竞争能力来源于核心潜力。例如，企业在技术开发上的核心潜力可以形成企业在新产品推出上的竞争能力；企业在品牌利用上的核心潜力可以形成企业在市场占有上的竞争能力。

（3）迅速反应能力分析。迅速反应能力表现为企业对环境变化的警觉性和立即采取有关反应行动的能力。迅速反应能力强的对手能更早地觉察出环境的变化，也可能较早地采取相应的行动。

（4）适应变化能力分析。适应变化的能力可以表现在：①能正确认识环境变化的趋势并能采取符合环境变化趋势的行动。②企业内部系统的构成具有足够的弹性，足以使企业以较低的成本，在不破坏企业基本能力的情况下对环境的变化做出正确的反应。可见，迅速反应能力重在"快"，而适应变化能力重在"正确"。

（5）抵抗恶劣环境的持久耐力分析。抵抗恶劣环境的能力使企业在面临恶劣的外部环境时能坚持较长的时间，等待环境的改变，或是等待自己所采取的反应性行动的效果出现。

应当注意的是，资源是能力的基础和后盾，因此，在分析主要竞争者每一种能力的时候，都要分析支持该能力的资源是什么？有多少？要全面掌握主要竞争者的资源和能力状况。

4. 主要竞争者假设分析

主要竞争者确定目标是以其对环境和对自己的认知为前提的，他们制定怎样的战略、如何利用其资源、发挥其能力都由他们对环境和自身的认知所决定，而认知的前提就是其战略假设，所以战略假设分析是主要竞争者分析的重点和关键。主要竞争者的战略假设有两类：①主要竞争者对自己的力量、市场地位、发展前景等方面的假设，称为主要竞争者的自我假设，自我假设是主要竞争者进行内部环境分析的结果。②主要竞争者对自己所在产业及产业内其他企业的假设，包括主要竞争者对产业构成、产业竞争强度和主要威胁、产业发展前景、产业潜在获利能力等方面的认识和判断。产业假设是主要竞争者对外部环境分析的结果。

了解主要竞争者的战略假设，不但可以了解其对产业和自身的认识，进而了解他们可能采取的战略类型，还可以了解对手企业的认知方式，针对其特定的认知方式选择具体的竞争方式。

三、主要竞争者优势劣势的评估

通过上面对主要竞争者资源和能力的分析，企业可以更好地了解主要竞争者的优势和劣势，从而确定自己的市场定位和具体竞争战略。准确的分析建立在充分、及时、准确的信息基础之上。因此，企业应当注意收集每个主要竞争者关键经营指标的数据，特别是生产规模、销售收入、市场份额、毛利、投资报酬率、现金流量、新投资及设备能力的利用情况，等等。数据越充分、越准确、越及时就越有助于企业更好地评估每个主要竞争者的优势和劣势，制定有针对性的战略。

四、主要竞争者反应模式的评估

企业要深入了解主要竞争者的思维体系和经营历史，分析主要竞争者面对特定情境的一般反应模式，由此预测主要竞争者对企业的某种战略举措可能做出的反应。主要竞争者常见的反应模式有以下四种类型：

1. 从容型

某些主要竞争者对对手的某些特定的竞争行动没有迅速反应或反应不强烈，这属于从容型的竞争者。企业只有搞清楚主要竞争者表现得从容不迫的原因才能制定对策。有可能是由于主要竞争者对其顾客的忠诚度比较自信，或其业务需要收割，也可能他们对其他竞争者的行动反应迟钝，或者缺乏做出反应所需的资源，等等。

2. 选择型

主要竞争者可能有选择地只对某些类型的攻击做出反应，而对其他类型的攻击无动于衷。企业如果能了解到主要竞争者会在哪些方面做出反应，则可为企业的竞争行动选择最为有效可行的行动范围。

3. 凶猛型

面对向其市场或相关领域发动的任何进攻，凶猛型企业都会做出迅速而强烈的反应。其行动意在向竞争对手表明，最好不要向其发动进攻，否则它将奋战到底。因此，凶猛的反击行动可能起到战略威慑的作用，使对手不敢贸然挑起战端。但一旦其反击方式被对手所掌握，又反而容易为人所乘，使之抓住自己的弱点进行攻击。

4. 随机型

有些竞争者并不表现出明显的、有章可循的反应模式，他们在任何特定情况下，都有做出或不做出反应的可能，从其竞争历史上无法看出任何规律，使竞争对手无法预测。

必须指出的是，在传统竞争战略理论中，分析主要竞争者就是为了找到对手的优势和劣势，从而避实击虚，进行打击，目的是以主要竞争者的失败换取企业战略的成功。这种单赢式的零和博弈竞争思想已经远远不能适应当前急剧变化的市场环境，进行竞争对手分析的目的不仅是获得竞争优势，更多的是获得战略主动权，避免恶性竞争并寻找与主要竞争者合作的机会，实现共赢和多赢。

本章思考题

1. 行业在社会经济中的地位主要表现在哪些方面？

2. 一个行业的生命周期有哪些阶段？分别具有哪些特点？

3. 有哪些方面的力量影响着行业的竞争结构？

4. 行业进入壁垒的影响因素有哪些？

5. 企业与供应者和用户之间讨价还价能力的高低受哪些因素影响？

6. 市场细分有哪些步骤？

7. 消费者的购买行为有哪些影响因素？

8. 生产者的购买行为与消费者的购买行为有何不同？

9. 应从哪些方面对企业主要竞争者进行分析？

第六章
企业内部环境分析

本章从企业资源、企业能力、企业现状和企业文化四个方面，全面、深入地介绍了企业内部环境分析的主要思路和方法，给出了一个一般性的企业内部环境分析框架。

读者除掌握企业内部环境分析的基本框架外，要重点理解内部环境分析的主导思路，以期能够举一反三，根据特定企业的情况进行动态变化，对企业内部环境进行全面、深入的战略分析，找到企业内部的优势与劣势。

第一节　企业资源分析

企业资源是由企业控制或拥有的、服务于企业生产经营的各种投入要素。资源反映了企业的实力，企业开展经济活动必须有资源。按不同目的，资源可分为不同类型，按其是否容易确认和评估来分，资源可分为有形资源、无形资源和人力资源；按其发挥作用的不同，资源可分为一般意义上的资源和战略资源。

一、企业有形资源分析

企业有形资源包括企业的财务资源和实物资源，主要是指企业的金融资产和物质资产。

财务资源主要是指企业的筹资和借款。为了制定企业战略，财务资源分析的重点是中期和长期的财务优势和劣势，要把更多的注意力放在长期的企业净收入趋势及总资产利用上。同时要计算出企业在计划期内为保持战略所要求的增长率而必须进行再投资的数量，从而判断出企业能否单独依靠自己内部的财力来支持预期的增长。分析人员应对企业资金来源、资金使用结构状况、企业获利能力及经济效益的状况、企业利润分配、成本费用结构等状况进行分析。

实物资源主要包括企业的厂房、土地、设备等固定资产。分析企业生产设备状况，主要分析人均固定资产、设备平均役龄、设备的新度及构成、设备的专业工艺特性等。人均固定资产随行业特性有所不同，在同一行业中企业人均固定资产值越高说明企业资金技术构成越高，其生产力水平也越高。设备平均役龄及设备新度结构说明企业设备更新的速度及生产力的潜力。设备的专业工艺特性反映了企业设备机械化、自动化的程度，反映了企业生产力发展的水平。

必须指出的是，虽然企业有形资源的价值在财务报表上都有所反映，但财务报表仅仅是以货币计量的方式来反映实物资源的特性，这是不够全面的，财务数据并不能完全表达企业有形资源的所有属性及其战略意义。例如，财务报表上的一些固定资产和存货的价值，相对于技术进步和市场变化可能被高估。因此，全面分析企业有形资源的拥有情况要综合运用财务数据和其他能够反映物质资产属性的定性和定量指标。

二、企业无形资源分析

无形资源主要是指企业的形象、品牌、商誉、知识产权、专利权、商标权、交易秘诀、技术诀窍和专用知识等。无形资源是企业不可能从市场上直接获得、不能用货币直接度量也不能直接转化为货币的，竞争对手难以掌握和模仿，所以它们是持续竞争优势的可靠来源，也能够成为公司核心能力的基础。

在知识经济时代，知识资源也成为重要的无形资源。因为，无论是企业创造并拥有的无形资产，还是有用的信息或智力资源，都是建立在知识的占有、利用、再创造的基础之上，其表现形式与企业的物质资源相比较，不是人们习惯上看得见、摸得着的东西，而是具有无形化的特点。

对企业拥有的无形资产进行量化分析可以借助很多专业的无形资产价值评估方法，评估无形资源的货币价值。但无形资源的属性和价值仍然不能完全以货币来计量，因而更重要的分析是从企业长期发展的战略高度进行定性分析，找到企业在无形资源上的优势和劣势，从中发现构建企业核心竞争力的来源并进行战略性的思考。

三、企业人力资源分析

人力资源是企业的第一资源，企业的人力资源水平决定了企业战略管理的成败。人力资源分析主要是对企业拥有的人力资源数量、质量和结构进行分析，了解企业现有人力资源的水平和潜力，找到人力资源的优势与不足，进而制定人力资源战略，为企业各层次战略的实现提供充足的人力保障。人力资源分析可以采用两种方法。

1. 人力资源总体分析

人力资源总体分析是从总体上了解企业所拥有人力资源的数量和质量。即根据行业的特点和企业的特点，分析企业拥有执行企业战略所需的各类、各种人才的数量。通过总体分析，企业能够从宏观上看到自身人力资源的实力，是否拥有足够的实施企业战略的人才，是否有发展的潜力，是否有充足的人才储备，等等。

经过总体分析，企业要注意掌握人力资源的存量、余量与增量。存量是企业现有人力资源的数量，余量是企业人力资源储备的数量，而增量是指企业未来需要增加的人力资源数量。企业必须掌握好存量、余量与增量的数量关系。首先，存量必须能够满足现有需求；其次，必须进行人才储备，尤其是关键岗位的人员配备必须留有余量，以免员工意外离职带来难以弥补的损失；最后，余量与增量的大小都必须与企业规模及资本实力相匹配，过多过少或与企业发展状况不适应都将影响企业战略目标的实现。

2. 人力资源结构分析

要深入、具体地了解企业人力资源状况还必须进行人力资源结构分析，这更能反映企业人力资源的内在特征。人力资源结构分析可以从年龄、性别、学历、技能和性格等方面展开。

（1）年龄结构分析。年龄结构即企业员工的年龄构成。如果总体上年龄结构偏大，企业很可能会面临人才断档、青黄不接；而如果年龄结构偏小，则有可能缺乏有经验的管理人才和技术专家，对企业战略的实现也是不利的。进行年龄结构分析要注意以下问题：

年龄结构有行业特点，如餐饮服务业企业的年龄结构一般偏小，因为大量的一线服务人员都是年轻人；年龄结构有岗位特点，如一般服务业的一线岗位员工年龄不能太大；一般领导班子的构成不应过于年轻化，最好的领导团队是老中青相结合的年龄搭配，能够充分发挥老专家的经验优势和年轻人的创造力。

（2）性别结构分析。性别结构即企业中男性和女性所占的比例。性别结构同样具有行业特点和岗位特点。例如，纺织企业女性员工数量一般多于男性员工，而生产一线的操作工人一般都是女工；大部分企业的财务人员都以女性居多；等等。通过性别结构分析，合理搭配一个部门、团队的性别比例和结构，能够显著提高整体的工作效率，这一点早已得到证明。

（3）学历、技能结构分析。学历结构是指企业中不同学历层次员工的比例，而技能结构是指企业中拥有不同层次专业技术职务任职资格员工的比例。学历和技能结构同样具有行业特点和岗位特点，如技术密集型企业的学历和技能结构一般高于劳动密集型企业；企业中职位越高，学历和技能一般也越高。

一般来说，学历结构和技能结构代表着企业人力资源的总体质量，但也不能绝对化。企业并不是高学历、高技能人才越多越好，如果企业并没有足够的岗位量才施用或进行适量的人才储备，就会造成显著的人才浪费，不仅增加了企业的人力成本，也会对员工积极性产生非常不利的影响。

（4）性格结构分析。性格结构是企业中具有不同性格特征员工的比例。由于很多工作岗位都对工作人员的性格有一定的要求，所以性格结构带有非常明显的岗位特征。例如，做财务工作必须细心、谨慎，从事营销工作必须热情、坚韧，等等。性格结构分析有助于充分发挥每一位员工的积极性和性格优势去从事最适合的工作，从而合理配置人力资源，为实现企业战略做出贡献。

四、企业资源的竞争价值分析

不同企业所拥有的资源是有差异的，这就使企业在资源方面有着不同的优势和劣势。如果一家公司所拥有的资源不但充足而且恰到好处，特别是，如果公司所拥有的优势资源具有产生竞争优势的潜力的话，那么，这家公司在竞争中取得成功的把握性就比较大。

因此，对企业的每一种资源都应当从以下四个方面进行竞争价值的分析：

1. 可得性

可得性即竞争对手是否容易得到这种资源？这种资源是否容易被竞争对手复制？企业拥有的资源竞争对手越难得到，模仿成本和难度越大，它的潜在竞争价值就越高。难以获取和复制的资源往往能够限制竞争，从而使资源所带来的利润具有持久性。

2. 为企业带来的价值

为企业带来的价值即这种资源能否真正在竞争中为企业带来价值？价值有多高？所有企业都必须避免盲目相信它们所拥有的资源会比竞争对手更多、更强，任何资源的价值最终都必须从它为企业带来的价值中得到体现。

3. 优势的持久性

优势的持久性即这种资源为企业带来的竞争优势能持续多久？一种资源为企业带来的竞争优势持续的时间越长，其价值就越大。由于技术或行业环境的快速变化，有些资源很快就会丧失其竞争价值。

4. 可替代性

可替代性即这种资源是否能够被竞争对手的其他资源或能力所抵消？不可替代或难以替代的资源对企业来说具有更大的价值，因而也就更容易使企业获得竞争优势。

第二节　企业能力分析

企业能力是指企业统筹整合资源以完成预期任务和目标的技能。企业的能力大小与企业资源条件及其有效配置和利用程度正相关。没有能力，资源就很难发挥作用，也很难增值，能力与资源共同构成了企业竞争优势的基础。

一、基本能力分析

分析企业能力首先从分析基本能力开始，常见的企业基本能力有：筹措供应能力、生产制造能力、营销服务能力、科研开发能力和组织管理能力。

1. 筹措供应能力分析

筹措供应能力（以下简称筹供能力）实际上是企业的资源获取能力，即企业从外界获取生产经营所需资源并将其配置到企业内部各相关职能和部门的能力。按照企业资源的分类，企业的筹供能力至少包括企业对资本的筹供、人力资源的筹供、知识资源的筹供和生产经营物资的筹供四个方面。资本筹供能力即企业财务部门的筹资、融资能力；人力资源筹供即企业获得所需人力资源的能力；生产经营物资的筹供就是通常所说的采购供应能力；而知识资源的筹供就是企业从外界知识、信息资源的生产加工机构和集散地获得知识资源的能力。

2. 生产制造能力分析

生产制造是企业产出其产品的中心环节，企业生产系统必须保证达到数量、质量、成本和时间等方面的要求和标准，以最快的速度、合理的成本生产符合市场需求的数量和质量的产品。对企业生产制造能力的分析主要从以下几个方面进行：

（1）生产工艺和流程。生产工艺和流程是由企业整个生产系统的设计所决定的，包括生产工厂的选址与设计、工艺技术的选择、生产工艺流程、生产能力和工艺的综合配套、生产控制等。企业要分析：生产能力的布局是否合理？企业生产能力在各生产点上的安排是否协调平衡？生产设施、设备的数量搭配和空间安排是否合理？企业是否应该进行某种程度的前向或后向一体化？生产加工技术是否使用恰当？生产路线是否合理？整个生产工艺流程的设计是否先进和高效？

（2）生产能力与生产周期。企业的设计生产能力一般是由建厂初期的工艺路线设计、设备选型和配备所决定的，而实际生产能力又受到原材料质量和供应、生产调度管理水平、工人技术水平、设备运转状况等因素的影响。分析企业生产能力和生产周期首先要了解设计生产能力大小、一般生产周期和最短生产周期、生产设施和设备维修保养计划、生产调度与现场管理等问题。具体问题包括：生产是否有明确的计划和有效的预测？产量是否达到了合理的经济规模？生产任务是否经常处于饱和状态？是否还有扩大生产能力的余地？设备是否按计划进行维修保养？设备使用率、完好率高不高？工厂、库房的位置、数量和规模是否合适？是否有全面、合理的生产成本计划？是否有处理临时订货的应急计划？是否有有效的生产控制体系？

（3）库存。库存状况反映了企业生产过程中原材料、在制品和产成品的均衡，关系到企业生产的连续性。要分析：企业是否有有效的库存控制体系？原材料、在制品和产成品的库存量与库存成本是否合理？

（4）生产管理人员与工人。生产管理人员与工人是企业生产系统的主要工作人员，其工作能力和状态是决定企业生产能力的关键因素。要分析：企业是否对所有岗位进行了时间和工作研究？是否有科学合理的劳动定额？生产岗位是否有高效率？工人技术水平如何？生产管理人员是否称职并具有很高的积极性？生产一线员工的缺勤率和离职率是否合理？生产工人的士气如何？

（5）质量。质量是企业的生命，质量分析内容包括：生产设备是否先进？原辅材料质量是否稳定？企业是否具有有效的质量保证体系？用户是否对产品质量满意？质量控制成本是否合理？员工质量意识强不强？质量问题处理是否及时？是否反复发生同样或类似的质量问题？

（6）交货期。在这个速度竞争的时代，在同等数量、质量和成本的条件下，企业生产系统的交货期越来越成为企业竞争优势的重要来源。对此进行分析主要考虑：以往的生产任务是否准时或提前交货？交货延误的原因是什么？是系统偏差还是偶然偏差？生产系统工作人员的时间观念强不强？生产流程中各道工序间配合是否默契？是否实现了均衡生产？半成品、在制品是否经常有积压现象？

3. 营销服务能力分析

从战略角度考虑，企业的营销服务能力主要包括以下四方面的内容：

（1）市场定位能力。市场定位能力直接表现为企业市场定位的准确性，取决于企业的能力包括：市场调查和研究的能力、评价和确定目标市场的能力、占据和保持市场位置的能力。

（2）营销组合有效性。企业在确定了目标市场后，要通过四个方面市场营销活动的组合来满足目标市场的需求，即产品或服务、定价、促销、分销活动。市场营销组合的有效性对企业市场营销能力的高低有着至关紧要的作用。

（3）营销管理能力。营销管理能力主要是指企业对各项营销工作进行管理的能力，具体包括营销队伍的建设与培训、营销人员的考核与激励、应收账款管理、客户关系管理等一系列工作。应当分析：营销人员是否有较高的素质和敬业精神？营销人员的积极性、主动性和创造性是否得到了充分的调动？应收账款余额占销售额的比例多高、平均收回时间多长？营销部门、营销人员和企业是否共享了所有的客户资源？企业是否掌握大客户的情况并与其建立了良好、经常的沟通机制？营销活动效率如何？是否有健全的营销管理制度？合同签订和订单处理程序是否高效、完善？

（4）服务能力。服务能力是企业为用户提供售前、售中和售后服务的能力，可以从硬件和软件两方面进行分析。

硬件方面要分析：企业是否设立了足够的服务网点？服务网点的服务设施、检测维修仪器、交通工具、服务人员的工具与装备水平如何？服务网点是否有充足合理的零配件、易耗品库存？在客户服务上是否有充足的资金投入？等等。

软件方面要分析：服务网点或服务人员是否有足够的资源调配权？服务人员的技术水平、个人素质和形象如何？服务人员的服务意识和服务精神如何？从顾客投诉到得到解决需要多少时间？顾客对服务态度和水平的满意度如何？等等。

4. 研究开发能力分析

研究开发能力简称研发能力，是指企业有能力根据企业发展的需要开发和研制新产品，有能力对生产工艺、设备和流程进行改进。企业研发能力分析主要包括以下几个方面：

（1）研发组织与队伍。研发组织状况是企业研发工作的总体反映，要考虑：该组织能否适应市场变化和技术发展的要求？是否具有对各部门进行协调和调整的权力？能否保证在新产品研制成功后顺利地向生产方面移交？企业领导是否重视并给以有力的支持等，这些状况的好坏直接反映了研究与开发的能力。

企业对科研队伍进行的分析主要包括：研发队伍的总体实力如何？人员构成是否合理？是否有能够独立承担研发课题的技术专家或科研带头人？研发队伍的专业结构、技能结构、知识背景是否合理？研发人员是否有强烈的创新意识和合作精神？研发人员的积极性、主动性和创造性是否得到了充分的发挥？等等。

（2）研发组合。企业的研究与开发在科学技术水平方面有四个层次，即科学发现、新产品开发、老产品改进和设备工艺的技术改造。一个好的研发部门应该能够根据企业战略的要求和实力决定选择哪一个或哪几个层次的有效组合。

（3）研发成果。企业已有的研发成果是其研发能力的具体体现，如技术改造、新技术、新产品、专利以及商品化的程度、给企业带来的经济效益等。

（4）研发资源。企业研发活动要正常开展必须配备先进的研发设施、获得足够的研发经费，因此，企业研发能力的高低与研发活动得到的资源支持有着密切的关系，应当进行比较分析。企业要分析：企业研发设施的数量、价值和先进水平；每年研发经费占总销售收入的百分比；研发设施水平、研发经费数量与竞争对手研发支出的绝对和相对比较；企业人均研发经费和研发人员平均获得的经费数额。

5. 组织管理能力分析

组织管理能力是企业组织协调和配置资源的能力，可以从以下方面进行分析：

（1）制度建设。应当分析：企业是否有科学、完善、齐备的管理制度？是否得到了有效的遵守和执行？企业管理制度是否定期修订和完善？各级管理人员是否树立了制度管理的意识？是否带头遵守制度？

（2）管理人员。应分析：企业各层次管理人员的能力和素质如何？管理人员占企业员工总数的比例是否合理？管理人员能否起到模范带头作用？能否得到其下级的支持和拥护？管理人员的敬业精神和合作意识是否强烈？管理部门和管理人员之间的协调配合状况如何？

（3）控制系统。企业控制系统跨越了若干职能活动，如安全控制系统；存货控制系统；质量控制系统；财务上的成本控制、流动资本控制、应收账款控制、资本性投资控制制及对商业信用的控制系统；生产控制系统；预算控制系统；内部审计控制系统等。因此，要对各控制子系统分别进行分析：控制点设置是否合理？是否经常出现失控状态？控制信息采集是否充分、及时和准确？控制信息的反馈是否及时？调整决策的做出和传达是否高效？干预是否适度？等等。

二、价值链分析

对企业资源与能力进行分析的一个常用工具是迈克尔·波特教授提出的价值链。价值链是指企业进行设计、生产、营销、交货以及对产品起辅助作用的各种活动的集合。企业要想获得竞争优势，就必须把自己的经营资源通过各种活动为顾客创造价值，企业内部的各种活动都应该是创造价值的活动，由于这些活动在企业内部犹如一条链条，因而称为"价值链"，如图6-1所示。

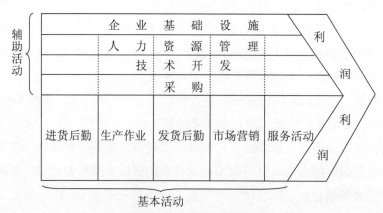

图6-1　企业基本价值链

价值链分析的重点在于价值活动分析。价值活动可以分为两大类：基本活动和辅助活动。基本活动是涉及产品的物质创造及其销售、转移给买方和售后服务的各种活动等，主要包括进货后勤、生产作业、发货后勤、市场营销和服务。辅助活动是辅助基本活动并通过提供外购投入、技术、人力资源以及各种公司范围的职能以相互支持，主要包括采购、技术开发、人力资源管理和企业基础设施。价值链图中的虚线反映了基本活动与辅助活动之间的相互联系以及共同支持整个价值链。

1. 基本活动

企业的基本活动是生产经营的实质性活动，按发生的时间顺序划分为五类：进货后勤、生产作业、发货后勤、市场营销以及服务活动。而每一种功能又可以根据具体的行业和企业的战略进一步细分成若干功能。

（1）进货后勤。进货后勤是与生产投入品的进货、仓储和分配有关的活动，即从物料经过采购到达企业直到投入生产为止的过程中所有的活动，包括物料的验收、储存、物料在厂内的运输、存货控制、物料发放、向供货商退货等活动。进货后勤活动决定了投入生产过程物料的数量、质量、时间、地点及投入方式，直接影响生产的连续性和效率。

（2）生产作业。生产作业是将投入品转变为最终产品的活动过程。在制造性企业中，生产作业包括机械加工、包装、装配、设备维修、产品检测、生产调度等活动。生产作业决定了企业产品或服务的内在质量、产品种类和生产成本。

（3）发货后勤。发货后勤是从完成生产到产品到达用户之间的活动，包括成品在厂内的移动、成品的储存、交货运输、调货处理、分销、交货调度等活动。发货后勤活动的质量将影响企业的存货水平和资金的回收时间，以及产品质量的保持和企业与用户的关系。

（4）市场营销。市场营销活动是促进和引导用户购买本企业产品的所有相关活动，包括广告、促销和推销、产品定价和报价、选择销售渠道、建立代销关系等活动。

（5）服务活动。服务活动位于产品确定用户到最终结束其使用寿命之间，是为了提高或维持产品价值而产生的活动，包括产品的安装和维修、用户的培训、零部件和备件的供应、产品调整等活动。近年来，服务活动的范围和内容在逐步扩大，从范围上讲，服务活动已经超前于产品确定其用户的时间，逐步延伸到整个营销过程。例如，帮助潜在用户调整生产工艺、培训技术人员，以便使其有朝一日可以使用自己的产品。服务活动也不再随着产品使用寿命的结束而终止，而是延续到新一轮消费和服务的开始。从内容上看，服务活动甚至包括为用户提供预测，实现本企业与用户生产的一体化，对用户提供财力、技术、人员和管理支持等方面。随着行业竞争程度的提高，很多制造型企业也越来越重视服务，甚至提出了向服务型企业转型的战略。

不管企业处于何种行业，上述五类基本活动都不同程度地发生，只是有些是由企业自己从事，有些是通过外部协作系统提供。即使由外部协作系统提供的那些基本活动，也需要与企业的价值活动过程衔接，因而都需要进行系统的分析。

2. 辅助活动

辅助活动是企业中基本活动以外的所有活动，包括采购、技术开发、人力资源管理、企业基础设施等工作。辅助活动既支持整个价值链的功能，又分别与每项具体的基本功能有着密切的联系。

（1）采购。采购是企业投入品的购买活动，包括原材料、机械设备、劳务等的购买活动。由于企业各项活动都需要投入不同的要素，所以采购活动对企业各项活动都提供支持，贯穿了整个价值链。

（2）技术开发。技术开发是指可以改进企业产品和工序的一系列技术活动，贯穿于企业产品设计及价值链形成过程的各种创造及改良活动之中。技术开发大部分由研发部门进行，但也有一些发生于研发部门以外，如物料流动系统的革命、新的管理方式的采用、新的生产营销技术、使用计算机信息网络等技术开发活动就是由其他部门进行的。

（3）人力资源管理。人力资源管理包括企业人员的招聘、选拔、雇佣、培训、提拔、考核、激励和退休等活动。企业所有的活动都由人来完成，而人力资源管理活动以人为对象，因此，人力资源管理活动支持着企业所有的基本活动和辅助活动。

（4）企业基础设施。企业基础设施是指企业的组织结构、控制系统及企业文化等活动。企业基础设施与其他辅助活动不同，一般是用来支持整个价值链的运行。在多种经营的企业里，公司总部和经营单位各有自己的基础设施。由于企业高层管理人员能在这些方面发挥重要影响，因此也往往被视为基础设施的一部分，还包括企业计划、财务、质量控制及法律服务等活动，以及所有与其他基本活动和辅助活动分离但又贯穿整个价值链的活动。

价值链分析的第一步是确定企业的价值链构成，然后通过与外部独立活动对比的方法来确定每一项活动对企业整体价值的贡献。对比的方法是从市场上寻找可以提供同样活动的交易对象，将企业自己从事该项活动的成本与市场交易价格相对比，如果企业的成本低于市场交易价格，则该项活动就可以为企业的最终价值做出贡献，而如果企业自己从事某项活动的成本高于市场交易价格，则该项活动为企业提供的是负价值。

如果对某项活动，企业在可能的市场范围内无法找到外部交易市场，则可以与竞争对手的成本进行比较，若企业的成本低于对手的成本，则该项活动为企业提供正价值；反之则提供负价值。

一般来说，企业应保留能为企业提供正价值的活动，对提供负价值的活动则可以考虑出售该部门转而从市场上购入该活动。对那些提供负价值，而又无法由市场购入的活动，就需要进一步分析这部分活动对企业整体价值的削弱情况。一旦从事该项活动使企业整个价值低于最低可接受水平，企业就要果断地停止整个业务。

另外，还有一种情况需要进行例外考虑，即企业的某项业务是为另一项关系企业未来发展方向的业务服务的，这时，虽然该项业务中的某些活动不能提供正价值，也不一定就需要停止。此时需要将该项业务与其服务的战略方向性业务作为一项完整的业务进行分析。

3. 价值链系统分析

企业还需要对包括前后向活动的提供者，即企业供应商和客户价值链在内的价值链系统进行分析，如图 6-2 所示。

价值链系统分析包括：

一项是分析企业价值链与为自己提供前向或后向活动的价值链的接口。以与供应商价值链的接口分析为例，当企业将一部分活动（如某种零部件）的生产由自制改为外购时，企业价值链中该

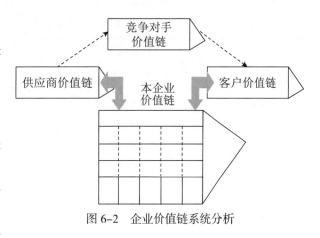

图 6-2　企业价值链系统分析

零部件的生产活动就消失了，供应商价值链中的推销促销环节的任务也发生了根本的变化，在双方的价值链能如同一个企业那样顺利衔接时，它们共同的成本将有所降低，而且还能取得流程链接、信息共享、更好地了解和满足客户需求、进一步开发流程功能等方面的效果。

另一项分析是将企业的价值链系统与竞争对手的价值链系统进行对比分析。对绝大部分企业来说，其竞争对手往往与自己有共同的供应商和共同的客户，企业与对手的竞争不但表现在自己的价值链功能与对手的价值链功能的竞争上，还表现在双方在与供应商和客户价值链连接的效果上，只有当企业价值链系统整体价值高于竞争对手时，才能在市场上表现出更强的竞争力。

三、核心能力分析

经过以上分析，企业已经能够找到自身的优势和劣势了。但企业竞争优势的构建究竟应以何种能力为基础，还需要进一步进行核心能力的分析。

1. 核心能力的含义

核心能力是指居于企业能力的核心地位并能产生竞争优势的要素作用力，具体地说是组织的集体学习能力和集体知识，尤其是如何协调各种生产技术以及如何将多种技术、市场趋势和开发活动相结合的知识。核心能力是企业持久竞争优势的源泉，积累、保持、运用核心能力是企业生存和发展的根本性战略，也是企业经营管理的永恒目标，计划、组织、协调、控制等各类管理职能都应该围绕企业核心能力而展开，生产、营销、财务等各个管理领域都应该以企业核心能力为中心。

学者们曾对许多中外企业的核心能力进行过分析，如戴尔公司的直销能力、佳能公司的精密仪器研制、NEC 公司的数字技术、松下公司的加工技术和分销能力、海尔公司的市场整合能力、长虹公司的技术吸收创新和低成本扩张能力等。表 6-1 所示是按技能分类对一些具有核心能力的代表性企业的观察，有助于加深对核心能力的理解。

表 6-1　按技能分类观察企业核心能力

技能分类	核心能力	代表企业
经营管理	高效率的财务管理系统 多元化企业在战略控制上所需的专业知识 有效的部门分类及事业单位的经营 （调整、收购合并、管理能力） 强大的领导能力	汉森（Hanson）、埃克森（Exxon）、通用电子（GE）、壳牌（Shell）、伊莱克斯（Electrolux）、沃尔玛（Walmart）、联邦捷运公司（Federal Express）
经营情报	强大的中央控制，有效率的 MIS 网络	全美航空（American Airline）
研究开发	开发革新产品的基础研究能力 新产品开发速度	默克（Merck）、索尼（Sony）、美国电报电话公司（AT&T）、佳能（Conon）、马自达（Matsuda）、本田（Honda）
生产	生产的效率性 创造工艺的持续向上能力 韧性和敏捷的反应速度	丰田（Toyota）
产品设计	设计能力	苹果公司（AC）
营销	品牌的管理及促销 广泛利用高品质声誉，促进销售活动对市场流动的快速反应	宝洁（P&G）、百事可乐（Pepsi Cola）奔驰（Benz）
销售和流通	大大增加销售量 快速有效的物流 为顾客服务的品质和效率性	微软（Microsoft）联邦捷运公司（Federal Express）迪斯尼（Walt Disney）、马克·斯潘塞（Mark and Spencer）

2. 核心能力的确认

（1）市场和事业的开拓能力。核心能力为通往多种市场提供潜在通道，例如，在激光方面的核心能力，使企业易于进入像 DCD、CD 唱机、计算机光驱这类产业；在显示系统方面的核心能力，可以使企业进入像计算机、迷你电视机、计算机显示器这类产业。

（2）对消费者价值贡献的能力。核心能力应该对最终产品所体现的消费者价值有显著的贡献。很明显，本田公司在发动机方面的专长、英特尔公司在微处理器方面的专长以及 AT&T 在通信方面的专长，都符合这一条件。

（3）阻挡竞争者模仿的能力。核心能力应使竞争者难以模仿。竞争对手可能会获得包含核心能力的某些技术，但它会发现，要想全面复制核心能力拥有者的内部协作和学习的总体方式会难上加难。

3. 核心能力的评价标准

尽管各企业核心能力的表现形式有所差异，但衡量和评价核心能力能否形成可持续竞争优势的标准是相同的，即占用性、耐久性、转移性和复制性。

（1）占用性。占用性是指企业在多大程度上能够完全拥有核心能力所产生的收益而不被其他个人或组织据为己有。如果某种核心能力深深扎根于企业，它就很难被他人模仿或占用，其收益就能为企业所独享。

（2）耐久性。耐久性是指核心能力作为企业利润源泉的持久程度。技术变革速度的加快使产品和技术的生命周期不断缩短，市场中已不存在永不衰退的产品，导致有形资源的耐久程度日趋降低，与无形资源耐久性的提高形成鲜明的对比。因此，耐久性强调的是企业的无形资源。

（3）转移性。转移性是指核心能力能够被转移出企业的程度，转移性越低，企业保持高额利润的竞争优势就越大。企业专有的核心能力，如扎根于企业组织、融于企业文化的管理优势和经营理念，独特而领先的技术和良好的公众形象等，都不能轻易转移，否则必将导致企业丧失其竞争优势。

（4）复制性。复制性是指企业核心能力是否容易被竞争者"仿制"和"克隆"，如果复制性强，那么企业就难以持久地拥有竞争优势，核心能力越容易被复制，其重要性也就越低。

第三节　企业经营现状分析

对企业资源的分析反映了企业的实力，是企业能够制定和实施某种战略的基础；对企业能力的分析反映了企业在以往的经营活动中表现出来的资源运用的技能，使我们对企业未来发展的潜力和表现有了一定的预期和估计。但这些分析还不够全面，还不能完整地反映企业内部环境的全貌，我们还需要对企业当前的状态进行一个扫描，即企业的经营现状分析。

经营现状分析是在进行企业战略分析的当前时点上，对企业状况进行的全面描述，是企业连续不断的发展历程中在当前时点上切出的一个横截面，它反映了企业内部各个方面的当前表现。如果说企业资源分析回答了"我有什么"，企业能力分析回答了"我能做什么"，那么企业经营现状分析就是要回答"我正在做什么，现在怎么样"。

企业的经营现状与企业的资源和能力既有联系也有区别。企业经营现状是企业资源和能力与外部环境综合作用的体现，资源优、能力强的企业有可能在外部环境不利的情况下表现不佳，资源差、能力弱的企业在有利的外部环境下也有可能在某些特定时点上表现优异。

因此，对企业经营现状进行分析能够使战略决策者清晰地看到企业当前的状况，和资源能力分析结合起来，就能够对企业有全面、深入的认识，既不会因经营现状良好而盲目乐观，忽视自身的弱点和问题，也不会因现况不佳而丧失斗志。这种对自身客观、理性、全面的认识是制定正确战略的思想基础。

对企业现状的分析一般按照企业的主要职能，从财务、组织结构、采购供应、生产质量、技术研发、营销服务等方面展开。

一、财务状况分析

财务状况是企业经营现状的集中表现，财务分析是企业经营现状分析的基础和关键。企业的经营者、投资者、债权人、员工和政府都会从不同的角度，根据各自的价值观念来考察企业的财务状况。

通常运用财务比率分析法来对企业财务状况进行分析。财务比率分析是根据企业主要财务报表所提供的数据进行的。单纯计算企业财务比率就是反映企业在进行分析的这个时点上的情况，即经营现状。把计算出来的财务比率与以前的财务比率、竞争对手的财务比率和整个行业的财务比率进行比较，就能看到企业的优劣势和发展趋势。财务比率一般分成以下五大类：

1. 清偿比率

$$流动比率 = 流动资产 / 流动负债$$

用来测定企业的短期偿债能力。

$$速动比率 = 速动资产 / 流动负债$$

其中，

$$速动资产 = 流动资产 - 存货 - 预付账款 - 待摊费用 - 待处理流动资产损失$$

用来测定在不用出售库存产品和材料的情况下，企业可以在多大程度上清偿其短期债务。

2. 债务与资产比率

$$资产负债率 = 负债总额 / 资产总额$$

用来测定债务在总资产中所占的百分比，表示企业资产对债权人权益的保障程度。

$$资本负债率（产权比率）= 负债总额 / 所有者权益总额$$

反映企业所有者权益对债权人权益的保障程度。

$$收益与利息比率 = 税前利润 / 总的年利息支出$$

用来测定需要多少税前利润，企业才能支付每年的利息。

3. 经营比率

$$存货周转率 = 主营业务成本 / 平均存货余额$$

用来测定企业的库存是否过多，或在同行业中周转是否太慢。

$$固定资产周转率 = 主营业务收入净额 / 平均固定资产净值$$

用来测定厂房、设备等固定资产的利用率，表明企业固定资产是否得到充分利用。

$$总资产的周转率 = 主营业务收入净额 / 平均资产总额$$

用来测定企业是否用其资产产生了足够的销售额，表明企业资产使用效率的高低。

$$应收账款周转率 = 年赊销总额 / 应收款$$

用来测定企业需要多长时间才能回收赊销货款。

4. 盈利比率

$$毛利率 = （销售额 - 总生产成本） / 销售额$$

用来测定可供支付的经营管理费和作为利润收入的毛利润的多少。

$$纯利润率 = 净利润 / 销售总额$$

用来测定每元销售的税后利润。

$$投资收益率 = 净利润 / 总资本$$

用来测定每元资本的税后利润。

$$每股盈余 = 净利润 / 企业售出普通股总额$$

用来测定股东从每一普通股股票上可能得到的红利。

5. 增长比率

$$销售增长率 = 本年销售收入增长额 / 上年销售收入总额$$

衡量企业经营状况和市场占有能力。

$$利润增长率 = 本年利润增长额 / 上年利润总额$$

衡量企业效益增长状况。

二、组织结构状况分析

组织结构是关于组织中的人员和任务如何相互联系和依赖的相对稳定的网络结构，常将企业组织形式以结构图的形式表示出来，形象地体现企业各成员之间的层次关系、指挥关系以及协调关系。企业组织结构的形式多种多样，但基本的结构类型不外乎有：简单结构、职能结构、部门结构和矩阵结构。一些新的组织结构形式，往往是以这些基本结构形式为基础进行创新而成的。各种组织结构形式都有其优缺点，适用于不同情况，本无优劣之分，关键看其是否与企业战略相匹配。

组织结构分析要注意考察的关键点主要有如下几个方面：

（1）企业采用何种协调机制。要达到组织的整体要求，首要和基本的决策就是确定组织中的人员和群体如何相互协调。常用的协调机制有：互动调整、直接监督和标准化。互动调整是指通过相同等级的员工之间共享信息、人际沟通的方式来实现协调；直接监督是指一个人对其他人的工作负责的机制；标准化是通过向员工提出固定的工作标准和程序使他们明确自己的职责和任务。一般来讲，12 人以下的群体适宜采用互动调整的协调机制；多于 12 人的群体就应该采用直接监督的协调机制；当组织人数超过 50 时，则采用标准化机制更为有效。管理人员应注意在使用一种协调机制的成本和该机制带来的好处之间做出权衡。

（2）企业组织的正规化水平。当组织采用标准化的协调机制时，也就意味着引入了正规化的机构。正规化是指制定组织行为的规则并将这些规则诉诸文字。在高度正规化的组织中，有明确的工作说明书，有系统的规章制度，对工作过程有详尽的规定。

（3）企业组织的专门化水平。专门化是指组织的工作被划分成具体到个人的任务。20世纪初亨利·福特发明的生产流水线就是组织专门化的产物。现在，工作专门化这一术语常被用来描述组织中把工作任务划分成若干步骤来完成的细化程度。

（4）企业组织的部门化水平。一旦通过工作专门化完成任务细分之后，就需要按照类别对它们进行分组以便使不同的工作可以协调进行。组织进行部门化的途径很多，可以根据需要分别依据职能、产品类型、地域、生产过程、顾客的类型等进行部门化。

（5）企业的管理幅度和管理层次。管理幅度是指一个管理人员所能有效地直接领导和控制的实际人员数。管理层次是指组织内纵向管理系统所划分的等级数。一般情况下，管理幅度和管理层次成反比。

（6）企业组织是集权还是分权。在有些组织中，所有的决策都由高层管理者做出，基层管理人员只管执行高层管理者的指示，这属于集权。另外一些组织则把决策权下放到最基层管理人员的手中，这属于分权。

三、采购供应状况分析

采购供应状况主要是指企业是否具备有利的供应地位、与自己的供应商关系是否协调、是否有足够的渠道保证、能否以合理的价格来获取所需资源等。

（1）在采购供应状况分析中，原材料和零部件的供应应当首先考虑。主要分析当前原材料及零部件供应的可靠性、及时性；企业有哪些供应商，主要供应商经营是否稳定；所供应原材料及零部件的技术特性与质量保证状况；企业对外协作的关系如何，等等。

（2）要分析企业能源供应状况，主要涉及目前企业所用水、电、煤、气、油等能源供应的可靠性、及时性，所供应的能源是否质量稳定，企业与能源供应部门是否有良好的协作关系，企业"三废"如何处理，等等。

（3）要分析企业资金的供应问题，即目前的主要筹融资渠道有哪些？是否畅通、稳定？企业与资金供应者，即银行等金融机构是否有良好的关系？目前的资金供应能否满足企业经营发展的需要？

（4）要分析企业人力资源的供应问题，即企业目前主要的人力资源来源是什么？哪些人力资源供应充分，哪些供应不足？能否满足企业经营和发展的需要？

四、生产质量状况分析

企业生产质量状况可以进行大量的定量分析，常用以下指标进行分析：

（1）产量。企业在一定时期内生产的各种产品数量，反映企业的生产规模和能力。

（2）产品平均技术性能。用产品某种技术性能（物理性能或化学性能）的平均数来反映大量产品的质量水平。

（3）产品合格率。合格产品数与全部产品数的比值。

（4）产品成品率。合格的成品数与投入坯料数的比值，该指标越高说明作业质量越好，生产成本越低。

（5）产品等级品率。某等级品数与全部合格产品总量的比值。

（6）产品质量分数。当有些产品的质量考核项目很多时，可对每一考核项目打质量分，逐项计分后算出质量总分，用以反映产品质量水平。

（7）废品率。在全部送样产品中废品数占全部产品数量的比率。

（8）返修率。检验不合格但可以返工修复的产品数量占全部送检产品数量的比率。

（9）开箱合格率。对企业产品进行开箱抽检，合格产品占抽检数量的比率，反映企业的总体质量水平。

（10）用户质量投诉率。用户质量投诉占投诉总数量的比率，反映用户对企业产品质量的满意程度。

（11）合同准期率。按期交货的合约数量占企业业务总量的比值，反映企业生产的准期性。

五、技术研发状况分析

企业技术研发状况总体上可以从以下方面得到反映：企业的生产工艺和产品技术在国内外处于怎样的水平？与国内及国际先进水平的差距如何？企业研发经费占销售额的比例、新产品销售额占企业总销售额的比例等。具体可以从以下三个方面进行分析：

1. 研发组织状况

研发组织是企业研发工作的运行机构，主要分析：组织运转是否正常？岗位设置和分工是否合理？岗位工作量是否饱和？有无闲置？研发人员之间的协调合作是否有效？正在进行哪些产品或项目的研发？进展如何？研发人员目前的配备使用是否合理？等等。

2. 研发成果状况

研发成果状况主要分析目前研究开发的成功率及导致成功与失败的具体原因，进行了多少老产品的改进、效果如何？新产品的投资效果如何？企业有无技术储备？等等。

3. 研发过程分析

对研发过程可以从以下三个方面进行分析：

（1）研发程序分析。目前的研发程序是否合理，各阶段内容是否完善。

（2）研发进度分析。有无完善的研发计划，能否按计划控制研发进度，进度超前和滞后的原因，超前和滞后对企业的经济影响，能否动态调整开发进度。

（3）研发质量分析。研发成果水平如何？老产品改进和新产品开发后的质量如何？等等。

另外，企业研发的物质条件如何、是否有先进的研发装置和仪器设备、是否有充分的知识资源和获取渠道也是影响研发状况的重要因素。

六、营销服务状况分析

1. 市场定位状况分析

市场定位状况主要分析：企业目前的市场定位是什么？这个市场定位是否符合企业的状况？这个定位是否建立在进行市场调查的基础之上？企业的目标市场是否具有可测量性、可进入性、可营利性和可行动性？当前采用的市场营销战略是否符合这个市场定位？是否有效？企业多长时间进行一次市场调查？市场调查的规模多大？企业是否掌握目标客户的需求和消费行为？企业如何进行市场细分？是否科学、准确？企业当前在目标市场中处于怎样的竞争地位？该地位是否稳固？等等。

2. 营销战略组合分析

营销战略组合分析是指从市场营销组合的每个方面来考察企业目前的营销状况。

（1）产品或服务。产品功能、质量、包装、款式、花色、型号、规格等是否符合用户需求？企业目前对用户提供怎样的服务？服务质量和水平如何？是否有健全的服务监控系统？用户的投诉是否能得到及时处理？等等。

（2）定价。目前企业通过怎样的程序来定价？采用哪种定价策略？产品价格和企业的定位是否相符？产品价格是否随市场的变化而调整？如何进行调价？用户、经销商对产品的价格是否认同？企业的产品价格与竞争对手孰高孰低？是否有价格竞争力？等等。

（3）促销。企业目前主要在哪些媒体做广告？是否对广告效果进行测评和监控？广告费支出占销售收入多大比例？企业的广告由谁设计？是否符合企业定位？客户对广告的评价和反映如何？企业的销售队伍有多少员工？能力、素质怎样？平均每位销售人员的销售业绩是多少？与同行业平均水平和竞争对手相比如何？营销人员是否有强烈的事业心和进取精神？营销队伍是否有团队意识和协作精神？企业的营销管理政策能否调动营销人员的积极性、主动性和创造性？等等。

（4）分销。企业如何进行成品仓储？仓储成本多高？与同行业平均水平和竞争对手相比如何？企业目前在哪些地域市场上销售？怎样进行分销？分销渠道是否合理？是否稳定、畅通？分销覆盖范围是否符合企业的市场定位？分销网点布局怎样？是否合理？企业与分销商是否有经常性的良好沟通？企业是否掌握每一个分销商的经营状况？企业的分销政策是否合理可行？对分销商的激励是否充分？分销商对企业产品的经营积极性高不高？等等。

应当指出，企业经营现状可以从企业方方面面的表现得到反映，要运用大量的指标、信息和数据，很难一一列举，因此这里只能提供总体思路和基本框架。针对特定的企业，我们要对一般框架进行细化，力争把企业经营的状况完整、真实、全面、准确地扫描出来、表现出来，供战略决策者参考。

第四节　企业文化分析

　　企业文化是企业的软环境，企业每一位员工都在企业文化环境中工作，潜移默化地受到企业文化的影响。因此，企业文化影响和决定着内部环境的其他方面，对企业战略的制定和执行也具有重大影响，要进行深入分析。

一、企业文化理论简介

　　企业文化理论创建于 20 世纪 80 年代初期，美国的一些管理学家通过比较日、美两国企业的经营管理经验提出了企业文化理论。1980—1981 年，美国出版论著《Z 理论——美国企业界怎样迎接日本的挑战》《日本企业管理艺术》《企业文化——企业生存的习俗和礼仪》《寻求优势——美国最成功公司的经验》，标志着企业文化理论的诞生。

　　1. 企业文化的内涵

　　企业文化是企业中居主导地位的价值观、管理哲学、道德观念以及表现这些理念的经营思想、作风和方式，是企业在长期生产经营中形成，并被员工认同遵从的思想观念、价值标准、行为方式的总和。

　　具体来讲，组织文化涵盖八个方面的内容：企业价值观和精神；企业发展战略和目标；企业管理制度；企业道德规范和行为准则；企业形象和凝聚力；企业内部人际关系和文明建设；企业人才成长发展条件；企业生产、生活条件、文化活动及文化氛围。

　　2. 企业文化的成因

　　企业文化的形成是一个复杂的历史过程，其影响因素较多，主要有如下几个方面：

　　（1）民族文化。企业文化首先受到民族文化的影响，企业要科学地分析民族文化的积极和消极因素，从民族文化中吸取精华、剔除糟粕，为企业文化的成长提供良好的"土壤"。

　　（2）世界文化。世界文化也是影响企业文化的重要因素。尽管不像民族文化那么直接，但也不能忽视，而应吸取其精华，把世界文化与民族文化很好地结合起来。

　　（3）企业生产力状况与外部环境。企业生产力状况是企业文化的物质基础，是直接影响企业文化形成的重要内容。企业经济实力、技术装备水平、信息手段和工艺方法、产品服务质量、职工观念等都是企业文化赖以形成的外在因素。社会制度、经济体制，甚至如顾客、竞争对手等环境因素，都会对企业文化的形成产生很大甚至是决定性的影响。

（4）企业员工素质。企业员工素质包括企业家素质与职工素质，是影响企业文化形成的重要内因，员工文化素质不同会形成不同的企业文化。

（5）现代管理科学的发展。企业文化是一种管理哲学，随着管理理论和实践的不断发展，企业文化将会不断地丰富更新。

3. 企业文化的作用

企业文化是企业构建竞争优势最重要的平台，它决定和影响着企业内部环境的其他方面。具体而言，企业文化具有以下六个作用：

（1）导向作用。导向作用是指企业文化能够把企业整体及企业员工个人的价值取向和行为取向引导到企业所确定的目标上来。通过共同价值观和群体意识的培育，企业文化将员工的事业心和成功欲转化成具体的奋斗目标、信条和行为准则，使其在潜移默化中接受共同的价值观，形成精神支柱和精神动力，对组织产生认同感，为组织的既定目标而努力。

（2）规范作用。企业文化是一种无形的思想上的约束力量，形成了一种软规范，以此制约员工的行为，来弥补规章制度的不足，并诱导多数员工认同和自觉遵守规章制度。

（3）凝聚作用。企业文化是全体员工共同创造的群体意识，把各个方面、各个层次的人都团结在企业周围，对组织产生一种凝聚力和向心力，使员工个人的思想感情和命运与企业的安危紧密联系起来，对组织产生归属感和认同感，从而以企业的生存和发展为己任，愿意与组织同甘苦、共命运。

（4）激励作用。企业中共同的价值观、良好的文化氛围，往往能产生一种激励机制，使每个成员所做出的贡献都会及时得到其他员工及领导的赞赏和奖励，由此激励员工为实现自我价值和组织发展而勇于献身、不断进取，从而形成一种激励环境及激励机制。

（5）创新作用。企业文化是一个企业能区别于其他同类企业的特色，一个没有文化的企业就像一个没有个性的人，人们不会去注意它也不会记住它。积极的、富有个性和特色的企业文化，是企业独特风格和特色的主要方面，是激励员工创造性、积极性的巨大动力，是企业在激烈的市场竞争中立于不败之地的重要保证。

（6）辐射作用。企业文化不但对本企业，还会对社会产生一定的影响，它向社会展示了企业的形象，包括企业员工的精神面貌、经营思想、管理风格，向外界提供可以信赖的信息，提高企业的知名度与美誉度。

二、企业文化层次分析

企业文化从结构上可分为三个层次（图6-3），进行企业文化分析主要从这三个层次展开。

1. 物质层

物质层是企业文化的表层部分，是形成制度层和精神层的条件，它往往能折射出组织的经营思想、经营管理哲学、工作作风和审美意识。对于一个生产性企业来说，它主要包括以下四个方面：

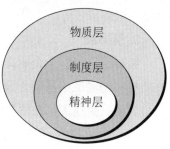

图 6-3　企业文化的层次结构

（1）企业面貌。企业的自然环境、建筑风格、车间和办公室的设计及布置方式、工作区和生活区的绿化和美化、企业污染的治理等，都是企业文化的外在体现。

（2）产品的外观和包装。产品的特色、式样、品质、品牌、包装、维修服务、售后服务等，是组织文化的具体反映。例如，美国汽车以豪华、马力大为特点；日本汽车以省油为特点；德国汽车以耐用为特点；法国香水以香味纯正、留香持久而著称等。每个企业的产品都反映了企业特有的文化。

（3）技术工艺设备特性。企业的机器、工具、仪表、设施等是企业的主要生产资料。技术工艺设备和原材料，是维持企业正常生产经营活动的物质基础，也是形成企业生产经营个性的物质载体。一定的技术工艺设备，不仅是知识和经验的凝聚，也往往是管理哲学和价值观念的凝聚。因此，企业的技术工艺设备的水平、结构和特性，必将凝结和折射出该企业文化的个性色彩。

（4）纪念物。企业在其环境中往往放置纪念建筑，如雕塑、石碑、纪念标牌等；在公共关系活动中常常送给客人纪念品或礼品，它们都充当着企业文化的载体，成为塑造企业形象的工具。

2. 制度层

制度层是企业文化的中间层次，主要是指对企业员工和企业行为产生规范性、约束性影响的部分，规定了企业成员在共同的工作活动中应当遵循的行动准则，主要包括以下四个方面：

（1）工作制度。工作制度是指企业中领导、技术、计划、生产、设备、供应、销售、财务、生活福利、劳资人事、奖惩等方面的制度，这些成文的制度与某些不成文的规则，对组织员工思想和行为起着约束作用。

（2）责任制度。责任制度是指企业内各级组织、各类人员工作的权力及责任制度，其目的是使每个员工、每个部门都有明确的职责，使整个组织能够井然有序、高效率地工作。主要包括领导干部责任制、各职能机构及职能人员责任制以及员工岗位责任制等。

（3）特殊制度。特殊制度主要是指企业的非程序化制度，如员工民主评议干部制度、干部"五必访"制度（员工生日、结婚、死亡、生病、退休时干部要访问员工家庭）、员工与干部对话制度、庆功会制度等。

（4）特殊风俗。企业特有的典礼、仪式、特色活动，如生日晚会、周末午餐会、厂庆活动、内部节日等。

3. 精神层

精神层居于整个企业文化系统的核心，是企业文化的核心和灵魂，是形成企业文化的物质层和制度层的基础和原因，具体包括企业经营哲学、企业精神、企业道德规范、核心价值观等。企业文化的精神层包括以下四个方面：

（1）企业经营哲学。企业经营哲学是企业在整个生产经营管理活动中的基本信念，是企业对生产经营方针、发展战略和策略的哲学思考，是企业经营管理的世界观和方法论。

（2）企业精神。企业精神是企业全体或多数员工共同一致、彼此共鸣的内心态度、意志状况和思想境界，是企业内部员工群体心理定式的主导意识，是企业经营宗旨、价值准则、管理信条的集中体现。

（3）企业道德规范。企业道德规范是企业内部调整人与人、单位与单位、个人与集体、个人与社会、企业与社会之间关系的准则和规范。道德与制度都是行为准则和规范，但制度是强制性的行为准则和规范，而道德是非强制性的行为准则和规范。作为微观的意识形态，它是企业文化的重要组成部分。

（4）核心价值观。核心价值观是企业在追求经营成功过程中所推崇的基本信念和奉行的原则。从哲学上说，价值观是关于对象对主体有用性的一种观念，而企业价值观就是企业全体或多数员工一致赞同的关于企业意义的终极判断。

价值是一种主观的、可选择的关系范畴。一个事物是否具有价值，不仅取决于它对什么人有意义，而且还取决于谁在做判断，不同的人很可能做出完全不同的判断。例如，一个把创新作为最高价值的企业，当利润、效率与创新发生矛盾时，它会自然地选择后者，使利润、效率让位；同样，另一些企业可能认为企业的价值在于致富、企业的价值在于利润、企业的价值在于服务或企业的价值在于育人。那么，这些企业的价值观就分别可以称为"致富价值观""利润价值观""服务价值观""育人价值观"等。

当代企业价值观最突出的特征就是以人为中心，以关心人、爱护人的人本主义思想为导向。过去，企业只是把人才培养作为一种手段，作为企业提高效率、获得更多利润的途径，实际上是把人作为工具来看待，培养人才不过是为了改进工具的性能、提高使用效率罢了。而现代企业价值观的发展趋势已经开始把人的发展视为目的，而不是单纯的手段，这是一种根本性的变化。企业能否给员工提供一个适合发展的良好环境，能否给员工的发展创造一切可能的条件，是衡量一个现代企业优劣的根本标志。

从上面的分析可知，企业文化的物质层、制度层及精神层是紧密相连的。物质层是企业文化的外在表现，是制度层和精神层的物质基础；制度层制约和规范着物质层及精神层的建设；精神层是形成物质层及制度层的思想基础，也是企业文化的核心和灵魂。

三、企业文化要素分析

1982 年哈佛大学教授泰伦斯·狄尔（Terrence E. Deal）和艾兰·肯尼迪（Allan Kennedy）出版了《企业文化》（*Corporate Culture*）一书，成为企业文化理论诞生的标志性著作之一。他们在对近 80 家企业的深入调查基础上，提出了"杰出而成功的公司大都有强有力的企业文化"的著名论断。他们认为企业文化的要素有五项：环境、价值观、英雄人物、典礼与仪式、文化网络，其中价值观是核心要素。

1. 环境

环境是指企业的性质、经营方式以及企业与外界的联系等，是对企业文化的形成和发展具有关键影响作用的因素。

2. 价值观

价值观是企业内部成员对某件事物判断的一致认识，是组织的基本思想与信念，是企业文化的核心。企业成功的关键就在于引导全体员工分辨、接受和执行组织的价值观。

3. 英雄人物

英雄人物是企业价值观的化身和人格化，是企业文化的一种象征。他们的一言一行都体现了企业的价值观念，是企业员工的榜样，为员工提供了可效仿的具体楷模。例如，企业传奇般的创办人、企业的劳动模范、企业的优秀员工，都是企业英雄的表现形式。

4. 典礼与仪式

典礼与仪式是企业日常工作生活中的惯例和常规，是对企业中某些活动的戏剧化、固定化和程式化。抽象的企业价值观通过典礼和仪式以有形、可见的形式表现出来，起到强化企业文化的作用。例如，企业的会议、现场巡视及表彰、对话等活动的组织和形式，都属于企业典礼和仪式的范畴，是传播企业文化、提高企业成员共同认识的重要方式。

5. 文化网络

文化网络是组织内部非正式信息传递的主要渠道，它能够有效地传递企业价值观和英雄意识，传递和反馈企业文化信息，可以说是企业价值观和英雄人物事迹的"运载工具"。

四、企业文化分析要点

企业文化分析一般按照企业文化的层次理论或要素理论的框架而展开，应注意以下方面：

1. 深入研究企业领导人的价值观

一个企业是否具有统一的、为广大员工普遍认可的核心价值观，在很大程度上取决于企业最高领导人是否有明确的经营哲学和价值观念。因此，对企业最高领导人价值观的分析研究往往能够反映企业的价值观。

2. 客观观察企业如何处理与内外部利益相关者的关系

企业作为社会系统的有机组成部分，每时每刻都在同外界进行交往和联系。企业奉行的与内外部利益相关者的交往原则，在很大程度上是由其核心价值观和社会责任感决定的，是企业文化的具体表现。因此，通过观察企业如何处理与企业内外部环境中利益相关者的关系，就能对企业的文化特质做出较为准确客观的评判。例如，企业是否注重外部环境的变化？企业用什么态度对待客户？企业能否为消费者不断提供新产品和新的服务项目？

3. 深入细致地进行企业内部调研

企业文化的作用是整体一致的，它会综合反映在企业内部每一个员工的观念、态度和行为中。因此，深入、细致地进行企业内部调研是企业文化分析的关键。在企业内部调研中，通过查阅、分析企业成文的制度，对企业各级工作人员进行调查、访谈和观察，能够深入了解企业员工对企业的知晓度、企业价值观的渗透程度、员工的责任感与参与感、员工对企业树立的典范人物的评价、企业内部交流与沟通的方式与内容、企业员工对企业历史和传统的了解度和自豪感等方面的信息，就可以对企业的文化进行较为准确的总结和概括。

综合本章，通过对企业资源、能力、现状和文化的分析，企业能够客观、理性、全面地认识自己，也就能够对下面的问题做出明确的回答："我现在是谁？我现在在哪里？我做过什么？我能做什么？我有什么东西可以用来实现目标？我有什么长处和短处？我的文化是什么？"在正确回答这些问题的基础上，企业进一步思考"我想成为谁？我想到哪里去？我要怎样去？"这样的问题，就能够产生科学可行的战略构想了。

本章思考题

1. 如何分析企业拥有的有形资源和无形资源？

2. 如何进行企业人力资源分析？

3. 从哪些方面分析企业资源的竞争价值？

4. 从哪些方面分析企业的生产制造能力？

5. 如何分析企业的营销服务能力？

6. 如何分析企业的研究开发能力？

7. 企业价值链由哪些活动构成？

8. 如何确认和评价企业的核心能力？

9. 企业资源、能力与经营现状有着怎样的关系？

10. 企业文化有哪些作用？

11. 企业文化分为哪些层次？包括哪些要素？

12. 如何进行企业文化分析？

第七章
战略制定与决策

本章是方法篇的重点，介绍了企业战略系统的基本结构，为制定和实施企业战略提供了基本框架，全面介绍了战略制定与决策的过程和主要工具，并深入分析了战略制定与决策的关键问题。

通过学习本章，读者应厘清对企业战略系统基本结构的认识，掌握企业目标体系的构成和确立方法，掌握企业战略体系的结构，掌握战略制定与决策三个阶段的各种工具，能够熟练运用这些技术和方法进行战略制定与决策。

第一节　企业战略系统的构成

在对企业内外部环境进行全面系统的分析之后，战略管理过程就进入了第二阶段——战略制定与决策阶段。企业战略的制定与决策是一个决策过程，而一切决策总是围绕着一定的目标展开的，确定战略目标本身就是一个决策问题。在战略目标确定之后，就要制定实现目标的行动方案，并对各种方案进行比较选优。因此，目标与行动方案是构成企业战略的基本要素，战略制定与决策就是确定企业的长期目标及实现该目标的行动方案。

系统的层次性理论告诉我们，构成系统的要素自身也是一个系统，它也具有自身的微观结构，要素子系统的微观结构决定着要素的功能与性质，进而影响系统功能。因此，掌握企业战略系统的结构是我们从总体上把握战略决策基本要求，进而确定战略目标、制定具有可操作性的企业战略的前提。企业战略[①]包括企业目标及实现目标的途径与方式两个方面，企业战略系统由两个子系统构成，分别是企业战略目标体系与企业战略体系[②]。企业战略目标体系为企业规定了系统化、层次化、多维度的战略目标，而企业战略体系制定了企业各层级的战略措施。

一、企业战略目标体系

图 7-1　企业战略目标体系的构成

企业战略目标体系是企业战略系统的子系统，它构成了企业不同层次、不同维度的战略目标。企业战略目标体系也具有内部的系统结构，由使命、愿景和目标三个层次构成，如图 7-1 所示。

企业战略目标体系的三个层次遵循着从抽象到具体、从长远到眼前、由里及表、由本至末的逻辑顺序，使命是企业最根本、最长远的战略目标；愿景是使命的形象化、具体化；目标又是对愿景在不同维度上的分解，使之具体化、可操作。这三个层次的战略目标由上到下逐级指导，由下到上逐级支持，共同构成一个完整的企业战略目标体系。

1. 企业使命

企业使命是企业在社会经济生活中所担当的角色和责任，是企业区别于其他企业而存在的理由，是企业开展活动的方向、原则和哲学。德鲁克认为，企业使命是对三个问题进行深入思考的结果，即："我们的公司是一个什么企业？我们的公司应该是一个什么企业？我们的公司将是一个什么企业？"

对于"我们的公司是一个什么企业？"这一问题的思考，也就是对企业生产什么、为谁生产等企业经营活动基本问题的思考，它涉及企业如何选择其经营范围和目标市场，实质上是要求企业明确其在整个社会经济分工体系中的基本功能定位。

对于"我们的公司应该是一个什么企业？"这一问题的思考，是企业在对行业成功经营的一般规律、企业性质和活动特征的基本认识的基础上，对企业在特定经营范围中如何

---

① "战略系统"中的"战略"是广义的战略概念，包括战略目标和战略措施两部分含义。
② "战略体系"中的"战略"是狭义的战略概念，仅指战略措施，不包括战略目标的含义。由于战略体系由总体战略、业务战略和职能战略构成，为与这些常用的战略类型和名称保持一致，故仍采用"战略"一词。通过"体系"与"系统"的不同提法，读者可分清两者的关系。

承担其社会责任、实现其基本职能等问题的认识，也是对企业实现其功能定位基本途径的选择范围的初步界定。

而对"我们的公司将是一个什么企业？"的思考，则是企业对自身基本功能定位及采取特定途径与方式实现其基本功能的运作结果的理性预期。因此，确定企业使命，就是要明确企业在社会经济活动体系中的地位与功能、明确企业在社会经济活动中所扮演的角色、所承担的社会责任，并在此基础上决定企业在经营活动中关于"做什么""怎么做"的长期行为导向。

1）企业使命的作用

企业使命作为企业最高层次的战略目标和企业经营的根本原则，在企业经营活动中发挥着不可替代的作用。企业使命的作用可以概括为以下四个方面：

（1）明确企业的发展方向和业务主题。企业使命中关于企业经营范围及企业发展路线的陈述，明确了企业的长远发展方向和基本业务主题，确定了企业最终的战略目标，为企业决定应以什么方式（制定什么政策、如何配置资源等）进行哪些经营活动（生产哪些产品、进入哪些市场等）来实现战略目标指明了方向、提供了依据。

（2）为员工提供思想指导和精神动力。企业使命的形成过程，是企业内部广大员工对企业根本目标、价值标准等达成共识的过程。企业使命中关于企业存在根本目的的陈述，不但揭示了企业经营活动的社会意义，也为广大员工寻求工作的意义和价值提供了基本方向，为企业广大员工提供了精神动力。

（3）树立富有责任与理想的企业形象。企业通过对企业使命的宣传推广，为外部公众直接、快捷地了解企业提供了有效的途径。特别是企业使命中关于企业经营思想、行为准则的陈述，反映了企业处理自身和社会、各种相关利益团体和个人关系的观点和态度，是企业递给社会公众的一张"名片"，能够引导社会公众认同企业的社会角色，有助于企业树立良好的社会形象。

（4）协调企业内外部利益矛盾和冲突。企业使命的确立回答了企业利益相关者的关切和期望，为企业配置资源提供了根本性的原则指导，有助于企业在处理内外部利益相关者的不同利益需求和进行资源配置时有章可循、有法可依，也有助于企业的利益相关者对企业的目的、目标和经营方式达成相近的理解和认知，进而在出现利益冲突时能够在共同的前提和方向下协调沟通，使共同利益最大化，减少矛盾和冲突。

2）企业使命的基本内容

一个清晰表述的企业使命要能够正确回答上述三个问题，就应当包括以下基本内容：

（1）企业基本目的。企业使命要明确地揭示企业的基本社会责任或对社会的贡献，是企业从一个社会成员的角度出发，对企业自身、其利益相关者以及社会对企业的期望和要求的高度概括。

（2）企业经营活动范围。企业的基本产品、市场和技术，是构成企业活动的基本因素，也是帮助客户和市场识别企业、树立企业形象的基本依据，所以必须在企业使命中做出回答。

（3）企业基本行为规则和原则。企业要将在经营活动中积累起来的经营哲学、核心价值观等企业精神文化通过浓缩与概括，以企业使命的形式进行宣传普及，使其在企业内部得到普遍认可，成为企业全体成员共享的信仰和行为准则，才能从整体上整合、优化并指导企业各方面、各层次的经营活动。

3）确定企业使命应考虑的因素

企业使命往往以非常简练的方式进行表述，但简练并不等于简单，确定企业使命是一项系统工程，必须综合考虑许多复杂的因素。

（1）企业使命要根植于企业文化和历史传统，综合反映企业各利益团体的要求，使企业使命的认同和推广存在坚实的思想和利益基础。阿里·德赫斯（Arie de Geus）在《长寿公司》一书中指出，使命代表着一个组织中的某种共同抱负和最基本的认同感。

（2）企业使命的确立要考虑企业家的哲学、理念和价值观。企业家是最重要的企业使命制定者、组织者和实现者，企业使命往往就是企业家个人使命的体现，只有企业家视企业使命为己任，才有可能付出个人所有的智慧和能力为之奋斗，企业使命才有了实现的可能和根本性的动力。

（3）企业使命应当具有一定的独特性。确定企业使命时，要结合企业历史上的突出特征、周围环境的发展变化及企业资源的情况，特别是企业的独特能力等方面的因素，揭示企业在目标、行动、理念上的特色、表明公司的独特贡献。

（4）确立使命要考虑企业内外部的环境条件。确立企业使命不能仅凭主观意愿和凭空想象，必须考虑企业外部环境条件的约束和企业自身的优势与劣势，只有在企业有可能具备相应资源和能力、外部环境条件有可能允许的条件下确立的企业使命才是有实践意义的。这也是我们在进行了企业内外部环境分析之后再来确立企业使命的根本原因。当然，企业使命的确立也不能完全局限于企业内外部环境现实条件的限制，那样就失去了企业战略的创造性和主动性，企业家要做一个"现实的理想主义者"，既要志存高远，又不异想天开；既脚踏实地，又敢于创造，在充分、现实地考虑企业内外部环境条件的前提下，确立既不脱离现实又具有挑战性的企业使命。

4）企业使命的表述规范

确定企业使命并不是简单地提出一个口号，而是有其内在的严格要求和科学的规范，这是大多企业都不了解并且忽视的。规范的企业使命表述应当包括以下九个方面的内容，即在使命表述中要明确回答以下九个方面的问题：

（1）顾客。谁是企业的主要顾客？

（2）产品或服务。企业的主要产品或服务是什么？

（3）市场。企业主要在哪些地区或行业展开经营？

（4）技术。企业的主导技术是什么？

（5）对企业生存、增长和盈利的关切。企业对近期、中期、远期经济目标抱什么态度？如何看待生存、增长和盈利的关系？

（6）哲学。企业的经营理念、核心价值观和经营哲学是什么？

（7）自我认识。企业如何认识自己？自己的长处和优势是什么？

（8）对公众形象的关注。企业期望给公众塑造一个怎样的企业形象？

（9）对利益相关者和社会责任的关心。企业要为员工、股东等利益相关者做出怎样的贡献？企业要承担哪些社会责任？

5）使命表述应注意的问题

（1）对业务范围的表述既不能太笼统，也不能太具体。限定业务范围的"宽"与"窄"的问题是使命表述的难点。范围太宽可能在语言上太模糊而显得空洞无物、不着边际，丧失了企业的特色，使人无法从中了解企业的业务究竟是什么。范围太窄会将企业限定在一个过于狭小的经营空间里，有可能丧失相近领域中的重要战略机会而限制企业的发展，失去对企业长远发展的指导意义。

因此，最好的办法是以需求为导向，在企业目前产品需求的基础上提高 1~2 档的抽象水平上进行措辞。例如，一家计算机生产企业可以将其业务定义为"生产计算机"，但这样的表述过于具体、太窄，限制了企业的活动范围甚至有可能剥夺企业的发展机会，如果将其定义为"向用户提供最先进的办公设备，满足用户提高办公效率的需求"就较为理想，为企业未来的发展留下了足够的空间。

（2）对市场的描述旨在提示企业服务的客户群体和地域，它实质上就是企业的市场定位。

（3）对技术的描述说明企业产品在生产、运输、服务过程中采用的技术种类和等级，实质上反映了企业产品和服务的质量水准。

（4）企业使命的表述必须简洁、精练，便于企业员工和社会公众理解、记忆、传播。德鲁克认为"使命应该能印到 T 恤衫上"，因此，使命表述不应过长，一般以 200 字以内为宜。按照以上规范得到的使命表述可以认为是使命表述的完整版，企业还可以将其进一步浓缩和简约，成为朗朗上口、易于传播的一句话，这就是使命表述的简约版。

（5）企业使命具有动态的稳定性。对企业使命的制定、改变和调整要极其慎重，切勿朝令夕改，把使命仅仅当成一种哗众取宠的宣传工具。当然，随着企业自身条件与外部环境的变化，当既定的企业使命成为企业进一步发展的桎梏时就要及时进行调整。因此，确定企业使命是一个动态的过程，贯穿于企业经营活动的始终。

为确保企业员工和社会公众正确、全面、深刻地理解企业使命，提高全体企业成员对企业方向、意义、成就和市场机会的共同认识，增强企业使命对各战略业务单位、各职能部门的员工思想和行为的指导作用，企业通常在确立企业使命后编制企业使命说明书，对企业使命进行全面、深入的阐释。

在现实中，企业使命的形成往往是一个逐步成熟的历史过程。在企业创建之初，多数企业对使命的认识比较模糊、简单，通常只涉及经营范围的初步界定。随着企业在特定范围生产经营活动的体验不断积累和深化，经验会逐步转化为理念，企业使命也随之逐步成熟和完善，并越来越具有企业特色。因此，不仅不同企业的使命表述详略不一、方式各异，而且同一企业在不同时期的企业使命表述在内容、形式方面也有较大的差别。

总之，企业使命是企业制定和实施战略的依据，是企业最长远、最根本、最高层次的战略目标，是企业一切工作的出发点、原则、评判标准和最高目的。不同的企业使命使处于相似环境中的企业表现出不同的特点和竞争力，也将使目前地位相同的企业拥有完全不同的未来。

2. 企业愿景

愿景从字面上看有两层含义：第一是愿望，是有待实现的意愿；第二是远景，是指具体生动的景象，是想要实现的未来蓝图。因此，综合起来讲，愿景是一个关于渴望目标的蓝图，是愿望实现的景象，是个人或组织希望将来实现的理想和目标的场景化表达。

1）企业愿景与使命的关系

企业使命指明了企业根本性的奋斗目标和发展方向，其表达方式必须高度凝练、高度抽象，也只能通过特定的语言和文字来表述。但这样的表述虽形式规范、稳定却不够生动形象，必须将其具体化才能产生直接的激励效果。愿景就是将企业使命的抽象语言文字形象化、具体化为具体的影像，把使命转变为真正富有激励意义的预期结果并形象地表达出来，画出未来美好理想的蓝图。因此，企业愿景是企业使命的具体化和形象化，是将企业使命落实到操作层面的必备环节。

2）企业愿景的作用与意义

（1）企业愿景能够整合个人愿景，增强企业凝聚力。美国心理学家马斯洛研究发现，出色团体的最显著特征就是具有共同愿景。科林斯和帕里斯的研究也表明：具备全体员工共同拥有的企业愿景，是企业成长为优秀企业的重要条件。管理学家巴纳德认为，一个组织只有同时满足组织目的与个人目的，才能有效地整合个人行为，长期生存下去。企业愿景源于个人愿景，个人愿景则通过企业愿景得以升华、规范并进一步强化和体现。只有企业愿景不是外在的、强加于人的，而是企业全体员工每个人真心向往的共同愿景时，才会激发员工的激情，诱发员工对工作产生自豪感和成就感，满足员工归属、自我实现等高级需要，提高企业的凝聚力。

（2）企业愿景能够统一员工的思想和行为，减少组织冲突。企业愿景为企业、企业各部门、企业员工树立了共同的理想，使员工对企业发展的基本方向、目标及意义有了比较具体、清晰的认识，引导员工将个人需要的实现与企业发展有机结合起来，将企业使命由外在的目标转化为员工个人内在的追求，自觉规范个人行为使之符合企业发展的需要，有效地消除了组织冲突的主要根源。

企业愿景的形成过程，事实上是对员工个人愿景的诱发、规范和提高，是对员工群体思想意识的一次整合。通过这种整合，使企业愿景成为员工个人愿景不断获得发展、丰富的源泉，使员工切切实实地意识到企业的生存与发展是其安身立命、实现个人抱负的基本途径，增强了企业的吸引力，为全体员工注入共同的、持久的精神动力。

（3）企业愿景能够提高企业的应变能力和弹性。在动态竞争条件下，如果不能创造性地、柔性地应对环境变化，企业本身的生存发展就会出现问题。一般认为，组织追随战略，战略的张力和柔性决定着组织的灵活程度和应变能力。企业愿景引领员工从不同的角度展望未来，员工对未来的普遍关注使企业超越了简单的"刺激—反应"模式，能够尽可能地预先洞悉未来的危机，从企业愿景出发制定应急方案，并使其所采取的行动与企业使命相一致，保证企业长远利益的实现和社会公众的认同，在保证战略方向正确性的同时留有回旋的余地，提升了企业的应变能力。

3）企业愿景的形成

企业愿景形成的前提是，企业必须首先完成使命表述，这使企业愿景的形成有了指南和方向。企业愿景一般有以下两种形成途径：

（1）自上而下，即在企业高层积极倡导下经企业员工普遍认同而形成。在确立企业使命并表述完成后，企业高层将企业使命用形象化的方式加以表现，如以语言、文字、图片、模型、音像作品等技术手段作为愿景表达的载体，向广大员工广为宣传和展示，如果获得了员工的认同，企业愿景即告形成。

（2）自下而上，即通过企业员工个人愿景的交流、汇集，经企业正式提炼和升华而形成。在确立企业使命并表述完成后，企业高层将企业使命广为宣传，使员工尽人皆知，鼓励员工就企业使命展开讨论和交流。同时，有意识地收集员工对企业使命不同角度的个人理解，了解员工对企业、对个人未来发展的期望和预想，最后由企业高层在企业使命的原则指导下，将员工的个人愿景总结、提炼、升华，加以形象化的展示，经员工认同后，形成企业愿景。

比较而言，第二种愿景形成途径更具群众基础和实际效力，但其操作需要更多时间和成本，也更加困难。无论采取哪种途径，都必须注意：愿景的形成必须以企业使命为前提，正确把握和体现企业使命的基本内涵和理念，同时要以先进的技术手段尽可能地将人们脑海中的构想逼真地展示出来。

3. 企业目标

要使企业的使命和愿景得以实现，必须将其进一步地具体化，根据企业内部等级体系、分工合作关系、企业特定的发展阶段等因素进行分解，转化为不同部门乃至于不同岗位的具体目标，让每个员工明确知道自己应该做什么、做到什么水平，才能有效地整合全体员工的行为，最终通过集体努力实现企业使命和愿景。

1）制定目标的原则

（1）可接受。现实中企业不同相关利益主体的要求和期望是不相同甚至相互冲突的。例如，股东追求价值最大化、员工追求高工资和良好的工作条件、管理人员希望企业发展成长、顾客渴望获得质优价廉的产品、政府希望企业尽可能地多纳税和关心公益事业。所以，企业制定目标必须在这些要求中求得平衡，使之易被各方接受，以利于目标的顺利实现。

（2）可检验。目标应当尽量以定量指标来拟定，这是使其具有可检验性的最有效的办法。但也必须注意，有许多工作目标难以量化，而且时间跨度越长、组织层次越高、工作综合性越强、工作复杂性越高的目标就越具有模糊性和复杂性。对于这样的目标，应当用定性化的术语来表达其达到的程度而不可强行制定不科学的定量指标，否则将适得其反，使被考核者的思想行为与企业的使命背道而驰。

（3）可分解。可分解是指目标必须能够按不同维度进行分解，构成一个体系，使目标之间相互联合、相互制约，系统地支持企业使命和愿景的实现，也能使目标更好地转化为各方面具体的工作安排，转化为实际行动。

（4）可实现且可挑战。企业目标的制定应该具有能激发各方面积极性和发挥各方潜力的作用，必须难易适中，既有可行性又有挑战性，既不能定得过高，脱离实际，也不宜定得过低，毫无挑战性。目标过高难以实现，必然会挫伤员工积极性；目标过低，无须努力就可轻易实现，容易被员工忽视，不能调动和发挥人的潜力。

2）企业目标的内容

企业的经营目标究竟应该包括哪些内容，学者们有过大量研究和不同观点，如德鲁克在《管理实践》一书中提出了八个关键领域的目标；B. M. 格罗斯在《组织及其管理》一书中归纳出组织目标的七项内容，等等。综合学者们的观点，笔者认为，企业首先是一个经济组织，它通过为社会经济生活提供产品或服务来获取财富，以满足企业利益相关者的经济利益，因此经济类目标应当是企业的首要和主要目标。但企业作为社会系统的一个子系统，其发展与社会发展相互影响、相互制约，因而企业也应确立社会目标。

从经济目标本身来看，企业经济活动的成果和绩效需要从多方面来反映和衡量，企业的经济目标也必须是多方面的：①企业必须成长，不能成长的企业就无法给利益相关者带来长期的回报。②企业的成长必须有效益和效率，投入产出必须合理。③企业的生存发展离不开资源，企业成长如果以资源的破坏为代价，这种成长是无法长久的，因此要衡量企业资源的拥有和运用水平。④企业必须创新，不善创新的企业没有未来。综上所述，企业目标应当包括以下五个方面的内容：

（1）成长性目标。成长性目标用来衡量企业增长和发展的程度、水平与速度，表示企业的总体实力及增长。常采用以下指标：企业的销售额及其增速、利润及其增速、资产总额及其增速、市场占有率及其增长率、产量、产品线的广度和深度等。

（2）效益性目标。效益性目标用来衡量企业投入产出的效益和效率，代表企业生存与发展的质量。常采用以下指标：投资收益率、销售利润率、每股平均收益、存货及应收账款周转率、劳动生产率、产品合格率、投入产出比率、单位产品成本等。

（3）资源性目标。资源是企业发展的基础，资源性目标用来衡量企业拥有资源的数量、质量和运用水平，代表企业未来发展的潜力。常采用以下指标：资本结构、现金流量、流动资本、应收账款回收期、员工素质提高程度、员工专业技术水平提升程度、员工培训数量和频度、员工流动频率、缺勤率、迟到率、战略性资源占有情况、客户满意度、客户投诉率等。在这里我们把客户作为企业的战略资源看待。

（4）创新性目标。创新决定企业的未来，创新性目标用来衡量企业在学习创新方面的水平和能力。例如，企业产品创新、技术创新、管理创新的数量和水平；企业技术改造、设备升级的相关目标；企业创新性项目的实施目标；企业研发的广度、深度和频率；企业知识管理的目标等方面的指标。

（5）社会性目标。社会性目标用以衡量企业在树立良好社会形象、处理公共关系、承担社会责任等方面的能力和水平，代表企业与外部环境的关系。例如，参加环保、公益事业、慈善事业等方面活动的服务天数或资助金额，公众美誉度、社会知名度等。

3）企业目标的对象和时限

拟定企业目标要考虑目标体系里包括哪些内容，将企业使命和愿景按上述五个方面进行分解，形成对使命和愿景的支持。但这还不够，制定一个完善的目标体还必须考虑其他两个方面的问题。

（1）企业内部横向的职能分工和纵向的权力等级是组织结构的主线，要调动企业上下的积极性就必须使组织结构中每一个单元都有明确的目标。因此，企业目标必须逐层详细分解到企业各管理层次、各职能部门以至于每个员工，才能使其落到实处。因此，目标应逐层分解为总体目标、单位目标和职能目标，直至员工个人的目标。

（2）企业使命和愿景的实现不可能一蹴而就，而是一个持续的、渐进的管理过程。因此，在这一过程中的各层次目标都要分解成短期目标、近期目标和远期目标，分步骤、分阶段地实施，短期目标、近期目标和远期目标处于一个相互影响、动态适应的状态中。

总之，企业应按照内容、作用范围或对象、时间期限三个维度来拟定目标。

4）确定企业目标的步骤

第一步，调查研究。首先要充分利用战略分析阶段的研究成果，对企业外部环境、内部条件、未来变化情况及其互动关系有一个系统认识。同时要特别注重对企业使命和愿景、企业文化，尤其是企业经营哲学、价值观进行详细分析，大致勾勒出企业战略目标的选择空间。

第二步，拟定目标。拟定战略目标一般需要两个环节：拟定目标方向和拟定目标水平，要对可供选择的企业目标按目标取向进行归类、按照目标的性质和目标体系的结构要求进行优化和整合，初步形成若干个目标选择方案。在这一步骤中，要特别注意目标取向的一致性和目标结构的合理性要求。在同一个目标体系中，目标取向要尽可能一致，避免把相互冲突的目标纳入同一级目标和直接关联的上下级目标当中；如果同级目标的冲突难以避免，那么就必须明确目标之间的主次关系，从质和量两个方面确保目标体系的协调性。另外，要尽可能追求目标体系主体结构简单明了。既要尽量减少目标层次，又要尽量减少同级目标的个数。对战略目标不要分解得过分详细，要留有余地；在同级目标的安排上，舍弃对上级目标没有重大的、直接影响的目标，或者将关联性较强的若干个目标合并成一个目标。

第三步，评价论证。评价论证阶段的主要任务是比较各目标方案的优劣，为目标决策提供依据。要着重研究战略目标是否符合企业使命、愿景的要求，是否符合企业的整体利益和企业内部条件、外部环境未来发展趋势的要求。评价论证的另一重点是战略目标对企业资源与能力的要求是否与企业未来可能拥有和支配的资源和能力相适应。

接下来，对经过可行性优选的方案的完善程度进行评价，着重考察：①目标的明确性，亦即目标是否存在多义或歧义。②目标的协调性，亦即目标之间的主次、从属结构关系是否正确。③目标的可靠性，亦即实现目标的约束条件是否完备。

第四步，目标选择。决策者在对目标评价标准的重要性做出评判之后，结合备选目标方案在各项评价指标方面的优劣，通过综合权衡，就可以做出战略目标的最终选择。

以上四个步骤只是对制定战略目标基本过程的描述，在实际工作中可能在各个步骤上都会多次反复，但这种反复是有益的，也是必要的，企业必须正确认识这种反复的意义，扎扎实实地做好每一步骤的工作。

二、企业战略体系

企业战略系统的另一个子系统是企业战略体系。企业战略体系是企业各层级的战略措施，是实现企业使命、愿景与战略目标的途径和方式。企业战略体系由三个层次构成，即总体战略、业务战略和职能战略，如图 7-2 所示。

1. 总体战略

总体战略又称公司战略，是企业最高层次的战略措施。总体战略的主要任务是确定企业在以下几方面问题上的基本战略途径和手段。

1）总体战略的主要内容

（1）决定企业发展态势。企业未来的总体发展态势是企业总体战略首要考虑的问题，即根据对内外部环境进行的分析，判断战略环境的总体趋势和利弊，决定企业在今后一段时期内的总体战略态势是进行业务增长、维持现状还是业务收缩，以及采取怎样的行动和措施来实现。这为企业确定了基本的战略基调，对其他方面问题的考虑都会以此为准则。

（2）明确企业经营范围。企业经营范围在企业使命中已经有过表述，但使命中的表述比较宽泛。在这里，总体战略要以实现企业使命和愿景为最终目标，较为准确具体地确定企业的经营范围，包括产业范围、地域范围等。

确定企业经营范围必须从三个方面入手：通过外部环境分析，明确企业面临什么样的机遇与挑战，回答"企业可以做什么"的问题；通过企业内部环境分析，明确企业能够抓住哪些机遇或者克服哪些方面的挑战，回答"企业能够做什么"的问题；通过对企业主观条件，即经营哲学、使命与愿景的深入理解和分析，考虑企业"应当做什么"的问题。在通盘考虑、综合权衡这三方面要求的情况下，企业才能确定一个正确的经营范围。

图 7-2　企业战略体系的构成

（3）确定业务组合，建立战略业务单元。确定业务组合就是根据企业培育持续增长竞争优势的要求，确定各项业务活动在企业整体经营格局中的地位与作用、相互关系和战略期内的发展方向与目标。业务组合的核心是确定企业的核心业务。核心业务是企业最主要的经营活动，是企业竞争优势的生长点或聚集核心竞争力的焦点。恰当的业务组合不仅能使企业充分利用现有竞争优势，还能通过不断淘汰没有优势和前途的业务，将资源调集到使用效率比较高的领域，形成新的竞争优势，保障企业的可持续发展。

战略业务单元是落实企业业务组合的主体，业务组合是战略业务单元的基础。一般情况下，一个战略业务单元往往就是一个事业部，但是从本质上讲，战略业务单元是一个功能性机构，它侧重于强调经营活动的性质和类型，而不完全依赖于企业实际的组织构架。例如，民用煤油与航空煤油尽管是从同一车间或分厂生产出来的，但由于产品用途不同、市场环境不同，就有可能属于不同的战略业务单元；而在另一些企业，为了便于管理可能将不同地域的分厂分别作为一个事业部，但这些事业部包含在一个战略业务单元之中。

（4）配置战略资源。总体战略中必须明确企业资源配置的基本原则、优先次序和重点方向，将企业最优的资源投入最有吸引力和最有战略价值的业务单元中。总体战略对企业资源的配置主要是对重要的战略资源的分配，是对企业获取所需资源的途径、方法以及相关政策的界定，是对资源投入产出过程的动态平衡。

（5）建立风险应对机制和战略变革机制。首先，要明确企业战略稳定的基本前提，并针对这些基本前提条件建立长效监控机制；其次，要对环境变化的方向进程尽可能地进行动态预测，提前做好预案；再次，在制定战略时，注意在目标、方向、途径、资源方面保持一定的灵活性，保持一定的战略自由度；最后，要明确战略的要点和关键环节，能够及时评价战略实施效果，进行动态控制。

2）总体战略的基本类型

总体战略从宏观上确定了企业总体发展的基本态势、方向和范围，因此，根据企业的总体发展态势，一般把企业总体战略分为以下三大类：

（1）增长型战略。增长型战略就是企业在现有的战略水平上追求更高的目标，提高经营层次、增强企业实力、实现企业扩张和发展。进一步按照企业增长的方向可以把增长型战略分为集约型增长战略、一体化增长战略、多元化增长战略和国际化增长战略。按照企业实现增长的手段或途径，可以把增长型战略分为自我扩张战略、购并战略、合作与合资战略和联盟战略。

需要说明的是，上述分类只是为了研究和讨论的方便而进行的理论划分，实际上上述战略在现实中往往是相互交叉的。例如，某企业实施多元化战略，这是从业务角度来看的，但从经营的地域和实现多元化的方式来看，就可能是通过跨国并购产业中的企业来实现，这就同时实施了多元化、国际化和并购战略；同样，企业实施一体化战略，也可以进行合资合作或者并购。但这并不意味着进行这样的划分是无意义的，其好处是可以对复杂的企业战略进行适当的理论抽象，便于找到规律，进行理论总结和案例分析，从中总结经验教训，提升理论认识，进而更好地指导企业实践。

（2）维持型战略。维持型战略就是指企业在现有的发展状况下，一定时间内维持现有的战略态势。维持型战略的特征就是较少或基本不做出重大战略决策。这种战略常常表现为持续地向同类型的顾客提供同类的产品或服务，维持市场占有率，并保持企业长期一贯的投资回报率，等等。

（3）紧缩型战略。紧缩型战略简称紧缩战略，又称为撤退战略或收缩战略。是指企业在一段时间内减小经营规模或缩小经营范围。在现实中没有人愿意采取紧缩型战略，进行全面紧缩更是任何企业都不愿面对的选择。但是进入 20 世纪 90 年代后，如何认识和管理衰退已经成为战略管理领域最活跃的问题之一。

应当指出的是，现实中的企业战略远比以上三种理论总结的战略态势复杂得多。尤其对一个多元化经营的公司来说，往往会在有些业务领域实施增长战略，而在另一些业务领域实施维持战略，同时在业务衰退领域则实行紧缩战略。因此，现实中的企业往往实施的是一种组合型的总体战略，就是根据企业内外部环境的状况在不同的业务领域或在不同的发展阶段分别选择上述三种战略中的一种或几种。应该说，组合型战略是企业总体战略的一种正常形态。

我们这里只对总体战略进行简要的介绍，具体内容和总体战略的实施要点详见第十章。

2. 业务战略

业务战略又称经营单位战略、事业部战略、竞争战略等，关于该战略的内涵并没有什么争议，但我们采用业务战略这个名称，是出于以下考虑：

该层次战略的主要思想和目标是促进企业在某项业务领域获得优势地位，这是该层次战略的本质；战略业务单元或事业部只是从事业务工作的部门或层级，或者说是业务战略的执行主体，事业部战略的提法并不能表达出该战略的本质和内涵；而竞争战略的提法容易把人的思想引导到简单的竞争上去，忘记了竞争只是手段，而不是目的。因此，笔者认为采用"业务战略"这个名称较为贴切。

业务战略即由各战略业务单元或事业部根据总体战略特别是业务组合的要求，确定本业务发展方向、具体竞争方式和资源使用重点。总体战略主要回答"要不要干""干什么、不干什么"的问题，业务战略则主要解决"怎么干"的问题。业务战略要服从总体战略的要求和定位，为实现总体战略服务。因此，业务战略的选择空间比较小，是在总体战略限定的空间中寻求竞争优势的塑造。一般情况下，业务战略的主要内容有以下几个方面：

（1）根据总体战略对战略业务单元在企业整体经营格局中地位和作用的定位、业务领域的外部环境、业务单元所拥有的资源和能力等要素，明确本业务单元对实现总体战略应当做出的贡献和责任，以及业务活动的定位和发展方向。

（2）确定业务活动的范围。根据业务活动对总体战略所承担的责任与贡献、与其他业务活动的关系、公司整体对业务活动的资源配置情况，以及主要市场与用户群的结构、要求和变化趋势，确定业务单元在整个业务链条上应当介入哪些环节。

（3）根据业务单元所涉及的价值链、业务单元所采用的基本技术类型和技术扩散利用的潜力，确定业务单元的核心活动以及获得并控制资源的方式，确定竞争方式和手段。

（4）提出业务单元内部资源配置的基本原则和方向。对任何企业来说，资源的稀缺都是绝对的，战略业务单元一样如此，所以要在业务战略中对资源的配置和投入进行综合协调和平衡，保证将优势资源充分投放到能够培育和发挥竞争优势的方向。

（5）要明确业务单元内部各项职能活动所承担的责任，指导业务单元的职能战略。职能活动的责任既包括各职能活动对本业务单元所承担的责任，也包括各职能活动直接或间接地对其他业务领域承担的责任，以及支持总公司职能战略的责任。还要明确哪些职能活动是关键职能、哪些是次要职能，从总体上把握业务活动中各职能战略之间的协调和平衡。

应当指出，对那些经营范围相对集中、没有实施多元经营或没有独立经营的业务单元的企业来说，业务战略与总体战略是同一的；而对多元经营的企业来说，总体战略与业务战略就是两个不同层次的战略。

我们这里只对业务战略进行简要的介绍，具体内容和业务战略的实施要点在第十章专门讨论。

3. 职能战略

职能战略是一个统称，是指导企业各方面职能工作子战略的集合，又称职能支持战略，是按照总体战略或业务战略对企业内各方面职能活动进行的谋划。职能战略的主要任务是：根据总体战略和业务战略确定职能活动的基本方向、原则和政策；制定该职能领域的重大活动方针，以支持总体战略和业务战略的实现；根据该职能在公司或战略业务单元中的地位与作用统筹配置资源；与相关职能活动建立跨职能协调机制；等等。

1）职能战略的类型与内容

我们将企业职能战略分为三类，共 14 种：

第一类，生产运营型职能战略。生产运营型职能战略是指企业或业务单元的基础性职能战略，从企业或业务运营的基本职能上为总体战略或业务战略提供支持，包括研发战略、筹供战略、生产战略、质量战略、营销战略、物流战略。

第二类，资源保障型职能战略。资源保障型职能战略是指为总体战略或业务战略提供资源保障和支持的职能战略，包括财务战略、人力资源战略、信息化战略、知识管理战略。

第三类，战略支持型职能战略。战略支持型职能战略是指从企业战略全局为总体战略和业务战略提供支持的战略，包括组织结构战略、企业文化战略、公共关系战略、品牌战略。

必须说明的是，对不同行业、不同经营范围和规模的企业来说，所划分的职能战略数量和名称不一定要强求一致，可以根据企业的特点酌情制定。例如，对小企业来说，可以将这里的生产战略与质量战略合二为一，将筹供战略和物流战略合二为一，等等。但无论将职能战略如何划分和称谓，企业的所有职能活动都应该以企业总体战略为导向和指南，都要有相应的职能战略来指导，这是设计和制定职能战略的基本原则。

我们这里只介绍职能战略的总体结构，各职能战略的具体内容和实施要点在第十一章专门讨论。

2）职能战略的层次

值得注意的是，职能战略本身也是具有层次的。对一个多元化的企业而言，公司总体战略制定后，公司各职能部门就要以总体战略为指南，制定公司级的职能战略，用以指导总公司各个职能部门的活动，支持总体战略的实现。类似地，各业务单元内部的职能部门要根据该业务单元的战略制定业务级的职能战略，指导业务单元内的职能活动，以支持业务战略的实现。这就使得职能战略具有了公司级和业务级两个层次。

总公司与战略业务单元的职能部门虽然在机构设置上不尽相同，但其职能却基本类似，因此，公司级职能战略与业务级职能战略的构成非常类似，都包括一些企业必备职能的指导战略，如上述的财务战略、人力资源战略等。但由于公司级职能战略以总体战略为指导，业务级职能战略以业务战略为指导，而业务战略又受总体战略的制约和指导，因此，公司级职能战略对业务级职能战略也具有约束和指导作用，给出了其战略思考的范围和空间以及资源配置的约束条件，业务级职能战略是在企业战略业务单元的层面对公司级职能战略的分解和支持。

综上所述，总体战略、业务战略与职能战略的总体结构关系如图 7-3 所示，这是企业战略体系的完整构架。综合本节，我们成功地构建起了由企业目标体系和企业战略体系两个子系统构成的企业战略系统的完整结构。企业战略目标体系中三个层次的企业战略目标是企业战略体系中三个层次的企业战略要努力的方向和奋斗的目标，企业战略体系内三个层次的战略是实现企业战略目标体系中三个层次战略目标的路径和方式，这两个子系统相互关联、相互作用，共同勾画出了企业在未来生存与发展的长期目标以及实现该目标的途径和手段。

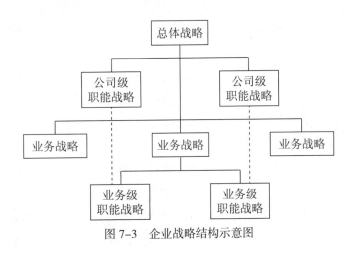

图 7-3　企业战略结构示意图

第二节　企业战略制定

　　企业战略制定的过程就是在对企业内外部环境进行全面分析研究的基础上，对企业外部环境要素中的机会与威胁和企业内部环境要素中的优势与劣势进行匹配的过程。企业战略制定过程可以划分为两个阶段：信息输入阶段和信息匹配阶段，这两个阶段技术方法的主体框架由外部因素评价矩阵（external factor evaluation matrix，EFE 矩阵）、内部因素评价矩阵（internal factor evaluation matrix，IFE 矩阵）和优势—劣势—机会—威胁矩阵（strengths-weaknesses-opportunities-threats matrix，SWOT 矩阵）构成。

一、信息输入阶段

　　信息输入阶段是对企业内外部环境分析的总结和凝练，就是将企业在内外部环境分析中发现的机会、威胁、优势和劣势等关键要素加以提炼和总结，利用矩阵方法进行量化评分，为进行信息匹配、制定战略做好准备。

　　信息输入阶段用到的主要技术工具有外部因素评价矩阵和内部因素评价矩阵两种，还有竞争态势矩阵作为辅助手段。这三个矩阵中的关键环境要素信息为信息匹配和决策阶段使用的矩阵方法提供了基本的信息输入。信息输入的实质就是要求战略制定者将对企业内外部环境分析的信息进行综合提炼，将战略制定者对环境要素的主观认识以尽可能客观的方式定量化。

为了便于读者掌握战略制定方法的基本框架，我们在对战略制定技术方法的主体框架，即外部因素评价矩阵、竞争态势矩阵和内部因素评价矩阵，乃至战略决策阶段采用的定量战略计划矩阵的介绍中都采用对同一个企业进行战略分析、战略制定的实例来进行说明，这样可以使读者迅速找到几种矩阵方法之间的联系，从而更快更好地掌握战略分析的整体框架和主要工具。

我们作为分析案例的是国内某汽车公司，简称 S 汽车有限公司，该公司是 20 世纪 90 年代我国某大型汽车公司与 F 国 X 汽车公司合资兴建的轿车生产企业，主要生产 K 系列轿车。上述四个矩阵的分析及其战略的制定都以该公司于某年所面临的战略环境为背景。

1. 外部因素评价矩阵

EFE 矩阵是战略制定者在完成了对企业外部环境的分析后进行的总结和提炼，囊括了在宏观环境分析、行业环境分析、市场环境分析和竞争对手分析中发现的所有关键环境要素。EFE 矩阵实际上是对企业外部环境的抽象再现，即将复杂的外部环境和众多的环境要素进行筛选，找到那些真正对企业未来的生存与发展产生战略性影响的要素，供战略制定者进行进一步的研究。EFE 矩阵的结构见表 7-1。建立 EFE 矩阵的步骤如下：

（1）选择外部环境关键要素。战略制定者要从对企业外部环境进行的大量分析研究中发现并选出最关键的环境要素，即影响企业和其所在产业的各种机会与威胁。这是建立 EFE 矩阵的基础，也是决定着战略制定是否符合环境实际，是否具有合理性的关键一步。

为了既全面反映环境特征，又不至于因关键因素过多而使战略制定者无所适从，抓不住重点和要害，一般来说，所选择的关键外部因素总数在 10~20 个。首先，列举外部环境中的重要机会；其次，列举外部环境中的重要威胁。因素的列举要尽量用具体、简练的语言来表述，必要时要采用数字说明。将选出的关键外部因素分机会与威胁按顺序编号，依次填入 EFE 矩阵的左边第一列。

（2）关键因素赋权。对机会与威胁中的每一项关键因素赋予权重，填入"权重"一列与该因素对应的空白位置。权重的数值由 0（表示该因素不重要）到 1.0（表示该因素非常重要）。每项因素的权重值表示该因素对企业在产业中取得成功的影响大小，影响越大，则权重越高。一般来说，机会往往比威胁得到更高的权重，但当威胁因素特别严重时也可得到高权重。必须注意，所有因素的权重总和等于 1。

（3）关键因素评分。根据企业现行战略对填列的各项关键因素的有效反应程度进行评分，填入"评分"一列与该因素对应的空白位置。评分分值范围为 1~4 分。如某项环境因素得到 4 分，就代表企业现行战略能够很好地对该因素做出反应，得 3 分代表反应超过平均水平，2 分代表反应为平均水平，而得到 1 分则代表企业现行战略对该环境因素的反应很差。评分的高低反映了企业现行战略的有效性，它是以企业为基准的，而步

表 7-1　S 汽车公司外部因素评价（EFE）矩阵

关键外部因素	权重	评分	加权分数
机会			
1. 政府支持轿车消费的政策和我国经济的稳定发展、居民购买力的上升使中国轿车市场继续保持快速增长的态势	0.10	2	0.20
2. 国家即将制定和出台一系列涉及环境保护、资源保护、降低污染等方面的政策法规，有利于 K 系列轿车技术水平的发挥	0.15	3	0.45
3. 国内代用燃料汽车技术研发取得进展	0.10	2	0.20
4. 大多数经销商最关心产品质量因素，S 公司在此方面有一定优势，利于打开市场	0.10	4	0.40
威胁			
1. 新动力汽车技术迅速市场化，我国研发和应用都相对落后	0.10	1	0.10
2. 中国加入 WTO 将使世界著名汽车公司大举进入中国汽车市场，竞争将更加激烈	0.10	2	0.20
3. 同业竞争对手正在融入跨国公司全球战略，竞相推出新产品，竞争力正在得到加强	0.15	2	0.30
4. 国内银行在汽车消费信贷方面还未迈出实质性步伐，对汽车市场缺乏有力支持	0.05	1	0.05
5. 未来较长时期内，国内轿车生产能力的增长可能快于产品市场需求的增长速度，极有可能供过于求	0.15	3	0.45
总计	1.00		2.35

骤 2 中的权重高低则是以产业为基准的，这是二者非常重要的区别。威胁和机会都可以被评为 1~4 分。

（4）计算加权分数。用每个因素所得的权重乘以它的评分，即得到每个因素的加权分数，填入"加权分数"一列与该因素对应的空白位置。

（5）计算总加权分数。将"加权分数"一列所有因素的加权分数相加，得到企业外部环境要素的总加权分数，填入"总计"栏与"加权分数"列相交的、矩阵右下角的空白位置。

无论外部因素评价矩阵所包含的关键机会与威胁数量是多少，按照上面的赋权和评分规则，一个企业所能得到的总加权分数最高为 4.0，最低为 1.0。平均总加权分数为 2.5。如果总加权分数为 4.0，说明企业在整个产业中对现有机会与威胁做出了最出色的反应——企业有效地利用了现有机会并将外部威胁的潜在不利影响降至最小，如果总加权分数为 1.0，则说明公司的战略不能利用外部机会或回避外部威胁。

通过建立 EFE 矩阵，我们一方面得到了企业现有战略对外部环境响应程度和能力的量化评价，更重要的是选出了企业外部环境中的关键机会和威胁，并对其从行业和企业两个角度，逐一进行了相对重要性的比较和量化评价，为制定战略打好了基础。

表 7-1 是 S 汽车公司的 EFE 矩阵示例。从中可以看出，S 汽车公司总加权分数为 2.35，低于平均总加权分数 2.5，说明企业对外部环境机会和威胁的应对能力还不够强，需要高度重视。

2. 竞争态势矩阵

竞争态势矩阵（competitive profile matrix，CPM 矩阵）是外部环境分析的一个辅助性工具，用于竞争对手分析中确认企业主要竞争者相对企业的战略地位，归纳出主要竞争者的优势与劣势。从 CPM 矩阵中得到的分析成果可以作为机会要素或威胁要素写入 EFE 矩阵，也为下文 IFE 矩阵中确定企业的优劣势提供了依据。CPM 矩阵的结构见表 7-2。

表 7-2　CPM 矩阵实例

关键因素	权重	雅芳		欧莱雅		宝洁	
		评分	加权分数	评分	加权分数	评分	加权分数
广告	0.20	1	0.20	4	0.80	3	0.60
产品质量	0.10	4	0.40	4	0.40	3	0.30
价格竞争力	0.10	3	0.30	3	0.30	4	0.40
管理	0.10	4	0.40	3	0.30	3	0.30
财务状况	0.15	4	0.60	3	0.45	3	0.45
用户忠诚度	0.10	4	0.40	4	0.40	2	0.20
全球扩张	0.20	4	0.80	2	0.40	2	0.40
市场份额	0.05	1	0.05	4	0.20	3	0.15
总计	1.00		3.15		3.25		2.80

资料来源：弗雷德·R. 戴维. 战略管理（第 8 版）[M]. 北京：经济科学出版社，2001.

CPM 矩阵的做法与 EFE 矩阵既有类似也有不同。

（1）左边第一列都要填列关键因素。与 EFE 矩阵不同的是，CPM 矩阵中的关键因素不像 EFE 矩阵那样被分为机会与威胁两类，而是表示企业在该行业中获得经营成功的重要因素，更侧重于行业自身的因素，表述也更为笼统，不包括具体数据。

（2）对关键因素赋权。CPM 矩阵中的权重含义和赋权方法与 EFE 矩阵相同，表示该因素对企业在产业中取得成功的影响大小，影响越大，则权重越高。权重的范围为 0.0~1.0，所有因素的权重总和等于 1。

（3）将主要的竞争对手填入第一行，有几个对手就列出几个。当然，企业必须首先确认主要的竞争对手后才可以进行 CPM 分析。

（4）针对每个竞争对手在每项关键因素上的实力和优劣，分别进行评分。这里的评分表示竞争对手在该因素上具有优势还是劣势，按照以下规则评分：4= 强，3= 次强，2= 弱，1= 最弱。

（5）分别计算每个竞争对手的加权分数，计算方法与 EFE 矩阵相同。

（6）分别计算每个竞争对手的总加权分数，计算方法与 EFE 矩阵相同。

经过 CPM 分析，得到了竞争对手相对优势与劣势的比较。总加权分数越高，说明该对手的总体优势越强，反之反是。同时，战略分析者还可以将竞争对手的评分和总加权分数与企业自身的相应指标进行比较，就可以看到企业与竞争对手之间的相对竞争优势和差异所在，为制定战略提供有价值的信息。

表 7-2 是一个对雅芳、欧莱雅和宝洁公司进行竞争态势分析的 CPM 矩阵实例。从权重的大小可以看出，战略制定者认为广告及全球扩张是该行业最为重要的影响因素；从评分高低可以看到，分析者认为雅芳和欧莱雅的产品质量上乘，雅芳的财务状况是最好的；等等。总体看来，宝洁公司是最弱的，其总加权分数仅有 2.80。

必须指出的是：我们不能完全凭借在 CPM 矩阵中的总加权分数高低来衡量企业与竞争对手之间的差距。数字仅仅反映了企业的相对优势，而关键因素的选择和权重、评分的高低都带有很强的主观因素，所以我们的目的并不是得到一个神奇的数字，而是对环境分析中获得的有价值的信息进行有意识的整理、吸收与评价，为战略决策服务。战略分析的其他方法都是如此。

3. 内部因素评价矩阵

IFE 矩阵是战略制定者在完成了企业内部环境分析后进行的总结和提炼，囊括了在对企业进行资源分析、能力分析、现状分析和企业文化分析中发现的所有关键要素。IFE 矩阵实际上是对企业内部环境的抽象再现，即对复杂的企业内部要素进行筛选，找到那些真正对企业未来的生存与发展产生战略性影响的要素，供战略制定者进行进一步的研究。IFE 矩阵的结构见表 7-3。建立 IFE 矩阵的步骤如下：

表7-3　S汽车公司IFE矩阵

关键内部因素	权重	评分	加权分数
内部优势			
1. 大部分员工受过高等教育，有较高的专业素质	0.10	3	0.30
2. 企业生产工艺先进、技术含量高	0.15	4	0.60
3. S 汽车公司建立了科学的产品质量保证体系，产品质量在行业内居于领先地位	0.20	4	0.80
4. K 轿车在其所定位的细分市场具有一定的竞争力	0.05	3	0.15
5. S 汽车公司将得到 F 国 X 汽车公司全方位的支持	0.10	3	0.30
内部劣势			
1. 资金需求大，长期债务负担沉重	0.20	1	0.20
2. K 轿车还未真正成为名牌产品，市场占有率低，品牌价值不高	0.05	2	0.10
3. 一些配套零部件成本费用较高	0.05	2	0.10
4. 营销和服务体系尚不完善，激励机制有待改进	0.10	2	0.20
总　计	1.00		2.75

（1）选择内部环境关键要素。战略制定者要从对企业内部环境的分析中发现并选出最关键的要素，这是建立 IFE 矩阵的基础环节。与 EFE 矩阵类似，为了既全面反映企业内部状况，又不至于因关键因素过多而使战略制定者无所适从，抓不住重点和要害，一般来说，所选择的关键内部因素总数也在 10~20 个。

将选出的关键内部因素分为优势与劣势，按顺序编号，依次填入 IFE 矩阵的左边第一列。要尽量用具体、简练的语言来表述，必要时要采用数字说明。

（2）关键因素赋权。对优势与劣势中的每一项关键因素赋予权重，填入"权重"一列与该因素对应的空白位置。权重的数值由 0（表示该因素不重要）到 1.0（表示该因素非常重要）。每项因素的权重值表示该因素对企业在产业中取得成功的影响大小，无论是优势还是劣势，对企业绩效有较大影响的因素就应当得到较高的权重。所有因素的权重总和必须等于 1。

（3）关键因素评分。根据企业现行战略对填列的各项关键因素的有效反应程度进行评分，填入"评分"一列与该因素对应的空白位置。评分分值范围为 1~4 分，4 分代表重要优势，3 分代表次要优势，2 分代表次要劣势，而 1 分则代表重要劣势。优势的评分必须为 3 分或 4 分，而劣势的评分必须为 1 分或 2 分。评分反映了企业战略的有效性，是以公司为基准的，而步骤 2 中的权重则是以产业为基准的。

（4）计算加权分数。用每个因素所得的权重乘以它的评分，即得到每个因素的加权分数，填入"加权分数"一列与该因素对应的空白位置。

（5）计算总加权分数。将"加权分数"一列所有因素的加权分数相加，得到企业内部环境要素的总加权分数，填入"总计"栏与"加权分数"列相交的、矩阵右下角的空白位置。

无论内部因素评价矩阵所包含的关键优势与劣势数量的多少，按照上面的赋权和评分规则，一个企业所能得到的总加权分数最高为 4.0，最低为 1.0。平均总加权分数为 2.5。总加权分数大大低于 2.5 的企业内部状况处于弱势，而分数大大高于 2.5 的企业的内部状况处于强势。

综合以上，通过建立 IFE 矩阵，我们一方面得到了对企业现有战略利用内部优势、弥补内部劣势的程度和水平的量化评价，另一方面找到了企业内部的优势和劣势并对其从行业和企业两个角度，逐一进行了相对重要性的比较和量化评价，为制定战略做好了准备。

表 7-3 就是 S 汽车公司的 IFE 矩阵。从中可以看出，S 汽车公司总加权分数为 2.75，高于平均总加权分数 2.5，说明企业内部状况总体高于平均水平，具有一定的优势。

二、信息匹配阶段

经过信息输入阶段的工作，找到了企业外部环境中的机会与威胁、内部环境中的优势与劣势，并对其进行了定量比较，接下来就要以这些关键环境因素为基础制定企业战略方案。

信息匹配阶段就是在机会、威胁、优势和劣势等关键要素构成的战略约束条件下，在对这些关键要素进行匹配的基础上进行战略构想，提出能抓住外部机会、回避外部威胁、发挥内部优势、弥补内部劣势的战略思路，供决策者进行评价和决策。信息匹配阶段采用的主要方法就是SWOT矩阵，另外还有战略地位与行动评价矩阵、波士顿咨询集团矩阵和内部－外部矩阵等常用方法。

1. SWOT 矩阵

企业战略的目的在于获得和保持竞争优势，实现企业战略目标。有效的企业战略应该能够最大限度地发挥内部优势和利用环境机会，同时使企业内部劣势和环境威胁的影响降至最低程度。SWOT矩阵就是按照SWOT分析的基本思想，系统地对企业内部的优势和劣势、外部环境的机会和威胁进行匹配，提供发挥优势、抓住机会、弥补劣势及防范威胁的措施，从而制定合理有效的企业战略的一个基本工具。由于SWOT矩阵全面而又简明地给出了企业制定战略的基本思维方式和方法，所以至今仍被公认为是最有效的战略制定方法。

通过SWOT矩阵，我们可以得到四类战略，即优势机会（SO）战略、劣势机会（WO）战略、优势威胁（ST）战略和劣势威胁（WT）战略。优势机会战略是在对企业内部优势因素和企业外部机会因素进行匹配后得到的，是发挥企业内部优势而利用企业外部机会的战略；劣势机会战略是在对企业内部劣势因素和企业外部机会要素进行匹配后得到的，即利用外部机会来弥补内部劣势的战略；优势威胁战略是在对企业内部优势因素和企业外部威胁要素进行匹配后得到的，是利用本企业的优势回避或减少外部威胁的影响；而劣势威胁战略是在对企业内部劣势因素和企业外部威胁要素进行匹配后得到的，是在弥补内部劣势的同时回避外部威胁的战略。

SWOT矩阵由九个格子组成，见表7-4，包括四个因素格，要填入内外部环境因素；四个战略格，要填入经过因素匹配后得到的备选战略。而左上角的格子则永远是空格。

SWOT矩阵的构建过程包括以下五个步骤：

（1）填列企业内外部环境要素。将信息输入阶段填入EFE矩阵的企业外部机会与威胁，填入IFE矩阵的企业内部优势与劣势分别填列到SWOT矩阵的四个因素格中。

（2）制定SO战略。将各项内部优势因素与各项外部机会因素相匹配，构思可行的战略措施，把结果填入SO战略格中。

（3）制定WO战略。将各项内部劣势因素与各项外部机会因素相匹配，构思可行的战略措施，把结果填入WO战略格中。

（4）制定ST战略。将各项内部优势因素与各项外部威胁因素相匹配，构思可行的战略措施，把结果填入ST战略格中。

表7-4　SWOT矩阵构成

	优势—S	劣势—W
	1. 2. 3. 填列企业内部优势 …… ……	1. 2. 3. 填列企业内部劣势 …… ……
机会—O	SO战略	WO战略
1. 2. 3. 填列企业外部机会 …… ……	1. 2. 3. 发挥优势，利用机会 …… ……	1. 2. 3. 利用机会，扭转劣势 …… ……
威胁—T	ST战略	WT战略
1. 2. 3. 填列企业外部威胁 …… ……	1. 2. 3. 利用优势，回避威胁 …… ……	1. 2. 3. 减小劣势，回避威胁 …… ……

（5）制定 WT 战略。将各项内部劣势因素与各项外部威胁因素相匹配，构思可行的战略措施，把结果填入 WT 战略格中。

必须注意的是，在 SWOT 矩阵中进行战略因素匹配的目的在于产生可行的备选战略，而不是选择和确定最佳战略，并不是所有在矩阵中得出的战略都要被实施。如果备选战略较多，可以对相近或相似的战略进行分组，以便做出战略评价和决策。

表 7-5 是 S 汽车公司的 SWOT 矩阵。根据 SWOT 分析与匹配，S 汽车公司可以采用 SO、WO、ST、WT 四类共 9 种具体战略，将其主要内容归纳起来可以分为三组，即超前研发战略、上市融资战略、基于技术和质量的核心能力战略（以下简称技术质量战略）。其中 SO—1、ST—1 属超前研发战略，WO—1 为上市融资战略、SO—2、WO—2、ST—2 属技术质量战略（ST—3、WT—1、WT—2 均可分组或单独列为备选战略，这里为简化分析过程将其略去）。

这种通过关键要素匹配来制定战略的思想方法首先体现了企业战略对环境的适应性，同时也是一种全面审视企业战略环境，对无法量化的、复杂的企业环境要素进行相对定量比较，进而在内外部环境条件的约束下，将分析思维和直觉思维相结合，尽可能发挥战略制定者的创造力以获得有价值的战略构想的有效手段。

表 7-5　S 汽车公司 SWOT 矩阵

	优势—S	劣势—W
	1. 大部分员工受过高等教育，有较高的专业素质 2. 工艺先进、技术含量高 3. 有科学的产品质量保证体系，产品质量业内领先 4. 产品在其细分市场有一定竞争力 5. 企业将得到 X 公司全方位的支持	1. 资金需求大，长期债务负担沉重 2. 市场占有率低，品牌价值不高 3. 一些零部件成本较高 4. 营销和服务体系尚不完善
机会—O	**SO战略**	**WO战略**
1. 政府支持消费的政策、中国经济持续稳定发展和居民购买力提高将使轿车市场继续保持快速增长的态势 2. 国家即将制定和出台一系列涉及环境保护等方面的政策法规，有利于公司技术能力的发挥 3. 国内代用燃料汽车技术研发取得进展 4. 大多数经销商最关心产品质量，企业质量有一定优势，利于打开市场	1. 与国内科研机构或高校合作研发环保轿车（S1，O2，O3） 2. 营销战略中强化对企业技术水平和产品质量的宣传，以过硬的质量塑造品牌形象（S2，S3，O4）	1. 争取早日在境内或境外上市，增加资金来源（W1，O1） 2. 加强市场营销和广告投入，突出企业在质量、技术方面的优势，树立优质优价的产品形象（W2，W3，O2，O4）
威胁—T	**ST战略**	**WT战略**
1. 我国对新动力汽车技术的研发和应用都相对落后 2. 入世后世界著名汽车公司大举进入中国汽车市场，竞争将更加激烈 3. 同业竞争对手正在融入跨国公司全球战略，竞争力正在得到加强 4. 国内银行在汽车消费信贷方面还未迈出实质性步伐，对汽车市场缺乏有力支持 5. 未来较长时期内，国内轿车可能供过于求	1. 争取 X 公司的支持，在华设立研发中心，开发第二、第三代产品和环保轿车（S1，S5，T1，T2，T3） 2. 大力培育以质量和技术为中心的核心竞争力（S2，S3，S4，T2，T3） 3. 争取 X 公司的支持，尝试设立公司融资中心，进行公司对客户的消费贷款业务（S4，S5，T4）	1. 改善营销和服务体系，强化与经销商的利益共享关系，与实力雄厚的大经销商建立战略联盟（W4，T2，T3，T5） 2. 帮助零部件配套企业降低成本、改善管理，用零部件标准化、采供市场化、业务长期化来降低零部件成本（W3，T2，T3，T5）

2. 战略地位与行动评价矩阵

战略地位与行动评价矩阵（strategic position and action evaluation matrix，SPACE 矩阵）是另一种重要的战略因素匹配方法，可以对企业的总体战略态势进行评估分析。该矩阵的结构是一个平面直角坐标系，如图 7-4 所示。SPACE 矩阵分别从企业内外部环境中各选取了两方面的关键因素构成横轴和纵轴的两极，内部环境的关键因素是财务态势（FP）和竞争态势（CP），外部环境的关键因素是环境稳定性态势（SP）和产业态势（IP）。矩阵的四个象限分别代表进取、保守、防御和竞争四种战略态势，实际上就是在对这四个关键内外部因素进行匹配的基础上所制定的战略方向。

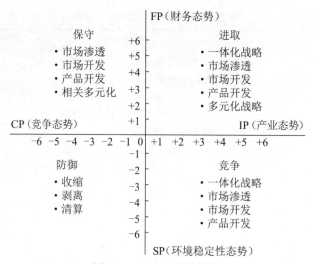

图 7-4　SPACE 矩阵结构

资料来源：弗雷德·R. 戴维. 战略管理（第 13 版）[M]. 北京：中国人民大学出版社，2013.

之所以选择这四方面的因素进行战略匹配，是因为这些因素在企业战略环境要素中非常重要，对确定企业的总体战略最为关键。财务资源是企业内部资源的基础，离开财务资源的支持，企业的一切战略构想都无法实现；竞争态势是企业总体状况的集中表现，因此财务态势和竞争态势就代表了企业内部的实力强弱。环境稳定性是决定企业总体战略态势的主要因素，而产业态势集中代表了产业环境状况，因此，环境稳定性态势和产业态势代表了企业外部环境的总体状况。这样，将能够代表企业内外部环境状况的四个关键因素进行匹配，就可以决定企业应当采取的总体战略态势。

另外，这四方面要素都是由一组指标来衡量的，可以根据不同的企业类型和行业特点选用不同的指标，这使 SPACE 矩阵有了相当的灵活性，能够适应不同的企业和行业。常用的指标见表 7-6。

建立 SPACE 矩阵的步骤如下：

（1）选择指标。分别选择能够表示企业内部财务优势（FS）、竞争优势（CA）和外部环境稳定性（ES）、产业优势（IS）的一组指标，指标选取应全面、充分、有代表性，有定量指标的尽量选用定量指标，无法定量的应可以进行定性评价和比较。

（2）指标评分。根据其相对优势或劣势大小、机会或威胁程度高低，对各变量指标进行评分。对构成 FS 和 IS 轴的各变量指标给予从 +1（最差）到 +6（最好）的评分值，而对构成 ES 和 CA 轴的各变量给予从 -1（最好）到 -6（最差）的评分值。

（3）计算指标平均得分。分别将各指标的评分相加，再分别除以该轴上的指标总数，得出 FS、CA、IS 和 ES 各自的平均得分。

（4）做出向量点。将 x 轴上 CA、IS 两个因素的平均得分相加，得出向量点的横坐标值；

表7-6　常用内外部环境要素指标

内部战略环境	外部战略环境
财务优势（FS）	环境稳定性（ES）
投资收益 杠杆比率 偿债能力 流动资金 现金流动 业务风险	技术变化 通货膨胀率 需求变化性 市场进入壁垒 竞争压力 价格需求弹性
竞争优势（CA）	产业优势（IS）
市场份额 产品质量 产品生命周期 用户忠诚度 竞争能力利用率 对供应商和经销商的控制	增长潜力 盈利潜力 专有技术知识 资源利用 资本密集性 生产效率和生产能力利用率

资料来源：弗雷德·R.戴维.战略管理（第13版）[M].北京：中国人民大学出版社，2013.

将 y 轴上 FS 和 ES 两个因素的平均得分相加，得出向量点的纵坐标值，在坐标系中标出向量点。

（5）画出向量。自 SPACE 矩阵原点至向量点画一条向量（directional vector）。这一向量就是 SPACE 矩阵的最后成果，通过分析该向量所在的象限及向量本身的特征可得出各种不同的战略决策，它表明了企业可以采取的战略态势：进攻、保守、竞争和防御。图 7-5 给出了不同象限不同向量所代表的战略态势的例子。

例如，当企业的向量位于 SPACE 矩阵的进攻象限（aggressive quadrant）时，就说明企业有着较强的财务优势，在稳定和增长着的产业中拥有重要的竞争优势，这样的企业当然能够发挥自己的内部优势来抓住外部机会，从而采取增长型战略或其组合。当向量出现在 SPACE 矩阵的保守象限（conservative quadrant）时，意味着该企业应固守基本竞争优势而不要过分冒险，采取市场渗透、市场开发、产品开发等较为保守的战略。如果向量出现在 SPACE 矩阵的防御象限（defensive quadrant）就意味着企业应集中精力克服内部弱点并回避外部威胁，采用紧缩型战略。最后，向量落在竞争象限（competitive quadrant）中表明企业应采取一体化、市场渗透、市场开发、产品开发等竞争性的战略。

表 7-7 是对一家银行进行 SPACE 矩阵分析的实例，读者从中可以看到 SPACE 矩阵分析的完整过程。

用 SPACE 矩阵对企业进行总体战略态势分析是非常简明有效的，但它不能像 SWOT 矩阵那样产生非常具体的备选战略，因此，只能作为战略制定的辅助和参考。

进攻型

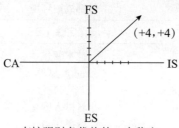

有较强财务优势的，在稳定和增长着的产业中拥有重要竞争优势的公司

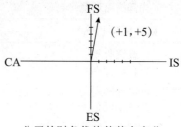

公司的财务优势使其在产业中居于主导地位

保守型

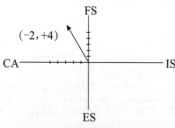

公司在稳定但不增长的产业中拥有财务优势；公司不具有重要的竞争优势

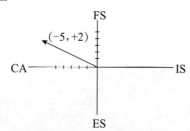

公司在技术稳定但销售下降的产业中处于严重竞争劣势

竞争型

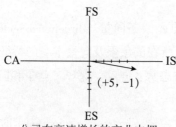

公司在高速增长的产业中拥有重要的竞争优势

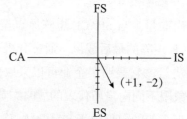

公司在不稳定的产业中有很强的竞争优势

防御型

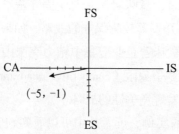

公司在稳定但负增长的产业竞争中处于十分不利的地位

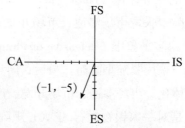

在非常不稳定的产业中有财务困难的公司

图 7-5 SPACE 矩阵分析举例

资料来源：弗雷德·R.戴维.战略管理（第13版）[M].北京：中国人民大学出版社，2013.

表 7-7 一家银行的 SPACE 矩阵分析实例

财务优势（FS）	评分
一级资本比率比一般水平（6%）高出 1.3%	1.0
资产收益率为 –0.77，而银行业平均收益率为 +0.70	1.0
净收入比上年下降 9%	3.0
收入增长 7%	4.0
	9.0
产业优势（IS）	
解除管制使地域及产品经营的自由度提高	4.0
解除管制使银行业竞争增强	2.0
宾州银行法允许收购其他五个州的银行	4.0
	10.0
环境稳定性（ES）	
欠发达国家经历着高通胀和经济波动	–4.0
在历史上严重依赖钢铁、石油和天然气产业，而这些产业目前均不景气	–5.0
银行业解除管制使整个产业处于不稳定状态	–4.0
	–13.0
竞争优势（CA）	
向 38 个州的 450 余家机构提供数据处理服务	–2.0
大型地方银行、国际银行和非银行机构正变得更有竞争力	–5.0
银行拥有庞大的用户群体基础	–2.0
	–9.0

计算	做出 SPACE 矩阵
FS 平均值为：+9.0 ÷ 4 = +2.25 IS 平均值为：+10.0 ÷ 3 = +3.33 ES 平均值为：–13.0 ÷ 3 = –4.33 CA 平均值为：–9.0 ÷ 3 = –3.00 向量坐标轴：x 轴：–3.00 +（+3.33）= + 0.33 　　　　　　y 轴：–4.33 +（+2.25）= –2.08	
最终结论	**该银行应采用竞争型战略**

资料来源：弗雷德·R. 戴维. 战略管理（第 8 版）[M]. 北京：经济科学出版社，2001.

3. 波士顿咨询集团矩阵

波士顿咨询集团矩阵（boston consulting group matrix，BCG 矩阵）又称"发展—份额矩阵"，是由波士顿咨询集团开发的分析方法。该方法主要用于多元经营的企业，通过对其业务单元进行相对市场地位和产业增长速度的匹配来评价和决定业务组合及业务单元的战略取向。

BCG 矩阵的结构如图 7-6 所示。矩阵的 x 轴代表相对市场份额地位（relative market share position），是某业务单元在其产业中的市场份额与该产业最大竞争对手的市场份额之比。x 轴的取值范围从 0~1.0，中位值一般设为 0.5，表示公司市场份额为本产业领先公司的一半。y 轴是以销售额增长百分比为衡量指标的产业增长率，取值范围由 −20%~+20%，中位值为 0。以上取值范围是常用的 x 轴和 y 轴数值范围，但必要时也可根据企业的具体情况进行调整。

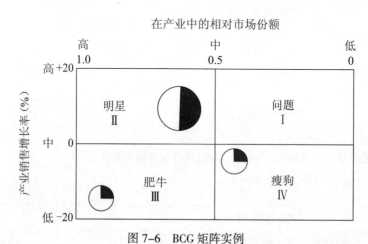

图 7-6　BCG 矩阵实例

资料来源：弗雷德·R. 戴维. 战略管理（第 8 版）[M]. 北京：经济科学出版社，2001.

BCG 矩阵中的每个圆圈代表一个独立的业务单元或分部，圆圈的大小表示该业务单位的收入占公司总业务收入的比例，圆圈中阴影部分代表该业务单位所创利润占公司总利润的比重。

BCG 矩阵的四个象限代表了业务单元的不同战略地位。位于第一象限的业务单位被称为"问题"，第二象限的被称为"明星"，第三象限的被称为"肥牛"，第四象限的被称为"瘦狗"。

第一象限的"问题"业务在高速增长的产业中有较低的相对市场份额地位。该区域市场发展率高，有可能成为企业的主导业务，但企业市场占有率低，现金创造能力较低，竞争力尚不突出和明确。因此，企业对"问题"业务需要考虑是采取市场渗透、市场开发或产品开发等战略，投入大量资金，提高其市场占有率和市场竞争力还是采取紧缩战略。

第二象限的"明星"业务是企业业务组合中具有长期发展机会和获利能力的业务，是企业最佳的长期增长和获利机会所在。企业要对"明星"业务采取增长型战略，进行大量的投资以保持或加强其主导地位，扩大市场占有率，支持其进一步发展。

第三象限的"肥牛"业务有相对较高的市场份额地位，但产业增长不高。说明该区域的业务已经发展成熟，因此增长率低、占有率高，之所以称为"肥牛"是因为其创造的效益往往超过需要投入的资金，是企业业务组合中的基础部分。对弱势的"肥牛"业务，市场已经走到尽头或正逐步衰退，应采取紧缩战略，进行收缩或剥离，快速收回现金。对强势"肥牛"业务，由于市场刚刚饱和，企业就应采取维持型战略，尽可能长时期地保持其优势地位，利用它贡献的资金发展新的业务。

第四象限的"瘦狗"业务处于低增长或零增长产业，市场已经基本饱和，竞争激烈，利润率低，企业的市场份额也较低。由于"瘦狗"业务的相对劣势地位，企业对这类业务往往采取紧缩战略，将其清算或剥离。但在一个业务单元刚刚沦为"瘦狗"时，可以先进行大规模的资产和成本削减，力争使其起死回生，成为有活力的盈利的业务，如果回天乏力就只有尽快撤出了。

通过分析 BCG 矩阵，企业可以对现有业务单元的战略地位有非常清晰的认识，进而合理安排公司的业务组合。一般来说，企业安排业务组合有以下基本原则：

保持正常的业务分布，即"肥牛"业务和"明星"业务的数量较多，"问题"业务和"瘦狗"业务的数量较少；合理配置资源（主要指现金），资源主要由"肥牛"业务和"瘦狗"业务向"明星"业务和"问题"业务转移；将管理重心向"明星"业务倾斜；避免出现业务区域真空，真空区域的出现说明企业业务很可能出现高成本转移；业务转移速度适当，业务转移要符合业务本身的发展规律和企业战略变革目标的要求，资源转移与资源需求相配合，要注意正确处理当前收益与未来收益的关系。

当然，BCG 矩阵同其他所有分析技术一样，也具有某些局限性。例如，将所有业务归为"明星""问题""肥牛"和"瘦狗"未免过于简单，很多位于矩阵中部的企业难以准确归类。此外，BCG 矩阵是一个静态分析方法，无法反映各业务或其所在产业在一定时期内的发展趋势。仅用相对市场份额地位和产业销售增长率来衡量业务单元的发展也并不全面，除此以外的一些指标，如市场和竞争优势等也具有十分重要的战略价值。

4. 内部 - 外部矩阵

内部 - 外部矩阵（internal-external matrix，IE 矩阵）是由通用电气公司的业务检查矩阵发展而来的。IE 矩阵与 BCG 矩阵很相似，它们都是用矩阵图标识业务分部战略地位的工具，因此都被归为组合矩阵。

IE 矩阵的结构如图 7-7 所示，x 轴是 IFE 矩阵的总加权分数，y 轴是 EFE 矩阵的总加权分数。企业的每个业务单元都应该先做出自己的 IFE 矩阵和 EFE 矩阵，或由总公司为各业务单元进行 EFE 和 IFE 分析，由此得出的业务单元 EFE 和 IFE 总加权分数是总公司建立 IE 矩阵的基础信息。

在 IE 矩阵的 x 轴上，IFE 总加权分数 1.0~1.99 代表内部弱势地位，2.0~2.99 代表中等地位，而 3.0~4.0 代表强势地位。相似地，Y 轴上的 EFE 总加权分数 1.0~1.99 代表低，2.0~2.99 代表中，而 3.0~4.0 代表高。这样形成了九个象限来表示企业业务单元的战略地位，这九个象限又可以被分为三个具有不同战略含义的区间：①落入第 Ⅰ、Ⅱ、Ⅳ 象限的分部

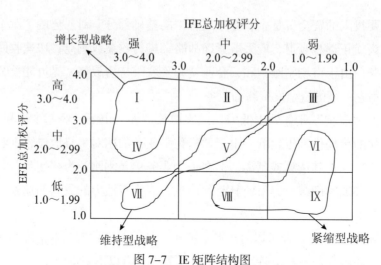

图7-7　IE矩阵结构图

资料来源：弗雷德·R.戴维.战略管理（第8版）[M].北京：经济科学出版社，2001.

属于增长和建立型业务，应当采取增长型战略，如市场渗透、市场开发、产品开发和一体化战略等。②落入第Ⅲ、Ⅴ、Ⅶ象限的分部应当采取维持型战略。③在第Ⅵ、Ⅷ、Ⅸ象限的分部可以采取紧缩型战略，尽快收获或剥离。

与BCG矩阵相同的是，要用业务分部的EFE和IFE评分找到业务单元的位置，进而用圆圈表示其在公司中的地位，圆圈的大小代表各分部对总公司销售额的贡献比例，圆圈中的阴影大小代表各分部对总公司盈利的贡献比例。

图7-8是一个完整的IE矩阵实例。描述了一个有四个分部的企业，如圆圈位置所示，分部1、2、3适合采用增长型战略，而分部4适合于紧缩型战略。分部2占公司总销售额的百分比最大，因此用最大的圆圈表示。分部1对公司盈利的贡献比例最大，因而阴影比例最高。

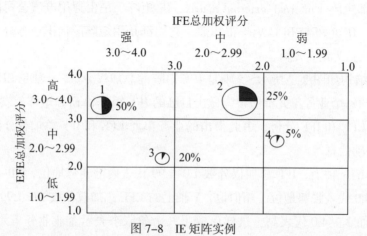

图7-8　IE矩阵实例

资料来源：弗雷德·R.戴维.战略管理（第8版）[M].北京：经济科学出版社，2001.

显然，由于两个矩阵轴线的含义不同，IE 矩阵比 BCG 矩阵需要的信息更多。另外，两个矩阵的战略含义也各不相同。因此，跨国公司在制定备选战略时往往同时建立 BCG 矩阵和 IE 矩阵。可用当前数据反映当前情况，再用根据预测和计划值建立的矩阵反映未来情况，这种结合当前和未来的分析方法预示了企业所期望的战略决策对企业业务组合的影响效果。

5. 产品—市场演化矩阵

产品—市场演化矩阵是由美国的查尔斯·霍弗尔（C. W. Hofer）教授首先提出的，是将 BCG 矩阵与产品生命周期理论相结合而产生的分析工具，如图 7-9 所示。

产品—市场演化矩阵有 15 个区域，企业的每一业务单元按其产品—市场演化阶段（纵坐标）和竞争地位（横坐标）确定出它在矩阵中的位置。其中，产品—市场演化过程分为开发阶段、成长阶段、扩张阶段、成熟阶段和衰退阶段，竞争地位分为强、中、弱三等。圆圈

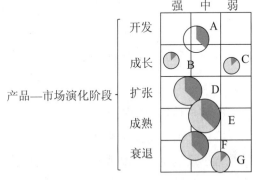

图 7-9　产品—市场演化矩阵

大小代表业务单元所在行业的相对规模，圆圈中阴影部分表示该业务单元在行业中的市场占有率。

企业对矩阵中处于不同位置的产品可采取不同的战略：

在开发阶段，产品一般拥有相对较高的市场占有率，并且具有潜在的强大竞争力，如图 7-9 所示中产品 A 就可被看作一颗潜在的明星，企业应给予大力投资。

在成长阶段，产品的销售额和利润会大幅上升，企业开始盈利，但还需持续投入设备和资金以抓住市场成长的机会。图 7-9 中 B 产品的市场占有率相对较低，但竞争地位却较强，必须制定相应的战略来解决市场占有率过低的问题。产品 C 处于成长阶段但规模较小，竞争地位弱且市场占有率低，必须制定战略来弥补其不足，也可能被放弃，以便将其资源用于产品 A 或 B。

在扩张阶段，产品的市场占有率高，竞争地位强，应对其继续投资以维持其竞争优势，或把处于该阶段的产品打造成"肥牛"类产品，如产品 D。

在成熟阶段，如产品 E 和 F，都是公司的"肥牛"类产品，应成为公司资金的主要来源。

在衰退阶段，市场需求减少，该业务应采取紧缩型战略。如产品 G 相当于 BCG 矩阵中的"瘦狗"类产品，短期内应多回收资金，但从长远来看放弃是最好的选择。

多元化企业可能有不同的经营组合，但大多数组合都是三种理想模式的变形体（图 7-10），这三种理想模式为成长型、盈利型、平衡型。企业应力争使其业务组合达到或接近这三种理想模式。

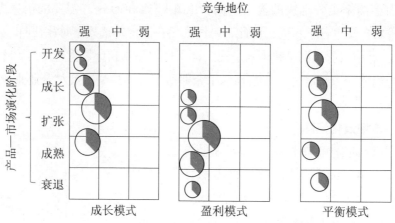

图 7-10　三种理想模式下的产品—市场演化矩阵

6. 客户价值分析图

客户价值分析图又称战略布局图，是《蓝海战略》一书中提出的一个有效工具，其作用是通过绘制企业产品或服务的客户价值曲线，比较企业与竞争对手的产品或服务的客户价值要素差异，以助于企业找到差异化的战略定位。

如图 7-11 所示，横轴上列出了企业所在行业客户注重的关键价值要素，纵轴则显示了消费者能够从各要素中获得的客户价值的高低，坐标点之间的连线就是企业的客户价值曲线。通过绘制客户价值曲线，企业能够很直观地看到自己与竞争对手的产品或服务的差异，以及行业的竞争集中在哪些关键价值要素上。

以美国葡萄酒行业为例，图 7-11 绘制了该行业客户价值的一般曲线，进而将葡萄酒行业分为高端葡萄酒与经济型葡萄酒，其价值曲线展示了两种葡萄酒在不同竞争要素上的定位差异。由于葡萄酒市场已近饱和，企业若想进入该市场并得到增长，必须在部分价值要素上使消费者获取更高的价值，或者开发新的价值要素。

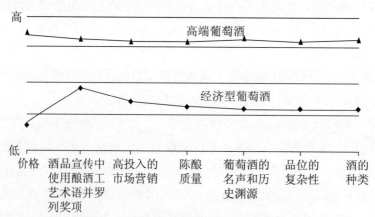

图 7-11　美国葡萄酒业客户价值曲线图

资料来源：W. 钱·金，勒妮·莫博涅. 蓝海战略 [M]. 北京：商务印书馆，2005.

与客户价值分析图配套使用的是客户价值分析四步工作法，如图 7-12 所示。该工具通过与行业标准进行比较，明确企业在自己的产品或服务中需要创造、减少、剔除、增加的客户价值要素，进而明确企业的战略定位。

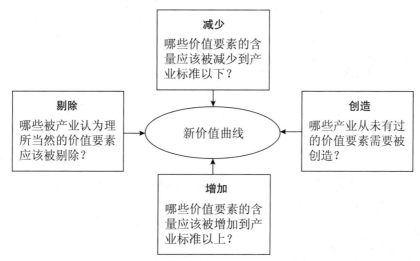

图 7-12　客户价值分析四步工作法

资料来源：W. 钱·金，勒妮·莫博涅. 蓝海战略 [M]. 北京：商务印书馆，2005，有调整。

卡塞拉酒业借助客户价值分析四步工作法，将"酒品宣传""市场营销""陈酿质量"等普通消费者难以感知的客户价值要素投入压制在极低的水准，创造性地增加了易饮、易选、有趣和冒险三项客户价值要素，设计了差异化的客户价值曲线，制定了差异化的战略定位方案，基于此战略进行产品开发和市场营销，取得了极大的成功。如图 7-13 所示。

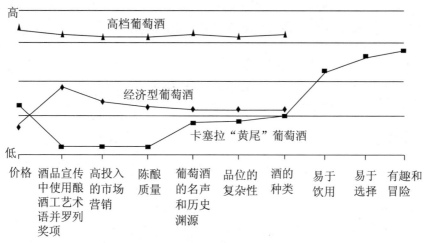

图 7-13　卡塞拉酒业客户价值曲线

资料来源：W. 钱·金，勒妮·莫博涅. 蓝海战略 [M]. 北京：商务印书馆，2005.

企业的任何业务都必须为客户创造价值，因而客户价值是企业制定业务战略的核心和关键。客户价值分析图提供了一种非常有效的手段，能够非常直观地使企业对自身和竞争对手业务的异同进行分析和比较，从而帮助企业深入思考和理解行业特性，深入挖掘和创造差异化的客户价值，制定差异化的业务战略，以独特的产品和服务占领市场。

第三节　企业战略决策

经过战略制定阶段的工作，通过战略信息的输入与匹配，战略制定者综合运用各种分析工具和思维方法，得出了备选战略方案，接下来就要将其提交最高决策者进行最终的战略决策。企业战略决策常用的定量分析方法是定量战略计划矩阵，而战略决策过程更多地受到各种因素的综合作用和影响。

一、定量战略计划矩阵

定量战略计划矩阵（quantitative strategic planning matrix，QSPM 矩阵）是在战略制定阶段的工作基础上，对备选战略进行重新梳理和回顾，客观地评价各种备选战略对企业内外部环境的适应能力和战略价值。

QSPM 矩阵的基本格式见表 7-8。左边一列按照机会、威胁、优势与劣势分别填入信息输入阶段所确定的关键内外部因素，在紧靠关键因素的"权重"列中，标出各关键因素在 EFE 矩阵和 IFE 矩阵中所得到的权重。顶部一行依次填入在信息匹配阶段形成的备选战略方案。当然，不一定在匹配阶段所提出的每种战略都要在 QSPM 矩阵中予以评价，战略制定者可以对进入 QSPM 矩阵的备选战略进行有意识的筛选。

表 7-8　QSPM 矩阵结构

关键因素	权重	备选战略					
		战略1		战略2		战略3	
		AS	TAS	AS	TAS	AS	TAS
机会 1. 2. 3. ……							

续表

关键因素	权重	备选战略					
		战略1		战略2		战略3	
		AS	TAS	AS	TAS	AS	TAS
威胁							
1.							
2.							
3.							
……							
优势							
1.							
2.							
3.							
……							
劣势							
1.							
2.							
3.							
……							
总计							

另外，QSPM 矩阵只能在战略组合内进行战略评价。QSPM 矩阵中所包括的备选战略的数量和战略组合的数量均不限，但只有在同一组内的各种战略才可进行相互比较式评价，即进行比较评价的备选战略应当具有可比性和互斥性，是针对同一目标的不同战略方案。例如，第一组战略可能会包括集中化和多元化，而第二组战略则可能包括发行股票和售出分部以筹集资金。这两组战略完全不同，所以不能放到一起进行比较评价。

1. 建立 QSPM 矩阵的步骤

（1）列出关键因素。在 QSPM 矩阵的左栏列出企业的关键外部机会与威胁、内部优势与劣势，这些信息可直接从 EFE 矩阵和 IFE 矩阵中得到。

（2）关键因素赋权。将每个内外部关键因素在 EFE 矩阵和 IFE 矩阵中的权重填入权重栏。

（3）填入备选战略。将战略制定阶段提出的备选战略标在 QSPM 矩阵的顶部横行中，如备选战略分为互不相容的若干组，则分组进行评价，将一组内的不同战略填入。

（4）确定吸引力分数（attractiveness scores，AS）。对每个备选战略的相对吸引力进行量化。AS 的确定方法为：依次考察各项关键因素，对其提出这样的问题："这一因素是否影响战略的选择？"如果回答为"是"，便应就这一因素对各战略进行比较，即考虑在这一特定因素的影响下，各战略相对于其他战略的吸引力如何，并按照如下规则进行评分：

1= 没有吸引力；2= 有一些吸引力；3= 有相当吸引力；4= 很有吸引力。

如果对上述问题的回答是否定的，则说明该关键因素对特定的战略决策没有影响，那么就不给该组战略以 AS。用一字线"—"表示关键因素并不影响所进行的选择。要注意的是，如果对某一战略进行 AS 评分，那么其他战略也要进行 AS 评分；如果给某战略以一字线"—"，那么同一行的其他各项也将为一字线"—"。还要注意，同一行中不应出现完全相同的吸引力评分，否则就无法对不同战略方案进行比较了。

（5）计算吸引力总分（total attractiveness scores，TAS）。将各横行的权重分别乘以吸引力分数就得到了 TAS。TAS 综合反映了不同重要性的关键因素对各备选战略的相对影响力和战略吸引力。

（6）计算吸引力总分和（sum total attractiveness scores）。分别将 QSPM 矩阵中各备选战略的吸引力总分纵列相加得出吸引力总分和。吸引力总分和综合体现了备选战略吸引力的高低，总分和越高说明战略越具有吸引力。这个数值综合考虑和体现了所有影响战略决策的内外部关键因素，备选战略组中各战略吸引力总分和的不同表明了各战略相对于其他战略可取性的高低。

2. QSPM 矩阵的优点与实例

QSPM 矩阵的最大优点是可以用量化的方式对一组战略进行相对可行、合理的比较与评价，为最终的战略决策提供客观、科学的依据。同时它使得战略制定者在战略决策过程中能够综合考虑相关的内外部重要因素，避免关键因素不适当地被忽视或偏重。

下面仍以 S 汽车公司为例说明 QSPM 矩阵的做法。S 汽车公司通过 SWOT 分析得到了3 组主要战略，限于篇幅，我们仅选择其中一组进行 QSPM 矩阵评价。例如，我们选择超前研发战略进行评价，这组战略有两个战略方案，第一种是"与国内科研机构或高校合作研发环保轿车"（SO–1 战略），简称为国内合作研发战略；第二种战略方案是"争取 X 公司的支持，在华设立研发中心，开发第二、第三代产品和环保轿车"（ST—1 战略），简称为外资支持研发战略。将这两种备选战略填入 QSPM 矩阵进行比较，见表7-9。

表7-9　S汽车公司的定量战略计划（QSPM）矩阵

关键因素	权重	备选战略			
		国内合作研发战略		外资支持研发战略	
		AS	TAS	AS	TAS
机会					
1. 轿车市场继续快速增长	0.10	4	0.40	3	0.30
2. 环保政策有利于公司技术能力的发挥	0.15	3	0.45	4	0.60
3. 国内代用燃料汽车技术研发取得进展	0.10	4	0.40	2	0.20
4. 大多数经销商最关心产品质量	0.10	2	0.20	1	0.10

续表

关键因素	权重	备选战略			
		国内合作研发战略		外资支持研发战略	
		AS	TAS	AS	TAS
威胁					
1. 我国新动力汽车研发和应用都相对落后	0.10	1	0.10	4	0.40
2. 入世后竞争将更加激烈	0.10	3	0.30	4	0.40
3. 同业竞争对手竞争力正在得到加强	0.15	3	0.45	4	0.60
4. 国内银行在汽车消费信贷方面还未起步	0.05	—	—	—	—
5. 在未来较长的时期内，国内轿车可能供过于求	0.15	3	0.45	2	0.30
优势					
1. 员工有较高的专业素质	0.10	3	0.30	4	0.40
2. 工艺先进、技术含量高	0.15	3	0.45	1	0.15
3. 产品质量业内领先	0.20	3	0.60	2	0.40
4. 产品在其细分市场有一定的竞争力	0.05	—	—	—	—
5. 企业将得到 X 公司全方位的支持	0.10	1	0.10	4	0.40
劣势					
1. 长期债务负担沉重	0.20	2	0.40	4	0.80
2. 市场占有率低，品牌价值不高	0.05	3	0.15	4	0.20
3. 一些零部件成本较高	0.05	—	—	—	—
4. 营销和服务体系尚不完善	0.10	2	0.20	1	0.10
总计	2.0		4.95		5.35

根据 QSPM 矩阵的分析，两种备选战略的吸引力总分和分别是：国内合作研发战略，4.95 分；外资支持研发战略，5.35 分。显然后者的吸引力大于前者，因此企业应优先选择外资支持研发战略予以实施。当企业从每一组战略中都选出了吸引力较高的备选战略，就可以进行最终的战略决策了。

二、正确认识和运用战略方法

综合以上，从信息输入、信息匹配到战略决策，我们介绍了一个完整的三阶段战略制定框架，其中主要的矩阵方法就是 EFE 矩阵、IFE 矩阵、SWOT 矩阵和 QSPM 矩阵，这四个主要工具前后连贯、联系紧密，形成了一个量化环境要素并在此基础上进行战略决策的方法模式，其他的战略分析工具都可以纳入这个方法框架之中。这种方法的突出特点就是选择关键环境要素并对其进行定量评分和量化的比较研究，最终做出科学的战略决策。其优点在于用科学理性的方法梳理了战略决策者的思维，使其全面、理性、冷静地进行战略思考，避免了战略决策的盲目、轻忽与疏漏。

但我们必须注意的是，虽然这些方法和工具并不复杂甚至很好掌握，但如何科学有效地运用这些方法却并非易事，最大的难度在于：

（1）如何保证环境要素选择的准确性和全面性。如果漏掉了重要的环境因素或将不重要的因素作为关键要素来分析，结论一定大相径庭。

（2）如何保证对各关键要素赋权和评分的科学性和客观性。权重和评分从绝对数上看毫无意义，但它们的相对比较却是战略决策的依据，具有重要的战略价值。差之毫厘，谬以千里，微小的偏差有可能在被系统放大后成为巨大的错误。

（3）如何在运用这些方法时充分发挥战略决策者的创造力。战略是富有创造性的艺术，但往往在进行量化评分的过程中，战略决策者的创造性也消失殆尽，这样制定出来的企业战略死板僵硬，很难成功。

因此，我们应当认识到，方法和工具只是手段，而真正重要的是运用这些工具的人以及运用这些方法的指导思想。成功有效地运用战略制定方法建立在战略制定者对企业内外部环境的深入分析、全面把握、准确认知和深刻理解的基础之上。数字的比较虽然是客观的，但数字的产生却取决于主观的判断，体现了战略决策者的战略思维，这正是我们始终强调战略思想在战略管理中核心地位的根本原因。

三、战略决策的影响因素

战略决策过程是在备选战略中确定某些特定战略方案的选择过程。运用前面介绍的战略制定方法拟定和评价备选战略，是进行最终战略决策必不可少的基础工作和先决条件。如果在战略评价中已经筛选出明显优化的战略方案，则决策就较为简单。然而，在大多数情况下，战略评价过程提供给战略决策者的是若干种可行而又各有利弊的战略方案，决策者必须考虑和权衡后才能做出选择。战略决策常受到以下因素的影响：

1. 决策者的个性、认知与思维方式

战略决策者的个性、认知与思维方式对其战略决策有着决定性的影响，所以我们往往能够看到企业采取的战略与企业家的性格特征有相当的一致性。例如，个性张扬的领导者制定的战略也往往富于竞争性和攻击性，而为人低调的企业家制定的战略也往往稳健而平和。在战略分析与制定的整个过程中，环境作为客观因素在企业战略中的反映是通过战略制定者对环境的主观认知来完成的。因此，同样的环境在不同认知结构的战略决策者看来是不同甚至完全不一样的，在对环境的不同认知基础上制定的战略自然也就千差万别。

另外，没有任何战略方法可以消除战略决策中的风险，而不同战略方案在收益和风险的配比上是不同的，高风险往往伴随着高收益。因此，决策者对待风险的态度对战略决策影响很大。乐于承担风险的战略管理者往往会采用进攻性的战略，愿意承担和接受

高风险的项目，他们会对环境的变化做出主动的反应；如果决策者将风险看作一种客观存在，敢于承担某些风险的话，就会试图在高风险战略和低风险战略之间寻求某种程度的平衡；具有风险回避倾向的领导者往往乐于在稳定的产业环境中经营，尽可能回避与其他企业的直接竞争和时间跨度较大的战略，采取防御性的和稳定发展的战略并拒绝承担高风险的项目。

2. 企业过去战略的影响

企业经营的连续性使企业战略具有巨大的惯性，因而企业未来的战略很难完全摆脱企业过去和现有战略的影响。如果过去的战略已经取得了成功，或者在现行战略中已经投入了可观的时间、精力和资源，老战略对新战略的影响就更大，所以在制定企业战略时必然要考虑企业过去和现行的战略。

3. 企业中的权力关系

企业中的权力关系对战略决策有很大的影响，企业的战略决策往往都是由企业中拥有最高权力的领导者做出的。如果企业权力并不集中，而是存在几个权力集团，那么最终的战略往往是权力集团博弈的结果。

4. 中层管理人员和职能人员的影响

中层管理人员和职能人员，尤其是公司战略部门管理与规划人员对战略决策也有重大影响，他们往往通过草拟战略方案以及对方案进行评价来影响企业战略的选择。

5. 时间因素的制约

企业的战略制定和实施都必然受到时间因素的影响，主要表现在战略决策、战略思考和战略执行等方面。

战略决策时间。战略决策时间即允许企业进行详尽的战略分析和慎重选择的时间长短。如果时限较短，企业就不可能有足够充分的时间来收集足够多的信息和资料，影响了企业对环境的全面深入分析，也必然减少了战略方案的数量甚至影响到战略方案的质量。在这种情况下做出的决策往往只能立足于现有的信息条件，考虑少数的关键因素，有时甚至只能是一种应急战略。

战略思考的时间范围。从不同的时间期限来看，战略的价值是截然不同的，有些企业从短期着眼进行战略决策，必然重视那些能够迅速获得短期利益的战略方案。而有的企业从长期出发选择战略，则必然青睐那些具有长远利益的战略方案甚至愿意牺牲一定的短期利益。

战略执行时间。战略实施前太长时间的准备和太仓促地将战略付诸实施都不利于战略的执行。即便是一个优秀的战略，在不适当的时间执行也会产生不利的结果。

综上可知，战略决策绝不是一个公式化的简单计算和选择过程，而是一个复杂的脑力活动过程，需要决策者综合运用分析思维和直觉思维，综合各种环境要素和决策因素进行动态、系统的思考。

1. 企业的战略系统如何构成？

2. 企业战略目标体系由哪几个层次构成？相互之间有什么关系？

3. 什么是企业使命？企业使命有什么作用？

4. 如何表述企业使命？表述企业使命时要注意哪些问题？

5. 什么是企业愿景？有什么作用与意义？

6. 企业目标包括哪些方面的内容？有哪几个维度？

7. 企业战略体系由哪几个层次构成？相互之间有什么关系？

8. 企业总体战略包括哪些内容？分为哪些基本类型？

9. BCG矩阵的四个象限叫什么名字？代表怎样的业务状况？应采取怎样的战略？

10. 请为一家企业做出外部因素评价矩阵。

11. 请为一家企业做出内部因素评价矩阵。

12. 请为一家企业做出SWOT矩阵，制定备选战略，并运用定量战略计划矩阵对备选战略进行评价。

13. 战略决策过程受到哪些因素的影响？

3 第三篇

实务篇

第八章
战略实施

本章是对企业战略实施过程及要点的总体介绍，涉及战略实施中有共性的重大问题，如战略计划的作用与内容，战略实施的原则、模式与阶段，组织结构、领导和文化与战略实施的关系等。

读者应从本章的学习中整体把握战略实施的基本思路、模式与方法，深刻理解组织、领导、文化与企业战略的关系及对战略实施的重大影响，为深入学习企业各层次战略的具体实施打下基础。

第一节　战略实施与战略计划

战略实施是决定企业战略能否落实为行动并产生最终绩效、实现企业战略目标、使企业愿景成为现实、完成企业使命的关键。战略实施的首要和关键工作就是制订科学完善的战略计划。

一、战略实施

战略实施是企业调动内外部环境中一切资源和能力，贯彻既定的企业战略以实现战略目标的过程。

1. 战略实施与战略制定的关系

制定一个科学、合理的战略并不意味着战略目标会自动实现，要达到目标必须进行战略实施。在战略管理的整个过程中，实施战略与制定战略一样重要，却比战略制定要困难得多、复杂得多。不同的战略制定与战略实施相匹配，会产生不同的结果，如图 8-1 所示。

图 8-1　战略制定与实施的关系

如果企业制定了科学合理的战略并将其有效地付诸实施，那么企业就能够比较顺利地实现战略目标，这是最理想的情况。

如果企业制定的战略不够科学合理或不够完善，但在战略实施中却一丝不苟，执行有力，那么可能会出现两种不同的情况：第一种情况是，企业很好地实施了战略并在战略执行中发现了原有战略的不足之处，采取了各种措施加以弥补或克服了原有战略的某些缺陷，这就可以在一定程度上避免战略制定的某些失误，挽回部分损失并取得一定的绩效；第二种情况是，企业认真地执行了这个制定不佳甚至错误的战略，结果必然是加速地走向失败。如果企业制定了很好的战略但贯彻执行不力，将使企业处境艰难，达不到理想的成效。在这种情况下，如果企业仅仅归咎于战略制定，而不分析战略实施中的问题，很可能重新修订了战略却仍然按照老办法去执行，战略实施必然收效甚微，甚至彻底失败。

如果企业制定的战略不科学、不合理，同时又没有很好地组织执行，那就意味着企业以错误的方式走上了错误的道路，必然会失败。

2. 战略实施的基本原则

企业必须注意，在战略实施中要遵循以下基本原则，才能保证战略实施的成功。

1）适度合理原则

适度合理原则具体表现在以下三个方面：

（1）不能以完美主义的态度看待企业战略。在制定企业战略的过程中，由于掌握信息的数量、准确性和及时性有限，战略分析与制定方法及战略制定者的认识能力也必然存在一定的局限，所以对企业内外部环境的分析很难绝对准确和全面，未来更是难以精确预测，所以制定的企业战略很难达到最优。因此，战略的制定只能以满意为标准，这是符合现代决策的基本原则的。

（2）不能用机械的观点看待企业战略。在战略实施过程中，由于企业内外部环境始终处于变化之中，所以很难完全按照预定的战略行事，因此战略实施过程不是一个简单机械的执行过程。战略必须是动态的，要求执行人员大胆实践和创新。只要在主要方面基本达到预定目标，就可以认为战略的制定及实施是成功的。在战略实施中，既定战略的某些内容或特征有可能改变，但只要不妨碍总体目标及战略的实现，就是合理的。

（3）不能用绝对的眼光看待企业战略。企业战略必须由企业内部各层级各部门分工实施，企业内不同机构的本位利益以及和企业整体利益之间必然存在一定的矛盾和冲突。因此，实施企业战略必须对这些利益的矛盾和冲突进行协调、折中甚至妥协，以寻求各方面的主动支持和积极参与，不可能离开客观条件去寻求绝对的合理性。只要不损害总体目标和战略的实现，这种折中或妥协都是可以容忍的。

2）统一领导、统一指挥的原则

统一领导、统一指挥是重要的管理基本原则之一，在战略实施中更要强调这一原则。

一般来说，企业高层领导人员都会不同程度地参与战略制定过程，对企业战略环境及相关信息的了解比中下层管理人员及一般员工更加广泛，对企业战略各部分和方面的要求及其相互关系认识更全面，对战略意图的理解和体会更深刻。因此，战略实施应当在企业高层的统一领导下进行。

同时，按照统一指挥原则的要求，企业每个部门只能接受一个上级的命令，避免发生多头指挥。战略实施中的问题，能在小范围、低层次解决的就不要放到更大范围、更高层次去解决，因为解决问题的层次越高，涉及的面就越大，关系就越复杂，企业就要付出更大的代价。

3）权变原则

如果企业内外部环境发生重大变化，以致原定战略无法实现，就要对预定战略进行重大调整，这就是战略实施的权变。权变的关键在于如何掌握环境变化的程度，如果环境变化影响不大或威胁很快就会过去，企业却修改了原定战略，容易造成人心浮动，对战略执行缺乏信心，带来消极后果，有时最后的成功往往就在于最困难时的坚持。但如果环境确实已经发生了很大的变化，仍然坚持实施既定战略将直接导致企业经营的失败。

3. 战略实施的阶段

一般来说，企业战略从计划转化为行动有四个相互联系的阶段：

（1）战略发动阶段。在战略发动阶段中，企业领导要设法将企业的战略转变为企业大多数员工的实际行动，调动起企业员工执行战略的积极性和主动性。企业要向员工宣传企业使命与愿景，灌输新思想、新观念，提出新口号、新理念，转变企业文化和员工思想中不利于战略实施的旧观念、旧思想，使大多数人逐步接受、理解和支持这一新战略。

（2）战略计划阶段。制订战略计划是企业战略的具体化过程。战略计划中明确了实施企业战略的具体行动方针和战略重点，规定了资源配置的基本方案、各项任务的轻重缓急和时机，确定了工作量和完成期限。

（3）战略实施阶段。根据战略计划，企业组织战略实施。一般要建立适应战略目标的组织结构；筹措、调整各种可以利用的资源，进行再分配；建设有利于战略成功的企业文化；建立战略控制及激励制度以及良好的内部沟通体制等。

（4）战略控制与评价阶段。战略实践的环境是变化的，企业只有加强对战略执行过程的控制与评价，及时调整战略计划，才能适应内外部环境与条件的改变，使企业总体战略得以成功。

4. 实施企业战略应当注意的问题

能否成功实施战略是企业战略管理是否成功的关键，在战略的实施中应当注意以下问题：

（1）充分做好战略实施的动员工作。员工是战略管理者中不可缺少的一员，无论多么优秀的战略都只能通过每一位员工每天的工作才能变成现实，离开了员工的支持，任何战略都不可能获得成功。企业在将一项新战略付诸实施之前，一定要做好充分的宣传和动员工作。只有向员工充分展示内外部环境给企业带来的机遇和挑战、勾画出既具体形象又鼓舞人心的愿景、深入分析实施新战略对员工长期利益的影响和关系，让广大员工了解企业战略意图、认同企业战略目标，才能充分调动他们的积极性和主动性，激发出他们的参与热情，为战略实施和顺利推进奠定坚实的基础。

（2）制订具体和可操作性的战略计划。"凡事预则立，不预则废。"制订具体、详尽、有可操作性的战略计划是保证战略实施成功的重要环节。

（3）资源配置与战略实施相匹配。企业战略每一步骤的实施都需要资源的配合。合理的资源配置是保证战略实施成功的关键，企业要认真研究制定资源分配方案，"好钢用在刀刃上"，使有限的资源充分发挥效益。

（4）构建支持战略的组织机构。企业组织结构是企业战略实施的工具和手段，结构追随战略，战略指导结构，因此，企业战略能否成功实施与是否建立了支持战略的组织机构密切相关，本章第二节将专门就此问题进行讨论。

（5）培育有利于战略实施的企业文化。企业文化是企业内部的软环境，决定和影响着企业中的每一位员工，从而深刻地影响着企业运营的方式、方法和效率。特定战略的实施离不开相应企业文化的支持，培育有利于战略实施的企业文化是任何企业都应当考虑的战略问题。本章第三节将对此问题进行专题讨论。

（6）进行有效的战略控制。企业战略是在不断变化的内外部环境条件下实施的，环境的变化常常使企业的战略行动与战略意图不一致。因此，战略实施的整个过程需要随时进行监控，使战略的实施随环境的变化及时做出调整和变革。有关战略控制的内容详见第十二章。

二、战略计划

要将制定好的企业战略付诸实施，必须在企业战略框架内和前提下，按照企业战略系统构建的要求，进一步制订具体的战略行动计划，指导战略实施。

1. 企业战略计划的概念

企业战略计划是为实现企业战略目标而制订的长期计划，是对企业战略的具体化和可操作化，是将企业各层次战略分解、细化，使之成为可操作性的执行方案的过程，同时也为企业战略的动态调整留下了空间。

2. 企业战略计划的作用

（1）指导企业战略实施。战略计划的制订完成意味着企业战略进入了具体实施阶段。企业高层管理者就可以根据战略计划调配资源、下达任务、协调企业各部门的工作，以保证达到战略计划所设定的目标。

（2）帮助企业应对环境的不确定性。战略计划是面向未来的，因而制订战略计划要对未来环境的变化进行预测，估计未来的变化将对达成战略目标产生何种影响，制订出一系列应急计划，一旦出现变化就可以及时采取措施，不至于无所适从。由于人们掌握信息的有限性和不可预见的偶然因素的存在，环境的不确定性是必然存在的，但在科学预测的基础上做好战略计划工作就可以把未来的风险减少到最低限度。

（3）提高企业资源配置效率效益。在战略计划的协调指导下，企业资源配置有章可循，可以从总体上得到有效控制和综合利用，发挥协同效应，减少不必要的活动带来的巨大资源浪费或损失，提高资源配置的综合效益。同时，战略计划对各部门各项工作时间进度的协调促进了部门之间的合作，减少了各项工作的等待停滞时间，从而确保在最短的时间内完成工作，使企业资源的利用发挥最大的效率。

（4）为战略控制提供标准。战略计划就是战略控制的标准。战略计划的顺利实施需要有战略控制活动予以保证，控制活动中发现偏差，又促使管理者进一步修订计划，调整目标和行动方案，实施新的战略计划。

3. 企业战略计划的内容

（1）对企业总体战略及上级战略的说明。战略计划中首先包括对企业总体战略的说明，明确制订战略计划的基本方向、思路和依据。具体内容包括：企业总体战略目标和总体战略是什么？实现总体战略的方针政策是什么？为什么制定该战略？实现此战略将会给企业带来怎样的发展？如果是业务单元的职能战略计划，则除了说明总体战略外，还应当对其上级战略即业务战略做出说明。

（2）计划目标。战略计划中要对总体战略或上级战略目标进行分解，制订该战略计划执行单位的目标。一般都对该战略执行单位的目标从内容和时限两个维度进行分解（目标的作用范围或对象已经确定，就是该战略执行单位）。

从内容上来看，目标可以从第七章第一节所述的五个方面进行设计，即成长性目标、效益性目标、资源性目标、创新性目标和社会性目标。从时间上来看，战略计划中要制定不同时限的目标，一般分为长期目标、中期目标和短期目标，具体期限长短视行业、企业不同而定。一般来说，如果在较为动荡的行业环境中经营，该企业或业务单元的目标期限应适当缩短，以提高应变能力；如行业环境较稳定，则目标期限可以较长，提高战略的稳定性。

将目标的内容与时限联系起来看，在三个不同时限的目标层次中，一般时限越长，其目标所包括的指标就应当越少、越宏观、综合性越强，甚至可以提出指导性的指标或一个指标变动区间，为环境变化时进行调整留出余地。而时限越短，目标就应当越全面、越具体、越精确，并尽量使用量化的指标，以便监控和评价。

（3）行动计划和项目。制订战略计划还要筹划战略实施的具体行动方案，包括该战略执行单位为实施其战略要进行哪些方面的活动、分为几个阶段或步骤、每一阶段或步骤的时限与目标等。各种战略行动往往会通过具体的项目来落实，因此战略计划中还要包括对重要项目实施计划和进度的安排。

（4）资源配置方案。战略计划中应对各项战略行动进行资源配置，说明各自所需资源的种类、数量、提供时间等，并为其分别确定优先程度。有形资源的投入一般都折算为货币价值，以预算和财务计划的方式来表达，无形资源、人力资源和战略资源的投入要尽量采用量化指标表达，不一定要用货币价值体现。

（5）组织保证。在战略计划中应确定执行计划中各项工作和行动的部门和单位，明确其在战略实施中的权、责、利，尤其要明确该部门或单位主要负责人在战略实施中的责任。

（6）战略子系统的协调。企业总体战略、业务战略和公司级职能战略都有其子战略系统支持其实施，因而在其战略计划中就要明确其下级子战略如何支持该战略的实现，各下级子战略之间有怎样的关系、如何进行协调等。

（7）应变计划。在战略实施过程中，企业必须能够应对各种可能出现的不确定性因素，因此，应变计划在企业战略计划中不可或缺，包括：在企业未来的经营环境中可能出现哪些变化？这种变化对企业是机会还是威胁？对企业战略的实施有何影响？如何调整和应对？该变化的出现是否影响到企业对环境的基本假设和战略分析结论？如果是，那么如何调整战略目标和总体战略？如果不是，那么如何调整战略行动计划加以应对？等等。

4. 制订战略计划的工作方式

（1）自上而下方式。集权制和分权制的企业都可采用自上而下的计划制订方式。在集权制企业中，由企业总部的高层管理人员制订企业总体战略计划，而后由各业务单位和职能部门再根据自己的实际情况制订本单位的战略计划。实行分权制的企业一般是由公司总部向各业务单位和职能部门提出计划指导书，提出制订详细计划的基本方针和要求，公司总部审议、平衡及修改这些计划之后，由各业务单位和职能部门执行。

自上而下计划方式的优点是：企业高层可以集中精力去思考企业总体经营方向，制定战略目标，构建战略系统。其缺点是：高层管理者往往对业务单位和职能部门情况了解不够深入，不能进行详尽指导，而且有可能因指挥不当而打乱目前企业执行的计划。

（2）自下而上方式。自下而上方式的特点是企业高层管理人员对业务单位和职能部门的计划不给予具体指导，只要求各单位提交战略计划；各业务单位和职能部门根据自己所掌握的环境和市场信息以及内部资源情况，自行制订本单位的计划，由企业高层予以确认。

这种计划方式的优点是：业务单位和职能部门能够完全从自身情况出发，提出较为完整、完善的战略计划，体现其思想和意图。其不足之处是对业务单位和职能部门要求较高，必须具备足够的战略分析和计划制订能力才有可能制订出可行的计划。

（3）上下结合方式。上下结合方式是集自上而下与自下而上两种方式之所长，企业总部、业务单位和职能部门的管理人员共同制订、完善战略计划。分权制企业多采用这种方式，其最大优点是可以集中企业上下的知识和智慧，较好地协调总部与业务单位及职能部门的战略计划，增强了计划的可行性，使企业能够用较少的时间和精力形成更加完善、更具创造性和可行性的计划。

（4）计划小组方式。计划小组方式是指企业高层管理人员组成一个战略计划小组，由总经理负责，共同研究制订企业战略计划。计划小组的工作内容与成员构成视问题不同而异，有很大的灵活性。小型集权制企业和大型分权制企业都可以采取这种方式，如果企业高层领导与计划小组成员间能有良好的沟通与平等的合作，那么这种方式就会取得很好的成效。

第二节　组织结构与战略实施

组织结构是在战略实施过程中确定权责关系、配置企业资源、分工协调和控制反馈的主体框架，是将企业战略转化为员工行动的组织中介，也是将员工个人行为整合到企业战略行为中的主要工具。组织结构是否与企业战略相适应，是战略能否正确落实与有效实施的首要条件。

一、对企业战略与组织结构关系的实证研究

1962年，钱德勒在《战略与结构：美国工业企业的历史篇章》一书中，通过对美国70多家企业发展历史的考察，特别是对美国四大公司——杜邦公司、通用汽车公司、西尔斯·罗

巴克公司和标准石油公司——发展史的实证研究，对战略与组织结构的关系提出了三方面的重要观点：

1. 结构追随战略

企业组织结构的变化受企业战略变化的驱动。企业战略的变化，会带来新的管理问题，进而会导致组织绩效的下降，最终引发组织结构的调整，如图 8-2 所示。

2. 战略的先导性与组织结构的滞后性

战略的先导性是指企业战略的变化要快于组织结构的变化。这是因为，企业一旦意识到外部环境和内部环境的变化提供了新的机会与需求时，往往率先在战略上做出反应，以谋求经济效益的增长。组织结构的滞后性指组织结构的变化常常要慢于战略的改变，主要源自两方面的原因：①组织结构的调整需要有一个过

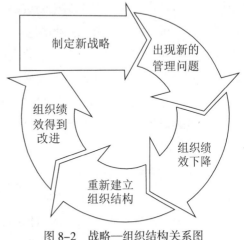

图 8-2　战略—组织结构关系图

程，不可能一蹴而就。当环境出现新的变化后，企业首先考虑的是调整战略。新的战略制定出来后才能根据新战略的要求来改变企业组织结构。②组织结构具有一定的惯性，并且组织结构的调整直接影响到管理人员的地位、权力甚至安全感，会遇到来自管理人员各种方式的抵制。

3. 战略与组织结构的匹配

钱德勒总结了一些战略与组织结构匹配的基本规律。

（1）产业发展初期。此时的市场竞争并不激烈，企业外部环境比较稳定，大多数企业考虑的是如何高效率地提高产能、扩大销量，为此而制定的战略基本上可以归结为数量扩张型战略，此时的企业往往建立简单的职能机构。

（2）区域扩张时期。随着生产规模的扩大和生产技术的提高，本地市场已难以满足企业发展的需要，这时企业往往采取区域扩张战略，在其他地区开展生产经营活动。由于产品生产的专业化、标准化要求增强，客观上要求上级向下级授权，由此形成了总部与部门形式的组织结构。

（3）产业增长阶段的后期。由于市场竞争加剧，企业往往通过向上游或下游延伸来缓解竞争压力或增强竞争优势，也即实施纵向一体化战略。在此阶段企业内部各生产环节间的协调性要求较高，企业常设立中心办公室和多部门的组织结构。

（4）产业发展进入期。行业内部的竞争进一步加剧，企业为了寻求新的增长机会或者避免行业风险，往往进入一些与现有产品毫无关系的行业，实施多元化战略。此时企业往往采取事业部制的组织结构。

二、组织结构与战略实施的相互作用

组织结构是为了实现组织目标而建立的责权体系。如果把企业放在整个社会经济系统中进行考察就会发现，组织结构侧重建立有效的企业内部秩序，而企业战略侧重于建立企业与环境之间的和谐关系。企业的内部秩序必须服从企业与环境建立良性互动关系的需要，否则这种内部秩序必然导致企业经营失败。同时，企业的内部秩序也对企业与环境的关系有着重大影响。因此，在结构与战略的相互关系中，战略决定结构，组织结构必须服从战略的需要；同时，组织结构作为战略的载体和工具，也对战略具有反作用。

1. 战略对组织结构的主导性

具体来说，战略对组织结构的主导关系表现在以下方面：

（1）战略决定了企业组织的基本构架。企业生产经营过程的经济技术特点是决定组织结构的主要因素。不同领域、不同生产环节在生产经营活动过程中的相似性和差异化程度，决定了企业横向机构设置——部门化的选择空间。在某一特定生产领域的生产经营规模和特点，决定了企业管理层次设置的选择空间。即企业战略通过对企业经营范围的界定，决定了企业组织结构设置的选择余地。

（2）战略确定了组织结构的地位与关系。企业生产经营过程的经济技术联系是企业内各机构间关系的物质基础，但并不是唯一的因素。企业寻求竞争优势的方向不同，各机构对企业获得竞争优势的能力和贡献不同，在组织结构体系中的地位也不一样。

2. 组织结构对战略的反作用

组织结构在一定程度上对战略的制定和实施具有反作用，主要体现在以下方面：

（1）组织结构影响企业战略实施的资源配置。企业资源配置是由战略决定的，但必须依靠相关的组织机构才能将资源分配至特定的位置和领域。组织结构如何设置不但影响资源的初始分配状态，也影响资源的动态配置。组织结构的变化也会影响资源分配格局的变化，在组织初始资源拥有量不变的情况下，由于组织效率的变化而影响企业后续资源的拥有量，就有可能成为战略变革的诱因。

（2）组织结构影响企业战略实施过程与绩效。战略的制定与实施是一个决策链，组织结构不同，则决策信息的来源与内容、决策的方法与程序、方案的选择依据、影响决策的利益和权力结构就有可能不同，最终导致企业战略与战略的实施效果不同。同时，组织结构决定企业内部的分工协作关系，决定个人获取、积累知识与能力的具体途径、方式、范围和效果，最终决定了企业核心能力的形成。另外，不同的组织结构设置方式决定了企业内沟通方式、处理冲突的规则、非正式组织和思维模式的不同，这些因素都对战略实施过程和绩效有不同程度的影响。

因此，综合考察企业战略与组织结构之间的关系，我们可以得到较为全面准确的认识，即企业战略决定组织结构，同时组织结构对企业战略具有反作用。企业在制定战略时不能过于或仅仅强调战略对组织的主导性，而应该或多或少地考虑组织结构的因素，一个完全与现有组织结构脱节的战略不是一个好战略。我们将此概括为：结构追随战略，战略兼顾结构。

同时，在环境变化、战略转变的过程中，也总会有一个利用旧结构推行新战略的阶段，即交替时期。交替时期的存在并不利于企业战略的顺利实施，有时甚至对战略实施带来很大的干扰和影响。因此，如何尽可能地缩短这个交替时期，使组织结构尽快适应战略的变化是企业在制定战略之时就应当给予充分考虑的。为解决该问题，企业应当根据总体战略和业务战略制定一个重要的战略支持型职能战略——组织结构战略，为组织结构的变革和调整提供指导，使其能够为企业战略的顺利实施和战略目标的成功实现提供组织保障和支持，详见第十一章第三节的讨论。

第三节　战略实施中的领导与文化

战略管理是企业最高管理层的主要职责，领导是企业战略实施的关键推动力量。从动态角度考查，一系列由目标、计划、指令、政策、规则所引导的员工行动，实质上是企业长期形成的思维模式和行为模式即企业文化在不同时点、不同岗位的体现，企业文化是整个战略实施中引领员工行动最基本、最稳定的力量。因此，本节就战略实施中的领导和企业文化问题进行探讨。

一、战略实施中的领导问题

1. 战略实施中的领导职能

领导是在变化的环境中，为确立目标和实现目标所进行的活动施加影响的过程，是企业经营活动中的一项关键职能。具体地讲，有以下几个方面：

（1）把握发展方向。确定企业发展的基本方向是战略决策的重要任务，只有企业领导人才能获得比较全面的信息，站在企业全局的高度，综合分析利弊得失，做出正确的抉择。企业战略的实施是依靠企业的组织体系进行的，企业真正实施的战略与制定的战略往往存在一定的差别，领导战略实施实际上就是对这些行为进行引导、整合和控制，使企业真正实施的战略与预定战略在基本方向上保持一致。

（2）培育核心能力。企业战略的核心是获取竞争优势，而核心能力是竞争优势的基础，因而培育企业核心能力也是企业领导在战略实施过程中的一项重要职责。

（3）宣传使命愿景。企业的使命与愿景是企业的最终战略目标和最高战略目标，领导者最重要的职责就是宣传企业的使命和愿景，使之深入人心，成为全体员工的共同目标，用远大的目标鼓舞员工努力奋斗。

（4）培育企业文化。战略制定、选择和实施的全过程无不受到企业文化的影响和制约，企业领导阶层所持有的世界观、价值观往往在企业文化形成过程中发挥着主导性的作用。但是正因为企业文化更多地体现了领导者的思想观念，所以并不一定会被广大员工主动认同和接受。因此，领导者必须大力培育、宣传和倡导与企业战略相适应的企业文化。

（5）加强伦理宣教。企业伦理（business ethics），又称为企业道德，是关于企业与利益相关者和其他社会组织、企业及其成员、企业内部员工之间的行为与关系的规范，是企业判断是非的标准。一个缺乏伦理观念的企业，很可能走向违法乱纪、坑蒙拐骗、上下相欺的深渊，是无法在竞争中长期生存下去的，更谈不上实现企业的战略目标。因此，在战略实施过程中，企业领导必须注意加强企业伦理的宣传和教育。

（6）开发人力资源。人力资源是企业的第一资源，随着对战略管理认识的深化，越来越多的企业把自己战略实施的成功归结为人力资源的有效性。甚至有人认为，随着竞争的加速，人力资源也许是企业仅有的可持续竞争优势。因此，作为对企业战略负总责的领导人必须对人力资源开发给予足够的关注。

（7）进行战略控制。战略控制的首要任务是对战略的正确性进行动态控制。战略控制是一种宏观控制，不可能对战略实施的一切方面和环节都进行控制，只能选择对战略实施有重大影响的方面和环节进行重点控制；要选择具有重要性和代表性的控制对象；要注意控制方法与控制对象的匹配性，不能"一刀切"。

2. 领导战略实施的关键问题

领导是战略实施的主要推动者，领导能力是否与战略要求相适应、企业能否建立一个富有活力与效率的领导团队、能否为领导提供充分的激励、能否保证战略的连续性，这些问题对战略实施都有着重大影响。

1）领导能力与战略的匹配

权力相称是一项基本的管理原则。在战略形成之后，如何选择具有战略领导能力的人员负责战略实施，是企业面临的重大问题。领导权变理论告诉我们，没有普遍适用的领导方式，领导方式必须根据企业实际情况来决定。只有在领导能力与战略相适应的条件下，领导才能有效地推进战略实施。为了找出领导能力与战略匹配的一般规律，首先要将领导能力与战略分为不同的类型，再研究两者之间的适应性。领导能力可以从服从性、社交性、能动性、成就压力和思维方式五个方面进行分析和分类，见表8-1。

不同的战略类型，对领导能力的要求是不同的。例如，稳定型战略要求领导能够敏锐地把握行业的基本规律并能够忠实地遵循常规；增长型战略则要求领导要有追求成功的强大动力；多元化战略对领导的协调能力有较高要求；紧缩型战略则要求领导具有一定的理财能力，在经营过程中逐步减少沉没成本。任何人的能力都有一定的局限性，领导与战略

表 8-1　领导能力的类型

类型	行为方向	类型特点
开拓型	服从性	非常灵活，富有创造力，偏离常规
	社交性	性格明显外向，在环境的驱动下具有很强的才能与魅力
	能动性	极度活跃，难以休息，不能自制
	成就压力	容易冲动，寻求挑战，易受任何独特事物的刺激
	思维方式	无理性的思维，有独创性
征服型	服从性	有节制的非服从主义，对待事物有创造性
	社交性	有选择的外向性，适用于组织小团体
	能动性	精力旺盛，能够自我控制
	成就压力	影响范围逐步增加，考虑风险
	思维方式	有洞察力，知识丰富，博学，具有理性
冷静型	服从性	强调整体性，按时间行事，求稳
	社交性	与友人友好相处，保持联系，受人尊重
	能动性	按照目标行动，照章办事，遵守协议
	成就压力	稳步发展，通过控制局势达到满足
	思维方式	严谨，系统，具有专长
行政型	服从性	循规蹈矩，例行公事
	社交性	性格内向，有教养
	能动性	稳重沉静，照章办事
	成就压力	维持现状，保护自己的势力范围
	思维方式	固执已往的处理方式
理财型	服从性	官僚，教条，僵化
	社交性	程序控制
	能动性	只做必做的事情
	成就压力	反应性行为，易受外部影响
	思维方式	墨守成规，按先例办事
交际型	服从性	在一定的目标内有最大的灵活性，有一定的约束性
	社交性	通情达理，受人信任，给人解忧，鼓舞人的信念
	能动性	扎实稳步，有保留但又灵活
	成就压力	注意长期战略，既按目标执行又慎重考虑投入
	思维方式	有深度与广度，能够进行比较思考

的匹配并不要求领导在所有方面都必须适应战略的要求，或者具有实施战略的全部能力，而是要求领导具有对关键的战略变量施加积极影响的能力。对那些相对战略要求较为次要的能力缺陷可以通过领导班子的配备来解决。霍福尔和达沃斯特根据行业吸引力与产业地位矩阵，对领导和战略的匹配提出了一些建议，如图 8-3 所示。

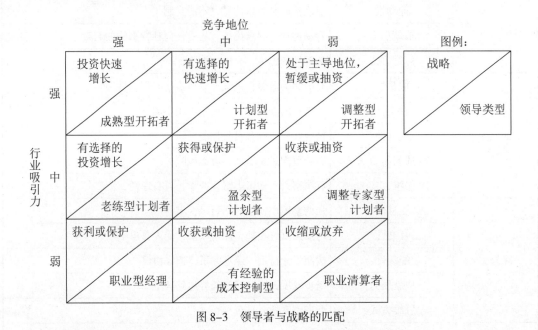

图 8-3　领导者与战略的匹配

2）领导人的选拔和激励

企业领导人的选拔主要有内部选拔和外部招聘两种方式，这两种方式各有利弊。从企业内部选拔的领导人比较熟悉企业情况，能够尽快地进入角色，也有利于企业战略的稳定并能在一定程度上激励高层管理人员，增强企业的凝聚力；但从内部选拔的领导往往会沿袭企业既定的思维方式和行为方式，缺乏改革创新观念，也容易受到企业内各种权力或利益集团的影响和左右。

从外部招聘企业领导人，扩大了领导人员的选拔范围，可以充分利用经理人市场择优聘用，能够给企业引入新的观念和方法，有利于对企业传统思维和行为模式进行改造、变革；但从外部招聘的领导也可能因为对企业和行业缺乏了解，很难在短期内适应企业的情况，甚至造成决策失误。

企业到底应当采用哪种方式来选拔领导，关键取决于企业战略类型及企业所处的发展阶段。当企业在行业初期采用增长型战略时，从企业内部选拔具有一定经验积累的领导比较合适；在行业成熟期和衰退期，则应从外部招聘领导。此外，是内部选拔还是外部招聘，也需要考虑企业高层管理人员的素质是否能够满足企业发展的需要，以及行业对经验的依赖程度或者获得行业经验的难易程度。

企业对领导的激励方式对战略实施也有重大影响。企业对领导成员的激励主要有两个途径：提供稳定的任职期限或支付丰厚的报酬。如果企业领导工作业绩良好，则企业就相应地履行合同约定的任职期限或者续签合同，否则就会提前结束合同。企业为领导人支付报酬的方式主要有三种：固定薪酬、浮动薪酬或股票期权。对企业领导的激励，应该做到短期利益与长期利益间的平衡，避免单纯依据当期业绩来决定企业领导的薪酬。一般的做法是，将领导工作中的战略性工作和运营性工作分开评价。根据领导的短期经营业绩兑现当期报酬，对于战略业绩则赋予股票期权。

3）领导变动与战略的延续和变革

企业领导的性格、偏好、观念对战略的选择有重大影响，那么在战略实施过程中就必然存在如何在领导人变动时处理好战略稳定和战略变革的问题。首先，应在企业内建立正式的制定与修订战略的机构、制度和程序，特别是要依靠正规的程序约束和规范，使战略的变革或调整建立在领导深思熟虑的基础上；其次，要通过对企业情况与市场环境的详细分析，把握企业核心能力的内涵、特点、形成机制，一切战略变革或调整都要以增强企业核心能力为出发点而不能以领导人的好恶为标准；再次，要尽量保持领导的稳定性，除非现有领导不能适应正在实施的战略；最后，企业领导的调整最好选择在战略实施取得阶段性成果之后。企业还必须建立健全有效的治理结构。

4）领导人与高层管理团队的适应

在战略实施过程中，由于领导个人能力与精力的局限，很难独立承担战略领导的任务。为此，需要根据领导能力与战略要求配备一个高层管理团队。高层管理团队的其他成员必须在能力上与领导人的能力互补，有效地缩小领导能力与战略要求的差距。

美国学者艾夏克·阿代兹提出的能力组合模型为我们配备领导班子提供了基本的理论依据。领导能力由以下四种能力组合而成：P——提供劳务或产品的生产技术能力；A——计划、组织和控制企业活动的管理技能；E——适应动荡环境，创造新劳务和承担风险的企业家素质；I——调节、平衡和统一企业活动与目标的综合才能。

在不同的环境特别是企业生命周期的不同阶段，企业领导的能力要求是不同的，如图8-4所示。在企业发展的初期，对企业家才能的依赖性较强；进入正规化阶段后则重视P，也即生产率；随着企业的进一步发展，则对管理能力比较倚重；在企业进入成熟阶段后，则对企业家才能的依赖较低，对P、A和I，也即生产率、管理和综合能力给予较为全面的重视。据此，企业可以首先根据战略与企业所处的发展阶段，评估企业在一定时期内对管理能力的要求；其次则要评价领导个人能力与企业需要之间的差距；最后根据领导个人能力缺陷配备相应的管理团队成员。高层管理团队与领导之间的匹配，除了要考虑能力互补这一重要因素之外，还应该考虑团队成员年龄、个性、思想观念等方面的适应性。

3. 战略实施中的领导方法

企业领导必须充分运用战略性的激励和沟通手段，调动员工的积极性、主动性和创造

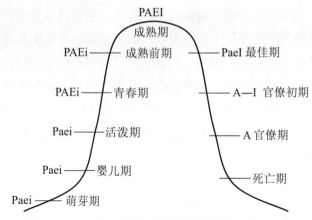

图 8-4 企业生命周期不同阶段需要领导能力的变化
注：英文大写字母表示突出的重点，英文小写字母表示次重点。

性，才能对企业战略的实施进行有效领导。

1）战略性激励

企业日常生产经营中常常采用的是按照具体任务和工作要求进行的任务式激励，一般是一事一奖、一事一报酬，激励效应比较直接。但由于其只局限于企业生产经营活动的某些具体环节，往往模糊了总体目标，有可能偏离战略的整体性要求，甚至破坏企业的战略基础。因此，企业领导要从企业战略目标出发，制定并实施战略性激励，指导各个层次的任务式激励活动。战略性激励与任务式激励的根本区别在于，战略性激励追求激励与战略的整体性、动态性匹配，强调把企业发展和员工成长结合起来，激励方式、强度与各类人员、活动在战略实施中的地位和作用相适应。战略性激励的重点环节主要有以下几个方面：

（1）要根据企业战略的要求确定激励资源的整体配置格局。企业的不同活动在战略中所起的作用是不同的，企业激励资源的配置应与各项活动在战略中的地位相适应。同时，还要结合企业的现实条件，加强对影响战略实现的薄弱环节的激励。

（2）根据企业战略与组织结构的特点，建立系统化、程序化的激励制度。各级管理人员激励权限、激励范围的界定，激励对象的选拔和审查，激励标准的制定和落实，激励效果的反馈与评价，都必须纳入正规化、系统化、程序化的制度。

（3）根据企业文化背景、战略前景确定企业可提供的激励资源的种类和范围。企业在特定时期的实际情况决定了企业可能提供的激励资源的种类和范围，企业的文化背景和员工的需要层次决定了企业应当提供的激励资源的种类和范围。企业领导必须在这两者之间搞好动态平衡。

（4）根据战略、文化和组织确定基本的激励模式。激励模式大致可以分为三类：引诱式激励、投资式激励、参与式激励。引诱式激励主要是通过与绩效挂钩的工资、福利及利润分享等手段调动员工的积极性，管理上则采取以单纯利益交换为基础的严密的科学管理模式。投资式激励主要是对员工进行开发和培训，促进员工个人能力和职业生涯的成长与发展。参与式激励则注重授权管理、自我管理和团队建设对员工的长期激励。不同类型的激励模式适应于不同的战略类型和文化背景。

此外，企业不同发展阶段的战略、文化和组织结构都有不同的特点，因而企业的激励模式也可能发生变化。例如，在初创阶段，能否拥有核心的技术人才和管理人才是企业能否成功的关键，企业应制定吸引和留住人才的激励策略；但在衰退期，这些激励措施显然是无用的。

2）战略性沟通

战略性沟通是企业领导对企业的基本沟通目标、模式、制度、方法进行全局性的引导，以促进企业使命、愿景和战略的形成与认同及战略实施的有效进行。战略性沟通包括沟通模式与制度设计、基本理念的沟通和战略部署的沟通。

企业沟通模式与制度设计要为战略实施服务。企业沟通模式设计的首要工作，是要建立与企业战略目标相匹配、相适应的沟通渠道。一般来说，企业组织结构的基本框架是企业沟通的主渠道。脱离了组织结构，企业沟通渠道体系也就失去了基础和骨架。另外，又要看到企业的基本组织结构无法全面覆盖战略实施的沟通范围。要形成完整的企业沟通渠道结构，必须在正式的组织结构之外，根据每个企业自身特点和战略实施的要求，补充其他形式的沟通渠道。因而企业领导要特别注意对战略存在重大影响的方面，是否有快捷的沟通渠道。

企业战略性沟通的主要内容集中在基本理念的沟通和战略部署与执行的沟通。管理沟通的内容极其丰富，从最基本的情感信息、日常操作性业务信息，一直到企业使命、愿景与战略信息。企业领导由于时间精力所限，可能无法全面参与其中。但对企业使命、愿景、基本理念和战略部署方面必须给予足够的关注，不仅要指导这些方面的沟通渠道建设，而且要亲自参与到这些方面的沟通之中，发挥领导个人感召力，促进有利于企业战略实施基本理念的形成和普及，促进员工思想和行为的统一，并敏锐地感知内外部环境的变化，对战略、战略部署和沟通模式做出评价与调整。

二、企业文化与战略实施

1.企业文化在战略实施过程中的作用

企业文化是企业战略的基础，是构建和维持企业战略优势的必备条件，更为企业提供了行为导向。

1）企业文化是企业战略的基石

企业战略是企业在特定文化背景下在对企业内外部环境认识和判断的基础上所做出的

选择。企业内外部环境的变化是客观的，但企业能否认识到这种变化，如何去判断这种变化对企业的影响，取决于企业的文化背景。从哲学的角度来看，人并不能客观全面地认识外部环境，往往是用已经形成的知识构架对外部环境进行有选择的反映。所以，企业文化是影响企业形成具有个性特征的企业战略的主要因素。

企业文化不仅影响企业战略选择，也影响企业战略的实施。企业战略要得到切实的贯彻落实，必须获得全体职工的认同。员工能否普遍地认同战略、准确地理解战略，有赖于企业文化的普及性及其与战略的适应性。因此，企业文化是战略的基石。

2）企业文化是维持企业战略优势的条件

一个企业的文化如果与战略相互适应，那么企业文化就会通过以下几个方面创造价值：

（1）企业文化能够简化信息处理，节约战略实施的协调和沟通成本。共同的文化背景，使企业员工对经营活动中发生的事务能够取得相对一致的看法和解决途径，促进了员工的相互理解和支持，减少了不同部门不同员工之间因为思想分歧而产生的摩擦与冲突，同时也减少了信息沟通过程中的失真与扭曲，从而使战略实施的协调和沟通成本得以降低。

（2）企业文化能够减少企业内部的讨价还价活动，提高企业战略实施的效率。在共同的文化背景下，企业内部对决策信息、决策的价值取向、决策行为的后果产生了共同的认识，使讨价还价活动减少，提高了企业战略实施的效率。

（3）包含了企业文化之中的隐性知识，具有一定的独特性，不易被竞争对手觉察和模仿，往往是企业孕育核心能力的主要源泉。企业文化越具有普及性，与战略的适应性越高，则企业文化越可能成为企业核心能力的重要源泉。

3）企业文化是企业行为的导向

在战略实施过程中存在许多不确定性因素，需要发挥员工的主观能动性进行处理。如果员工没有共同的指导思想，那么战略的实施就会失控。相反，如果企业能够形成员工共享的企业文化，那么员工在共同文化理念的指引下，采取与战略要求相适应的决策和行为，将促进战略的有效实施。

文化作为集体价值观和行为准则的集合体，在组织中能够发挥控制功能，弥补企业正式组织控制的不足。那些在价值观上与企业文化一致的员工能够自觉地调整个人目标和行为，使之符合企业的要求。

2. 培育支持战略的企业文化

鉴于企业文化对战略的重大影响，企业应当制定和实施企业文化战略，在战略实施过程中注意对企业文化与战略的适应性做出准确的判断，对不能适应战略要求的文化因素进行必要的改造。

对于文化与战略适应性的分析可以从两个方面入手：①战略实施所引起的企业结构、技能、共同价值、生产作业程序等组织要素的变化程度。②企业文化与发生的这些变化之间的一致性程度。据此可以形成如图 8-5 所示的矩阵。

文化与要素变化潜在的一致性

图 8-5 企业战略与企业文化关系的管理

根据矩阵中反映的不同情形，企业应当采取不同的协调方法。

（1）以企业使命为基础。对处于第 I 象限的企业，企业文化能对战略实施给予有力的支持。在这种情况下，企业要紧紧围绕企业使命的普及、巩固与提升，进一步规范、强化现有的价值观念与行为准则，推动企业文化的发展，进而为战略实施注入持久的动力与活力。

（2）加强协同作用。对处于第 II 象限的企业来说，文化与战略之间的适应性很高。企业要做的主要工作是，在维持战略与文化相适应的总体格局的基础上，更进一步追求文化与战略相互促进，发挥战略与文化的协同作用。

（3）根据企业文化的要求实施战略管理。对处于第 III 象限的企业来说，尽管战略实施引起的组织要素变化较小，却与企业文化的潜在一致性很低，甚至存在冲突。在此情况下，企业要根据情况灵活处理。首先，要在企业内部保持文化整体性的前提下，适当放宽对不同部门、领域的文化差异和特色的限制，增加企业内部文化的多样性。其次，对那些与战略实施有重大关联的变化，可根据不同部门的不同文化特点来实施。这样，就可以从总体上减少战略与文化冲突的范围和强度。

（4）重新制定战略或者进行文化再造。对处于第 IV 象限的企业来说，战略实施与企业文化之间存在较大的矛盾与冲突，企业很难在文化与战略之间找到平衡，要么放弃战略，要么改造企业文化，两者只能择其一。

由于企业文化的形成是一个长期过程，有着巨大的惯性，在一个有限的时期内，企业文化的变化相当缓慢。并且，企业文化虽然是企业系统的一个子系统，但它更多地受诸多社会因素的影响，也是社会文化的一个子系统。因此，企业为保证战略的顺利实施，需要随时把握企业文化的现状与变化，并对企业文化进行主动的改造，使其适应企业战略的要求，这都需要制定和实施另一个重要的战略支持型职能战略——企业文化战略。关于企业文化战略的实施在第十一章第三节再进行深入介绍。

本章思考题

1. 战略制定与实施有什么关系？

2. 战略实施有哪些基本原则？

3. 战略实施有哪些模式？各有什么利弊？适用于哪些情况？

4. 实施企业战略应注意哪些问题？

5. 企业战略计划有何作用？

6. 企业战略计划包括哪些内容？

7. 战略计划制订有哪些方式？

8. 组织结构与企业战略有怎样的关系？

9. 领导在战略实施中有哪些职能？领导战略实施应注意哪些问题？

10. 如何使企业领导人配备与企业战略相适应？

11. 企业文化在战略实施中有哪些作用？

第九章
总体战略的实施

企业总体战略一般分为增长型战略、维持型战略和紧缩型战略，本章讨论了这三种总体战略的实施，深入研究了各种增长型战略的概念、特点、类型划分、利弊得失及实施要点。

希望读者全面掌握企业总体战略的分类、特点、利弊及其实施中的问题，提高战略执行能力，能够在实践中成功实施企业的总体战略。

第一节　增长型战略

增长型战略又称为成长型战略、发展型战略、扩张型战略、进攻型战略，它是一种使企业在现有的战略基础水平上向更高一级的方向发展的战略。该战略以增长为导向，以企业生产能力、销售量、市场占有率、利润额的提高、企业竞争实力的增强和规模的扩张为核心。增长型战略是成功企业的必经之路，正确地运用增长型战略，可以使一个企业由小变大、由弱变强、由缺乏竞争力变得具有较强竞争力，实现企业的不断成长与发展。

按照不同的标准，增长型战略有不同的分类，按照增长的方向可以分为集约型、一体化、多元化和国际化四种增长型战略；按照增长的途径可以分为自我扩张、并购、合资与合作以及联盟四种增长型战略，如图9-1所示。

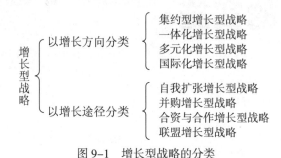

图9-1　增长型战略的分类

一、按照增长方向划分的增长型战略

企业可以从集约化、一体化、多元化和国际化四个方向和角度考虑战略增长问题，以此为标准，将企业增长型战略划分为集约型、一体化、多元化和国际化四种。

1. 集约型增长型战略

集约型增长型战略，又称为密集型增长型战略、加强型增长型战略和集中型增长型战略，是指在原有生产范围内充分利用在产品和市场方面的优势和潜力来求得成长与发展的战略。该战略要求企业提高努力程度，尽量查找和发现缺口，缺口包括产品线缺口（在相关市场内缺少一条完整的生产线）、分配缺口（在相关市场内缺乏分配实体或者分流系统不完善）、市场缺口（市场没有被充分利用）和竞争缺口（竞争对手在相关市场相对弱小或努力不够）等。采用该战略的企业会将全部或者绝大部分的资源使用在最能代表自己优势或者有严重缺口的某项业务上，力争在该项业务上取得最佳业绩。

采用集约型增长型战略并不等于用同样的方式重复同样的事情，企业可以利用不同的途径实施集约型增长型战略。表9-1中所列四种战略除多元化战略外，都属于集约型增长型战略。

表9-1　产品（服务）市场矩阵

产品或服务	现有产品或服务	新产品或服务
现有市场	市场渗透战略	产品开发战略
新市场	市场开发战略	多元化战略

1）市场渗透战略

市场渗透战略是指通过更大的营销努力，提高现有产品或服务在现有市场上的占有率。一般认为，适合采用市场渗透战略的有以下五种情况：企业特定的产品或服务在现有市场中还没有达到饱和；现有用户对产品或服务的使用率还可以显著提高；在整个产业的销售额增长时，主要竞争对手的市场占有率在下降；在以往的经营历史中，销售额与营销费用呈高度正相关；企业规模的增大可以带来显著的竞争优势。

如果上述五种情况中至少有一种存在，企业就可以采用市场渗透战略。那么，企业即使不进行新产品和新市场的开发，也能够提高现有市场份额，其经营风险较小，但能否采取这一战略取决于市场特性和企业的相对竞争地位。

当整体市场在增大时，不仅领先企业和跟随企业可以提高产品或服务的市场占有率，那些只占少量市场份额甚至那些新进入市场的企业也可以相对容易地增大市场份额。因此，这一战略较适合成长期企业。但当市场处于成熟期或衰退期时，由于竞争白热化，市场的需求已经趋于饱和或下降，很难有效地争取潜在消费者，同时市场领先者以成本和品牌优势形成竞争壁垒，使占有少量市场份额的企业很难实现市场渗透。当然，这并不意味着无机可乘，在领先企业认为的"鸡肋市场"，或者当领先企业疏于防范，或者有竞争对手退出该市场时，采用市场渗透战略的难度会降低，提高市场占有率的机会将增大。

采用市场渗透战略必须系统地考虑市场、产品和营销组合策略，具体来说，市场渗透的方法主要有：①扩大现有产品或服务的消费群体。企业可以通过增加销售人员、增设销售网点、增大广告开支和加强广告宣传等手段，把企业现有产品的非使用者转化为使用者，把潜在的消费者转化为现实消费者，把竞争对手的顾客转化为自己的顾客。②提高现有产品或服务的使用频率。通过广告宣传和多样的促销手段，提高现有产品使用者的使用次数，增加每次的使用量。

2）市场开发战略

市场开发战略是指将现有产品或服务打入新的市场。市场开发战略比市场渗透战略具有更多的战略机遇，能够减少由于原有市场饱和或衰退带来的风险。该战略一般适用于：企业在所经营的领域非常成功；现实中存在着未开发或未饱和的市场区域；企业拥有扩大经营所需的资金和人力资源；企业可以获得新的、可靠的、经济的和高质量的销售渠道；企业拥有过剩的生产能力；企业的主业属于正在迅速全球化的产业。

企业能否采用市场开发战略来实现增长，不仅取决于企业所涉及的市场特性，也取决于企业产品或服务的技术特性。在资本密集型行业，企业资产的专用性程度很高，因而很难转产其他产品或服务，企业的核心能力主要来源于产品，而不是市场，因而不断地通过市场开发来挖掘产品的新用途和新客户就是企业实现增长的首选方案。在技术密集型行业，企业的核心能力主要建立在研发环节上，迫使企业必须通过不断的市场开发，为自己的产品或服务寻找更大的市场空间来实现企业的发展。

实施市场开发战略一般有：①市场重整。市场重整即企业将现有的产品或服务打入竞争对手的市场范围，或者将现有产品或服务打入现有市场中新的细分市场，以实现市场的重新洗牌。②市场创造。市场创造即企业将现有产品或服务投放到新的地理区域或刚刚开始形成的市场内，在新的市场挖掘潜在用户或者开辟新的销售渠道。

3）产品开发战略

产品开发战略是指通过改进现有产品或服务，开发新的产品或服务以增加产品销售和提高市场占有率的战略。从某种意义上说，产品开发战略是企业成长与发展的核心，通过这一战略，可以延长产品的生命周期，充分发挥现有产品声誉和品牌的力量，进而吸引本企业的忠诚用户对新产品的关注和消费。一般认为，特别适合采用产品开发战略的情况有：企业拥有成功的、处于产品生命周期成熟阶段的产品，企业拥有很高的商誉，此时可以吸引老用户试用改进了的新产品，因为他们对企业现有产品或服务具有满意的使用经验；企业所参与竞争的产业属于快速发展的高新技术产业；企业具有很强的研究与开发能力；企业可以可比价格提供更高质量的产品；企业在高速增长的产业中参与竞争；企业具备完善、高效的销售系统。

企业采取产品开发战略的成效受到消费者需求变化的速度、产品的生命周期、技术的变革速度等因素的影响。一般来说，技术和生产导向型的企业更专注于通过产品开发来寻求增长，一旦产品开发成功，可以给企业带来丰厚的利润。但成功地实施产品开发战略并非易事，它往往伴随着很高的投资风险。

产品开发战略没有固定的模式可供遵循，以下一些产品开发原则可供参考：选择市场机会和设计产品的依据是市场需求和产品的市场定位，而不是某位管理人员或技术人员所欣赏的产品构思；以企业的核心能力为基础来开发产品，并以此构建企业长期发展的技术基础；在产品开发过程中充分借鉴消费者、供应商和企业销售人员的意见和技能，并尽可能地吸取竞争对手产品的优点。

产品开发战略主要通过两种途径来实现：①产品（服务）革新。企业在现有市场上通过新技术的运用，推出新一代的产品或服务，使产品或服务的性能有了大幅度提高。②产品发明。产品发明指企业发明出别的企业从未生产或销售过的新产品，并进入别的企业的市场领域。

4）集约型增长型战略的优缺点

实施集约型增长型战略的优点有：①可以促使企业发现和争取新的市场机会，避免企业组织老化，使企业保持活力。②可以促使企业不断地变革与创新，增强竞争实力，保持竞争优势。③可以帮助企业扩大生产规模，增加销售量，实现规模经济和经验曲线效应，提高盈利水平。

实施集约型增长型战略的缺点有：①企业市场份额、销售量的快速增长，有可能使管理者忽视效率和效益的下降。②企业的快速成长可能导致盲目冒进，降低企业的整体能力水平，破坏企业资源和潜能的平衡，从而导致企业后续发展乏力。③该战略可能导致企业管理者过分注重市场占有率、收益率、投资结构等问题，而忽视企业产品的质量与服务，忽视企业内部的微观管理。

2. 一体化增长型战略

一体化增长型战略是指企业充分发挥自身在产品、商誉、技术和市场上的优势，使企业不断地向深度和广度发展的战略。根据物资流动方向的不同，一体化增长型战略可分为前向一体化战略、后向一体化战略和横向一体化战略，其中前向一体化战略和后向一体化战略并称为纵向一体化战略，如图9-2所示。

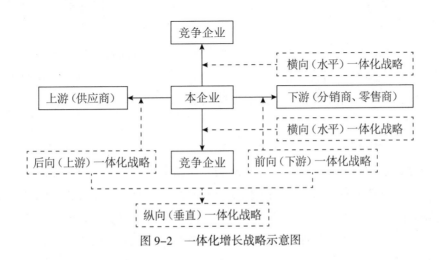

图9-2　一体化增长战略示意图

1）前向一体化战略

前向一体化战略，又称为下游一体化战略，是指获得分销商或零售商的所有权或加强对其控制的一种战略。适合采用前向一体化战略的主要有：企业现在的销售商或成本太高或不可靠或不能满足企业的销售需要；企业可以利用的高质量的销售商数量有限，采取前向一体化将获得竞争优势；企业所参与竞争的产业明显快速增长或预计将快速增长；企业具备销售自己产品所需要的资金和人力资源；企业有相对稳定的生产系统；企业现在所使用的经销商或零售商的利润较高，通过前向一体化，企业可以在销售自己的产品中获得高额的利润，并可以为自己的产品制定更有竞争力的价格。

2）后向一体化战略

后向一体化战略，又称为上游一体化战略，是指获得供应商的所有权或加强对其控制的一种战略。以下数种情况尤其适合采取后向一体化战略：企业现有的供货成本太高，或者供应商不可靠，或不能满足企业对零件、部件、组装件、原材料等的需求；供应商数量少而需求方竞争者数量多；企业所参与竞争的产业正在迅速发展；企业具备自己生产原材料所需要的资金和人力资源；零件、部件、组装件、原材料价格稳定，由此企业通过后向一体化，可以稳定其原材料成本，进而稳定其产品的价格；企业现有的供应商利润丰厚，这也意味着供应商所经营的领域属于值得进入的产业；企业需要尽快地获得所需资源。

前向一体化战略和后向一体化战略并称为纵向一体化战略，又称为垂直一体化战略。纵向一体化战略是企业确定最佳经营范围时要涉及的核心问题之一。实际上，每个企业都要涉及交易内部化问题，或者说在多大程度上实现纵向一体化的问题，这类决策的实质是决定企业"生产"还是"购买"，或者"代销"还是"自销"的问题。

实施纵向一体化战略具有多方面的战略利益，同时也面临着多方面的战略风险。

纵向一体化战略的利益在于：能够实现范围经济，节约交易费用，降低经营成本；固定交易关系，稳定供求，规避价格波动；提高差异化能力，实现特色经营；获得信息优势，实现技术经济性和协同正效应，增强企业的竞争实力。

纵向一体化战略的风险在于：减少了改换交易对象的可能性，降低了适应市场变化的能力，提高了退出障碍，弱化了企业经营的灵活性；耗费大量资金，增加了财务风险；弱化了激励效应，加大了管理难度，增加了组织成本；难以平衡企业运营各阶段的生产能力，难以实现有效协同。

3）横向一体化战略

横向一体化战略，又称为水平一体化战略，是指获得竞争对手所有权或加强对其控制的一种战略。以下情况特别适合采用横向一体化战略：企业在一个成长着的产业中进行竞争；企业规模的扩大可以提高其竞争优势；企业具有成功管理更大规模组织所需的资金和人力资源；竞争者由于缺乏管理经验或特定的资源而停滞不前（但当竞争者因为整个产业衰退而经营不善时，不适合采用横向一体化战略）。

横向一体化战略既可能发生在产业成熟化的过程中，也可能发生在产业成熟之后，但一般发生在企业竞争比较激烈的情况下。横向一体化战略也是风险与利益并存的战略，其战略利益在于：获得规模经济、扩张生产能力、减少竞争对手、增强竞争实力、取得协同正效应。该战略的风险在于：增加管理成本、提高退出壁垒、减少经营灵活性、加大协调难度、受到政府法规的限制等。

3. 多元化增长型战略

多元化增长型战略，又称为多角化增长型战略或多样化增长型战略，最初是由安索夫于20世纪50年代提出的，是指一个企业同时在两个或两个以上的行业中经营，或者同时生产或提供两种或两种以上的产品或服务的一种战略。

1）多元化增长型战略的分类

一般将多元化增长型战略划分为以下三种类型：

（1）集中多元化增长型战略。集中多元化增长型战略是指增加新的、与原有业务相关的产品或服务的战略，又称为相关多元化战略。适合采用集中多元化增长型战略的情况包括：企业参与竞争的产业属于零增长或慢增长的产业；企业增加新的但与现有产品（服务）

相关的产品（服务）可以显著促进现有产品（服务）的销售；企业能够以有高度竞争力的价格提供新的产品或服务；企业增加新的、但与现有产品相关的产品所具有的季节性销售波动刚好可以弥补企业现有生产周期的波动；企业现有产品正处于产品生命周期中的衰退阶段；企业拥有充足的资金和高素质的管理队伍。

（2）横向多元化增长型战略。横向多元化增长型战略是指向用户提供新的、与原有业务不相关的产品或服务的战略，又称为无关多元化战略。适合采用横向多元化增长型战略的情况有：企业通过增加新的、不相关的产品，可以从现有产品或服务中得到更多的盈利机会；企业参与竞争的产业属于高度竞争或停止增长的产业，其标志是低产业盈利和低投资回报；企业可以利用现有的销售渠道向现有用户营销新产品；新产品的销售波动周期与企业现有产品的波动周期可以互补。

（3）混合多元化增长型战略。又称为复合多元化战略，是相关多元化与无关多元化的综合。在以下的数种情况中适合采用混合多元化增长型战略：企业的主营产业正经历着年销售额和盈利的下降；企业拥有在新产业成功竞争所必需的资金和人才；企业有机会收购一个不相关的但有良好投资机会的企业；收购与被收购企业之间目前已经存在资金上的融合；企业现有产品的市场已经饱和。

2）多元化增长型战略的利益与风险

多元化增长型战略是一把"双刃剑"，它既可以使企业迅速膨胀，取得巨大的成功，也可能使企业陷入经营泥潭，甚至破产消失。

多元化增长型战略的战略利益有：①产生协同效应。企业实施多元化经营后使资源得以共享，从而产生管理协同、生产协同、技术协同、市场营销协同、财务协同等多方面的促进作用。②分散经营风险。企业通过多元化经营可以寻找新的生存空间，培养新的经济增长点，减少利润的波动，实现企业持续稳定的发展。③增强市场力量。多元化企业可以凭借其规模及不同业务领域经营的优势，在单一业务领域实行低价竞争，从而取得竞争优势；多元化企业也可以实现互利销售，从而扩大企业的市场份额。④降低交易成本。即企业通过多元化经营可以形成资本、人力资源等内部市场。建立资本内部市场可以通过资金在不同业务领域之间的流动来满足各业务领域的资金需求，降低企业的筹资成本；建立人力资源内部市场可以节省招聘费用，更充分地掌握候选人的信息，有利于做出正确的用人决策，从而降低人资成本。

多元化增长型战略的战略风险在于：①分散企业资源。企业的资源是有限的，实施多元化经营必然要分散企业资源，企业如果在原有业务领域并未真正取得竞争优势，而急不可待地进入新的业务领域，就很容易使自己在兼顾新老业务的同时陷入困境，造成经营上的失败。②引起管理低效与冲突。即企业的多元化经营会造成企业规模的扩大，必然会增加管理层次和管理跨度；同时，企业的多元化经营会使公司内的企业数量增加，各业务之间的相关性趋小，不同业务单位之间的关系趋于复杂，从而使企业管理与协调难度增大。

③新业务进入壁垒的风险。即企业要进入一个新的行业，需要具备一系列条件：进入新行业的充足资金；拥有经营新行业的管理人员和业务骨干；掌握与新行业相关的基本知识、基本经验和基本操作技巧；了解新行业的最新信息；符合新行业运营的完善的营销网络；建立与新行业相关的社会关系；等等。而这些"需要"中的任何一个缺失，都会成为企业进入新行业、新领域的壁垒，给企业的经营带来风险，使企业付出惨重代价。

4. 国际化增长型战略

企业国际化是指企业突破地域的界限，在国际市场上组合生产要素，利用管理技能，从事国际性的生产经营活动，由国内经营向国际经营转变的过程。企业国际化的主要标志，是企业在国内经营的基础上，以国际市场为导向，利用国内国外两种资源、国内国外两种市场，把国内优势和国外优势充分结合，实现在国际市场上的经营与发展。

国际化增长型战略是指从事国际化经营的企业为求得在国际市场中长期的生存和发展所作的长远的、总体的规划。国际化增长型战略以全球市场为出发点来合理配置企业资源，它要求国际企业以全球规划为目标，把全球的经营活动作为一个整体，在全面考虑企业所处的竞争环境和自身资源的基础上，周密安排全球战略目标和全球战略部署。

1）国际化增长型战略的类型

国际化增长型战略有两个至关重要的维度，分别是降低成本的压力和因地制宜的压力。如果以这两个维度作为一个坐标系的横轴和纵轴，以压力的高低作为可取的变量值，我们可以建立一个矩阵，国际化增长型战略的四种类型就在该矩阵所围成的四个方格里，如图9-3所示。

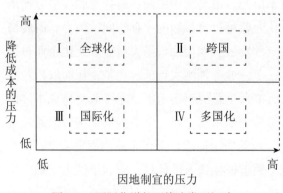

图9-3　国际化增长型战略类型矩阵

（1）全球化战略。这一战略对应图中第Ⅰ象限，该象限表示降低成本的压力很高，而因地制宜的压力很低，即企业可以通过在需求趋于相同的全球市场上以同样的方式提供相同的产品，从而实现规模经济。因此，可以将全球化战略定义为：在全球市场上推广标准化的产品和服务，并在有利的国家进行集中的生产经营，实现规模经济和经验曲线效应，以获得高额利润的战略。采取这一战略的关键点在于成本领先，而当地的个性化需求较小。在要求提供差异化产品的市场上，这种战略是不宜采用的。

（2）跨国战略。这一战略对应图中第Ⅱ象限，该象限表示降低成本的压力和因地制宜的压力都较高。这一战略要求企业一方面要努力以不同的产品和营销手段来满足不同的市场需求；另一方面还必须保持较低的成本。企业采用这种战略，可以运用经验曲线效应，形成一定的区位效益，满足当地市场的个性化需求，达到全球学习的效果，实现成本领先或产品差异化。这一战略受到行业特点、市场特征等多方面条件的限制。

（3）国际化战略。这一战略对应图中第Ⅲ象限，该象限表示降低成本的压力和因地制宜的压力都较低。实施这一战略的企业大多把其在母国所开发出的具有价值的产品和技能转移到国外市场，从而创造出更高更多的价值。在此情况下，企业多把产品开发的职能留在母国内，而只在东道国建立制造和营销机构。采用这一战略的关键点在于企业在国际市场上具有竞争优势，并且在国际市场上降低成本的压力较小。如果当地市场的消费者要求提供本土化的产品和服务，这一战略就不适合采用。

（4）多国化战略。这一战略对应图中第Ⅳ象限，该象限表示降低成本的压力低，而因地制宜的压力高。实施这一战略的企业必须在不同的市场上以不同的方式提供差异化的产品或服务，以满足当地市场的特殊消费需求，因此，这种战略无法获得经验曲线效应和区位效益，但作为回报，企业可以在当地市场实行高价格。当某一市场强烈要求根据当地市场的需求提供特殊的产品和服务，从而降低成本的压力较小时，企业应当采取多国化本土战略。

2）国际化增长型战略的动因

通常认为，企业实施国际化增长型战略是出于以下几种考虑：

（1）优化资源配置，降低获取生产要素的成本。实施国际化增长型战略，企业可以在全球范围内以较低的价格获取生产要素，降低资源配置成本，提高资源配置效率。

（2）延长竞争优势。在企业开发出一项新技术或一种新产品的初期，企业可以获得较高的利润，拥有明显的竞争优势，随着产品和技术的传播和成长，企业将逐渐丧失其所拥有的竞争优势。但由于各国经济发展水平、生活方式、价值观念等方面存在差异，企业可以将本国处于衰退期的成熟产品或相对过时的技术推广到受欢迎的国家或地区，从而在该国市场获得持续的竞争优势。

（3）获得规模经济效益。当存在超越本国市场容量的规模经济时，企业可以将主要在国内销售的产品或服务输出国外，将企业的筹供、生产、营销等经营活动转向国际化，这样既可以扩大生产规模，降低生产成本，获得规模经济效益，也可以占领国际市场，增加销售量，提高产品竞争能力。

（4）转移核心竞争力，拓展市场，获取更多利润。企业将其在国内市场上所形成的核心竞争力进一步推广到国外，可占领更大的市场空间，获得更多的利润。

（5）获得经验曲线效益和区域经济效益。企业实施国际化经营，必然会扩大原有的生产规模，同时，企业营销与服务的全球化，会更进一步增加消费者对其产品的需求，促使企业经验不断累积，导致经验曲线不断下滑，降低企业运营成本，实现经验曲线效益；企业在国际化经营过程中，会将创造价值的活动放在最适合的地点进行，这样不仅可以降低创造价值的成本，实现成本领先，也可以使企业形成差异化，获取超额利润。

3）国际化增长战略的战略模式

从国际化经营的具体方式来看，企业实施国际化增长战略的模式主要有以下几种：

（1）出口模式。这一模式适合任何规模的企业。通过出口，企业可以给自己在国内已经处于饱和或者衰退阶段的产品重新找到市场，或者使产品的销售条件变得更加有利。由于出口模式所涉及的活动主要集中在营销领域，企业其他职能的活动改变不大，因此，这一模式的优点是风险低，投资少。但这一模式容易引起进口国的反倾销抵制或配额控制约束，也容易受制于国外经销商，同时，企业不容易及时把握国外消费者需求的变化。

（2）许可证生产模式。这一模式是指通过签订许可证合同、收取使用费的方式使东道国的企业获取使用自己企业的专利、技术诀窍生产产品的权利。采用该模式的优点是企业专利技术"卖给"东道国企业，不但可以使自己企业的专利得到更广泛的使用，补偿一定的技术研究开发费用，还可以通过所提供技术的后续发展对东道国企业的生产经营进行控制。但采用该模式可能会为本企业培养出一个竞争对手，也有可能发生权利被侵害的情况。

（3）特许经营模式。这一模式是指通过收费的方式让东道国的企业获取使用本企业的商标、产品或服务以及经营模式的权利。采用这种模式，企业不仅不用支付投资，还可以在特许期间从受特许一方获得固定的收入，提高自己的声誉。

（4）独资经营模式。这一模式是指企业在国外投资并完全控制所投资企业活动的方式。使用该模式可以保证企业对所投资企业的绝对控制权和经营决策权，有利于集中管理和决策；有利于技术和经营策略的保密；可以获取全部利润。但这种模式大多不受东道国的欢迎。通过自我创建或者兼并、收购的方式可以实现独资经营。

（5）合资经营模式。这一模式是指两个或两个以上国家的企业共同拥有和控制企业，合资各方共同投资、共同经营、分担风险、共负盈亏。采用这种模式可以发挥合资各方的优势，可以在资金、技术、管理等方面实现优势互补，有利于产品开发、成本降低和质量提高，也可以使用东道国成熟的营销渠道，利于产品销售。这一模式是企业快速进入国际市场的有效途径，也颇受东道国的欢迎。

（6）非股权安排模式。这一模式是指企业在东道国的企业中没有股份投资，而是通过非股权投资的方式控制东道国企业的技术、管理、销售渠道等各种资源。采用这种模式的企业通过签订一系列的合同为东道国提供各种服务，并与东道国企业建立密切的联系，从中获得各种利益。非股权安排模式是一种非常灵活的投资方式，主要包括管理合同、国际分包合同、工程承包合同等。

（7）BOT（build-operate-transfer）模式，即"建设—运营—转让"模式。这一模式是指企业与东道国政府签订特许协议，在一定期限内，按照合同的规定对东道国的某一基础设施项目进行建设和经营，所得收益用于偿还项目债务和取得一定的投资回报，合同期满后，将该项目设施无偿移交给东道国政府。该模式投资大，建设周期长，不确定性较多，风险较大，但成功使用该模式可以获取超额利润，并为在东道国的其他经营打下基础。

4）国际化增长型战略的风险及规避

企业在实施国际化增长型战略的过程中，除了要面临通常的市场风险外，还要面临巨大的政治风险，政治风险不同于市场风险，市场风险往往源于成本、消费者需求、竞争等因素的变化，而政治风险则包括市场风险在内的所有不确定性因素。根据政治风险对国际化方式的潜在影响，政治风险分为以下四种：

（1）普通不确定性风险（general instability risk）。这一风险是指由于东道国政局可能发生动荡而引起企业经营上的不确定性。

（2）所有权、控制权风险（ownership control risk）。这一风险是指由于东道国法律的变化可能剥夺或限制外国投资者对投资项目的所有权或有效的控制权，进而导致经营上的不确定性。

（3）经营风险（operations risk）。这一风险是指由于东道国政府政策或法案的实施，可能限制外国投资者进入某一业务，或限制外国投资者在生产、营销、财务等方面的经营，进而导致不确定性产生。

（4）转移风险（transfer risk）。这一风险是指由于东道国政府可能颁布一些法律限制外国投资者将利润或资本转移出东道国，而产生经营上的风险。

因此，对政治风险进行评估，是规避国际化战略风险的前提。在第四章中我们曾介绍过企业宏观环境中的国际政治环境分析，但那是一个一般性的分析框架，重点在于对国际政治形势的总体判断，这里我们重点研究实施国际化增长型战略时对东道国政治风险的评估。图9-4是对政治风险评估过程的描述。

普通的不确定性风险评估是第一阶段，如果企业预期东道国在投资期内始终处于混乱的政治局面，必须立即停止国际化增长型战略，否则将进入政治风险评估的第二阶段，所有权、控制权的风险评估。第二阶段评估主要看是否存在所有权、控制权丧失的风险，如果这一风险太高，则应立即停止国际化增长型战略，否则将开始第三阶段，经营风险的评估。在评估经营风险时，企业应该明确投资方案的特征和预计的现金流，以确定风险因素对投资回报率的影响。如果风险与盈利能力的博弈不能满足企业的要求，应该立即终止实施国际化增长型战略，否则，将进行最后一个阶段——转移风险的评估。在此阶段，企业必须预计东道国外汇管理政策的变化，及时预测汇率变化的走势，如果风险过大，影响了企业的投资回报率，则应终止国际化增长型战略，否则应该继续实施。

根据经济机会和政治风险综合分析来确定合适的国际化增长型战略模式，也可以在一定程度上规避国际化增长型战略的风险。AKbter提出了一种矩阵分析框架，如图9-5所示，该图给出了经济机会和政治风险的四种不同组合，企业可以根据自身的目标、资源条件、管理水平、知识经验等选择一种最适合的战略模式。

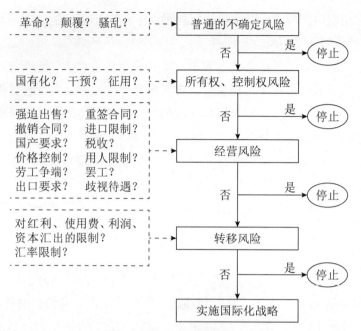

图9-4　政治风险的评估过程

资料来源：根据 John D.Daniels 等的 International Business–Environments and Operations Upper Saddle River. N.J.Prentice Hall.2001 整理。

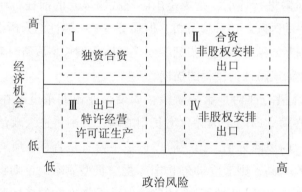

图9-5　AKbter 的经济机会、政治风险分析矩阵

　　图中第Ⅰ象限表示经济机会高，而政治风险低，此时企业为了捕捉经济机会，试图快速进入这些市场，并且希望拥有投资项目的所有权和控制权，所以采取独资和合资经营模式都非常恰当；图中第Ⅱ象限表示经济机会和政治风险都高，在此情况下，企业可以通过合资、非股权安排、出口等模式来规避政治风险，同时抓住经济机会。合资虽然投入资源较多，但由于合资企业经营成败与当地政府利害相关，这种模式可在一定程度上减少因政府干预而引起的政治风险；图中的第Ⅲ象限表示经济机会和政治风险都较低，此时企业应该选择出口、特许经营、许可证生产等方式，为将来当地市场商业环境改善时参与更高水

平的竞争做好准备；图中的第Ⅳ象限表示经济机会低，而政治风险高，在此情况下，企业应该避免在资本方面的过多投入，最好采取出口或非股权安排模式。

二、按照增长途径划分的增长型战略

从增长途径来看，企业可以采取内部扩张、并购、合资与合作以及缔结战略联盟四个途径进行战略增长，因此，以此为标准，又可以将企业增长型战略划分为自我扩张、并购、合资与合作以及联盟四种。

1. 自我扩张增长型战略

自我扩张增长型战略是指企业依靠内部逐渐积累起来的资源和能力来寻求自我发展的一种战略。企业通过内部的自我开发、自我扩张和再创业可以实现集约型、一体化和多元化增长战略，自我扩张增长型战略是实施增长战略的主要途径之一。

自我扩张增长型战略的主要方式包括：通过技术创新，开发新产品，或者加大投入扩大原有产品的市场份额，来实现企业的集约型增长；通过创建新的业务部门，或创办新的企业，或纵向裂变，或经营现有价值链上的副产品来实施一体化或多元化增长等。一般认为以下情况比较适合采用自我扩张增长型战略：企业拥有充足或过剩的资源；企业自我扩张比并购成本更低；企业拥有大部分或全部进行有效竞争所需要的技术；企业新增加的生产能力不会给所在行业的供需平衡带来负面影响；目标行业存在很多相对较小的企业，企业新增业务可以避免与大公司直接竞争。

自我扩张战略是一种非常稳健的经营战略，它可以有效地避免企业所有权和控制权的丧失，可以保持企业内部经营政策的连续性，它可以在一定程度上避免财务风险，这是因为企业主要依靠内部的自我积累来实现发展。当然，自我扩张战略也有一定的弊端，自我滚动式发展可能会失去一些市场机会，依靠内部积累来发展不能利用"杠杆原理"，发展速度不可能很快。

2. 并购增长型战略

并购增长型战略是指企业通过现金、证券或其他形式的交易取得其他企业的部分或全部控制权的战略行为。并购是兼并和收购的简称。兼并通常是指企业以现金、证券或其他形式购买取得其他企业的产权，使其丧失法人资格或改变法人实体，并取得对这些企业决策控制权的经济行为。而收购是指企业用现金、债券或股票购买其他企业的部分或全部资产或股权，以获得该企业的部分或全部控制权。并购增长型战略是企业资产重组的一种重要形式，是实现企业战略性扩张、取得协同效应的重要手段。

1）企业实施并购增长型战略的动因

（1）实现规模经济。当企业的经营水平或规模尚未达到实现规模经济的潜在要求时，企业实施并购行为，尤其是实施横向一体化并购，可以降低运营成本，提高技术开发能力和生产效率，实现规模经济的目标。

（2）产生协同效应。企业间的并购，尤其是纵向一体化并购，可以将行业中处于生产链条上不同环节的企业联合在一起，由此带来交易成本的降低，从而获得有效的经营协同效应。企业纵向并购的实质是市场交易的企业内部化替代。

（3）实行多元化经营。为了保持组织资本和声誉资本的增值，保持在财务和税收方面的优势，企业会寻求多元化经营。而并购尤其是混合并购是企业实现多元化经营的一条捷径。

（4）增强核心竞争力。企业的核心竞争力是企业保持竞争优势的最关键因素之一。在企业很容易筹集到大量现金进行并购的条件下，通过并购经营不善但有发展潜质的企业，可以实现增强企业核心竞争力的目标。

（5）实现全球化的目标。跨国公司的管理者往往把并购视为保持竞争力、实现全球化目标的关键手段。企业通过实施并购战略不仅可以节约时间，迅速打进国外市场，还可以利用优势互补、聚合效应和名牌效应来降低成本，同时并购还可以消除争夺市场和资源的对手，扩大市场份额，收到事半功倍的效果。

具体来说，并购可以实现以下目的：更好地利用现有的生产能力；更好地利用现有的销售能力；减少管理人员；降低运营成本；减小销售的波动幅度；利用新的供应商、销售商、消费者、产品或服务等；获得新的技术；合理避税。

2）并购增长型战略的风险及风险管理

企业并购可以给企业带来巨大的战略利益，但是在市场经济条件下，高收益通常伴随着高风险。企业并购从筹划阶段到其实施过程以及并购后的整合阶段整个过程都面临着很多不确定性因素，导致了许多不同的风险。有些风险是系统风险，是无法避免的；有些风险是非系统风险，企业可以通过采取积极措施，对其进行防范和管理。

企业并购增长型战略的风险有不同的分类方法，如果以时间顺序为标准来考虑，可分为并购前风险、并购中风险和并购后风险。下面就从这三个方面对企业的并购风险加以讨论。

（1）并购前的风险及管理。并购前的风险主要包括两种：选择并购目标企业的风险和选择具体并购方式的风险。

选择目标企业的风险来自两个方面：①动机风险。即并购企业在选择目标企业时，如果不是从自身的长期发展战略出发，而是单纯地将并购作为扩张、融资的手段，这样并购后，企业因规模过大而产生规模不经济，反而会使企业背上沉重包袱。②信息风险。即在选择目标企业时，对其基本情况缺乏深入了解，尤其是当目标企业已经进行了"包装"，如隐瞒了大量债务，或者存在未决诉讼、担保事项等，待并购后再显露出来，将使并购企业债务压力加大，财务风险增高。因此，在选择并购目标时，不但要符合自身的利益，还要符合主购企业的长期发展战略。同时，主购企业一定要做好尽职调查，必要时可以聘请经验丰富的中介机构对信息进行进一步的证实，以便对信息进行正确的筛选，降低并购风险。

企业的并购方式多种多样，有股权收购和资产收购之分。股权收购有整体性股权收购、控股性股权收购、承债性股权收购等方式；资产收购有规模扩张型、借壳上市型、重组型和置换型四种方式。不同并购方式要求的资本数量不同，也都有各自的优缺点。因此，主购企业应该根据自身的资本规模及各种并购方式的优缺点进行适当的选择，减少因方式选择不当所造成的风险损失。

（2）并购实施阶段的风险及其防范和管理。企业并购进入实施阶段时，企业所面临的风险主要有融资风险、法律风险和反收购风险等。

融资风险及其管理。企业并购所需的大量资金往往是主购企业的自有资金所不能满足的，要进行大量融资。而融资方式的选择，融资资金在时间上、数量上能否满足并购需要，融资成本是否能承受，以及现金并购是否会影响正常生产经营活动等都构成企业并购的融资风险。对于融资风险，企业可以采取以下防范措施：首先应对目标企业进行正确的评估，再根据其价值确定所需资金量。确定融资量以后，再根据自身的发展能力和资本结构，选择恰当的融资手段。并购最常用的筹资手段为自有资金、发行股票、配股和发行新股，也可以采用发行债券、银行贷款等负债型融资手段。近几年来兴起的杠杆收购，就是充分利用了银行贷款等融资手段。

法律风险及其管理。企业并购，各国都有相应的法律、法规进行规范。如我国对并购的规定，收购方持有一家上市公司5%的股票后必须公告，以后每递增5%均需公告，当持有30%的股份时要发出全面收购要约等，从而使并购成本急剧上升，并购难度和风险加大，甚至会迫使并购方放弃并购计划。对于这样的法律风险，我们称为系统风险，企业无法规避这样的风险，只有严格遵守法律法规，避免和法律法规相冲突。

反收购风险及其管理。企业并购往往会受到被并购方的抵制，尤其在强行并购时，更会激起目标企业的强烈反抗，甚至会动员一切力量，采取一系列反并购措施进行对抗。诸如出售自己的优质资产、寻找"白衣骑士"（指目标企业为免遭敌意收购而自己寻找的善意收购者）、大举负债等，反并购不仅会使企业受到重创，也往往使并购失败。而且，敌意收购通常无法从目标公司获取其内部实际运营、财务状况等重要资料，给公司估价带来困难。因此，为了减少因为反收购行为而带来的风险，主购企业应该事先制订严密的收购行动计划并严格保密、快速实施。同时，可以认真分析目标公司的股本结构及重要股东，与某些股东进行有效的沟通，并满足其部分利益，以减少反收购的压力。

（3）并购完成后的风险及管理。企业并购完成后主要面临着经营风险和文化整合风险。

经营风险及其管理。经营风险是指企业并购后，如果无法使整个企业集团产生经营协同效应、财务协同效应、管理协同效应和市场份额效应，难以实现规模经济与优势互补，或者并购后规模过大、管理跨度增大而产生规模不经济，而未能达到并购预期目标产生的风险。因此，企业并购后，要尽快组建强有力的领导班子，对目标企业进行有效的资源整合，调整人员结构，寻找新的利润增长点，尽快产生并购协同效应，将其纳入企业集团的总体战略中。对目标企业的整合重组包括从经营战略、产业结构、销售网络的重整一直到对目标企业进行资产优化、人事结构调整，等等。

文化整合风险及其管理。由于每个企业内外部环境不同，经营理念、管理风格不同，使不同企业形成了不同的企业文化。同时，企业文化是稳定的，它作为一种无形的东西，有深远的影响力和强大的惯性，从骨子里影响着企业乃至员工的行为。并购后，若文化不能及时融合，就会造成并购双方激烈的文化冲突，最终影响并购企业预期价值增值的实现。

为了对企业文化进行有效整合，减少可能的整合失败带来的风险，并购企业应该全面、详尽地分析本企业与目标企业双方文化的性质及特点，避免评估过程中的盲目性和主观性。此外，并购企业还应该了解目标企业的宗旨、历史、创业者的个性特征、员工甄选标准等信息，从中探求目标企业组织文化的本质，以正确评估文化的相容性，选择适当的文化整合模式，避免双方因文化不相容而使并购失败。

3. 合资与合作增长型战略

合资与合作增长型战略是指两个或两个以上的企业为了共同利用某个市场机会而结成暂时合作关系的一种战略。这一战略又有合资经营和合作经营两种类型。合资经营是两个或两个以上的独立企业或投资人根据事先商定的比例将各自资产的一部分投入共同组建、共同拥有的一个合资企业。合资企业通常采用有限责任公司的形式。合资经营是东道国合资方吸引资金和引进技术，实现企业发展的一种重要形式。合作经营是指两个或两个以上的企业通过契约进行合作的一种战略方式。由于合作经营属于非股权性质，因此又称为非股权合作。与合资经营不同，合作经营通常是在企业内部以某个项目为基点开展合作，而不组建新的企业。合作经营的主要方式有：联合研发、特许代理、长期供应、管理合同、交叉生产、互销产品等。

1）企业实施合资与合作增长型战略的动机

通过与外国企业共同建立合资合作企业是内资企业实现其利润和扩展目标的一种重要途径。其动机主要有以下六种：

（1）获得资本的动机。获得国外的资金和外汇是内资企业寻求与外商合资最重要的动机之一。或者，当企业发现某一市场机会，而单凭自身的资源实力又无法把握，那么通过合资经营就可以有效捕捉这一机会。

（2）获得技术的动机。获取外国的先进技术是内资企业与外商合资合作的另一个主要动机。企业可通过与国外企业合资合作来引进先进技术，进一步提升自己的技术水平，或者获取互补技术，促进企业的进一步发展。

（3）政策诱致的动机。企业总是追求以最小的代价获取最大的利益，当某一国家或地区出台比本国更优惠的政策或法规，可以保证企业的获利预期，企业就会采取合资合作经营的方式迅速利用这一机会。

（4）制度创新的动机。企业的成长不仅依赖于资金、技术和管理，也在很大程度上受制于企业的制度环境和组织结构。通过与外商合资，引进外资的股份，建立合资企业，可以学习外国企业的先进管理方法和思想，从而实现对企业组织不仅是形式上的而且是实质性的变革和创新。

（5）拓展国际市场的动机。企业在进入国际市场或者在谋求全球化战略利益时，常常遇到各种障碍，通过与当地企业或投资者建立合资合作企业可以克服进口配额限制、关税制约、国家政治利益和民族主义等不利因素。

（6）降低经营风险的动机。当一个企业单独运营时不经济或具有较大风险时，合资合作经营是一种不错的选择。同时，合资合作经营可以集合两个或更多企业的资源和能力，尤其是集合特殊的知识和经验，能够为企业经营带来更多的竞争性资产，增强抗风险的能力，使企业成为市场竞争中的强者。

2）合资与合作增长型战略的弊端

尽管企业有实施合资与合作战略的巨大动机，但天下没有免费的午餐，合资合作经营也会遇到一些难以克服的弊端。

（1）战略目标冲突。合资企业是由两个以上的投资者共同投资而形成的，投资各方抱有各不相同的目的和动机，这就使得投资各方对于合资企业的发展策略和市场导向具有各不相同的战略思路。如果双方的战略思路不能相互协调一致或不能相互补充，就会导致合资企业在根本战略上的冲突和矛盾。

（2）文化冲突。具有不同文化背景企业的结合，增加了合资合作各方在协调和沟通时的困难，并有可能导致合资合作各方的冲突和矛盾，最终影响到合资合作企业的稳定和生存。

（3）信任危机。由于合资合作企业涉及不同国家或地区的投资者和合作者，各方之间很难做到充分地了解对方的实际情况，这就会导致合资合作时的逆选择。同时，合资合作企业的各方有可能会出于自身个别利益考虑，在合资合作后有意不按照合同的要求投入所约定的资金和技术及其他资源，产生道德危机，从而进一步激化各方的矛盾和冲突。

（4）管理困难。在合资合作前，合资合作各方都有在经营管理方面的传统和习惯做法，有各不相同的行为逻辑，这种不同的行为逻辑会增加合作的协调成本和耗费，导致合资合作企业管理上的矛盾。同时投资者的母公司与其子公司即合资合作企业是一种委托代理关系，这种交叠的科层组织形式有可能进一步增加协调和管理的困难，并导致管理成本和费用的增加。

3）合资与合作增长型战略的风险管理

可采取以下措施来管理合资与合作增长型战略的风险：

（1）选择合适的合资合作伙伴。要考虑以下三点：合资合作伙伴的战略目标与自己战略目标的一致性程度；合资合作伙伴拥有技术技能和各种资源的情况；自己与合资合作伙伴是否存在优势互补。

（2）建立有利的合作机制。合作机制的建立要求合资合作各方应该相互尊重、相互信任。合资合作各方还要加强沟通和理解。在沟通的基础上，各方相互理解、相互忍让，从合作大局出发，求同存异，才能保证合资合作企业共同目标的实现。

（3）设计有效的管理模式。设计合资合作企业的管理模式，实质上就是对合资合作企业中合资合作各方在战略决策和日常经营决策问题上的作用和地位做出相应的安排。这种安排取决于合资合作各方在企业中股权控制的份额和控制资源的能力。

综合起来，最适合采用合资与合作战略的情况有：合资与合作双方或多方可以很好地进行优势互补；投资项目具有很大的盈利潜力，但需要大量的资源，并具有很高的风险；两家或多家小企业难以同大公司竞争；企业存在迅速采用某种新技术的需要；私人公司和公众公司组建合资合作企业，私人企业具有封闭的所有权等优势，而公众公司具有融资方便等优势，私人公司与公众公司结合可以更好地发挥各自的优势；本国企业与外国企业组建合资合作企业，可以使本国企业方便利用当地的管理资源、社会资源，迅速打开当地市场，减少经营风险。

4. 联盟增长型战略

20世纪80年代以来，西方企业尤其是跨国公司面对日趋激烈的外部竞争环境，开始对企业竞争关系进行战略性的调整，即从对立竞争转向大规模的合作竞争，合作竞争最主要的形式就是建立企业战略联盟。

联盟增长型战略就是企业通过与其他企业或经济主体缔结战略联盟来实现企业目标的战略行为。由于企业实施联盟增长型战略的直接结果就是战略联盟的形成，因此，我们重点讨论战略联盟的相关问题，从中就可以找到企业实施联盟增长型战略的关键。战略联盟包括以下形式：合作营销协议、合作研发、技术交易、专门生产权和专门经营权等。

1）战略联盟的特征

（1）关系的松散性。战略联盟是由联盟各方以自身优势和专长按照契约的要求结合而成的，战略联盟并非独立的经济实体，联盟各方仍有自主经营、自主决策的独立性，联盟中的所有问题通过各方的协商解决。

（2）合作的平等性。战略联盟是为了战略利益而结成的，联盟各方相互之间一般没有股权和权力上的制约，除了遵守契约的规定外，联盟中的任何一方不能左右其他各方的行为。战略联盟以"共赢"为目的，联盟各方在利益分享和决策方面机会平等。

（3）边界的模糊性。战略联盟没有明确的边界和层级，联盟各方以一定的契约联合，打破了传统企业经营行为的地理界限，在更大的范围内进行资源的优化配置，变外部竞争为内部协调，产生"竞合"局面。

（4）组织的灵活性。战略联盟以一定的战略利益结合，战略利益实现或者机会转移，就可能导致联盟的解体。这就决定了联盟企业各方之间的合作关系有时是临时和动态的，他们因项目的需要而聚集，又因项目的结束而解散。

（5）运行的高效性。由于战略联盟集中了联盟各方的比较优势和专业特长，因此，可以快速、灵活地获取企业内外部的互补性资源和功能，取得可持续发展的竞争优势。

（6）范围的广泛性。联盟各方既可以属于同一行业，也可属于不同行业；既可以在一个国家，也可以在不同国家。联盟各方可以通过技术转移、相互特许、合作生产、合作营销、管理协议、市场协议等各种方式在一起合作。

2）企业实施联盟增长型战略的动机

（1）实现资源互补，增强自身实力。战略联盟为联盟各方提供了合作的平台，能够使联盟各方以小量的投入就可以有效地调动所需的各种资源，联盟各方在各自所承担的环节上也会有更多的机会来降低投资成本和提高运营效率，从而增加自身的经营实力。

（2）开拓新市场，进入新的经营领域。不断开拓新的市场是企业发展壮大的必由之路，而实施联盟战略是企业迅速进入新市场或其他领域的一条捷径，同时还可以极大地降低拓展中的市场风险、运营风险和成本，提高企业总体竞争力。

（3）促进技术创新。随着技术创新和普及速度的加快，高新技术的开发费用日益巨大，单个企业难以应付，通过建立战略联盟来分摊研发费用就是一个不错的选择。同时，在高科技项目的开发活动中，单个企业难以拥有足够的技术力量去开发每项高科技项目，也很难长期垄断某项技术，实施联盟增长型战略就是促进技术创新的一种新模式，有助于企业的高科技产品开发，保持竞争优势。

（4）降低经营风险。在现代市场经济条件下，单个企业要想进入新的市场领域，不仅投资巨大，还会遇到各种各样的市场进入障碍。实施联盟增长型战略不仅可以实现优势互补、拓展经营范围、分散经营风险，还可以以更广泛的关系网络掌握更多的市场渠道，平抑经营风险。

（5）避免过度竞争。过度竞争不仅会降低竞争各方的盈利水平，导致两败俱伤，还会严重浪费社会资源，或者因精力有限而失去其他市场。通过实施联盟增长型战略，可以理顺企业间的竞争关系，维护合理的竞争秩序，提高市场竞争的效率，并降低竞争成本，增强企业实力。

3）成功实施联盟增长型战略的关键

企业要成功实施联盟增长型战略，使战略联盟的构建能够达到企业的预期战略目标，就必须注意以下关键问题：

（1）选择合适的战略伙伴。联盟伙伴的选择是建立企业战略联盟的基础和关键环节，慎重地选择合作伙伴是联盟顺利运营的前提条件。一般认为应坚持"3C"原则：兼容性（compatibility）、能力（capability）和承诺（commitment）。适宜的联盟伙伴有以下特征：必须有助于实现战略联盟经营目标，如分担新产品开发的风险、成功研发新技术等；各方对联盟的意图一致；合作伙伴是出于长期的目的而不是机会主义者。

（2）建立理想的治理结构。合理的治理结构会尽可能减少联盟伙伴之间的矛盾，使合作各方责、权、利相对称，并抑制合作过程中的机会主义倾向，建立一种和谐平等的合作关系，从而大大减少潜在冲突的发生。为此，战略联盟要加强以下几方面的工作：建立完整的信息沟通网络；增强战略联盟的柔性；在联盟协议中加入有关保护性条款，保护合作伙伴的长期利益。

（3）建立联盟内的信任机制。为了加强联盟各方之间的信任，建立稳固持久的信任关系，提高联盟的绩效并推动联盟关系的发展，战略联盟的组织机构可以在联盟各方之间构建投票机制、投诉机制、信誉机制和人质机制等信任机制。

投票机制。投票机制是指拟定详细的含有保障条款的合约。如果联盟中的一方违反合约或在联盟中损人利己，另一方会采取终止合约的方式来解除联盟关系。

投诉机制。投诉的过程也就是合作的一方向另一方表达自己不同看法和态度的过程，同时也是各方重新沟通，统一认识、统一步调的过程。这将有助于联盟各方摒弃偏见，消除习惯性防卫，建立长期信任关系。

信誉机制。如果联盟一方为了眼前的短期利益或局部利益而采取机会主义行为时，不仅会招致对方的报复，最终还将会失去合作伙伴对自己的信赖，甚至有损自己在同行中的声誉，这对于企业来说是得不偿失的。因此，信誉机制对联盟伙伴间建立信任关系具有无形的促进作用。

人质机制。人质机制是指联盟各方在联盟中投入专用性资产作为"人质"，采取双向质押的方法达到互相控制的目的。人质机制会使联盟各方互相依赖，任何单方面的苛刻要求或损他行为会立即招致对方的报复，对增进联盟各方之间的合作关系具有强大的威慑作用。

（4）创造合作的文化氛围。促进联盟各方之间企业文化的融合，在合作过程中创造和谐的文化氛围，对推动联盟关系的发展具有至关重要的意义。合作文化的塑造主要通过下列手段来实现：塑造共同价值观和管理模式；进行文化敏感性培训；建立和谐的人际关系；塑造战略联盟文化。

第二节　维持型战略

维持型战略是企业从总体上保持现状，维持既定路线，不做出重大转变的战略选择，类似于战争中两军相持的局面。在某些特定情况下，维持型战略是企业的较优战略甚至是唯一可行的战略。因此，企业应当准确理解和全面把握维持型战略，避免冒进和擅退的战略错误。

一、维持型战略的内涵

维持型战略，又称为稳定型战略，是指企业依据自身的经营环境和内部条件，将经营状况维持在战略起点的范围和水平上的一种战略。所谓战略起点是指企业制定新战略时关键战略变量的现实情况，其中最主要的是企业当时所遵循的经营方针、正在经营的产品或服务、产品或服务的市场区域及其产销规模和市场占有率、盈利状况等。

企业实施维持型战略往往表现出如下特征：企业以前一战略期的成功为基础和前提，满足于过去的绩效，经营活动的主要目的是如何保持已经取得的经营成果；企业保持当期战略目标和经营计划的稳定，在一段时间内战略目标和行动计划保持不变；为消费者提供与过去相同的产品或服务；保持现有的市场占有率和投资回报率，巩固现有的市场地位；实施维持型战略的战略风险较小，但企业的发展速度也较慢，甚至某些领域会有一定程度的萎缩。

二、维持型战略的分类

维持型战略可以按照企业采用的防御方式、偏离战略起点的程度、实施维持战略的动因和表现等不同标准划分为多种类型。

1. 按防御方式划分

以企业在实施维持型战略中采用的防御方式为标准，可以将维持型战略分为阻击式防御战略和反应式防御战略。

（1）阻击式防御战略的着眼点在于防止竞争对手的行动或者使其行动偏离对自己的威胁，为此，企业要预测可能出现的竞争对手、可能遭到进攻的环节和方面，还要尽力封锁竞争对手一切可能的进攻路线。

（2）反应式防御战略是指当竞争对手的进攻行为已经发生或者挑战已经来临，企业针对这种进攻或挑战的性质、特征和程度，采取相应的对策，维持住原有的经营状况和竞争地位。

2. 按偏离战略起点的程度划分

以偏离战略起点的程度来划分，可将维持型战略分为无增战略和微增战略。

（1）无增战略是指企业将经营状况保持在现有战略的基础水平上，企业不仅将经营活动按照原有计划在原有经营领域内进行，还将自己的市场地位、产销规模和效益水平保持不变。

（2）微增战略是指企业在保持稳定的基础上略有增长与发展，小幅提高市场占有率，改善市场地位，进行适度创新。

3. 按实施维持战略的动因和表现划分

根据企业实施维持战略的动因和表现，可以将维持战略划分为以下四种。

（1）不变战略。在以下两种情况下，企业可能采用不变战略：①企业内外部环境基本稳定，没有发生重大变化，高层领导者认为企业过去的经营相当成功，因而没有必要对战略做出调整。②目前企业经营不存在大的问题，而外部环境又比较稳定，如果对战略做出重大调整可能导致企业受损，效益下降，企业高层领导也就不愿意对战略做重大调整。

这种战略是一种墨守成规、不思进取的选择，因为当前的环境稳定不代表着未来也能保持稳定，过去经营成功、当前现状尚可不代表着未来也能如此，如果企业战略决策者习惯用这样的心态和思维来看待企业及其环境，很可能对环境的变化越来越迟钝，一旦环境发生较大的变化，企业就很难迅速适应，这对企业是非常危险的。

（2）近利战略。顾名思义，采取近利战略的企业就是急功近利、追求短期效益而忽略企业长期发展，甚至不惜牺牲企业未来的长远利益来维持目前的利润水平。例如，通过减少研发经费、减少广告费、减少服务设施采购、停止设备维修等手段来尽量提高企业当前的短期利润水平。近利战略是一种短视战略，企业只顾眼前利益，看不到未来或者说不愿意考虑未来，如果企业长期采用这种战略，将使其彻底丧失发展潜力，不可能得到持续发展。

（3）暂停战略。暂停战略是企业进行内部休整的临时战略。企业往往在经过初创期一段时间的高速发展后，发现自身的资源和能力开始越来越表现出局限性，制约着企业的更大发展。例如，企业在某些方面显得力量不足、资源紧张，或管理粗放、效率低下、跟不上企业发展及外界环境的变化，等等。在这种情况下，企业应当采取的最佳战略就是暂停战略，即在一段较长时期内主动放慢企业发展速度，临时性地降低增长目标的要求，腾出精力加强企业内部管理，以改善资源紧张、能力受限的状况。

暂停战略是企业主动采取的维持战略，是一种积极的维持战略。暂停不是停止，而是为了发展得更快更好；主动进行调整，可以积蓄企业资源与能力，为今后发展做好各方面的准备。因此，企业要善于、勇于采取暂停战略。企业家的魄力和胆识并不一定反映在做出增长战略的决策上，却恰恰反映在群情激奋、热情高涨、形势一片大好的情况下是否敢于采取暂停战略，主动放慢速度，进行战略休整。

（4）谨慎前进战略。采用谨慎前进战略的主要原因是：企业外部环境中某些重要因素发生了显著变化，而企业对未来的环境发展趋势不好把握，难以预测。例如，由于国际政治形势的变化，企业原材料供应突然紧张；政府可能要颁布对企业经营有重大影响的新法规；宏观经济形势捉摸不定，前景不明；产业竞争格局扑朔迷离，新技术初露端倪但难以预测对产业的影响，等等。在这种情况下，由于企业无法掌控环境，而环境风险又无法预测，对企业产生有利或不利影响的可能性都存在，因此就必须谨慎前进，不要贸然采取重大的战略举措，以免陷入危机。或者，在行业环境恶劣的情况下，企业必须集中资源和能力面对市场的残酷竞争，无法腾出更多的资源、能力和精力进行大的战略行动，而且一旦有所失误，被竞争对手抓住机会就可能彻底失败或遭受重大损失，这时谨慎前进战略就成为多数企业的选择。

三、维持型战略的适用条件

1. 企业外部环境比较稳定

例如，宏观经济环境保持低速增长；行业发展速度较低；技术成熟、技术进步缓慢；消费者需求增长较慢、偏好稳定；产品生命周期处于成熟期、市场规模变化不大，等等。这时，无论企业资源状况如何，都可采用维持型战略。若企业资源充足可在较宽的市场领域经营，若相对紧缺，可在较窄的市场经营。

2. 企业外部环境恶劣或前景不明

如前所述，当企业外部环境条件恶劣或前景不明，不利企业发展时，即使企业资源丰富、实力较强，也只能在这一业务领域采取维持战略，静观外部环境的发展。

3. 企业实力相对不足

例如，企业外部环境较好，为企业发展提供了机遇，但企业资源能力不足，如缺乏资金、研发薄弱、人员素质不高、管理落后等，使企业无法采取增长型战略。这种情况下，企业只能实施维持型战略，将有限的资源投入自己最有优势的环节上去，同时补充提高资源能力水平。

4. 寡头垄断的行业格局已经形成

当某行业的供给被少数几家厂商所垄断控制，这一行业就成为寡头垄断行业。寡头垄断行业最重要的特征是规模经济效益十分显著、寡头企业间相互依存性很大、进入壁垒非常高、行业竞争格局比较稳定、竞争对手间很难有较大的业绩改变。这种行业的企业往往采用维持型战略，以期保持稳定的收益。

5. 战略决策者具有维持现状的主观意愿

在现行战略非常成功的情况下，企业的资源配置模式具有很强的惯性，若要改变现行战略，必然会打破现有的资源配置，损害既得利益者的利益，引起冲突和矛盾。因此，企业高层管理者尤其是一个新上任的领导者常有维持现状的潜在冲动。另外，在有些情况下改变现行战略，可能使企业进入一个陌生的市场或产业，具有一定的战略风险，一个不愿冒风险或性格谨慎的决策者有时也倾向于采用维持型战略。

四、维持型战略的优缺点

1. 维持型战略的优点

从积极的角度来看，实施维持型战略有下列好处：采用维持型战略可以给企业充分的时间和精力来提高内部管理水平、加强技改革新、降低成本、提高质量，从而培育核心能力，追求未来的增长；通过实施维持型战略，企业可以休养生息、保存实力、积蓄能量、等待时机，以便在今后条件许可的情况下东山再起。维持型战略不一定就是故步自封，维持现状常常是为了等待时机，或者是在韬光养晦，为战略增长做准备。

2. 维持型战略的缺点

长期采用维持型战略会导致企业发展速度减缓，在企业竞争非常激烈、外部环境迅速变化的情况下是十分危险的；从维持型战略向其他战略过渡，需要打破原来资源分配的平衡，建立新的平衡，往往需要较长的启动时间；在维持型战略实施过程中，企业高层领导往往把眼光放在企业内部的调整上，容易忽略外部环境的变化，有时会错过企业发展的战略机遇。

第三节　紧缩型战略

如果企业无法增长甚至难以维持现状，就只有采取紧缩型战略，实行战略撤退了。虽然没有企业会愿意实施紧缩型战略，但在某些特定情况下，紧缩是较好的甚至唯一可行的战略选择。

一、紧缩型战略的内涵

紧缩型战略是指偏离战略起点，从现有经营领域和基础水平收缩的战略。与增长型战略和维持型战略相比，紧缩型战略是一种相对消极的战略。

紧缩型战略有以下特征：①过渡性与短期性，紧缩型战略是一种过渡性战略，也是一种短期性战略，其意图在于摆脱困境、消除冗余、集中资源、保存实力，使企业渡过难关，以图东山再起，转而实施其他战略。②收缩性，实施紧缩型战略的企业会对现有的产品或市场领域进行收缩和调整，会削减某些产品的市场份额，放弃某些产品系列，缩小产销规模，降低市场占有率。③控制性，实施紧缩型战略的目标重点是改善企业的现金流，争取较大的收益和资金价值。因此，企业会对各项资源耗费和开支采取较为严格的控制，尽量削减各项费用支出，往往伴随着裁减员工、暂时停止购买一些奢侈品和大额资产等。

二、紧缩型战略的类型

一般将紧缩型战略划分为公司转变、业务转向、业务重组和剥离清算四种类型。

1. 公司转变战略

公司转变战略是指企业全力以赴、集中努力，转变亏损业务现状并使之获利的战略。在企业经营不利、绩效不佳，但处于有一定吸引力的行业，因短期原因而亏损，并且剥离亏损业务没有长期战略意义时，公司转变战略是最为有利的选择，其目的是通过解决造成整体绩效下降的重大经营问题而使公司摆脱亏损局面。

2. 业务转向战略

业务转向即改变企业原来的经营方向，业务转向战略又常被称为抽资战略或收割战略，因为企业为了削减某一经营领域的成本，提高其现金流量，往往要减少对该领域或产品的投资，将由此增加的现金流量用于满足企业新的业务增长。

适于实施业务转向战略的业务领域一般具有的特征有：该领域市场稳定或正在衰退；企业在该领域市场占有率较小，而且增加市场占有率成本太高；或者企业虽然有一定的市场份额，但保护或维持这一份额的成本越来越高；该领域经营效益不佳，或正在发生亏损；减少投资对该领域的销售额不会有太大的影响；企业的闲置资金和资源有更好的用途；该业务领域在企业整体业务组合中并不占据重要地位，对业务组合其他目标的实现既无很大助益，也无太大影响。

3. 业务重组战略

业务重组战略是指对企业业务组合中经营业务的种类及其所占比例进行根本性的改变。业务转向战略针对的是某一种具体业务，而业务重组战略是从企业所有业务出发的，因此这一战略考虑更加全面、更加宏观。

通常在以下情况企业可以采取业务重组战略：由于企业业务组合中包含了很多增长缓慢、正在下降或竞争乏力的业务单元而使企业的长期绩效前景不佳；一种或多种主要的经营业务陷入困境；出现了对未来具有极大影响的技术或产品，企业为在这个潜在的、巨大的新行业中确立竞争地位而必须优化业务组合；企业需要巨额资金用于重大购并，不得不考虑卖掉几个业务单元以收回资金；企业主要业务越来越没有吸引力，不得不进行业务改组；由于某些业务的市场和技术变化，进行业务重组将取得更好的绩效。

实施业务重组战略常常要进行一系列的剥离和购并，以此改变一个多元化企业的业务组合。需要进行重组的不仅包括运营不佳、起伏不定、行业丧失吸引力的业务，也包括那些既盈利、行业又有足够的吸引力，却不再适合企业的业务。将不适宜的业务剥离后，保留下的业务单元可以重新组合，紧密合作以获得更多的战略协同利益。此外，采用公司分立的方法，即将一个高度多元化的公司分成几个独立的公司已经成为业务重组战略的一个重要发展趋势。这是由于企业家和投资者的多元化动机越来越倾向于在少数精心选择的行业中建立强大的竞争地位，因而越来越多地选择了分立或分散的战略。

4. 剥离清算战略

剥离战略是指出售企业的一个分部、分公司或任何一部分资产的战略。剥离既是业务重组的手段（如为战略性收购、投资筹集资金），也可以看成企业紧缩的方向之一，是企业全面紧缩的一部分，其目的是摆脱那些不盈利、需要太多资金或与企业其他经营活动不相适应的业务，以集中资源、腾出资源来发展新的业务领域或改善企业的经营素质，抓住更大的发展机遇。

适于采用剥离战略的情况有：某业务所在行业的吸引力消失，处于这些领域和行业中业务的绩效不尽如人意；企业已经采取公司转变、业务转向或业务重组战略，但仍未改善经营状况；业务部门经营失利使企业整体效益不佳；业务部门为了保持竞争力而需要投入的资源超出了企业的实力；某业务与企业其他组织部门不相适应；企业急需大笔资金而又不能从其他合理途径得到这些资金；某些看似合理的业务（如仍有盈利、行业也有一定吸引力等）却已经不符合企业的战略目标。

总之，当企业进行一项业务剥离决策时，很有价值的一个思路就是询问自己一个问题："假如我们还没有在这个领域经营，那我们现在想进入这一领域吗？"如果回答是"不"或"大概不会"，那么此项业务就应当考虑剥离。

剥离战略可以采取：①母公司可以从一项经营业务中抽离投资，使该业务单位成为财务和管理独立的公司，公司可以在其中保留或不保留所有权。②母公司可以将该业务单元彻底卖掉。在寻找买家时应当注意，不能仅仅考虑剥离带来的收益，而是应当考虑哪种企业适合该项业务，为其找到最合适的买家，最适合该业务的公司才有可能给出最好的价格。

清算战略是指企业为了减少损失而出售资产或停止经营活动。清算等于承认失败。但当一切战略都采用了仍然不能使企业摆脱困境，那么及时进行清算就是比较明智的选择。在所有的战略选择中，清算是最令人难过和痛苦的。一家多元化公司清算某项业务会带来一定的损失，却还能留下一个今后仍有可能获得发展的企业，但对一个单一经营的公司来说，清算就意味着这个企业将不复存在。

做出清算决策最关键的问题就是企业必须准确地识别某项业务是否会有转机、转机何时出现，清算了尚有前景的业务或业务已无前途仍不清算都会给企业带来比清算本身更大的损失和更不利的影响。一般来说，以下情况均应进行清算：企业采取了所有的战略，但均未成功；企业除了清算只能选择破产，清算是有序、有计划地将企业资产进行最大限度变现的方法；企业可以通过出售资产而将损失降至最小。

三、紧缩型战略的优缺点

和其他任何战略一样，紧缩型战略有利有弊，企业实施紧缩型战略要兴利除弊，灵活把握。

1. 紧缩型战略的优点

在危机状态下采用紧缩型战略，可能挽救企业的生命，使企业转危为安、渡过难关；采用紧缩型战略将使企业经受磨炼和考验，使其总结经营失败的教训，获得宝贵的经验，只要历经危难而不死，则企业素质将大大提高，应变能力得以加强，使企业在今后的市场竞争中具有更强的竞争力；从宏观角度来看，有的企业因经营不善而破产有利于产业结构及产品结构调整，提高了资产流动性和利用效率。

2. 紧缩型战略的缺点

一旦采用紧缩型战略，企业极易陷入消极经营状态，使员工士气低落，这种局面更加剧了企业经营的困难。对于要采取剥离清算战略的企业来说，在做出剥离清算决策时，方法措施要得当，决策要及时而果断，若决策时犹豫不决、优柔寡断，该剥离清算的经营单位不能及时放弃，则可能会把整个企业拖垮。

四、实施紧缩型战略要注意的关键问题

战略紧缩并不一定意味着经营失败，如果企业充分注意以下问题，将有可能使企业最大限度地减少损失，甚至仍然获得战略的成功。

1. 实施紧缩要有自觉性与主动性

实施紧缩型战略不应该是简单地、被动地退出市场，即企业不应该等到完全陷入困境后才被迫实施紧缩，那将面临极其被动的局面。企业应当根据市场变化、自身实力及竞争对手情况而采取不同的战略，有前进有撤退、有扩张有收缩，在适于紧缩时抓住时机，有计划、有目的地主动紧缩、自觉紧缩，主动地、自觉地调整自身的产业结构和产品结构，以保证企业内部资源配置的最优化，实现长远发展。

因此，对企业高层领导人来说，选择不做什么有时比选择做什么更加困难。有学者认为"自我毁灭"是知识经济时代企业取得成功的重要法则，企业只有在成功之际甘愿自我毁灭，才能继续成功。这种所谓的"自我毁灭"实际上就是企业自觉地实施紧缩战略，特别是企业面临经济技术巨大变化、经济系统的原有均衡被打破而出现新的不均衡时，这种"自我毁灭"式的主动紧缩和调整就显得尤为重要。

2. 要注意识别退出机遇

企业产品与业务的衰退一般都有一个过程，因此企业应该认真分析自身实力与市场态势，准确选择最佳退出时点，以取得退出效益最大化。如果没有准确识别市场退出机遇，不应退出时过早退出，等于把自己的市场份额拱手让给竞争对手，使自己丧失继续盈利的机会；该退出时犹豫不决、贻误战机，已经胜利无望却迟迟不肯退出，继续留在行业内挣扎，就会造成企业的重大损失，甚至导致全军覆没、血本无归。

与市场进入机遇相比，市场退出的信号更加隐蔽，常常是在企业表面运行正常，甚至是形势一片大好的时候已经潜伏着危机，这就要求决策者不仅要有急流勇退的决心和魄力，还要有明察秋毫的眼光和智慧，及时做出实施紧缩的决策。

3. 要克服实施紧缩的心理障碍

一般来说，进入市场总是伴随着企业业务的扩张，这种扩张往往与企业决策者的地位、权力、声誉、利益相联系。因此，利益驱动使企业本身就具有自我扩张的欲望。而实施紧

缩、退出市场却是一种自我毁灭，尤其是从自己曾经决定进入的行业中退出，就意味着决策者要自我否定，在其思想感情上难以接受，必然产生心理障碍。因此，克服这种心理障碍，冷静、理性地分析判断形势，果断、及时地做出紧缩决策是对战略决策者的重大考验。

4. 要克服企业的行为惯性

成功的企业往往都有辉煌的历史，这种历史上的成功经验长期积累，将逐步产生一种沿袭以往行为模式的组织定式和思维定式，形成企业的行为惯性。行为惯性常常表现在：企业决策层习惯于面对过去，不习惯面向未来；习惯于进攻而不善于防御；只善于一味扩张，不善于适当收缩；只善于进入市场，不善于退出市场。如果不加警觉，这些行为惯性将蒙蔽企业决策者的意识，使他们无法对环境变化做出恰当而正确的反应，一旦环境发生变化，照搬以往成功模式办事就会导致失败。因此，企业决策者必须注意克服行为惯性的影响。

5. 实施紧缩要以全局为出发点

紧缩型战略应当是以企业全局为对象，根据企业总体发展需要而制定的。退出市场虽然只是企业局部的经营活动，但它是作为总体行动的有机组成部分出现的。因此，实施紧缩型战略要有系统性、综合性，不能计较一城一地之得失，而要追求企业总体的战略绩效。

1. 按照不同的标准，企业增长型战略可分为哪些种类？

2. 集约型增长型战略可分为哪些类型？有何优缺点？

3. 一体化增长型战略可分为哪些类型？各自适于怎样的情况？

4. 实施多元化增长型战略有何利益与风险？

5. 企业实施国际化增长型战略的动因有哪些？

6. 从具体方式来看，企业实施国际化增长型战略的模式有哪几种？

7. 企业实施并购增长型战略的动因有哪些？

8. 企业并购有何风险？如何管理？

9. 企业实施合资与合作增长型战略的动机有哪些？

10. 实施联盟增长型战略要注意哪些关键问题？

11. 维持型战略分为哪些类型？

12. 哪些情况下适于采取维持型战略？

13. 紧缩型战略有哪些类型？

14. 实施紧缩型战略要注意哪些问题？

第十章
业务战略的实施

本章介绍了三种基本业务战略：成本领先战略、差异化战略和集中化战略的概念、内容、实施条件、利益与风险及实现途径等问题，为业务战略的选择和实施提供了指导。

本章对三种基本战略的介绍是以波特的竞争战略理论为主体的，读者应全面掌握三种基本战略的内涵、利弊、实施路径与要点。同时，结合第二章中对波特理论的评述，正确理解和认识该理论，在业务战略实施中注意理论联系实际。

第一节　成本领先战略

业务战略是企业总体战略的具体化，其核心问题是确定在企业所经营的产业或行业内，该业务应如何取得竞争优势。迈克尔·波特的三种竞争战略理论是在分析企业所处的行业和行业结构的基础上提出的，虽然遭到一些批评，但至今仍是企业业务战略选择的重要指南，对企业业务单元制定和实施业务战略有重要的理论指导作用。因此，本章以波特的三种基本竞争战略为主线来讨论企业业务战略的实施。

　　三种基本竞争战略是企业在与行业的五种竞争作用力相抗衡中常用的战略，其中成本领先战略的采用最为普遍，在一定程度上说，成本领先战略是竞争战略的核心内容和基础条件，是价值创造过程中的上游环节，是确定竞争领域和构筑竞争优势的首要战略。

一、成本领先战略概述

　　成本领先战略是以成本为建立竞争优势的基础，具有优先性、模仿性和关联性，能在企业获取竞争优势、建立进入壁垒等方面发挥重要作用。

1. 成本领先战略的含义

　　成本领先战略是指企业通过一切可能的方式和手段，把企业成本降低到行业平均成本以下或低于竞争对手，以成本领先获取竞争优势、实现效益最大化的战略。这里的成本不仅是指企业生产成本，也包括市场营销、服务、研发、管理等各方面的费用。因此，成本领先不仅要求企业建立起高效的生产规模、在经验曲线的基础上抓紧成本与管理费用的控制，还要求企业最大限度地降低服务、营销、研发等方面的成本费用。

　　虽然，成本领先战略要求企业低成本运营，但这并不意味着彻底削减各种成本，一味地进行价格战，而是要求企业在努力削减成本构成的同时，增加顾客的使用价值，即成本领先战略的着力点并不是产品的低性能、低质量，而是为了拥有更多的消费者和更高的市场占有率，企业提供消费者认可、成本更低的产品或服务。

2. 成本领先战略的特性

　　从成本领先战略在业务战略中的地位及与其他关键成功因素的关系可以总结出以下三个方面的特性：

　　（1）优先性。采用成本领先战略，企业就必须尽可能地降低成本，其他任何措施、计划和行动都要服从成本节约这个先决条件。

　　（2）模仿性。成本领先战略是一种常用战略，在竞争激烈的市场环境中，通过成本领先而获取竞争优势的企业很容易被规模相当、目标一致的企业模仿。从这个角度来讲，成本领先的企业要尽可能地延长企业的成本优势，就必须采取相应的信息封锁和防范手段。

　　（3）关联性。在企业整个价值创造过程中，原材料、研发、生产、管理、营销、服务乃至员工的素质等任何一个环节或因素都将影响成本领先战略的实施效果。同时，成本领先战略是优先的，但不是孤立和排他的；成本领先战略是重要的，但不是唯一的，它的领先要建立在共同优秀的基础上和相互推动的前提下。

3. 成本领先战略的作用

　　实施成本领先战略具有获取竞争优势、形成进入壁垒、延缓替代品的出现、提高对供应价格变动的承受能力、增强讨价还价能力、使企业形成良性循环等作用。

　　（1）获取竞争优势。处于成本领先的企业，即使面临着强大的竞争力量，仍可以在本行业中获得竞争优势。这是因为在与竞争对手的博弈中，如果企业处于低成本地位，就可以采取更多的价格策略。同时，处于成本领先的企业，相对于竞争对手来说，对原材料价格上涨等宏观因素具备较强的承受能力，能够在较大的边际利润范围内承受各种经济不稳定因素所带来的影响。

（2）形成进入壁垒。获得成本领先的企业在规模经济或成本优势方面形成了新的进入壁垒，削弱了新进入者的竞争威胁。因为任何新进入者只有花费大量的投资和时间才能赶上成本领先企业的成本水平，在此之前，新进入者不可能赚到高于平均水平的利润，这也会大大降低对新进入者的吸引力。

（3）延缓替代品的出现。与竞争对手相比，成本领先企业在应对替代品的威胁方面具有更大的灵活性。为了争取和稳定现有顾客，低成本企业可以以足够低的价格和消费者愿意接受的质量增加消费者的购买可能，使之不被替代产品所替代。当然，如果企业要较长时间地巩固现有竞争地位，还必须在产品及市场上有所创新。

（4）提高对供应价格变动的承受能力。处于成本领先的企业，对原材料或零部件的需求量大，对供应商具有很强的议价能力，因而可以获得相对廉价的原材料或零部件供应，同时也便于和供应商建立稳定的协作关系。即使行业内原材料成本上涨，成本领先企业也可以比竞争对手具有更大的空间去消化成本危机而继续获得超过平均水平的利润。当然，如果成本优势主要来自供应商的低价，则很容易受到价格浮动的影响。

（5）增强讨价还价的能力。一些强有力的购买者可能要求降低产品价格而对企业形成威胁，但这一价格通常不会低于其他竞争者可以赚到的平均利润的水平，因而，处于成本领先的企业仍可以有较好的收益。

（6）使企业形成良性循环。具有成本优势的企业一般具有较高的市场占有率，同时可以拥有较高的边际收益率，获得较高的利润；而高额的收益将会促使企业加快投资新设备，采用新技术、新工艺的步伐；这种再投资会进一步强化企业的成本领先地位，由此形成一个良性循环。反之，则可能形成一个恶性循环，如图 10-1 所示。

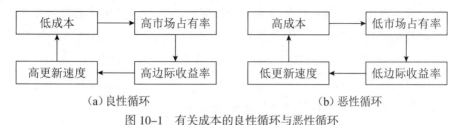

（a）良性循环　　　　　　　　　　　　（b）恶性循环

图 10-1　有关成本的良性循环与恶性循环

二、成本领先战略的基本思想和目标层次

成本领先战略具有保持竞争优势、节约、全员参与和全过程控制的基本思想和四个层次的目标。

1. 成本领先战略的基本思想

成本领先战略的基本思想产生于实现成本领先的相关因素中。具体来说，主要有以下表现：

（1）保持竞争优势的思想是成本领先战略的动因。从竞争的角度来看，无论企业采取何种战略，成本问题始终是企业战略制定和实施过程中需要考虑的重点问题。如何为企业赢得成本优势，进而获得竞争优势，是企业战略管理的重要内容，也是成本领先战略的根本动因。

（2）节约思想是成本领先战略的动力。节约可以相同的资源创造更大的价值，可以使有限的资源延长使用时间。在市场经济条件下，节约不仅是企业所提倡的，也是消费者乐意接受的，作为消费者期望购买的是同等质量下价格更低的产品。正是企业和消费者的共同追求，形成了成本领先战略的原动力。

（3）全员参与思想是成本领先战略的基础。在企业创造价值的过程中，每一位员工都与成本有关，因此，降低成本必须强调全员参与，树立全员的成本意识，调动全员节约成本的主动性，这是成本领先战略的基础。

（4）全过程控制思想是成本领先战略的保障。成本产生于企业经营活动的各个环节，因此，控制成本不只是控制某一环节的成本，尤其不能误解为只控制制造成本，必须全过程控制，实现累积的综合成本最低。

2. 成本领先战略的目标层次

成本领先战略在不同的企业和同一企业的不同发展阶段，所追求和所能达到的目标是不同的。企业应当根据自身的具体情况，整体筹划，循序渐进，以实现企业的最高目标。

（1）降低成本是成本领先战略的最低要求。实施成本控制，加强成本管理，在企业中是一个永恒的话题。在既定的经济规模、技术水平和质量标准条件下，不断地挖掘内部潜力，通过合理的组织管理、提高劳动生产率、降低消耗等措施降低成本，是成本领先战略的基本前提和最低要求。

（2）改变成本发生的基础条件是成本领先战略的高级形式。在特定的条件下，生产单位产品的劳动消耗和物料消耗有一个最低标准，当实际消耗等于或接近这个标准时，再要降低成本就只有改变成本发生的基础条件。通过采用新技术、新设备、新工艺、新设计、新材料等手段可以改变成本发生的基础条件，使影响成本的结构性因素得到改善，为成本的进一步降低提供新的平台，使原来难以降低的成本在新的平台上进一步降低，这是降低成本的高级形式。

（3）增加企业利润是成本领先战略的最低目标。在其他条件不变时，降低成本可以增加利润，但成本的变动往往与各方面的因素相关联，如果成本降低导致质量下降、销量减少或是价格大降，则反而会使企业利润减少。另外，成本还具有代偿性特征，在不同的成本要素之间，一种成本的降低可能导致另一种成本的增加；在成本与收入之间，降低成本可能导致收入下降。因此，成本管理不能仅仅着眼于成本本身，要系统地利用成本、质量、价格、销量等因素之间的相互关系，以合适的成本来保证质量、维持或提高价格、扩大市场份额，使企业能够最大限度地获得利润。

（4）保持竞争优势是成本领先战略的最终目标。成本管理要围绕企业为取得和保持竞争优势所选择的战略而进行，降低成本必须以不损害企业基本战略的选择和实施为前提，同时还要适应企业实施各种战略对成本及成本管理的需要。

三、成本领先战略的影响因素及适用条件

实施成本领先战略有诸多影响因素，如规模经济、学习曲线、地理位置等，企业必须根据其适用条件进行选择。

1. 成本领先战略的影响因素

实施成本领先战略有以下七方面的影响因素：

（1）规模经济。规模经济是指某种产品的单位生产成本随着产品的增加而下降的现象，规模经济意味着满负荷运行的活动在较大的规模上会有更高的效率。具体来说，规模经济会影响到：①企业固定成本的分摊。随着产量的增加，固定成本被更大的产量所分摊，使单位产品的平均成本降低，这是规模经济的最主要来源。②劳动生产率的提高。随着企业规模的扩大，企业内部的专业化分工会更加细密，工人专门从事单一工作，效率将会显著提高。③平方—立方法则。建造大型生产设施的企业，单位产能的建设投资成本低于建设小型生产设施的企业，符合容积与表面积之间呈现的平方—立方关系。④存货成本。企业为把缺货可能性维持在可接受的水平，必须保持一定量的存货，大规模企业的相对存货成本要低于小型企业。

（2）学习经验曲线和知识溢出效应。随着持续的学习和经验的不断累积，某种产品的平均成本会随着产品累积产量的增加而下降。经验随时间推移而使成本降低的机制主要包括进度改进、工艺改进、劳动生产率提高、流程设计等。知识溢出是指企业的知识和经验通过供应商、销售商、雇员等渠道向其他企业扩散。知识溢出效应的积极作用是可以使企业了解竞争对手的情况，加速企业对知识、经验的学习，有助于实施成本领先战略。

（3）地理位置。不同的地区在工资水平、原材料价格、税收、基础设施、竞争环境等方面都存在差异，会影响企业的运营成本。

（4）技术状况。技术实力、技术创新是企业获得竞争优势的重要前提，能将硬技术和软技术有效结合的企业可以更加有效地降低成本。

（5）市场竞争环境。市场竞争的激烈程度、企业在竞争中的地位，都会显著地影响企业成本，从而影响实施成本领先战略的效果。

（6）企业政策的选择。企业的自主政策选择反映了企业的战略走向，各项政策的实施

都会对企业的整体成本产生直接或间接的影响。

（7）时机因素。企业采取行动的时机将会对企业累积成本产生影响。

2. 成本领先战略的适用条件

一般认为，在下面几种情况下，采用成本领先战略会更有效力：市场中存在大量的价格敏感性消费者；企业所经营的大多是标准化的通用产品，价格竞争可以在一定程度上决定企业的市场竞争地位；企业具有较大的生产规模和较高的市场占有率；很难进行特色经营以实现产品的差异化；大多数消费者以相同的方式使用产品；消费者购物时改变销售商不会发生转换成本，因而倾向于购买价格最优惠的产品。

四、成本领先战略的战略风险及认识误区

1. 成本领先战略的战略风险

技术上的创新或突破将抵消企业先前的投资，使企业积累的经验失效。企业所在产业的技术体系一旦发生质变或者部分质变，企业先前在此技术领域的投资和积累的经验都将贬值，企业所具有的成本优势也将不复存在。

产业的新进入者通过模仿，或采用先进的生产设备，或以更低的成本进行学习和经验的累积，以更低的成本起点参与竞争，将使企业丧失成本领先地位。

成本降低的空间趋于狭小。随着技术与产业的成熟，企业降低成本的空间会日益狭小。同时，竞争对手之间的相互模仿使企业之间在技术水平和管理水平等方面的差距日渐缩小，企业的成本优势将很难维持。

消费者需求的变化。一旦消费者的需求偏好发生变化，企业提供的产品或服务不能满足消费者的需求，则成本领先也就失去了意义。

成本优势难以弥补差异化劣势。处于成本领先地位企业的优势是能够提供低价的标准化的产品或服务，但当企业产品的价格优势无法弥补其差异化的劣势时，企业将会失去其竞争优势。

2. 成本领先战略的认识误区

人们对成本领先战略的误区集中体现在对成本领先和成本优势内涵的理解上，具体有以下表现：

（1）误认为成本领先就是降低企业价值链上各个环节的成本。认为降低成本就是要降低每一项活动的成本的做法忽视了每一项价值活动与价值链中其他活动的依存关系，忽视了通过价值活动之间的相互联系来降低成本的机会，从而导致累积成本的升高，或者造成成本的浪费。另外，这种看法还有可能使企业放弃一些虽然某一项成本增加，却会使其他相关活动成本降低的情况。所以，用系统的观点看待每个价值活动在创造成本优势过程中的作用是非常重要的。

（2）误认为成本优势就是单纯地降低生产成本。生产成本往往只是总成本的一部分，在重视降低生产成本的同时，需要考虑整个价值创造活动，要跳出本企业的范畴，在整个价值链的上游环节（如采购）和下游环节（如销售）寻找降低成本的途径。此外，衡量成本优势的基本原则是在保证与竞争对手提供同等的顾客价值的前提下，降低企业相对于竞争对手的成本。不考虑顾客价值、盲目降低生产成本的企业，绝不可能获得成本领先优势。

（3）误认为削减成本的策略就是成本领先战略。成本领先战略的核心是建立持久成本优势，而以削减成本为目标的策略，如价格战，具有短期性，容易导致企业利润的流失或使企业陷于被动，不属于成本领先战略的范畴。

（4）误认为成本领先优势一旦形成就会永远存在。在现代市场经济条件下，企业成本领先优势不可能一劳永逸，更不可能永远存在。因此，企业应该动态地分析成本，预测价值活动的成本驱动因素可能发生什么样的变化，把握建立成本优势的绝好时机，并迅速采取相应行动使自己处于成本领先地位，尽力保持成本优势地位的持久性。

五、成本领先战略的方法体系

实施成本领先战略的方法和措施可以归结为分析和控制两大类。

1. 成本分析方法体系

成本分析的目的在于揭示企业成本的优势和劣势，从而为确定目标成本和实施成本控制提供科学的依据。从企业的内部条件来考虑，价值链分析、战略定位分析和成本动因分析是最基本的方法；从企业和顾客两方面考虑，还应进行产品生命周期成本分析。

（1）价值链分析。价值链可以反映出企业经营活动的流程、重点、战略、实施战略的方法，以及未来的发展趋势。企业如果在价值链上所创造的价值超过了成本就可以盈利，如果自己的综合成本低于竞争对手的成本便有竞争优势。因此，价值链分析成为成本领先战略的基本出发点。

（2）战略定位分析。从战略成本管理的角度看，战略定位分析就是要求通过战略环境分析，确定应采取的战略，从而明确成本管理的方向，建立起与企业战略相适应的成本管理战略。在确定了企业的战略定位后，实际上也就确定了企业的资源配置方式及相应的管理运行机制。

（3）成本动因分析。成本动因是指引起产品成本发生变动的原因，即成本的诱致因素。进行成本动因分析，首先要尽可能把成本动因与特定价值作业之间的关系量化，并识别成本动因之间的相互作用，从而对成本动因进行战略上的权衡与控制；其次要从战略上分析、查找、控制一切可能引起成本变动的因素，从战略上考虑成本管理，以控制日常生产经营中大量潜在的问题。

（4）产品生命周期成本分析。对产品生命周期成本的全面计量和分析，有助于企业更好地计算产品的全部成本，做好产品的总体成本效益预测；有助于企业根据产品生命周期成本各阶段的分布状况，来确定进行成本控制的主要阶段；有助于扩大对成本的理解范围，从而在产品设计阶段不仅考虑企业成本，还考虑消费者成本，具体包括消费者的使用成本、维护保养成本和废弃处置成本，即产品的全生命周期成本（WLCC），以便有效地管理这些成本。

2. 成本控制方法体系

战略成本控制的目的在于确定战略成本目标，并采取一系列的日常成本控制方法实现目标。通常采用目标成本规划法确定战略成本目标，即通过市场研究，预测市场需求量及可能的价格，了解竞争者的产品功能和价格，根据企业中长期目标利润计划，确定由市场驱动的目标成本。目标成本规划法的核心工作是制定目标成本。产品的目标成本确定后，可与企业目前相关产品的成本相比较，确定成本差距，逐步明确实现成本降低目标的具体途径，最后运用质量功能分解、价值工程、工程再造等方法来寻求满足需求的产品与工序设计方案。

六、成本领先战略的实现路径

1. 控制成本影响因素

从战略层次上分析成本的影响因素，可分为结构性成本因素和执行性成本因素。

1）结构性成本因素的控制

结构性成本因素控制就是分析企业规模、业务范围、经验、技术、多样性和厂址等因素对价值链各环节成本的影响，可归纳为一个"选择问题"。

（1）企业规模选择。企业规模主要是通过规模经济效应来对成本产生影响的，企业在利用规模经济效应降低成本时应注意：①要对市场进行充分分析。如果扩充的市场规模足以容纳扩张所带来产量的提高，规模经济将是有效的。反之，就会带来产品的滞销，造成表面成本降低而实际利润下降的现象。②要关注竞争对手的行为。如果竞争对手也要通过规模经济来建立成本优势，就有可能导致行业内生产能力过剩，行业内的竞争强度加剧，从而无法体现规模经济效应。

（2）学习与溢出效应控制。学习包括内部经验积累和外部学习。内部经验积累就是通过员工多次反复的工作，学会如何更有效地完成他们的工作任务和使用新的技术；外部学习是通过从企业外部寻找一些有价值的学习利益。但学习和知识溢出效应也有负面影响，知识的溢出会缩小企业专有信息的范围和持续的时间。学习只有在没有溢出或者是专有学习的条件下，企业才可能通过学习来实现和保持企业的成本优势。

（3）技术的选择。先进设备、新技术、新工艺等硬技术的升级和创新可以有效地降低材料消耗、能源消耗等成本，管理水平、治理结构、劳资关系等软技术的创新也可以为企业带来成本优势。但采用越先进的技术，资本、精力等投入就越大，因此，只有在运用该技术能够使产品产销数量达到一定规模时才更经济。

（4）地理位置的选择。地理位置对企业成本的影响是多方面的：①对企业未来成本改善造成约束性影响，比如对购进材料运输成本的影响。②对企业的变动成本产生影响，比如对职工工资、税收支出成本的影响。所以，企业地理位置的选择要综合考虑企业的长期与短期收益、现在与未来的发展前景。

（5）最佳时机的选择。通常情况下，占得先机的企业会因为占据了最佳地段、优先取得技术专利、得到了优秀的供应商或销售商、率先雇用了优秀的员工、建立强势品牌等，容易获得成本领先优势。

2）执行性成本因素控制

执行性成本因素是在企业基础经济结构既定的条件下，要求从战略成本管理的视野来强化企业的人员管理、全面质量管理、生产效率等各方面的安排，提高各种生产执行性因素的能动性，并优化它们之间的组合，从而使价值创造活动的各环节实现最优化，进而降低价值创造活动的总成本。

（1）人员管理。如果企业中人人都具有节约意识，以降低成本为己任，成本领先战略目标就容易实现。因此，企业要建立各种激励制度，鼓励员工的参与，同时建立以成本管理为内容的企业文化。

（2）全面质量管理。在稳定提高产品质量的同时降低产品成本是实现成本领先战略必须遵循的原则，但提高质量和降低成本常常会发生矛盾，因此，要充分分析质量成本动因，从质量和成本两个层面来定位企业应该采取的战略，既要保证企业产品质量和用户利益，又要从企业价值活动的实际出发，寻找降低成本的有利时机。

（3）生产效率。充分利用现有生产能力，扩大产销量，降低单位产品的固定成本，是降低成本的现实途径。提高生产效率可从几个方面入手：①提高员工的科学技术文化水平和劳动熟练程度。②采用新工艺、新技术、新材料，缩短产品的加工时间；改善劳动组织，强化劳动管理，合理调配人力资源，压缩劳动时间。③处理好劳动生产率提高与平均工资增长的关系，即保证劳动生产率提高幅度要大于平均工资增长幅度。

2. 改造企业价值链

改造企业价值链主要从企业内部和外部两个方面进行。

（1）企业内部价值链改造。通过企业内部价值链分析，找出最基本的价值链，然后分解为独立的作业，计算该作业所占综合成本的比重，判明哪些是增值作业，哪些是非增值作业，重点寻求提高增值作业效率的方法，以达到降低成本的目的。该方法包括价值工程分析和作业成本分析。

（2）企业外部价值链改造。企业外部价值链改造可以从行业、竞争对手、客户和供应商四个方面展开。

行业价值链分析。行业价值链分析就是明确企业在行业中所处的位置，调整企业在行业价值链中的位置与势力范围，把握成本优势并找到与自己从事相同价值活动的竞争对手的比较成本优势。

竞争对手价值链分析。摸清竞争对手产品或服务的成本水平、成本构成及成本项目的支出情况，然后将其与本企业产品或服务的成本对比，找出差距，分析原因，采取针对性的措施，并据此确定自己的价格策略，把握竞争主动权。

客户价值链分析。客户价值链分析，一方面可以通过对客户的销售活动和需求状况的了解，合理安排交货时间、数量、品种，避免盲目生产造成的积压成本；另一方面可以通过与分销商建立战略联盟或者直接通过整合的方式来避免中间交易成本和销售费用，把握降低成本的主动权。

供应商价值链分析。通过企业供应商价值链分析，选择合适、稳定的供应商，并与供应商建立合作联盟来节约材料采购成本，保证原材料质量，避免采购风险，确保交易时间，降低或避免各种不必要发生的交易成本。

第二节　差异化战略

差异化优势是企业竞争优势的重要来源之一，差异化战略也是重要的业务战略之一，为企业构建并保持长期可持续的竞争优势提供了重要的方向和思路。

一、差异化战略概述

差异化战略就是通过产品或服务上的差异使企业获得某种垄断性要素，进而建立有利的竞争优势，实施差异化战略对提升企业在某业务领域的竞争力起着重要作用。

1. 差异化战略的含义及实质

差异化战略是指在产品（服务）的形成要素上，或在提供产品（服务）过程的诸多条件上，设计一系列有意义的差异，以便使本公司的产品（服务）同竞争者的产品相区分，造成足以吸引消费者购买的特殊性，从而获得溢价收益，取得竞争优势的一种战略。

产品或服务的差异化意味着可替代产品的减少和替代程度的降低，而完全的不可替代性，实际上就是垄断。由于任何企业几乎都不可能在市场上维持全部的或长期的垄断，所以只有通过差异化才有可能维持部分垄断要素，进而保持长期的竞争优势。因此，差异化战略实质上就是追求垄断性要素的一种方式。

2. 差异化战略的作用

企业在某业务领域实施差异化战略可以起到以下作用：

（1）防止竞争者的侵害。通过实施差异化战略，企业可以树立起一个有效的壁垒，使竞争对手在一段时间内无法填补差异空白，使企业建立起稳固的竞争优势地位，获得高于行业平均水平的收益。

（2）形成进入壁垒。实施差异化的企业，由于产品或服务具有吸引消费者的特殊性，消费者对该企业具有一定的偏好和忠诚。新进入者要加入该行业并与之竞争，就要克服因产品或服务的差异化而形成的进入壁垒。

（3）避免替代品的威胁。由于产品或服务具有特殊性，赢得了消费者的信赖，因此替代品只有具备更强的吸引力才能使消费者改变购买偏好，要做到这一点，替代品厂商需要付出更大的代价。因此，差异化可在一定程度上阻止和延缓替代品的威胁。

（4）增加对供应商的应对能力。实施差异化战略可以产生较高的边际收益，使企业获得超额利润，从而可以轻松应对供应价格的波动，稳定与供应商的长期合作关系。

（5）削弱消费者的讨价还价能力。因为企业提供的产品或服务难以替代和模仿，使消费者几乎没有比较选择的机会，从而降低对产品或服务价格的敏感性；同时，企业提供差异化的产品或服务可以提高消费者的转换成本，增强消费者的消费依赖性。这些都可以削弱消费者的讨价还价能力。

二、差异化战略的基础

实施差异化战略建立在经营资源异质性和消费者偏好异质性的基础之上，产品属性的多样性、可重组性和现代科技的发展为差异化战略实施提供了现实可能和技术手段。

1. 企业经营资源的异质性

企业是各种资源的集合体，由于各种原因，企业拥有的资源各不相同，具有非常明显的异质性，这决定了企业竞争力来源的差异，因此，资源异质性是企业实施差异化战略的基础。

2. 消费者需求偏好的异质性

消费者需求偏好的异质性是差异化战略的重要现实基础。正因为消费者需求存在差异，企业就可以通过提供一种适合特定消费群体需求偏好的产品，而获得消费者的青睐。同时，选择与其他企业不同的消费群体作为目标市场，就可以在一定程度上缓解甚至避免同其他企业的竞争。另外，企业的产品或服务也具有各种各样的属性，其属性的组合方法不计其数，这为企业实施差异化战略提供了较大的可能性。从技术层面来说，科学技术的迅速发展也为实施差异化战略构筑了技术基础。

三、差异化战略实施的影响因素及适用条件

1. 差异化战略的影响因素

企业差异化战略的实施受到以下因素的影响：

（1）政策选择。企业的政策选择不仅包括企业的长期发展方向、企业的核心目标等战略性问题，也包括企业在研发、采购、生产、销售、管理等过程中的实施原则和具体操作问题。形成企业差异化的政策选择是多种多样的，关键是企业的决策层要有强烈的差异化意识、明确的政策导向和超强的执行能力。

（2）价值活动的联系。实施差异化战略，应在整体价值链上寻求与竞争对手不同的特色，并且与其他相关企业价值链相互匹配、相互促进。

（3）时间意识。企业经营的时间意识主要包括进入市场的时机选择和生产经营的反应速度。市场的率先进入者通常会在声誉、技术、渠道、资源等方面形成后来者难以比拟的差异化优势。另外，把时间作为获取差异化优势的关键资源，还体现在缩短产品开发周期、快速回应顾客需求、柔性制造等管理时间的运营方式上。

（4）企业规模。企业规模不同往往意味着其可以利用的资源的差异，差异化的资源是形成差异化战略的基础。同时，随着企业规模的扩大，其一体化程度通常也会提高，一体化有助于增加企业经营及产品的独特性。这是因为，一体化可以形成新的价值活动，新的价值活动与企业原有价值活动的相互协调是企业差异化的主要来源。

（5）业务流程。形成满足消费者特殊需求的差异化优势不仅要经常协调相关的价值活动，还需要不断优化这些活动。相关活动间的资源共享、优势互补可以增加企业的独特性。

（6）地理位置。企业地理位置的不同，决定了企业可以利用的土地、资源、劳动力、市场、信息、理念等要素存在很大的差异。一般来说，选择不同的地理位置可以形成企业经营的差异化。

2. 差异化战略的适用条件

一般来说，实施差异化战略应当符合：企业具有很强的研发能力，研发人员的整体素质较高；企业具有很强的市场营销能力；企业具有丰厚的累积经验，并具有很强的学习和吸收能力；企业各部门之间能够协调一致；企业能够提供吸引高级管理人员和创造性人才的环境。

四、差异化战略的战略风险

差异化战略是企业获取竞争优势的有效方式，但它不能保证一定为企业带来有价值的竞争优势，这是因为差异化战略也存在很多战略风险，主要表现为以下两个方面：

1. 差异化不当带来的风险

差异化不当带来的风险是指企业在差异化过程中没有选择好差异化的方向或以不当的

方式进行差异化，其具体表现有以下几种：

（1）过度差异化。过度差异化即企业提供了消费者承受不起的或不值得购买的过分的差异化产品或服务。虽然企业对产品或服务的某一方面实施了差异化，但从消费者的角度来看，这种差异化可能太过夸张，或者差异化的成本与其他竞争对手的成本差距过大，导致产品价格过高，从而使消费者觉得承受不起或不值得购买，那么企业进行的差异化就不能被市场所认可，更不可能从这种差异化中获益。

（2）盲目差异化。差异化是为了更好地满足消费者某方面的需求，但是如果错误地为了差异化而差异化，盲目地为产品或服务创造特殊之处，以图得到消费者的青睐，而这些特殊之处因为消费者的不懂或不便使用，并没有使消费者获得相对较多的收益，这种差异化就不会得到消费者的接受和认可。

（3）顾此失彼。产品或服务某一方面的差异化可以引起消费者的关注，但如果在某一方面差异化的同时，忽略了产品的其他重要方面，或在其他方面存在缺陷，差异化的效果就会被消费者否定，差异化战略最终会归于失败。

（4）宣传不足。只有消费者理解并接受了企业创造的差异化的价值，市场才可能接受这种差异化，否则，再好的差异化也等于不存在。如果企业没有及时向消费者宣传差异化的价值，那么企业提供的差异化就无法被消费者所理解和接受。

2. 竞争带来的风险

竞争对手的竞争行为也会为企业的差异化战略实施带来战略风险，具体表现为如下方面：

（1）竞争对手的模仿。企业所提供的差异化产品或服务的优点被竞争对手模仿，削弱了产品或服务的差异化优势，价格势必会随着产品或服务的趋同而降低，使企业利润降低，甚至会使企业丧失竞争优势。

（2）竞争对手更大的差异化。随着竞争的加剧，竞争对手可能推出差异化程度更高的产品或服务，掩盖了企业的差异化优势；或者消费潮流转移，使本企业的差异化优势变成了劣势，而使竞争对手的劣势变成了优势，这就会使企业的经营陷入困境。

五、差异化战略的实施原则与成功关键

实施差异化战略必须遵循盈利性、明晰性、优越性、可接受性及不易模仿性等原则，并抓住预测市场动态、识别消费者购买标准和有效创新等关键问题。

1. 实施差异化战略的原则

实施差异化战略并不意味着企业产品或服务的一切都要差异化，也并非所有的差异化都有意义或价值，根据菲利普·科特勒的见解，有效的差异化应遵循以下原则：

（1）盈利性。企业在制定差异化战略时必须做好费用预算，考虑实施的风险有多大，

能够给企业带来多大的利润，因为盈利是企业生存发展的基本需要。

（2）明晰性。以突出、明晰的方式提供其他企业没有的差异化，并能让顾客明显意识到这种差异化的存在。

（3）优越性。优越性即企业差异化的产品或服务给消费者带来的好处明显优于通过其他途径而获得相同的利益，同时，这种差异化也应该比其他企业具有明显的优势。

（4）可接受性。要通过一定的方式与消费者进行沟通，让消费者接受和认可企业所提供的差异化。同时，企业还要考虑差异化与价格之间的关系，不能忽视消费者经济上的承受能力。

（5）不易模仿性。企业要在影响差异化战略实施的关键因素上下功夫，建立差异化壁垒，使竞争者难以模仿，或模仿的代价巨大。

2. 差异化战略成功的关键

成功实施差异化战略必须准确预测市场动态、识别消费者的购买标准并不断进行卓有成效的创新。

（1）准确预测市场动态是实施差异化战略的基础。实施差异化战略，企业必须准确地预测消费者偏好的定位及变化。企业必须分析研究消费者的各种需求，尤其要特别关注并提早把握潜在消费意识的变化，从而根据不同的需求变化来选择和决定企业在市场上围绕什么来展开竞争，明确差异化诉求的基本点。差异化战略就是将自己的产品和服务塑造成与竞争对手不同的形象。因此，企业必须对竞争对手的产品或服务在市场上所处的位置以及营销策略等进行周密的调查、分析和研究，以了解竞争对手的经营特色，找出竞争对手的薄弱环节，以高超的质量、创新的设计、非凡的服务、独具一格的销售渠道来区别于竞争对手，确立本企业在消费者心目中的独特地位，进而获得竞争优势。

（2）识别消费者的购买标准是实施差异化战略的前提。差异化是符合消费者购买标准的标新立异，识别消费者的购买标准是实施差异化战略的必要前提。消费者的购买标准分为使用标准和信号标准。使用标准是指企业在满足消费者需求过程中创造价值的具体尺度。信号标准是指顾客借以判断产品是否符合其使用标准的一组信号。使用标准和信号标准之间不一定存在必然的联系，原因是消费者不可能运用复杂的技术手段对产品的一些使用标准进行鉴定，而只能借助于信号标准。信号标准主要包括：企业的商誉、规模、历史、产品的包装和外观、产品的市场占有率等。

（3）创新是差异化战略走向成功的动力。创新是企业保持差异化的关键，是提高企业市场竞争力的原动力。企业必须推陈出新，时时刻刻保持与对手的不同，才能使差异化战略走向成功。企业的创新应是多方面的。技术创新可以使企业生产出有别于竞争对手的产品，成为行业中的领先者，从根本上增强市场竞争力；服务理念的创新可以提供有特色的服务，使自己的经营有别于竞争对手；管理创新和组织创新，可以使企业产生新思路、新方法，从而树立良好的市场形象，创造有竞争优势的企业商誉。

六、差异化战略的实现路径

实施差异化战略的路径是多种多样的，既可以在形成产品的要素上实现差异化，也可以在向消费者提供产品的过程中实现差异化，具体来说，主要有以下四种。

1. 产品差异化

根据市场营销学对产品的定义，产品主要包括核心产品、形式产品和附加产品三个层次。核心产品是指产品的有用性和使用价值，它是消费者购买产品所追求的利益所在；形式产品是指产品的核心价值得以实现的载体，即产品与服务的形式或外观；附加产品是指产品包含的附加服务和利益。显而易见，同类竞争性产品的核心产品部分是难以区分的，因此，核心产品差异化的难度是非常大的。而它们的形式产品和附加产品部分却给企业提供了一个很大的产品差异化空间。企业可以利用各种宣传手段或者其他创新活动来实施企业的产品差异化，主要有以下几种方式：

（1）产品概念差异化。产品概念实质上是产品层次中的核心产品的外在表述。概念差异化要求企业用通俗、简洁和高度概括性的语言来定义产品的含义，并通过产品定位的强化，来体现产品层次中的核心价值。产品概念的差异化可以保持企业的差异化优势，方便消费者的购买。

产品概念的差异化应遵循概念定位、概念集中、概念专有的原则。其中，概念定位原则是指企业应集中于产品定位和消费观念的竞争，而不迷信于"只有最好的产品才能取得胜利"。概念集中原则是指企业应明确而有效地将概念集中于诉求产品的核心价值上，不要泛泛而论。概念专有原则是指企业应该提出与竞争对手截然不同的产品概念，并且要独占这一概念。

一般来说，企业可以通过如下策略实现产品概念差异化：①针锋相对策略。为了创造自己专有的概念，企业可以针对竞争对手的产品概念，结合自己的独有特征，总结出与竞争对手完全对立的概念。②继承创新策略。在原有产品概念的基础上进行创新，取其精华、去其糟粕是一条产品概念差异化的捷径。③超越创新策略。否定原有产品的核心价值，树立全新的产品概念，这是概念竞争和概念差异化的最高形式。

（2）产品属性差异化。每一种产品都有着不同的属性，如质量、档次、特色、样式、功能以及款式等，产品属性差异化是最直接的产品差异化途径，也是一般意义上的产品差异化。具体来说，产品属性的差异化主要有以下几种：

产品特色差异化。特色是指产品具有的内在质量、功能、样式、包装等方面表现出来的独特性。

产品质量差异化。产品质量的竞争要以消费者的可认知质量为标准，因此，在确定产品质量等级和水平的时候，要考虑三个方面的因素：质量的提升能否使顾客觉察出产品价值的提高；产品质量与企业获利之间并不总是表现为线性相关的关系；竞争对手的模仿可能会生产出成本更低的高质量产品。

2. 品牌差异化

品牌差异化是指通过适当的传播媒体，传播和扩散产品信息，树立起产品的良好形象，与市场同类产品实现有效的区隔。

品牌一般包括四个基本要素：品牌知名度、品牌认知度、品牌联想度以及品牌忠诚度。企业的整个品牌差异化管理活动都是围绕着实现这四个基本要素而展开的。

品牌知名度是指消费者想到某一类产品时脑海中想起或联系到某一品牌的程度。品牌知名度由低到高可分为无知名度、提示知名度、未提示知名度和第一提及知名度。企业利用各种能接触到消费者的机会，向消费者传递品牌的相关信息，可以提高品牌知名度。

品牌认知度是指消费者对某一品牌在品质上的整体印象，如功能、可信度、耐用度、外观等。企业加强产品质量控制，提高产品创新力度，同时通过各种传播渠道，将各种能够表达产品品质的综合信息及时传递给消费者，全面提升产品的品质形象是品牌差异化的基础。

品牌联想度是指消费者通过品牌而产生的有关产品的归属、使用的场合、生产企业、品牌个性和符号等的联想。品牌联想是品牌定位和与消费者不断沟通的结果，它是品牌延伸的依据，也是消费者购买的理由。

品牌忠诚度是指消费者购买决策过程中所表现出来的对某个品牌的倾向性的而非随意性的行为过程。品牌忠诚度是品牌价值的最终体现，消费者对一个品牌的忠诚度越高，该品牌的品牌资产也就越大。

（1）品牌差异化的定位。品牌差异化的定位是指企业有意识地通过建立功能性差异和情感性差异来形成与竞争品牌相区隔的定位策略。品牌定位不是一种短期的战术行为，定位的目的就是要让自己的品牌与市场同类别品牌建立有效的区隔，建立与消费者长久稳定的关系，企业必须从战略的高度来认识品牌定位差异化的重要性。在对品牌进行差异化定位的过程中，要注意两个问题：①品牌定位差异化是企业有意识建立的。②品牌核心价值主要表现在品牌功能性价值、品牌情感性价值和品牌自我表现性价值三个方面，而形成差异化品牌定位的目的是最终能够提升品牌价值。

（2）品牌差异化的开发。品牌差异化可以从品牌的功能性、情感性和自我表现性三个方面进行开发。

品牌功能性差异化。企业对消费者和市场进行深入研究，开发出能满足特定目标消费群的具有新功能或附加功能的产品，同时在品牌识别中突出和强调产品的特色功能，就可以成功地建立品牌的功能性差异。

品牌情感性差异化。建立品牌的情感性差异化可以从几个方面努力：①刺激目标消费者头脑中已经存在的"感情结"，并使之与企业的品牌融合在一起。②对目标消费群体表现出某种热切的憧憬。③对目标消费者的生活方式表现出理解和认同。

品牌自我表现性差异化。品牌自我表现性差异化是一种对目标消费群体个性化主张的渗透和融合。品牌的自我表现性差异化可以从几个方面来考虑：①通过一个简明扼要、不合常规的信条来标榜自己的品牌，让这一信条赋予消费者一种明显的身份。②有的放矢地传递目标消费者最渴望拥有的那种性格。

3. 服务差异化

服务差异化主要体现在附加价值的竞争上。服务的无形性、服务的不可分离性、服务的可变性、服务的易消失性等特点对服务差异化有重要的影响。其中，服务的无形性是指消费者在接受服务之前看不到服务的成效，因此，服务具有较大的购买风险，降低购买风险是企业服务差异化策略的主要途径。服务的不可分离性是指服务的产品与消费者的消费是同时进行的。服务的可变性是指服务效果的不可确定性，这使服务质量的评级极其困难，因此，服务质量的稳定也是服务差异化的重要方面。服务的易消失性是指服务不能保存及消费过程的快捷等，服务的这一特性使得服务的供求矛盾突出，企业如果能够在服务供求的有效平衡方面做出差异，不仅可以实现差异化，也可以获得成本优势。

（1）服务人员差异化。人员是服务的使动者，是服务的主体，服务人员差异化一般通过人员的综合素质来体现。无形服务占的比重越大，消费者对产品和服务质量进行评估就越困难，人员差异化就越发重要。

（2）消费过程差异化。消费过程的差异化在本质上是消费行为个性化在营销中的体现，它主要通过提高服务产品消费过程的可进入性来实现。服务产品消费过程的可进入性主要是通过消费者对某项服务的熟悉程度和对某个消费过程控制程度的差异而产生的风险感和距离感来衡量。

（3）服务质量差异化。保持服务质量的差异化比创造服务质量的差异化更困难。因为服务的无形性使服务质量很难为消费者认可和正确评价。所以，服务质量最大的问题不是如何实现差异化，而是如何保持差异化。如果能使服务质量的差异始终保持，并向消费者传递这一差异，那么服务的质量差异便可为企业带来竞争优势。

（4）服务流程差异化。由于服务不像一般有形产品，能以客观标准进行衡量，而消费者对服务质量的感知，通常在很大程度上是由心理因素决定的。由于一般企业在服务产品上很难做到标准化，从这个意义上来讲，企业如果能够在服务流程上有效地实现标准化，那么该企业就在同行业中实现了有效的服务竞争策略差异化。

4. 渠道差异化

渠道差异化是通过销售渠道差异而形成的差异化。由于设立和维持营销渠道通常是一个长期行动，所以渠道的差异化也具有长期性。虽然实施代价巨大，但一旦实施成功，竞争对手就很难在短期内模仿，因此在获取竞争优势方面，这种方式比其他方式更能为企业提供潜在竞争力。

（1）渠道差异化的形式。在渠道设计上企业会有很多种渠道结构的选择，通常渠道的差异化主要体现在：①渠道的级数，对企业来说，实际考虑的方案范围通常是 2 级或 3 级；②渠道的密度，是指在渠道的每个等级上的中间商数量；③中间商的类型。综合考虑以上三个方面，企业可以得到可供选择的渠道结构。

（2）渠道差异化的决策变量。

企业变量。企业规模、财务能力、管理经验以及目标和战略是影响渠道差异化的最主要因素。

产品变量。产品变量是影响渠道差异化决策的另一个重要因素，它主要包括以下因素：体积、重量、单位价值、标准化程度和技术含量等。

市场变量。在开发和评估营销渠道时，决定性的因素就是目标市场，市场变量的地理布局、市场规模、市场密度、市场行为四个子变量尤为重要。

第三节　集中化战略

集中化战略是企业集中资源和能力针对某一特定市场建立竞争优势的战略，能够帮助企业在特定市场形成独特的竞争力，但也有许多风险，企业必须认真分析自身与市场的特点，慎重选择实施。

一、集中化战略的含义

集中化战略，又称集中战略、重点集中战略，也称作目标集聚战略、专一经营战略，是指企业集中现有资源和能力，将经营目标集中在特定的产品、消费群体或区域市场，在有限的竞争范围内建立独特的竞争优势。

集中化战略不同于成本领先战略和差异化战略，并非致力于实现所有产品、全行业范围内的目标，而是围绕一个特定目标开展经营和服务。采用集中化战略的逻辑依据是：企业能比竞争对手更有效地为某些特定顾客群体服务或生产某种产品。因此，企业既可以通过差异化战略来满足某一特定目标群体的需要，也可以通过成本领先战略服务于该目标群体，或者两者兼而有之。从总体市场来看，尽管集中化战略没有在所有产品和全行业范围取得成本领先和差异化优势，但它必须在特定的目标市场范围内取得低成本或者差异化。三种竞争战略之间的关系如图10-2所示。

		竞争优势	
		成本领先地位	独特性
竞争范围	全行业范围内	成本领先战略	差异化战略
	某个特定市场	集中化战略	

图10-2　三种竞争战略的关系

二、集中化战略的适用条件

企业或业务单元实施集中化战略的关键是选择好战略目标，选择目标的一般原则是，企业或业务单元要尽可能地选择那些竞争对手相对薄弱的环节以及最不容易受替代产品冲击的目标市场。不管以低成本为基础的集中化战略还是以差异化为基础的集中化战略都比较适合：企业所选择的目标市场规模可以保证其盈利或者该市场规模具有较大的成长潜力；在同一细分市场中没有其他的竞争对手采用同一战略；企业拥有足够的资源和能力，能保证在其所选择的目标市场上取得胜利；企业凭借其在特定目标市场上建立起来的商誉可以有效地防止竞争对手尤其是强大竞争对手的竞争。

集中化战略是一种避免全面出击、平均使用力量的战略，也是一种进行产品和市场的深度开发，促使企业获取增值效益的战略，其集中是从竞争的态势和全局出发的，目的是争得竞争中的有利形势和主动地位。集中化战略要求企业把有限的资源和能力集聚在某一方面，力求从某一区域、某一专业、某一行业进行渗透和突破，形成和凸显局部优势，进而通过局部优势的能量累积和市场的深度开发，争得竞争中全局的主动地位和有利形势。

三、实施集中化战略的战略利益

实施集中化战略可以有效防御行业中的各种竞争压力，能够通过在特定目标市场中建立独特的竞争优势从而避免替代品的威胁，可以针对竞争对手的薄弱环节采取行动，通过成本领先或差异化优势提高自身的讨价还价能力。

企业实施集中化战略，将目标集中于特定的产品或市场区域，能够集中资源更好地生产某种产品或服务于特定的顾客群体，取得消费者的信赖和认可，从而提高企业的信誉度及其产品的社会美誉度和知名度。由于集中化战略的战略目标集中明确，经营成果易于评价，战略过程易于控制，从而带来管理上的便捷与高效。

四、实施集中化战略的风险

当然，集中化战略也有其缺点，主要是对环境的适应能力差，经营风险大，具体表现在如下方面：

实施集中化战略，企业必然将全部力量和资源都投在一种产品或服务上或一个特定的市场范围内。当消费者偏好发生变化，技术出现创新，或有新的替代品出现时，特定的消费群体对产品或服务的需求就会下降，这会给实施集中化战略的企业带来很大的挑战。

如果竞争对手针对企业所选定的特定目标市场采取了更优于企业的集中化战略，会导致企业的市场份额迅速下降，利润减少，甚至亏损或破产。

特定的目标市场可能会出现波动，产品销量会降低，产品或服务的个性化要求会不断更新，造成企业综合成本的增加，使集中化战略的战略利益丧失殆尽。

五、集中化战略的实施步骤

实施集中化战略一般都是从成本集中和差异化集中两个方面入手的，具体来说要做好以下几个步骤：

1. 选准目标市场和产品种类

选准目标市场和产品是第一环节，也是至关重要的一个环节。企业选择目标市场和产品的正确方法是将某一特定的细分市场对企业的要求同企业自身素质相比较，找到能够发挥自己优势的细分市场和产品种类。企业可以从几个途径来确定细分市场：消费者的重点集中，即企业将经营重点放在特殊的目标群体上；产品或服务的重点集中，即企业将产品线的某一部分或某一类产品作为经营的重点；地理区域的重点集中，即企业将经营重点限于按照地区的消费习惯和特点来划分的细分市场上。

2. 提高研发能力，做好产品创新

任何产品都有自己的生命周期，因此，企业要在自己服务的目标市场上占据有利地位，就必须不断开发新产品以满足目标客户的需求。

3. 做好营销管理

一般来说，实施集中化战略的企业面临的市场或消费群体都比较稳定，所以营销管理的重点是：增加销售渠道、寻求新的顾客、采用适当的价格策略等。

当然，市场渗透和市场开发这样的战略也可以为企业提供相当大的集中化优势。不过，企业在选择集中化战略时，应该在成本领先和销售量之间进行平衡和取舍，也应该在产品差异化和差异化成本之间进行权衡。

第四节　业务战略的选择

成本领先战略、差异化战略和集中化战略这三种基本的业务战略都有其战略利益和战略风险，企业或经营单位必须从自身的实际情况出发仔细慎重地选择业务战略。

一、业务战略选择的考虑因素

企业或业务单元选择业务战略时可以从以下四个方面进行考虑。

1. 经济发展水平

在高度发达的市场经济条件下，消费者的消费能力和消费水平相对较高，同时企业之间竞争激烈。此时，成本领先战略在很大程度上就失去了效力，差异化战略则更有用武之地。相反，在经济较为落后的条件下，大多数消费者的购买力低下，此时，成本领先战略会比差异化战略发挥更大的效率。

2. 生产与营销能力

一般来说，生产与营销能力较薄弱的企业，应该选择集中化战略，以便集中自身的优势力量服务于某一特定的消费群体或特定的市场区域。如果企业的生产能力较强而营销能力较弱，则可以考虑运用成本领先战略；相反，如果企业的营销能力强而生产能力相对较弱，则可以考虑运用差异化战略。如果企业的生产能力和营销能力都很强，这可以考虑在生产上采取成本领先战略，而在销售上采取差异化战略。

3. 生命周期

通常在产品的投入期和成长期，为了抢占市场，防止潜在进入者的竞争，企业可采取成本领先战略，以刺激消费需求，以低成本提高市场占有率，获取竞争优势。而到了产品的成熟期与衰退期，由于消费需求呈多样化、复杂化与个性化等特征，此时企业应该采取差异化或集中化战略。

4. 产品类别

不同的产品类别对价格、质量、服务等方面具有不同的敏感性，企业或业务单元可以采取不同的战略。

（1）资本品。通常，资本品大多都是标准化的产品，如钢材、煤炭等，在保证资本品基本质量的前提下，价格将成为竞争中的关键因素，因此企业在提供资本品时应采取成本领先战略。但对资本品中的专用机械类产品，因需要特别强调售后服务，所以，对此类产品应采取差异化战略。

（2）消费品。消费品通常是非专家购买的，绝大多数消费者都是依靠广告宣传、产品包装以及价格等因素来决定是否购买的，所以生产消费品的企业，应尽量使产品在品牌、服务和市场营销等方面具有差异化。

（3）日用品。日用品由于消费者几乎每天都使用，反复少量购买，因此应优先考虑采取成本领先战略。

（4）耐用消费品。耐用消费品是一次购买，多次使用或经久耐用的产品，这些产品的质量与售后服务非常重要，因此最好采取差异化战略。

二、业务战略选择中应注意的问题

在业务战略的选择问题上，波特提出了两个重要标准，即三种战略只择其一、避免夹在中间。

1. 三种战略只择其一

由于集中化战略实际上是在整体市场的某一特定范围内在成本和差异方面建立起自己的优势地位。也就是说，集中化战略是成本领先战略和差异化战略在整体市场中某一部分的运用。因此，在这里只讨论成本领先战略和差异化战略的选择。

从理论上来说，由于两种战略的实施条件和要求不同，所以不能同时实施成本领先战略和差异化战略。采用成本领先战略的企业应该选择那些同质化程度高、技术成熟、标准化的产品进行大规模生产，要求企业建立起高效的大规模生产设施，在学习经验的基础上全力以赴地降低成本，加强成本与管理费用的控制，最大限度地减少研发、生产、销售、服务、管理等环节的成本费用，在所有的生产环节都实行彻底的合理化，使自己的综合成本低于竞争对手的成本。

而差异化战略的基本特点是将企业提供的产品和服务差异化，明显区别于竞争对手，树立在行业范围内独具特色的东西，在消费者心目中建立起差异化的形象，同时，企业还要在销售方面组织大规模的广告宣传和产品推销活动。实施差异化战略，要获取有别于竞争对手的差异化，必然要支付额外的成本，只能以追加成本为代价。判断差异化战略成败的标志之一是实现差异化所增加的收益是否超过为此而增加的成本。

另外，每一种战略的成功实施都需要组织结构的适应与支持，成本领先战略要求组织结构具有专业化、集权化和规范化的特征，而差异化战略则要求职能的分权化和有限的规范化。

因此，从理论上讲，成本领先战略和差异化战略有各自的特点和使用范围，决定了企业如果同时实施差异化战略和成本领先战略会发生矛盾，从而在竞争中失利。企业要么采取措施获得成本领先或者至少达到与竞争对手成本同等的水平，要么使自己的产品或服务独树一帜，进而获得某种差异化优势。

2. 避免夹在中间

成本领先战略、差异化战略和集中化战略都是为了使企业或业务单元在市场中具有某方面的优势，从而在各种竞争力量的相互作用中处于比较有利的地位。波特指出，企业如果试图同时执行成本领先或差异化战略就会使企业陷入"夹在中间"的窘境（stuck in the middle），处于非常不利的战略地位。

三、现代生产模式下的业务战略选择

波特一再强调企业不能同时实施成本领先战略和差异化战略的观点，建立在一个基本假设基础之上，即同时实施这两种战略将使企业的生产运营系统发生混乱，同时消费者要么对价格不敏感、偏好差异化的产品，要么对价格敏感、偏好价格低廉的产品。

但在现代市场经济条件下，生产管理模式革命和信息网络技术的飞速发展，大量新技术在生产领域的应用，已经可以在降低成本的前提下实现差异化，使成本领先战略和差异化战略有效地融合。CAD（计算机辅助设计）、CAM（计算机辅助制造）、CAPP（计算机辅助工艺计划）、FMS（柔性制造系统）、AM（敏捷制造）、CIMS（计算机集成制造系统）等现代生产技术的运用实现了企业开发、设计、制造的高度集成化和模块化，极大地提高了企业生产的柔性、敏捷性和适应性，同时又降低了新产品的设计和生产成本。因此，信息技术在企业生产层面和管理层面的大范围运用，使大规模定制和个性化生产成为可能，同时满足了消费者对产品差异化和低价格两方面的需求。

如今，在大多数行业内，只有既做到有效的差异化又能保持成本领先的企业才能成为市场的领导者。在竞争激烈的成熟市场，应用网络信息技术，将成本领先战略和差异化战略有效地融合起来，实施融合性战略，可以兼得成本领先和差异化两种战略的好处，获得超过平均水平的利润，取得竞争优势地位。所以，波特提出的选择业务战略的基本标准在当前的时代背景下已经发生了变化，不能作为一个绝对的原则了。因而在进行战略选择时，一个企业或业务单元可以考虑：在不同的产品线上采取不同的竞争战略、在价值链的不同环节采取不同的竞争战略或在不同时期采取不同的竞争战略。

本章思考题

1. 何为成本领先战略？对企业有何作用？

2. 成本领先战略的基本思想是什么？有哪几个层次的目标？

3. 实施成本领先战略有哪些影响因素？

4. 什么情况下适用成本领先战略？有哪些战略风险？

5. 企业如何实现成本领先？

6. 差异化战略有什么作用？

7. 实施差异化战略有哪些影响因素？适用于什么情况？

8. 差异化战略有哪些战略风险？

9. 实施差异化战略有哪些原则？成功的关键是什么？

10. 差异化战略如何实现？

11. 集中化战略有何战略利益与风险？

12. 选择业务战略应考虑哪些因素？

13. 波特认为业务战略选择应注意什么问题？

14. 在现代生产模式下如何选择业务战略？

第十一章
职能战略的实施

职能战略是企业总体战略和业务战略的基础，也是培育企业竞争优势的基础。本章全面讨论了企业 14 种职能战略的实施问题，按照生产运营型、资源保障型和战略支持型的分类分别进行了论述。

通过学习本章，读者应着重了解企业职能战略的分类与整体框架，了解各种职能战略的概念、含义与基本理论要点，掌握各职能战略实施的关键问题和解决方案，提高战略执行力。

第一节　生产运营型职能战略

生产运营型职能战略是企业的基础性职能战略，涉及企业生产运营的主要方面，包括研究与开发战略、筹供战略、生产战略、质量战略、营销战略和物流战略。

一、研究与开发战略

　　企业的研究与开发活动对树立和增强企业的竞争优势，保持技术垄断或突破技术壁垒，开拓全球市场，保障企业的可持续发展具有重要意义，因而研究与开发战略（以下简称"研发战略"）在企业的职能战略中越来越居于特别重要的地位。

1.研究与开发战略概述

　　研究与开发战略制定了企业研发活动的目标及实现该目标的战略措施，以指导企业的研究开发活动，支持企业战略的实现。

　　研究与开发是人们不断探索、发现和应用新知识的过程。通常可将这一过程进一步划分为三个阶段：基础研究、应用研究与试验开发。基础研究是针对人们关注的某些界限不太明晰的领域和关于生产及生产部门的各类问题的知识。应用研究的目的在于运用基础研究中获得的知识成果解决特定技术问题。而进入试验开发阶段，则要采取必要的步骤将新工艺或新产品予以实现。于是，一项发明便出现了，将这一发明商业化并成功推向市场，就圆满结束了技术创新过程，如图11-1所示。

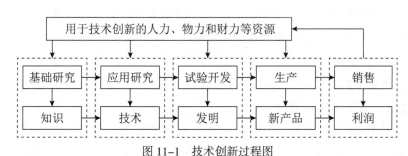

图11-1　技术创新过程图

资料来源：郭碧坚.基于企业战略的高技术企业研发活动的选择[J].科技进步与对策，2003（4）.

2.研究与开发战略的分类

　　（1）领先型研发战略。领先型研发战略是指企业寻求成为技术变革的创始者和新产品营销者的一种研发战略。其战略利益是：领先者将具有良好的声誉；可以优先选择市场定位和产品种类；可以提高消费者的消费忠诚度，提高消费者改用其他企业产品的转换成本；可以优先选择销售渠道和供应商；能够产生较大的经验曲线效应；能够获得制定标准的主动权；取得技术专利，提高竞争地位；获取高额的早期利润，等等。

　　该战略的风险主要表现在首创费用的支出和环境变化的风险两个方面。首创费用主要包括研究与开发、训练教育、开发用户的初始需求、早期较高的单位成本等。环境变化的风险主要表现为：消费者需求的变化，当消费需求发生变化时，领先者的前期投入将会付之东流；技术的快速变化，技术的变化使领先者的首创技术成为老一代的技术，丧失技术领先的优势地位；竞争对手的低成本模仿，如果竞争对手以更低的成本模仿领先者的首创，将会使领先者受到很大的竞争威胁。

企业在采取领先型研发战略时还要考虑技术领先地位的持久性，如果技术领先地位能持久存在，并且领先的战略利益大于战略风险，采取领先型研发战略就是适宜的。

（2）追随型研发战略。追随型研发战略是指迅速创新性地模仿领先者的技术或产品，并将自己的创新产品快速推向市场的一种战略。

追随型研发战略不需要强大的研究力量，也不需要开发消费者的初始需求，只要善于总结领先者的经验和教训，力求开发出更符合消费者偏好的产品，扩大需求量，吸引原有领先者的用户，就可以避免领先型研发战略风险而取得领先者的某些好处，在领先者的基础上更进一步。但如果领先者的技术门槛太高，或者采取追随型研发战略的竞争对手过多，或者自身的营销能力较弱，采用该战略的效果就会大打折扣，同时，采用该战略还有专利侵权的风险。

（3）模仿型研发战略。模仿型研发战略是指大规模地生产与新产品性能类似但价格便宜的产品，从而成为低成本企业的一种战略。

该战略要求企业在厂房和设备上进行大量的投资，要求企业擅长低成本运营，同时要具有较为完善的销售渠道和高超的营销水平。采用该战略的企业应该选择需求量大、技术基本定型的产品或服务，以充分发挥规模经济效应，实现成本领先。

3. 研究与开发战略的实施

企业实施研发战略主要涉及研发产品的技术选择及研发技术、研发组织、研发风险、研发质量、研发人员等方面的管理。

（1）研发产品的技术选择。创新产品要想获得市场的认同，最重要的一点是产品要有技术优势。企业在选择产品范围、产品技术时要处理好以下问题：树立正确的技术创新观，以增强企业的竞争力为目的；充分考虑创新成本和市场需求，重视技术积累；开发系列化、多规格性和相关性的新产品；注意知识产权保护。

（2）研发技术管理。研发技术管理主要涉及研发整体规划、划分研发阶段和定义研发过程等问题。

研发的整体规划。研发整体规划是新产品开发的重要保证，它包括企业现有研发基础分析、项目研发人员的需求和配置、经费预算、研制周期估算、技术路线、设备环境需求和配置、结果状态确定、测试方法、验证状态等。

划分研发阶段。产品的研发过程按照研发顺序可分为需求分析阶段，设计阶段，仿真验证阶段，试生产阶段，开发、调试阶段，测试验证阶段。在产品研发前，要对研发阶段进行明确划分，定义每个阶段的任务及进度安排等。

定义研发过程。企业在对产品研发给出定性要求时，还要对研发的技术状态进行量化，对中间状态进行定义，以实现对最终结果和研发过程的有效控制。

（3）研发组织管理。企业在产品研发过程中，不可能所有的技术都自行开发，要更多地采用当前成熟的技术，大量吸取别人成功的经验；企业要把人力资源、设备资源和资金放在关键技术的研发上，要重视系统总体目标的实现和系统综合技术的提高；同时企业要对研发人员的技术等级和专业分工定义清楚，通过明晰的分工，使研发人员各尽其能、各尽其职。此外，企业还要加强研发控制，以市场需求定义产品的功能要求，以市场时间定义研制进度，从而确定产品的技术状态、研制状态和研发结果。

（4）研发风险管理。研发的风险大致可分为三类：①技术风险，包括新产品的技术可行性，新产品的硬件、软件能否满足要求，是否有相应的技术来解决产品应该实现的目标等。②财务风险，包括企业承担该产品研发的能力，研发人员对财务预测的信心，新产品是否能为企业带来足够的经济效益，企业的资金来源渠道等。③市场风险，包括新产品能否销出去，消费者对该产品的接受程度，还有，竞争对手是否能更快、更好地研发出更新的产品等。企业在新产品的研发过程中要做好风险管理，使产品的潜在收益最大化，潜在风险最小化。研发风险管理涉及风险识别、风险量化、制订风险应对计划和风险控制等环节。

（5）研发质量管理。研发质量管理要做到：①做好质量计划编制。包括确认与研发产品有关的质量标准及实现方式，明确产品的设计质量指标、明确产品设计质量的实现方式、量化设计余量，允许产品升级并为升级计划合理的响应时间。②加强产品测试。企业不仅要加强产品的最终测试，还应认识到几乎在产品研发生命周期的每个阶段都要测试。③重视产品的安全性设计。产品的功能不仅要在理想工作情况下可以实现，在恶劣的工作环境下也应该能实现；新产品不仅在正确操作下能够完成功能，在误操作下也应该能正确完成功能。

（6）研发人员管理。由于知识的隐含性，研发人员的内部思想活动、研发的效率又很难判定，因而企业在实施研发战略时必须充分认识到研发人员选拔和激励的重要性，并根据自身实际情况，制定出合理的人员选拔和激励机制。

4. 研究与开发战略的路径选择

研究与开发战略的路径从总体上来说有两种：建立自己的研发力量和从外部获取研发力量。两条路径的选择有以下原则：

（1）如果技术进步速度较慢，市场增长速度适中，而且对新的市场进入者存在明显的障碍，那么在企业内部建立研发力量是可取的。因为成功的研发将会使企业在较长一段时期内保持产品或技术的垄断，从而获得超额利润。

（2）如果技术变化迅速而市场发展缓慢，那么大力度的研究与开发可能会具有很大的风险。原因在于企业最终可能会开发出过时的和没有市场需求的技术。

（3）如果技术变化缓慢但市场增长迅速，那么企业可能没有足够的时间进行内部研发。最好的方法是从外部获取专有或非专有的研发能力。

（4）如果技术与市场发展速度都较快，则可以通过收购该产业一家技术优良的公司而得到较高的研发能力。

二、筹供战略

企业的生产经营活动和战略的实施离不开各种物资和资源的支持，筹供战略的核心内容就是为企业提供资源保障，保质保量及时地筹措和供应各种资源，支持企业发展。

1. 筹供战略的含义与内容

筹供战略包括"筹"和"供"两方面的含义。"筹"就是筹措，是指从企业内外部环境中如何低成本、高质量、高效率地筹措生产经营所需的各种物资和资源；"供"即供应，就是将筹集的资源在准时、准确、保质、保量的基础上供应到企业相关单位。筹供战略的主要任务就是在恰当的时间，从合适的供应商那里购买数量、质量恰当的物资和服务，并将物资和服务高效地供应给所需部门，以最小的投资、最短的时间、最快的速度和最高的效率来确保企业物资供应的充分性、连续性、及时性和高效性。

2. 筹供战略的实施

筹供战略的实施主要通过确定应购项目、寻找供应源、评定供应商、建立合作关系和使筹供流程增值最大化等环节来完成。

（1）确定应购项目。实施筹供战略的首要问题是决定企业应该采购哪些物资或服务。首先，企业要明确，对技术含量低、市场成熟的产品或服务可选择外购；对涉及核心技术的产品，则应尽量选择自制。其次，企业可按照市场的供需状况、风险程度和物资的成本价值比重对所采购的产品进行分类，对供应紧张、高风险、高成本的物资和服务进行重点管理。最后，合理安排采购成本。采购成本可分为直接成本和间接成本。直接成本是指采购时的直接支出，如支付采购产品的价格、储存费用等；间接成本是指采购过程中的间接支出，如管理费用、业务费用、花费的时间等。对于直接成本，可通过引入竞争、采用经济订货批量等方式来降低；对于间接成本，可通过优化采购流程、实施电子采购、减少人力消耗等方式来控制。

（2）寻找供应源。一旦确定了采购项目，企业就必须设法获取供应商的信息，对其进行分析和评价，为采购供应做好准备。

（3）评定供应商。评定供应商通常有三个基本标准：价格、质量和交货情况。更精细的评定标准主要有：产品和服务质量与水平；供应商的成本结构、地理位置和历史记录；生产、技术、管理能力；员工素质；财务和信誉状况，等等。此外，还要考察供应商遵纪守法的情况、信息系统的水平以及供应商所在国的法律政策环境等内容。

（4）建立合作关系。实施筹供战略，企业应该改变与供应商之间的"零和"竞争关系，建立"无缝"的战略伙伴关系。这种关系主要呈现出以下四个特点：企业和供应商的关系是一种长期稳定的合作伙伴关系；供应商的数量减少，而且地理位置上尽可能靠近；这种关系是以合约的形式确定的，通过电子数据交换系统，企业与供应商之间各个层次都有相应的沟通；交易双方有着共同的目标，且相互信任、共担风险、进行全方位的配合。

（5）使筹供流程增值最大化。企业实施筹供战略的主要意义就是以最小的代价获取生产经营所需的各种资源，同时确保供应的连续性、准确性、高效性、及时性和适用性，以满足企业生产经营和长远发展的需要。因而必须使自身的筹供流程实现增值最大化，可以通过简化工作程序、加强内部信息沟通和改变库存管理模式来达到这个目的。

3. 供应链管理简介

实施筹供战略，要求企业必须树立供应链意识，了解和运用供应链管理的相关理论，将企业的筹供过程放到供应链的整体中去研究，提高筹供的效率和价值。

供应链的概念最早出现在 20 世纪 80 年代左右，但到目前为止没有形成统一的定义。一般认为，企业从原料和零部件采购、运输、加工制造、分销直至最终送到顾客手中的这一过程被看成一个环环相扣的链条，这就是供应链。供应链的概念主要包括：供应链参与者，包括供应商（原材料供应商、零部件供应商）、生产商、销售商、运输商等；供应链活动，包括原材料采购、运输、加工制造、送达顾客等环节；供应链的三种流，即物流、资金流和信息流；供应链的拓扑结构，即网络、链条和网链。

供应链管理也没有统一的定义，一般认为是对整个供应链系统进行计划、协调、操作、控制和优化的各种活动和过程，其目标是要将顾客所需的正确的产品，能够在正确的时间，按照正确的数量、正确的质量和正确的状态，送到正确的地点，并使总成本最小。

虽然学者们对供应链和供应链管理的定义不同，但基本思想都是强调采用一种集成的管理方法，通过供应链各环节的有机结合实现整体效率最高，未来的供应链管理将向着基于电子商务的供应链、全球化供应链网络、供应链网络安全、需求链、绿色供应链等方向发展。

三、生产战略

生产战略是企业职能战略中的基础性战略，直接决定着企业如何向社会提供产品和服务，决定着企业以怎样的方式、如何生存和发展。

1. 生产战略的含义及内容

生产战略，也称生产运作战略或制造战略，是指在企业总体战略或业务战略的指导下，制定企业生产活动的战略目标及实现该目标的途径和手段，指导企业生产活动，以实现企业的战略目标，获取竞争优势。

生产战略主要包括：①确定生产战略目标，即制定生产职能活动欲实现的发展目标。②生产过程决策，即实际生产系统的设计，具体包括生产技术选择、生产设施提供、工艺流程分析、生产设施布局、生产线平衡、工艺控制和运输系统分析等。③生产能力决策，即确定最佳的产出水平，具体包括市场预测、设施计划、综合计划、生产计划、生产能力计划以及排队分析等。④库存决策，主要涉及对原材料、在制品和产成品存量的分析、计划和控制，具体包括交货项目、交货时间、交货数量与质量、在制品和产成品的储存等。⑤人力资源决策，包括生产系统的岗位安排、流程设计、工作内容、工作标准和工作考核等。

2. 企业总体战略和业务战略对生产战略的影响

生产战略是企业总体战略或业务战略的细化，必须在总体战略或业务战略的指导下制定和实施，同时，生产战略支持和保障总体战略和业务战略目标的实现，相互之间存在很强的联动关系，见表11-1。

表 11-1　企业总体战略或业务战略对生产战略的影响

可能的企业总体战略或业务战略	实施条件及对生产战略的影响
成本领先战略	需要更长的生产周期和更少的产品变化 需要专用生产设备和生产设施
以高质量为核心的差异化战略	需要做出更大的努力以保证产品质量，会导致生产成本提高 需要更加先进也更加昂贵的生产设备 需要更加熟练的技术工人，会导致工资总额和培训费用的增加
以优质服务为核心的差异化战略	需要更多、素质更高的服务人员 需要质量更高的服务设备和服务设施 需要对消费者需求或偏好做出更快的反应 需要更高效、更准确的信息系统以及更周密的协调 需要更大的库存投资
以产品创新为核心的差异化战略	需要更通用的设备和人员 会导致更高的研究和开发费用 会导致更高的再培训费用和更频繁地安装生产设备
纵向一体化战略	需要控制更长的生产链 可能导致某些生产环节的规模不经济 需要超出企业现有能力的更高的投资、技术和技能

3. 现代生产模式简介

由于不同行业的生产特点不同，不同企业的生产组织状况也不同，因此，生产战略的制定和实施在反映行业生产特点的同时带有很强的企业特色，也很难用一个固定的模式来描述。但从现代制造业的发展来看，已经出现了很多新型的生产模式，并有可能成为现代企业生产模式的主流。

（1）精益生产。精益生产是在日本丰田汽车公司创造的准时制造（just in time，JIT）生产的基础上发展起来的，是一种以最大限度减少企业生产所占用的资源、减少企业管理和运营成本为主要目标的生产方式。在其发展过程中出现了多种名称，如丰田制造系统、看板系统、零库存生产方式、世界级制造、连续流制造、准时制造等。

精益生产中的"精"，主要体现在质量上，追求尽善尽美、精益求精；"益"主要体现在成本上，表示利益、效益，成本越低，越能为客户创造价值，越能表现企业的效益。因此，精益思想不仅追求成本最低，而且追求用户和企业都满意的质量，追求成本与质量的最佳配置，追求产品性能、价格的最优化。精益生产的显著特征是：以团队工作为特点的工厂管理；以并行工程为特点的产品开发管理；以双赢为特点的供应链管理；以订单生产为目的和以售后服务为重点的顾客管理；以及具有强烈日本特色的企业经营管理。精益生产方式由准时制造、工厂自动化、全面质量管理和全员设备维护四大支柱构成。

（2）灵捷制造。灵捷制造（agile manufacturing）由美国里海大学和美国通用汽车公司于1988年提出，1991年美国国防部制订了灵捷制造计划。"灵捷"强调企业对市场的灵活、迅速、及时的动态适应。作为一种现代生产管理模式的灵捷制造，是基于以信息技术和柔性智能技术为主导的先进制造技术和柔性化、虚拟化、动态化的组织结构，以及先进的管理思想、方法和技术，能全面满足现代生产管理目标要求，尤其是对市场具有很好的动态适应性的生产管理模式。

灵捷制造主要包括三个基本要素：生产技术、管理技术和高智能化高技能的人力资源。其中，生产技术包括灵捷的技术支持、工作过程并行化、设计面向产品生命周期、分布式企业集成和分布式并行操作等特点。管理技术包括动态组织结构、虚拟企业、企业网络等研究领域。在人力资源方面，灵捷制造认为人员具有决定性的作用，强调通过继续教育和有效的激励手段培养具有丰富的知识和技艺，有丰富的想象力、主动性和创造性的企业员工。

（3）计算机集成制造系统。计算机集成制造系统（computer integrated manufacturing system，CIMS）是1973年美国哈林顿博士首先提出并在20世纪80年代得到发展与成熟的一种制造业先进管理模式，在降低成本和增强市场适应能力两方面具有显著优势。CIMS是通过计算机和自动化技术把企业的销售、开发设计、生产运作和过程控制等全过程综合在一起的集成制造系统，通常由管理信息系统、计算机辅助技术信息设计、计算机辅助制造和计算机辅助质量控制四个基本系统，以及数据管理和网络管理等辅助分系统共同构成。

四、质量战略

企业的一切生产经营活动都围绕着向市场提供符合客户质量要求的产品，因此，质量战略是企业职能战略的核心和关键。

1. 质量战略概述

1）质量战略的含义

质量是指反映产品或服务满足消费者明确或隐含需求能力的特征和特性的总和。质量是产品或服务有用性的衡量标准，是消费者选择的核心标准，是确定企业生死存亡的关键因素。质量战略是关于企业质量管理活动的战略目标及实现该目标的途径和手段，以指导企业开展质量管理活动，提高产品质量，实现客户满意。

2）质量战略的类型

质量战略大致划分为以下几种类型：

（1）领先型质量战略。一些技术力量雄厚，研发、管理能力强的企业，为了保持自身的领先地位，持续进行技术研发，不断进行产品创新，同时将产品或服务定位于高端市场，提供高质量的产品和服务，保持与竞争对手之间的距离。

（2）进攻型质量战略。根据主要竞争对手的产品质量状况，找出本企业同类产品的质量差距，采取针对性的战略措施，迎头赶上并力争超过，吸引竞争对手的忠诚消费者，以扩大自己的市场占有率，提高企业在竞争中的地位。

（3）模仿型质量战略。分析行业领先者的产品质量、产品档次和市场定位，模仿领先者的产品，并保持与领先者之间的距离，避免与领先者发生直接竞争。

（4）防御型质量战略。在企业大体保持原有产品质量水平和风格的前提下，提高进入壁垒，阻止或避免新进入者或竞争对手的竞争。

无论企业选择哪种战略或综合采用多种战略，都要根据企业实力、供求状况及竞争者的具体情况和变化趋势审慎决策。

3）质量战略对"顾客"的再认识

质量战略要求树立现代的"大质量观念"，即质量应满足与企业有关的利益相关者，包括顾客、雇员、股东、供应商、社会等的需求。从这点出发，顾客不仅是指产品用户，而是指一切为企业带来需求和机会的人或组织。

2. 质量战略实施中应注意的问题

（1）设置专门机构。质量战略强调高层领导强有力的支持和持续的参与，强调只有在公司经营者亲自参与的前提下，才能取得实实在在的成效。因此，应将质量管理职能分离出来，成立实施质量战略的专门机构，直接隶属于最高领导，为成功的质量战略管理创造条件。

（2）建立完善的控制系统。质量战略管理涉及企业产品的研发、生产及售后服务的全过程，也就是产品质量产生、形成和实现的全过程。在这个过程中，企业内部要素和市场环境都难免发生变异和意外事件，这就需要建立信息控制和协调机制。一个有效的、完善的质量战略管理系统应该是一个内含信息控制和协调机制的、以反馈控制为主的质量控制系统。

（3）培育质量文化。质量是企业的生命。因此，在企业的核心价值观中应当包含对产品质量的高度关注，这就需要企业创建以质量文化为核心的企业文化，使企业全体员工真正视质量为生命。

（4）运用计算机技术。计算机信息处理的客观性和严密性，不仅可以有效地防止人为因素对质量管理工作的干扰和破坏，确保质量战略实施的质量，还会使人们的质量意识发生质的飞跃。

3. 现代质量管理模式简介

一旦质量战略确定以后，企业就必须采取相应的方法手段来实现战略目标，现代质量管理模式如全面质量管理、ISO 9000 质量体系认证、6σ 质量管理等就是最佳的实施方法和手段。

（1）全面质量管理。菲根堡姆于 1961 年在《全面质量管理》中首先提出了全面质量管理的概念：全面质量管理是为了能够在最经济的水平上，并考虑到充分满足用户要求的条件下进行市场研究、设计、生产和服务，把企业内各部门研制质量、维持质量和提高质量的活动构成为一体的一种有效体系。

推行全面质量管理，必须满足"三全一多样"的基本要求，即全过程的质量管理、全员的质量管理、全企业的质量管理和多方法的质量管理。

（2）ISO 9000 质量管理体系。ISO 9000 质量管理体系是国际标准化组织（ISO）制定的国际标准之一，是在 1994 年提出的概念，是指"由 ISO/TC 176（国际标准化组织质量管理和质量保证技术委员会）制定的所有国际标准"。从 1987 年到目前为止，ISO 9000 体系一直都在增加标准，最新的标准是 2008 年版本，整体条文并未改变，细节有所加强。现在 ISO 9000 系列标准已被世界上 120 多个国家等同或等效采用为国家标准。我国在 20 世纪 90 年代将 ISO 9000 系列标准转化为国家标准，随后各行业也将 ISO 9000 系列标准转化为行业标准。ISO 9000 的基本思想是一个体系应能满足该组织规定的质量目标，确保影响产品质量的技术、管理和人的因素处于受控状态，无论是硬件、软件、流程性材料还是服务，所有的控制应针对减少、消除不合格尤其是预防不合格。

（3）6σ 质量管理。6σ 是由摩托罗拉公司于 1987 年率先提出并实施的质量管理方法，用于产品的质量改进。杰克·韦尔奇于 20 世纪 90 年代大力推行该管理法，从而领导了一场管理方面的革命。进而全球掀起了一股 6σ 的热潮。6σ 是关于质量控制和统计数字方面的概念，表示 99.99966%（3.4ppm）。通俗的解释是在企业的每百万次操作中仅有 3.4 个缺陷。

6σ 质量管理是以项目的策划和实施为主线，以数据和统计技术的运用为基础，以满足顾客需求为导向，以零缺陷和卓越质量为追求，以科学程序为模式，以取得经济效益为目的的一种质量管理方法和质量改进方法，而不是一种单一的技术。6σ 不仅是一个质量控制上的标准，更代表一种全新的思维和文化，一种工作理念和科学数量上的质量意识。任何一个 6σ 项目或问题的解决，都是从顾客需求出发，通过追求工作和质量的完美，让顾客满意。

五、营销战略

营销战略又称市场营销战略，是企业竞争性最强、与环境关系最密切、对环境变化最敏感的职能战略，也是直接决定企业能否得到市场认可从而生存发展的职能战略，越来越受到企业的重视。

1. 营销战略概述

企业营销战略是决定企业如何开展市场营销活动，使自己的产品和服务价值得以体现的重要职能战略，具有系统性、可行性、动态性和风险性等特点。

2. 营销战略实施中应注意的问题

企业在制定市场营销战略时，必须对战略环境中对企业营销有较大影响的环境因素进行全面系统的分析，其中，行业环境分析和竞争对手分析是制定企业营销战略的关键环节。

营销战略的核心问题是 STP，即市场细分、目标市场选择和市场定位。市场定位主要包括品牌定位、企业形象定位和营销组合定位，其中品牌定位和企业形象定位对企业的现实经营和未来发展影响最为深远，因此企业应专门制定战略支持型职能战略——品牌战略和公共关系战略，为塑造、保持和维护企业品牌和企业形象提供指导，详见本章第三节。

在激烈的市场竞争中，企业必须对营销环境的改变做出及时而正确的反应，提高市场营销反应速度，可采取措施：①建立市场营销信息系统，设专职机构和人员收集各类市场信息。②加强专业化训练，提高营销人员的整体素质。③建立科学、合理、有效的营销组织机构，提高工作效率。④加强沟通与合作。

营销战略控制通常包括年度控制、盈利能力控制、效率控制、策略控制四个方面。营销战略评价通常采用两种模式，即营销效果等级评价和营销审计。

3. 营销战略的实施方式

企业营销战略的实施多通过传统方式进行或以传统方式为基础，但在知识经济时代，越来越多的企业开始采用创新方式实施营销战略。

1）营销战略实施的传统方式

（1）细分市场策略。对于一个新的企业或者企业准备进入一个新的市场，必须首先进行市场细分，以确定自己准备进入哪些市场。可按收入层次、年龄层次、购买者人数等多种方法进行细分，细分市场时首先要考虑的就是消费者的需求和偏好。

（2）目标市场选择策略。企业在目标市场选择中需要考虑：①细分市场规模与本企业的实力和规模是否适宜。②细分市场是否对本企业具有吸引力。③细分市场是否符合企业的目标和资源。

（3）产品组合策略。企业在目标市场上不可能只提供一种产品，因此，必须实行产品组合策略。通常，对于刚起步的企业来说，产品之间技术的相关性应尽可能相近一些，产品的类型划分尽可能相似，这样，技术开发容易成功而且成本较低。在同一类产品中，新旧产品应有一个适当的比例，在旧产品尚处于销售鼎盛之时，就应未雨绸缪，预测市场动向，开发出新产品，最好做到生产一代、储备一代、开发一代。

（4）价格策略。产品价格对市场需求会产生很大的影响。价格涨落机制、买价与卖价机制、成本机制、供求机制以及利润机制都会影响价格的变化，从而影响市场的需求。一个企业要使用上述五种机制，根据不同情况选择其中一种或几种配合使用以达到开拓和占领市场的目的。

（5）渠道策略。常用的销售方式有大型超市、专卖店、连锁店、批发、零售等多种，每一种方式都有其优缺点，企业应根据行业和自身情况确定销售方式和渠道。

（6）服务策略。现代市场营销发展的趋势之一是服务营销的地位越来越突出，企业可以通过为用户提供满意的服务来赢得客户和市场。

2）营销战略实施的创新方式

（1）文化营销策略。文化营销策略是指通过产品的文化品位来吸引用户，开拓和争夺市场的战略。但文化策略只会在特定的目标市场使用时才更有效果，不能过高估计其效果，一般也不宜单独使用。

（2）共生营销策略。共生营销策略是指通过两个或两个以上相互独立的商业组织在资源或项目上的合作，达到增强市场竞争能力的目的。共生营销战略的方式一般包括共享设施等资源、特许经营、共同开发生产、共同销售、共同服务等。

（3）绿色营销策略。绿色营销策略是指企业以环境保护战略为营销理念，以绿色文化作为价值观，以消费者的绿色消费为中心和出发点，力求满足消费者绿色消费需求的一种策略。

（4）知识营销策略。知识营销策略是指以产品的科技创新和创新产品的科普宣传为突破口，深入浅出地向大众传播新的科学技术，通过科普宣传，让消费者萌发对新产品的需求，从而培育和创造市场的营销行为。

（5）网络营销策略。互联网、移动互联网已经成为对消费者影响越来越大的新兴媒体，企业利用现代信息网络资源开展营销活动也已经成为一种重要的营销方式。

六、物流战略

从 20 世纪 60 年代开始，企业的物流问题逐渐受到企业界和理论界的重视，物流被管理大师彼得·德鲁克等学者称为经济增长的"黑暗大陆""降低成本的最后边界"，是降低资源消耗、提高劳动生产率之后的"第三利润源"。

1. 物流战略的含义

物流战略是指在企业总体战略或业务战略的指导下，制定企业物流活动的战略目标及实现该目标的途径和手段，指导企业物流活动与物流管理，以实现企业的战略目标，获取竞争优势。

物流战略的内容包括物流战略的目标、物流战略的定位、物流战略设计、物流战略类型、物流战略态势以及物流战略措施和物流战略步骤等，其中物流战略定位、物流战略类型和物流战略态势是物流战略的基本要点。

2. 物流战略的分类

物流战略可按照实施方式、实施过程和发展方向进行分类。

1）按实施方式划分

按照实施方式，可以将物流战略划分为自营物流战略、协同物流战略和第三方物流战略三类。

（1）自营物流战略。由企业投资购置物流设施，组建物流部门承担企业物流职能。这种物流战略追求一种"大而全、小而全"的物流模式，不符合现代物流理念。但对于大型企业，特别是一些实施跨国经营战略的超大企业和大型连锁超市，这种物流战略则是一种较好的选择，因为它可以有效地控制成本和风险。

（2）协同物流战略。由几家企业联合起来共同完成物流活动，包括纵向协同和横向协同两种。纵向协同物流战略是处于流通渠道不同阶段的企业相互协调，形成合作性、共同化的物流管理系统。横向协同物流战略是指相同业态或不同业态的企业间为了有效开展物流服务、降低多样化和即时配送产生的高额物流成本而相互协同，形成一种集中处理物流业务的方式。

（3）第三方物流战略。第三方物流战略是把企业的物流业务外包给供需双方以外的第三者即专业物流企业实施的物流活动，它提供了一种集成化、专业化的物流作业模式，使供应链的小批量库存补给变得更加经济，而且还能够创造出比供方和需方采用自我物流服务更高的物流效益。

2）按实施过程划分

按照战略实施过程，可以将物流战略划分为内部一体化物流战略和外部一体化物流战略两类。

（1）内部一体化物流战略。内部一体化物流战略是企业管理者将物资管理和物资配送看成一个有机的整体，是企业内部物流职能的整合，将为企业带来竞争优势。

（2）外部一体化物流战略。外部一体化物流战略是供应链与物流职能的整合，会为供应链带来增值。协同物流和第三方物流是实施外部一体化物流战略的主要方法。

3）按发展方向划分

按照战略发展方向，可以将物流战略划分为规模经营导向物流战略和服务导向物流战略两类。

（1）规模经营导向物流战略。选择这一战略的企业，一般是以营业成本的降低和规模效益的提高为利润增长点的大型企业。例如，连锁经营的核心是商家凭借数量巨大的订货合同，从厂家拿到相当高的利润返还，再辅以集约化的管理，实行低价薄利经营。

（2）服务导向物流战略。选择这一战略的企业，除了考虑规模经营外，差异化、高水平的服务也是其考虑的重点因素之一。

此外，企业物流战略还可以按照服务范围划分为市域型物流战略、区域型物流战略和国际型物流战略；按照供应链的类型划分为推动式物流战略和拉动式物流战略；按物流技术形式划分为技术领先型物流战略和互联网物流战略等。

3. 物流战略制定中应该注意的问题

在物流战略制定中，企业应注意建立恰当的物流目标、进行准确的物流战略定位、根据企业情况选择适合的物流战略类型，还要对渠道设计和网络设计问题给予充分重视。

1）物流战略目标

物流战略目标是物流战略规划中各种专项策略制定的基本依据，首要目标是提高客户服务水平，提高客户得到所定购产品的速度和可靠程度；其次是降低成本，将与运输和库存等相关的系统总成本降到最低。

2）物流战略定位

物流战略定位要解决的主要问题是如何确定最优或是最符合企业战略的物流服务水平，这也是物流战略制定中的关键点和难点。物流服务水平与企业的物流成本是一对矛盾统一体：提高服务水平将提高产品的附加价值，促进产品销售，进而提高整个供应链的增值利益，但同时物流成本也将会加速增长。因此，确定物流服务水平实际上是物流成本与销售收入的均衡问题。

3）物流战略类型的选择

企业选择物流战略类型主要考虑以下因素：

（1）物流成本在企业整体成本中所占的比重。如果企业对物流有较高需求，物流成本在经营成本中占较大比重，而企业对物流配送也具有较强的管理能力和业务处理能力，在此情况下，企业可以采用自营物流的方式，以降低物流成本、稳定物流服务。

（2）企业自身的物流能力。物流系统对企业的经营活动至关重要，如果企业物流能力强，可以采取自营物流的方式；如果企业自身的物流管理水平较低、处理配送业务能力较弱，则可以采取第三方物流的方式，也可以采取协同物流的方式，通过寻求物流伙伴，来加强自身的物流能力。

（3）物流系统在企业中的战略地位。如果物流的战略地位不重要，但企业的物流管理水平较高、处理物流配送的业务能力较强，此时如果企业将自身物流资源仅用于处理自身业务，势必会造成浪费，因而既可以与其他企业组建物流配送联盟，也可将物流业务部门分出，使其向第三方物流发展；如果企业物流水平低，就没有必要建立自身的物流系统。

（4）企业物流配送的效率。如果企业反应快、配送效率高，而物流在企业中战略地位高，就要考虑建立自营物流系统。

（5）企业的资金实力。当企业资金实力较弱，且物流并非企业的关键任务时，完全可以采取第三方物流方式，使企业可以把资源集中于自己的强势业务。

4）物流战略渠道设计

渠道设计包括确定为达到预期的客户服务水平而需采取的行动，以及由渠道中的哪些成员执行。顾客需求、渠道经济、渠道力量和渠道成员地位等因素影响物流渠道的设计。是否为顾客直接服务，或利用分销商来处理部分或全部营销、销售、配送或单据等职能的决策在渠道设计中至关重要。

渠道体系设计需要在渠道目标的制定，渠道长度和宽度的评价，市场、产品、企业以及中间商因素的研究，渠道成员的选择及职责，渠道合作等方面认真分析与判断，因为体系一旦实施，常常无法轻易地改变。

5）物流战略网络设计

物流战略的网络设计要解决的问题是物流设施的功能、成本、数量、地点、存货类型及数量、运输选择、管理运作方式等。运输和库存是网络设计的关键参考因素，物流系统中的仓库数目增加能够降低运输费用，但平均库存也会增加，另外，顾客服务水平与物流成本呈正比，而且当服务水平达到一定程度后，物流成本尤其是库存成本将急剧攀升。所以，如何使物流设施的网络设计达到最小总成本极其重要。

4. 如何提高物流战略实施效率

要提高物流战略实施的效率，企业必须建立高素质的物流队伍、建立物流信息系统、建立高效的物流组织机构，以及强化对物流各环节的管理。

第二节　资源保障型职能战略

资源保障型职能战略就是从资源方面为企业总体战略和业务战略的实施提供支持和保障的职能战略，包括财务战略、人力资源战略、信息化战略和知识管理战略。

一、财务战略

由于资金是决定企业生存发展最重要的驱动因素之一，企业总体战略与其他子战略的实施均离不开资金的流转和资本的运营，因此，财务战略是资源保障型职能战略的中坚，它既从属于企业战略，又制约和支持企业战略的实现。

1. 财务战略概述

财务战略为企业财务管理工作提供了战略性的指导，包括资金筹集战略、资金运营战略和收益分配战略三方面内容，一般有扩张、稳健和紧缩三种战略类型。

1）财务战略的含义

财务战略是为了实现企业的战略目标，以企业总体战略或业务战略为指导，以价值分析为基础，以保证企业未来长时期的资金均衡、有效流转和配置为标准，以维持和提高企业长期盈利能力为目的而制定的企业财务管理的战略性方针和原则。企业财务战略将传统的财务管理工作划分出两个不同的层次：财务战略管理层次和财务执行管理层次，具体内容见表 11-2。

表11-2　财务管理工作的层次

管理层次	管理主体	管理内容
财务战略管理层次	董事会及总经理	1. 根据企业总体战略进行财务战略分析，制定、评价企业财务战略并监督其实施，必要时进行调整 2. 在企业总体战略和财务战略指导下做出影响企业未来发展和总体战略、业务战略实现的重大财务决策 3. 审议和批准企业财务预决算 4. 聘任或解聘财务经理
财务执行管理层次	总经理及其领导的财务部门	1. 实施企业财务战略并进行控制和反馈 2. 日常财务决策 3. 实施财务预算

2）财务战略的基本内容

现代企业财务活动包括资金筹集、使用和回收与分配等环节。筹集资金是企业财务活动的起点，使用资金是财务活动的关键，回收和分配资金是财务活动的归宿。因此，企业财务战略主要包括以下三方面内容。

（1）资金筹集战略。资金筹集战略主要解决长期内与企业战略有关的企业筹集资金的目标、原则、规模、渠道、工具和结构等重大问题，包括融资渠道策略、资本结构策略等。

（2）资金运营战略。资金运营战略即资金运用与管理方面的战略，主要解决长期内与企业战略有关的资金投放以及运营管理的目标、原则、规模、方向、结构等重大问题，包括投资策略、成本策略、信用政策等。

（3）收益分配战略。收益分配战略主要解决长期内与企业战略有关的企业纯收益，特别是股利的分配与发放等重大问题。

3）财务战略的类型

（1）扩张型财务战略。扩张型财务战略是以实现企业资产规模扩张为目的的一种财务战略。为实施这种财务战略，企业往往需要将大部分利润留存，同时大量地进行外部融资，更多地利用负债，充分发挥财务杠杆效应。实施这种财务战略的企业，其显著特征表现为高负债、高收益、少分配。

（2）稳健型财务战略。稳健型财务战略是指以实现企业财务绩效的稳定增长和资产规模的平稳扩张为目的的财务战略。实施这种财务战略的企业，一般尽可能把优化现有资源的配置和提高现有资源的使用效率作为首要任务，将利润积累作为实现企业资产规模扩张的基本资金来源。为避免财务成本过高，企业对举债经营十分谨慎。所以，实施这种财务战略的企业一般特征是适度负债、稳定收益、适度分配。

（3）紧缩型财务战略。紧缩型财务战略是指以预防出现财务危机、求得生存、取得新发展为目标的财务战略。实施这种战略，一般将尽可能减少现金流出和尽最大力量增加现金流入，并通过精简机构，盘活存量资产，节约成本开支，集中一切力量用于主导业务，以增强企业主导业务的市场竞争能力。实施这种财务战略企业的主要特征是低负债、低收益、高分配。

2. 财务战略实施的关键问题

（1）编制财务预算。财务预算是以货币形式对企业未来一定时期内财务活动和财务成果的综合反映，主要包括现金预算、预计资产负债表、预计利润表、预计现金流量表等内容。从财务战略角度讲，财务预算是财务战略目标的具体化、系统化和定量化，是财务战略行动方案及相应措施的数量说明。

（2）确定工作程序。在确定财务战略实施的工作程序时，企业必须合理安排人力、物力、财力，使之与财务战略目标的要求相适应。为了制定最佳工作程序，可以借助计算机和计划评审法、关键线路法、线性规划、动态规划、目标规划等一系列科学工具和方法。

（3）完善财务管理信息系统。财务管理信息系统是企业重要的决策支持系统。企业内部的财务管理信息同样应当遵循对外报告的真实性、时效性、重要性和决策相关性等原则。以财务信息系统为核心建立"企业资源计划系统"（ERP）是推进财务战略实施的重大战略举措。

（4）建立长期有效的内部约束与激励机制。有效的内部约束机制包括领导者对财务战略实施的监督，财务部门对其他部门的监督以及领导者、财务部门和其他部门间权责关系的确定。此外，企业还可利用各种方式激励员工，使他们乐于配合和推动财务战略的实施。

（5）建立高素质的财会人员队伍。企业在财会人力资源的开发上要注意以下问题：要为财会人员的任用和选拔创建一个公平、公正和公开的竞争环境；加快财务岗位之间的轮岗锻炼，以轮岗代培训；创造机会让财会人员在生产、基建等其他专业上锻炼，培养复合型财会人员；鼓励财会人员加强本专业和相关专业的学习，提升专业水平，适应财会制度与国际接轨的迫切需要。

二、人力资源战略

人力资源战略对企业战略的实现起着巨大的推动和支持作用，对企业整体战略及研发、筹供、生产、营销、财务等所有职能战略的制定和执行都发挥着越来越重要的影响，是实现企业战略目标的根本保障。

1. 人力资源战略概述

人力资源战略是在企业总体战略或业务战略指导下，以保证企业当前及未来人力资源配置的均衡、有效为标准，以维持和提高企业长期发展能力为目的而制定的企业人力资源管理的战略性、方向性规划。

2. 人力资源战略的内容

（1）人力资源管理基本思路、方向和原则。企业人力资源战略最重要的内容就是通过战略分析掌握企业内外部的人力资源信息和资料，预测企业未来战略期内所需的人力资源种类和数量及企业内外部的人力资源供给，在对需求和供给进行比较的基础上提出企业人力资源开发与管理的基本思路、方向和原则。这是企业人力资源管理工作的总纲领，决定了甄选、开发等子战略的基本方向。

（2）甄选策略。甄选的第一步是职务分析，即对某个职务所包含的任务、活动进行详细的描述，说明要做好这项职务所必需的员工技能、知识和各种能力；第二步是招聘，即通过内部招聘和外部招聘的各种手段，吸引足够多的优秀的应聘者；第三步是选拔，即通过笔试和面试等各种方法从应聘者中选拔出符合企业要求的优秀人员。

（3）开发策略。开发策略是指通过岗前培训、案例研究、情景模拟、现场竞技、角色扮演、研讨会等多种方式，不断培养人力资源的能力，开发人力资源的潜力，增强员工的归属感和工作积极性，缩短员工的适应时间，降低人员的流动率，提高工作效率，使全体员工能够为了企业目标的现实而共同努力。

（4）任用策略。人力资源的任用是指有关部门按照工作岗位的具体要求，结合人力资源的特点，将其分配到相应的岗位上，赋予其具体的职责和权利，使其为了组织目标的实现而发挥应有的能力。任用策略的目标是把适当的人才安排到适当的岗位上，做到人尽其才。

（5）考核策略。考核策略是指对企业员工、团队以及整个组织的绩效结果做出客观公正的测量、考核和评价，以判断不同人员的努力程度、劳动付出和贡献大小，有针对性地支付报酬，并及时向员工反馈信息，促使其调整努力方向和行为方式，为实现组织目标而持续努力。

（6）激励策略。激励策略是指企业综合运用工资、奖金、福利、工作条件、精神鼓励等各种物质或非物质的激励措施，设计完善的报酬和激励方案，以充分调动员工的工作积极性，为实现企业的战略目标提供支持和动力。

3. 人力资源战略实施中的关键问题

企业应把人力资源管理作为企业战略实施的保证、企业优势发挥的基础、企业文化建设的依托和企业适应性的来源，将人力资源管理职能看作战略性的经营单位。在实施人力资源战略中应注意以下关键问题：

（1）树立人力资源观念。企业必须树立双赢的理念，将企业与员工看作互利的共同体，在企业经营中必须以双赢的结果为追求目标。在观念上要彻底破除"资本家意识"和"官本位意识"，在整个企业营造一种浓厚的"尊重知识、尊重人才"的风气。

（2）开展科学的绩效考评。应注意：①制定科学合理的考核标准；其次，逐步实现从"终点式考核模式"向"动态绩效管理模式"的转变，将考评不仅仅看作年终最后时点的一项工作，而作为一个动态、持续、上下互动的绩效管理过程。②既要重视员工个人绩效的考评，更要重视团体绩效的考评，以通过考评提高员工的团队意识和合作精神。③要公开、公平、公正、严肃、合理地进行考评。要加强对考评者的职业操守教育，建立考评小组，防止将考评权力集中于个人。

（3）薪酬管理以人为本。要想真正留住企业需要的优秀人才，建立以人为本的薪酬管理观念和体系至关重要。①无论确定薪酬数量还是选择薪酬类型，都应遵循公平原则。②薪酬制度一定要有竞争力。只有有竞争力的薪酬才能够吸引和留住优秀员工并提高其工作满意度。

三、企业信息化战略

信息资源是企业在网络时代获得成功不可或缺的重要资源，建立先进、合理、高效的信息系统也是企业实施战略管理的重要基础，在大数据、云计算、人工智能等信息技术已经广泛应用的今天，企业信息化战略必须考虑如何高效地运用这些信息技术，实现企业数字化转型，提升企业的综合竞争力。

1. 企业信息化战略概述

企业信息化战略是在企业总体战略和业务战略的指导下所制定的企业信息技术应用与发展的整体思路与指导体系。企业信息化战略的目的在于推动企业信息化建设，以现代信息技术为基础提高企业信息系统的水平，更好地服务于企业总体战略和业务战略的制定与实施。

2. 信息化战略的类型

信息化战略主要包括两个构成要素：①建立什么样的信息系统（IS），即IS需求战略。②如何应用信息技术（IT），即IT供给战略，以及二者的结合方式。因此，企业信息化战略也可称为IS/IT战略。

1）IS需求战略

根据企业信息化所涉及的业务范围和对企业现有业务处理活动的改变程度，可以将IS

需求战略划分为三个阶段六种类型。

（1）局部信息集成阶段。此阶段包括两种类型的 IS 需求战略：①单一业务自动化战略。信息系统相互独立地应用于企业的各个部门，信息不能共享，改造的目的是实现单项业务计算机管理的自动化，提高工作效率。②多项业务集成化战略。即将多个独立运行的系统整合为一个大系统，数据信息能在各子系统间自动传递，实现共享。

（2）内部信息集成阶段。此阶段包括两种类型的 IS 需求战略：①业务流程改进战略，即针对内部价值链中少数几个环节进行改造。②业务流程重组战略，即对内部价值链多个环节进行改造，以用户为中心重新设计信息在内部价值链各环节内的流动顺序。

（3）外部信息集成阶段。此阶段也包括两种类型的 IS 需求战略：①业务网络再造战略，即对企业外部价值链各环节与内部价值链各环节进行统一的分析和研究，根据企业的核心能力重新设计和选择资源的投入重点，加强附加价值高的环节，弱化低附加价值的次要环节。②业务范围再定战略，即打破原有的外部价值链界限，寻找新的企业利润增长点，与新的供应商、新的顾客建立价值链连接关系，同时，对企业内部价值链进行相对应的调整。

2）IT 供给战略

IT 供给战略有三个构成要素：①信息技术的服务质量和范围（用 S 表示）。②信息技术所用资金的效益（用 R 表示）。③信息技术的投入、转换、产出的效率与成本（用 P 表示）。根据企业在选择 IT 供给战略时所侧重考虑的要素不同，可以将 IT 供给战略分为七种类型：①系统功能战略，这种战略侧重于 S，非常强调信息系统的强大功能，而并不过多地在意成本和资金的效益。②关键环节战略，这种战略侧重于 R，强调用尽量低的投资获取尽可能多的信息化建设成果。③集中投资战略，这种战略侧重于 P，非常强调节约信息化建设的成本。④系统柔性战略，这种战略同时侧重于 S 和 P，适用于产品尚处于变动之中的企业。⑤信息业务子公司战略，这种战略同时侧重于 S 和 R，不仅要求信息系统的功能强大，也要求资金利用的压缩。⑥租赁战略，这种战略同时侧重于 P 和 R，适用于行业发展非常迅猛的企业。⑦项目生命综合扶植战略，这种战略同时侧重于 S、R 和 P。

3. 企业信息化战略实施过程中应注意的问题

企业信息化战略的实施主要分成两个阶段：①在对企业业务运作模式和对信息技术的需求进行分析并对引入信息技术的影响进行评估的基础上，制定出有针对性的企业信息战略计划。②在此基础上引入先进的信息技术，制定企业信息技术解决方案，如大数据、云计算、人工智能、ERP、CRM、SCM 等，包括机构设置、业务模式、运作流程、财务计划等并加以实施。

企业信息化战略的实施过程非常复杂，在战略实施中必须注意以下几方面问题：

（1）统一领导。企业必须组建一支信息化领导小组，负责统一规划、实施、监督和考核等工作，以在工作中形成合力。

（2）人员与配合。实施信息化战略应特别慎重地选择项目承担人员和系统维护人员，包括永久或临时的员工、客户或咨询人员等，同时还应得到其他业务部门的同意和配合。

（3）流程变革。信息化战略实施的过程，往往也是企业流程调整的过程，实施过程中必须与企业的管理人员、业务人员充分协商，共同确定新的流程。

（4）开发组织信息资源。开发组织信息资源是信息化战略实施的重要环节，最重要的是抓好数据重组工作，即落实信息资源管理基础标准，重新规划设计共享数据库，建立稳定的全域数据模型，重组原有的信息资源，改造杂乱无序的数据环境。

（5）重视信息化战略控制。信息化战略的控制过程需要对IS战略和IT战略综合考虑，其根本目的在于保证建立起满足企业经营发展需要的信息系统，也必须时刻关注用户的反馈。

（6）培养信息化战略管理者。企业信息主管（chief information officer，CIO）是伴随全球信息化进程的加速而出现的一个全新职务，负责制定企业的信息政策、标准、程序和方法，并对企业的信息资源进行管理和控制。

四、知识管理战略

知识经济时代的企业竞争就是企业间拥有和运用知识能力的竞争，知识管理已经成为现代企业的重大战略问题，需要知识管理战略来指导和规划。

1. 知识管理战略的含义与内容

企业知识管理战略（enterprise knowledge management strategy，EKMS）是在企业总体战略指导下制定的关于企业知识管理的职能战略，即在分析企业内部知识存量、结构与环境的基础上，对知识的总量与结构、知识管理过程、知识管理的环境条件做出长远、系统的谋划，以指导知识管理过程、有效配置资源、谋求企业可持续的竞争优势。

企业知识管理战略主要包括以下三方面内容。

（1）知识获取策略。指导企业如何获取知识，以满足企业持续发展的需要。通常，企业获得知识的途径有两条：从外部获取知识，包括购买知识资源、聘请外部专家和特许生产等；从内部创造知识，包括研发活动等。

（2）知识保持策略。指导企业如何保持业已获取的知识，形成企业知识体系，包括知识的储存、交流和传播等方面。显性知识与隐性知识在存储、交流和传播方面存在显著差异。一般来说，显性知识比隐性知识更易储存、交流和传播。因而知识保持策略的重要挑战是企业内部知识的显性化，即将隐性知识转化为可以交流和共享的显性知识。

（3）知识运用策略。指导企业如何使用业已拥有的知识，以实现企业价值的最大化。知识运用策略的关键在于发现运用知识的最有效途径，包含应用现有知识持续改进企业系统和流程，以获得更高的组织绩效。

2. 知识管理战略的类型

目前，理论界对知识管理战略的类型划分还有不同认识，较为典型的是默顿·T.汉森（Morten T. Hansen）、尼亭·诺瑞拉（Nitin Nohria）和托马斯·铁尔尼（Thomas Tierney）于1999年提出的两种知识管理战略：编码战略和个人化战略。

其中，编码战略是指将知识与知识开发者剥离，达到使知识独立于特定个体或组织的目的，然后再对知识进行仔细的提取和编码并存储于知识库中，以供人们随时反复调用。而个人化战略是指知识与其开发者紧密地连接在一起，主要通过直接的面对面的接触来实现知识共享。这两种战略的差异见表11–3。

表11–3 编码战略与个人化战略的差异

	编码战略	个人化战略
竞争态势	通过对现有知识的大规模再利用，提供高质量、可靠的产品或服务	通过个人知识和经验的交流，提供创造性的、符合客户特殊要求的产品或服务
经济模型	规模经济；在知识资本上进行一次投资，而后多次反复利用；使用高助手/合伙人比率的大型团体；集中注意力于产生较大的整体收入	专家经济；针对用户的独特问题而拟订的高度用户化的解决方案；使用低助手/合伙人比率的小团体；集中注意力于维持较高的利润率
经营策略	主要依靠显性知识 提供成熟、标准化的产品或服务	主要依靠员工头脑中的隐性知识 提供创新、个性化的产品或服务
系统方式	人—文档（people to documents）： 开发电子文档系统，用于知识的整理、存储、传播和再利用	人—人（people to people）： 开发联系个人的网络系统，实现隐性知识的共享和交流
信息技术	在信息技术上进行大规模的投资，旨在用整编后的知识将员工组织起来	在信息技术上进行适当规模的投资，旨在促进隐性知识的交流与共享
人力资源	使用善于利用现有知识解决问题的人员；对人员进行集体培训；奖励使用文档数据和为文档数据库做贡献的人	使用喜欢挑战、善于创造的人员；对人员培训采用一对一的指导方式；奖励与他人直接共享知识的人

资料来源：曹宗媛，朱晓敏.西方企业的知识管理：战略、策略及手段 [J].财经理论与实践，2001（6）.

3. 成功实施知识管理战略的关键

（1）树立"以人为本"思想。隐性知识的开发和运用是知识管理的核心和难点，而隐性知识存在于员工头脑中，员工积极性的高低直接关系着企业对隐性知识的运用和共享，所以企业必须树立"以人为本"的指导思想，鼓励员工进行知识的交流、学习与共享。

（2）选择适宜的知识管理战略实施方式。从业务的相互依赖水平和工作的复杂程度两个维度可以将知识管理战略的实施方式分为四种，如图11–2所示。集成方式的最大特点在于整体最优，关键在于跨部门、跨组织的统一协调。协作方式所面临的重要挑战是如何实现企业核心业务活动的突破性变革。事务方式的最大特点是知识的规范，即通过核心业务知识的规范化、标准化，确保核心业务活动持续稳定地开展。专家方式通常注重从专家的工作中获取核心业务发展的推动力。借助上述分类，企业就能够针对不同特征的核心业务活动采取不同的知识管理战略实施方式，有助于企业将注意力始终集中于竞争优势的培养。

图 11-2　知识管理战略的实施方式

（3）构建知识管理组织体系。知识管理具有责任分散的趋向，因而企业要建立一套有效的组织体系支持知识管理活动。在这一体系中，首先企业应当设立知识主管（chief knowledge officer，CKO）职位，由其承担知识管理工作；其次企业应成立专门的知识管理机构，承担与知识管理有关的活动任务；最后企业要建立与知识管理有关的基础设施，如统一的信息技术平台、显性的企业知识库、图书馆等。

（4）开发知识管理支撑技术。知识管理战略的实现必须以应用恰当而先进的信息技术为前提，其运行也必须以信息技术为基础。在知识管理所涉及的信息技术中，需要特别重视内部网、外联网和群件技术。

（5）完善企业内部网络和知识库。通过完善的内部网络和知识库，建立知识管理基础平台，使企业能够对内外部各种知识资源进行采集、加工和处理，实现知识挖掘并集中统一地存储和管理，避免知识流失。

（6）加大对知识管理的投入。企业要保证对知识管理战略实施的资金支持，为员工学习创造机会和条件，还要鼓励员工从资金和时间上加大对学习的投入。

（7）培育有利于知识管理的企业文化。这是知识管理战略的高层次要求，在这种企业文化中应当有：相互信任——这是知识共享与交流的基础；开放式交流——每个人都应当为企业的知识库做出贡献；学习——每个人都有义务汲取更多的知识；共享与开发——每个人都有义务推进知识库机制的良好运转；享受知识管理——从传播、获取、创造、应用新知识中得到快乐。

（8）建立知识共享与创新激励机制。企业要针对知识共享与创新对员工进行评价，对积极参与知识共享和建设的员工进行奖励，体现出对员工知识劳动的尊重，激励员工对知识管理的热情。具体方法有职务提升、产权激励和知识产权激励等。

（9）建立合理的知识管理评估体系。为了推动知识战略的实施，绩效考评的指标不仅仅包括其自身拥有多少知识，更应当包括他为其他员工传播和共享了多少知识；从知识创造的角度看，不仅应包括个人的创造成果，更应当包括他如何协调、组织和提供知识与思想。

第三节　战略支持型职能战略

战略支持型职能战略包括组织结构战略、企业文化战略、品牌战略和公共关系战略。战略支持型职能战略是一类特殊的职能战略：一方面，它们从属于总体战略或业务战略，其制定和实施都要以企业总体战略或业务战略为指导；另一方面，它们对企业总体战略或业务战略的制定与实施具有重大影响和关键作用，企业在制定和实施总体战略与业务战略时必须考虑相关因素，否则可能导致战略失败。

一、组织结构战略

组织结构战略是在企业总体战略或业务战略的指导下，为保证组织结构对战略的适应和支持而制定的有关组织结构调整与变革的战略目标及实现途径和手段，以指导企业组织结构的维护、调整和变革，为实施企业战略、实现战略目标服务。

由于企业战略与组织结构之间存在"结构追随战略，战略兼顾结构"的关系（详见第八章第二节），因此，制定和实施组织结构战略就成为企业战略实施的关键问题，而组织结构战略也在企业职能战略中具有特殊地位，它与企业文化战略一起，从"软""硬"两个方面为企业战略的顺利实施保驾护航。

一般来说，与企业总体战略或业务战略相适应的组织结构工作包括：①正确分析企业目前组织结构的优势和劣势，设计出能够适应战略需求的组织结构模式。②通过企业内部管理层次和管理幅度的划分，为企业内部各部门和岗位配置相应的责、权、利及适当的管理方法、手段与条件，建立起确保战略实现的能力。③为企业组织结构中的关键岗位选择合适的人才，保证战略的有力推行。组织结构战略为企业组织工作提供了原则和指导，一般包括以下三个方面的问题。

1.战略与结构的匹配

选择适宜的组织结构是保障战略顺利实施的重要前提，企业在选择组织结构时，不仅要考虑战略的内在要求，而且要综合考虑其他影响组织结构的因素。

1）总体战略与组织结构的匹配

总体战略实施对组织结构的选择，实质上就是要求企业设置的多部门结构能够顺应业务活动之间的内在关系。与此相应，公司层的部门化结构有三种模式：合作形式、事业部形式和竞争形式，如图 11-3 所示。一般来说，实施纵向一体化战略的企业适宜采用合作形式的多部门结构；实施横向一体化战略和相关多元化战略的企业适于采取事业部形式的多部门结构；实施无关多元化战略的企业适宜采用竞争形式的多部门结构。

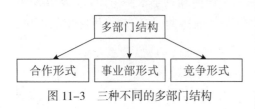

图 11-3　三种不同的多部门结构

实施纵向一体化战略一般采用合作形式的多部门结构。在合作形式的多部门结构中，生产部门按照工艺专业化组建，部门之间是上、下游生产环节的关系，相互依赖性强，协调性要求高。如图 11-4 所示。

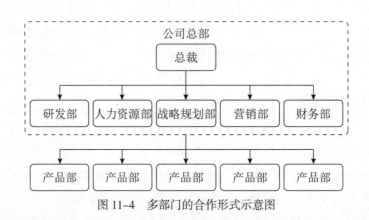

图 11-4　多部门的合作形式示意图

合作形式的多部门结构能够比较全面地适应纵向一体化战略在边界、流程和关系三个方面的要求，通常作为企业实施纵向一体化战略的首选组织结构，也往往被采用集中化战略的企业所采用。对于某些相关性较高的多元化企业来说，由于不同领域的生产经营存在广泛的资源与能力的共享，也可以采用这种组织结构。

实施横向一体化战略和相关多元化战略运用事业部制结构。多部门结构中的事业部制至少存在三层结构：企业总部、事业部和事业部下属的通过产品或市场发生联系的部门群。事业部是一个典型的多利润中心结构，在产品或技术上存在密切联系的部门构成一个事业部，不同事业部间业务联系不多，如图 11-5 所示。

事业部结构中，总部的重要职能是战略规划，对各事业部内部活动只起顾问的作用，而不像合作形式那样直接介入产品战略中去；各事业部相对独立地开展工作。事业部内部的组织形式差别很大，这取决于事业部内部相互协调的需要。实施相关多元化战略，各经营领域间的独立性较强，所以往往采用这种组织结构；实施横向一体化战略时，如果因受到地域、产品品种、管理幅度等因素影响，协调不同部分生产经营的难度较大时，也采用这种组织结构。

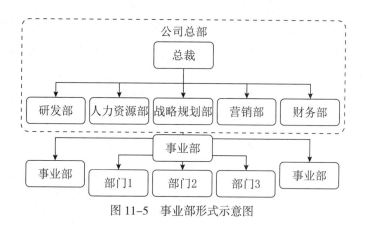

图 11-5　事业部形式示意图

实施无关多元化战略运用竞争形式的多部门结构。竞争形式的多部门结构是强调对企业内部不同部门基于资本的竞争实行控制的一种结构。在这类组织中各部门独立进行战略决策，都具有独立的、可衡量的业绩，部门间的相关性极小；公司总部主要是根据对各部门的业绩进行评估，评价资本的利用效率，以此来确定资源在部门间的配置，因而财务与审计在公司总部中的地位比较突出，其他总部部门一般都很精简。此外，由于资源配置过程中经常遇到资产处置问题，总部对法律部门也比较重视，如图 11-6 所示。

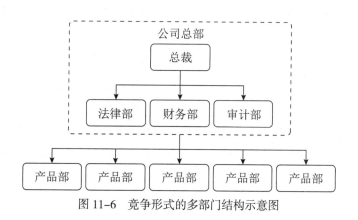

图 11-6　竞争形式的多部门结构示意图

2）业务战略与组织结构的匹配

业务战略主要围绕在某一特定的业务领域如何获取竞争优势，因此业务战略对组织结构的基本要求就是整合业务领域内与竞争优势相关的活动。基本的业务战略主要有两种：成本领先和差异化，集中化战略可以看成这两种战略的运用和结合。一般情况下，成本领先战略往往采取比较典型的职能制结构。实施差异化战略依赖于市场细分和产品差异的开发，因此业务单元的职能机构是横向协调的中心。成本领先战略与差异化战略都需要采用职能制，但后者在专业化、集权化、规范化方面的要求较低，有时也会转化为事业部制。

2. 组织变革

组织变革是指对组织功能方式的转换或调整，从战略管理的角度来看，组织变革就是组织对战略的动态适应行为和过程。

对一个新成立的企业来说，在构建组织结构之前一般都有了明确的战略规划，至少有了关于企业未来发展方向的指导性思想，实际上企业的战略就已经存在了，那么组织结构的构建就不再是随意而为的，而是具有很强的目的性，即为实现企业战略而构建相适应的组织结构，这里更多体现了结构追随战略的原则。

但对一个已经成立的企业来说，如果进行战略调整或者制定了新的战略，那么就要对现有的组织机构进行调整以适应战略的变化，尽管这里仍然可以适用结构追随战略的原理，但现存的组织结构必然存在巨大的惯性，对其进行的任何改变都可能面临着较复杂的利益关系和人际冲突，显然与构建一个新的组织结构完全不同。因此，在这种情况下，除了强调"战略兼顾结构"之外，如何顺利实施和完成组织变革就成为战略实施能否成功的关键，是制定和实施组织结构战略应重点考虑和研究的问题。

1）组织变革的理论模型

组织变革是一个复杂、动态的过程，需要有系统的理论指导。管理心理学对此提出了一些行之有效的理论模型，其中影响最大的是勒温（Lewin）组织变革模型。勒温将组织变革分为解冻、变革和再冻结三个步骤，用以解释和指导如何发动、实施和巩固组织变革过程。

（1）解冻。解冻是组织变革的准备阶段，其关键在于鼓励员工改变原有的思想行为模式，产生组织变革的动机，要求变革并愿意接受新的组织模式，为实施变革做好思想和舆论准备。

（2）变革。变革是组织变革的实施过程，要给干部员工提供新的信息、新的行为模式和新的视角，指明方向，实施变革，建立新的组织结构，进而形成新的思想、行为和态度。

（3）再冻结。再冻结是指利用必要的强化手段固定新的态度和行为，使变革形成的新的组织机构处于稳定状态，形成稳定持久的群体行为规范，确保组织变革成果的稳定性。

2）组织变革的动力与阻力

在组织变革中同时存在动力和阻力，变革能否成功就取决于这两种力量之间的博弈和对比。

（1）组织变革的动力。组织变革的动力来自各个方面，不仅来自组织的外部环境，也来自组织内部。外部推动力主要是指政治经济、社会发展、技术进步和市场竞争等企业外部环境的变化给企业带来的压力，迫使企业必须进行组织变革以适应环境。内部推动力包括组织结构、人力资源管理和经营决策等方面的因素，但归根结底，都可以归结为企业战略的推动力。

（2）组织变革的阻力。通过管理心理学的研究，常见的组织变革阻力可以分为组织因素、群体因素和个体因素三类。

组织因素。组织因素是组织结构本身对组织变革的阻力，主要来自组织惰性，是指组织在面临变革时表现得比较刻板、缺乏灵活性，难以适应环境和战略的要求。

群体因素。对组织变革形成阻力的群体因素主要有群体规范和群体内聚力等。勒温的研究表明，当推动群体变革的力量和抑制群体变革的力量间的平衡被打破时，就形成了组织变革。

个体因素。个体因素是组织中的员工出于个人原因对组织变革的抵制，可以分为：①习惯，组织变革必将改变人们已经习惯的工作程序和方法，与许多组织成员的习惯相冲突，就有可能遭到人们的抵制和破坏。②对未来的担心，组织变革会导致组织成员产生情绪上的忧虑与不安，这往往是造成员工抗拒变革的主因。③规避风险倾向，任何一项变革都会带来一定的不确定性，如果缺乏深入沟通，组织成员就可能从规避风险的本能出发而抵制变革。④寻求安全感，人们总是对熟悉的事物感到安全，追求安全感的本性促使人们反对组织变革。

3）组织变革的模式

根据变革的方式，可以将组织变革分为温和的演进（evolution）和激烈的改革（revolution），又称为渐进式变革和激进式变革。

演进是以渐进的方式进行组织变革，即通过一系列机构调整及业务流程的重组来实现组织结构的改变，如对现有的机构和岗位进行增减、合并或功能调整等，是组织渐进的、局部的变化，卷入变革的人员和范围比较小，对企业的整体影响较小。

改革是以激进的方式进行组织变革，指的是对企业原有的组织结构进行彻底改造，一般涉及整个企业，影响企业所有的员工。由于这种方式的变革容易带来一段期间的混乱局面，导致公司效率下降，因此在一定程度上会影响企业的运营。所以当企业必须进行重大的组织变革时，时间和力度是成功的关键，要以很快的速度和强有力的手段实施变革，有时甚至以强制手段推行，从而缩短混乱期的时间，尽可能地降低负面影响。

4）成功实施组织变革应注意的问题

要成功实施组织变革，进而推进企业战略的成功实施，就应当在组织变革中注意以下问题：

（1）建立变革共识。变革的推动者要赢得员工对组织变革的投入和支持，就要在组织内大力宣传企业战略，强调组织变革的必要性，在员工中树立危机意识。

（2）慎选变革模式。渐进式变革和激进式变革两种变革模式各有利弊，无所谓孰优孰劣，关键是是否适用于特定的企业。渐进式变革减少了变革中的阻力，但需要耗费较长的准备、说服和动员时间，在需要尽快实施变革的情况下，渐进式变革可能会丧失最佳的变革时机，增加变革成功的难度。激进式变革过程往往伴随着较激烈的矛盾冲突，但变革效率很高，可以在很短的时间内看到变革的成果。即便在变革之初阻力很大，当很快看到变革的最终成果时，如果该成果能够使大多数人得益，那么仍然有可能得到大多数人的支持而使得新的组织结构"固化"，从而实现"再冻结"，获得变革的成功。

（3）化解变革阻力。化解变革阻力的主要方法有：①教育和沟通。企业通过教育和沟通，给员工及时提供组织变革的信息，能有效地防止谣言、误解和不良情绪，有助于形成共识，也使得决策者能够及时获得有效的反馈，随时排除变革过程中遇到的抵制和障碍。②参与。让不同层次的管理人员和普通员工尽早地、不同程度地参与组织变革，他们往往可以更好地理解变革，抵制变革的情况就会显著减少。③动态调控变革时间和进程。如果变革速度过快，下级会产生一种受压迫感，产生反弹和抵制。因此，要动态地调控变革进程。④采用强制手段。一般不建议采用这样的方法，但是当条件已经不允许采取其他措施的时候，利用行政权力采取强制手段往往也是必要的，如裁员。

（4）突出战略导向。组织变革是一个战略性行动，组织变革的始终都要以企业战略为导向来思考和解决问题，只要有利于企业战略的成功实施和战略目标的达成，怎样的组织变革都是合理的。切忌舍本逐末，将组织变革独立于企业战略实施之外，甚至和战略背道而驰。

3. 现代企业组织变革与创新的趋势

根据引起变革主导因素的不同，现代企业的组织变革与创新已经表现出以下六种趋势。

（1）扁平化。扁平化就是减少中间层次，增大管理幅度，促进信息的传递与沟通。授权与分权是组织配置权力的主要方式，如果领导层拥有大量的知识与经验而员工的知识与经验很少，那么授权与分权就相当有限；相反就很可能以授权或分权的方式构建权力体系。反之，组织结构也影响组织学习。组织初期往往采取多重授权的纵高型组织结构，结构严谨、等级森严、分工明确、便于监控。但随着员工知识和经验的增长，分享权力的能力提高，这种组织结构的弊端日益显露，企业必然通过减少授权层次、扩大分权范围来实现组织结构的扁平化。当然，扁平型组织结构也有弊端，如管理幅度加大后使上级的指挥协调负担加重，有可能出现失控的危险。

（2）模块化。专业化分工有利于提高工作效率。专业化水平随着企业在特定领域知识和能力的积累而不断提高，企业就可以将流程分解为若干个具有重构功能的模块（工艺专业化的生产单元），利用这些模块的不同组合，形成不同的生产流程，制造不同的产品，极大地提高了企业的灵活性。

（3）弹性化。弹性化是指企业为了完成某一项目，把在不同领域工作的具有不同知识和技能的人集中于一个特定的动态团体之中，共同完成某个项目，待项目完成后团体成员各回各处，增强组织弹性的方法很多，如员工的部门间交流、组织结构的重组等。这种动态团队组织灵活便捷，能伸能缩，富有弹性，既很好地完成了特定目标，又无须冒组织变革的风险。

（4）网络化。网络化趋势体现在企业组织结构维度的增加上。随着网络时代的到来，网络组织这一新型的组织结构形式已经出现。组织维度的增加，使组织结构的关系越来越复杂，越来越广泛，呈现出网络状态。

（5）虚拟化。企业内部各个环节的专业化水平是不平衡的，从整个行业范围来看，各个企业在不同环节上的专业化水平也不尽相同。专业化水平低的环节，往往成为企业发展中存在劣势的环节。企业如果从事这些环节的运营，往往不利于资源的有效利用。于是企业就有可能从这些环节退出，转而从外部市场购买该环节的工作成果，并以契约形式使这种交易稳定化，使传统的实体企业转化为虚拟企业，这已经成为21世纪企业组织发展的重要方向。

（6）流程优化

组织结构是为了有效地从事特定的流程而建立的，但当组织结构建立起来以后，它就有了自己相对独立的运行规律，导致组织中各种各样的形式主义、本位主义、官僚主义的盛行，妨害了流程效率的提高。当其弊端积累到一定程度，必然引起企业对组织结构的反思，对流程进行优化。

二、企业文化战略

企业文化战略是在企业使命、愿景与战略的指导下，为顺利实施企业战略所制定的关于企业文化建设与变革的战略目标、途径和手段，以形成和维持与战略相适应的企业文化，为实现企业战略服务。

1. 企业文化战略过程

一个完整的企业文化战略过程由文化战略的制定、实施和反馈三个环节组成。如图11-7所示。

首先，制定企业文化战略。在企业内部环境分析中，通过分析可以确定当前企业文化的类型和主要特征。而后对企业文化与企业内外部战略环境的适应性进行分析，如果基本适应，就应当以此文化为基调制定企业的各项战略，那么企业文化战略的重心就是如何保持和发挥现有文化的优势，使之为企业战略的实施服务。如果企业文化与战略环境和企业的战略意图不适应，那么企业文化战略的核心就是文化变革，企业要按照文化变革计划对企业当前的文化实施渐进式变革。

在战略实施过程中，企业要及时分析严重的失控和战略失效，弄清楚根本原因在于企业文化还是在于企业战略本身。如果根本原因在于企业文化，就要对企业文化进行再分析，找出文化不适应外部环境和内部条件的症结所在，并采取对症下药的文化变革措施，进行文化变革，通过变革使文化与内部环境和外部条件适应起来，与企业实施的战略匹配起来。如果战略目标顺利实现，要找出文化中对其实施有利的因素，通过反馈对该文化进行强化，使企业战略的实施能力进一步增强。

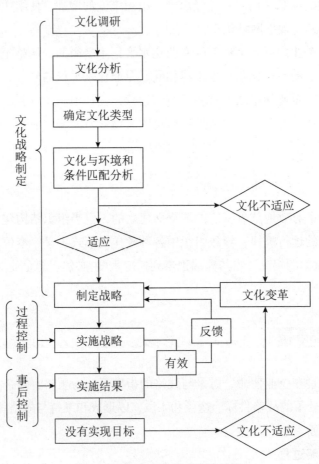

图 11-7　企业文化战略实施过程

值得一提的是，企业在应对环境和内部条件变化方面，并不总是处于被动地位。一方面企业可以通过对外部环境和内部条件变化的预测，先于战略变革文化，使文化保持适应性，从而降低战略选择的难度，提高战略实施的效率和效果。另一方面也可以选择一种对外部环境和内部条件适应能力强的文化作为自己的文化，通过增强企业本身的文化调整适应能力，减少因文化之故而导致的战略失控或失效。下面要介绍的学习型文化就具有这样的功能。

2. 企业文化变革

企业文化变革的根本原因在于，企业文化对外部环境和内部条件的不适应，并且这种不适应已经影响到了企业战略目标的实现，以及企业的可持续生存或发展问题。

企业文化的一些特性对企业文化的变革会产生直接的影响：①企业文化具有一定的延续性和继承性。这要求企业文化变革过程中必须对现有文化进行分析，才能进行有的放矢的变革。②企业文化是在员工相互沟通的基础上形成的。在企业文化变革过程中要营造一种有利于增进员工沟通的氛围，建立员工交流的平台。③企业文化对企业员工的行为具有导向作用。要求进行企业文化变革时一定要慎重，以防对员工行为产生误导。④企业文化具有系统性。要求企业文化变革不仅要考虑物质层面，更要斟酌制度层面和精神层面因素。

企业文化变革是一项系统复杂的工程，其过程由文化调研、文化分析、拟订变革计划、修订变革计划、实施变革计划和巩固变革成果六个阶段组成。文化调研，即组织有关人员对企业文化状况进行摸底调查，为企业文化分析积累一手材料。文化分析，分析企业文化对外部环境和内部条件的不适应状况，找出不适应的关键点。拟订变革计划，根据企业文化分析的结果和企业战略的要求，拟订企业文化变革计划，规定企业文化变革的责任人、变革进度、变革要求、关键变革点等。修订变革计划，将文化变革计划通过各种渠道传递给企业内的每一个成员，让大家对变革计划提出合理化意见，对拟订的企业文化变革计划进行修订，使它更易于执行，更加合理。实施变革计划，分阶段分步骤地推进企业文化的变革工作。巩固变革成果，在变革过程中和变革结束后，及时通过反馈等措施巩固文化变革取得的成果。

3. 建立学习型文化

21 世纪是知识经济时代，企业建立学习型文化至少有三点好处：①可以为企业战略的制定创造良好的文化机制和氛围。②通过增强企业的柔性，可以加强企业对外部环境和内部条件变化的调整适应能力，使企业尽量避免采取文化变革等过激行动，减少因文化变革而引起的混乱与无序。③通过导入学习型文化，可以增强企业的战略实施能力，从而进一步保证企业战略目标的完成。

三、品牌战略

品牌战略是关乎企业长久生存、与企业核心竞争力息息相关的职能战略，也是直接决定企业能否拥有足量客户而获得市场份额、实现企业目标的职能战略，越来越受到企业的重视。

1. 品牌战略概述

品牌形象的差异使不同企业间的产品或服务价值独具特色，品牌认知是指消费者及公众对企业产品或服务的名称、包装、价格、功能、声誉等复杂要素整合之后，在心理上、生理上产生的综合性的感受和评价。品牌战略就是通过对建立、维护和巩固品牌认知全过程的管理，有效监控和促进品牌与消费者关系的发展，通过品牌管理实现品牌愿景，具有独特性、唯一性、动态性和风险性等特征。

2. 品牌战略的类型

（1）单一品牌战略。单一品牌战略又称统一品牌战略，是指企业所生产的所有产品都使用同一个品牌，并把所有资源都集中于这一特定的品牌之上。最典型的特征就是一个品牌名称、一个品牌定位、一种核心竞争力。单一品牌最大的优势就是集中企业所有资源，打造一个品牌，这样既可以使企业品牌超前发展，也可减少企业的管理压力，分散注意力。单一品牌也可缩减品牌宣传的成本，更能集中体现企业的核心价值观，形成核心竞争力。当然，实施单一品牌也存在一定的风险，正所谓"一荣俱荣，一损俱损"，如果一件产品或一类产品出现了问题，那么该品牌下的所有产品都会受其牵连。

（2）多元化品牌战略。多元化品牌战略是把企业的目标分别赋予两种或两种以上的品牌，把资源分别配置于不同的品牌之上，且各品牌间相互独立，彼此间没有过多联系。多元化品牌战略最大的好处就是满足不同消费者的差异化需求，增加市场的总体占有率，同时能够保证每个产品都拥有自己的品牌定位和独特的个性发展空间，并降低单个品牌影响整个企业的风险。当然多元化品牌也有其不足之处：研发成本和宣传成本高昂，一个知名品牌的打造更需要各种资源的支持；多品牌之间存在既相互合作又自我竞争的关系，增加了品牌管理成本。

3. 品牌战略实施的内容

实施企业品牌战略包括品牌化决策、品牌战略选择、品牌识别界定、品牌延伸规划、品牌管理规划与品牌愿景设立六个方面的内容。

品牌化决策是指企业是否一定要给产品加注品牌名称的决策，这是在品牌创立之前就要解决好的一个先决问题。品牌战略选择是指企业应当选择单一品牌战略还是多元品牌战略，是采用联合品牌还是主副品牌。品牌识别界定即从品牌的理念、行为和符号识别三方面来界定品牌的内在意义和外观表示，也包括以核心价值为中心的核心识别和基础识别——以品牌承诺、品牌个性化等元素组成。品牌延伸规划即对品牌未来发展的规划，以判定品牌应该在哪些领域、哪些行业进行延伸发展，以谋求品牌价值的最大化。品牌管理规划和品牌愿景设立是从组织机构和管理机构上为品牌建设保驾护航，在上述规划的基础上为品牌的发展设立愿景，并明确品牌发展各阶段的目标与衡量指标。

4. 品牌战略实施过程中应注意的问题

（1）品牌定位准确。企业要获得品牌战略的成功，前提是进行全面系统的市场环境分析和品牌定位，让消费者清晰明了地识别记住品牌的特征及品牌所代表的核心价值。品牌定位的过程有三个步骤：①探察顾客心智，关注竞争对手。品牌定位是在顾客的心中展开的，所以第一步是通过市场研究去探察竞争对手在顾客心中的位置，掌握竞争对手在顾客心中的形象，为后续的定位决策提供参考。②确立独特定位，抢占心智资源。根据竞争对手在顾客心智中的位置，企业就可以确立自己独特的定位，以抢占有限的顾客心智资源。③围绕品牌定位，集中配置资源。明确品牌定位之后，企业应该集中配置所拥有的资源，确保在顾客心中占据有利位置。

（2）做好品牌管理。只有高效的品牌管理才能提升企业的品牌形象，提高顾客对品牌的认知度、满意度和忠诚度，树立良好的品牌形象。品牌管理必须注意做好质量管理和市场营销两方面工作。

（3）主动进行宣传。企业自创品牌初期，主动的宣传是行之有效的宣传方式。企业可以通过不同的渠道，如电视、广播、互联网、报纸杂志等进行各种形式的宣传，在短时间内让消费者认同其品牌的核心诉求，找准产品与消费者之间的情感交集，获得品牌认知度和品牌忠诚度，同时凸显品牌定位和核心价值。

四、公共关系战略

企业形象是企业的产品、服务、人员素质、经营作风等在社会公众中留下的总体印象。为塑造和维护良好的企业形象，企业就需要制定和实施公共关系战略，开展公共关系活动。公共关系战略是在企业总体战略或业务战略的指导下，制定企业公共关系活动的战略目标及实现该目标的途径和手段，指导企业开展公共关系活动，以塑造和维持良好的企业形象，为实现企业战略目标服务。

1. 公共关系理论概况

公共关系发端于美国19世纪流行的报刊宣传活动，其代表人物是巴纳姆。1906年，"公共关系之父"艾维·李向新闻界发表了具有里程碑性质的《原则宣言》，即企业管理的"门户开放原则"。1923年，爱德华·伯尼斯出版了《公众舆论的形成》，该书被称为公共关系理论发展史上的第一个里程碑。1952年，美国的卡特利普和森特两人出版了被称为"公共关系圣经"的《有效公共关系》一书。对世界公共关系界影响较大的还有英国学者杰弗金斯，他著有《实用公共关系》一书。20世纪80年代初，公共关系学正式引进我国。

公共关系从它诞生之日起就具有两个极为强大的功能：①帮助组织塑造良好的形象。②通过预防和消除危机，维护组织的良好形象。企业制定和实施公共关系战略，其主要目的也正在于此。

2. 企业形象的塑造

企业的形象主要通过知名度和美誉度两个指标来衡量。知名度是指一个企业被公众知晓、了解的程度，以及社会影响的广度和深度；美誉度是指一个企业获得公众信任、赞美及社会影响好与坏的程度。对于一个企业而言，知名度和美誉度必须达到"鱼和熊掌兼得"。

1）企业形象的载体

企业形象主要体现在企业的内在气质和外表形象两个方面，内在气质包括企业的经营理念、信誉、实力、办事的效率、制度、企业精神与价值观等方面；外表形象主要表现在企业的名称、产品品质、装备、建筑物与环境、企业标识与商标等方面。

2）选择传播沟通的媒介

企业塑造良好的形象，必须借助一定的传播沟通媒介。在选择传播沟通媒介时应当坚持以下原则：①根据目标，根据企业的战略目标和公共关系战略的具体目标，以及工作要求选择和使用传播媒介和沟通方法。②与对象配比，根据公共关系对象的特征选择和使用传播媒介与沟通方法。③考虑传播内容，根据传播内容的具体特点来选择和使用传播媒介与沟通方法。④计算成本，根据具体的经济能力和最经济的条件选择和使用传播媒介和沟通方式。

3）公关战略实施模式

企业实施公关战略，就必须选择适当的形象塑造模式，主要有如下几种：

（1）宣传型公关模式。宣传型公关模式利用各种传播媒介将企业的有关信息迅速传播给内外公众，以形成有利的社会舆论。对内宣传可采用内部刊物、黑板报、图片宣传栏、宣传窗、员工手册、广播、闭路电视、全体大会、演讲会、座谈会、讨论会、表彰颁奖会、专门恳谈会等。外部宣传可采用广告、参加交易会、展览会等。

（2）交际型公关模式。交际型公关模式通过人与人的直接接触交往，为组织广结良缘，建立广泛的社会关系网络，形式有社团交际和个人交际。团体交往包括招待会、座谈会、工作午餐会、宴会、茶话会、联谊会、现场参观团队、考察团、团拜和慰问等。个人交往有交谈、上门拜访、祝贺、信件往来、个别参观、定期联络、问候等。该模式具有形式灵活、沟通直接、亲切自然、富有人情味等特点。

（3）公益型公关模式。公益型公关模式是指通过举办各种社会性、文化性、赞助性活动来塑造企业形象。活动方式包括资助社会文化事业（如文化节）；资助社会福利、教育事业（如资助公共服务设施的建设）；资助大众媒介举办各种活动等。

（4）服务型公关模式。服务型公关模式是一种以提供优质服务为主要手段的公共关系活动模式。活动形式包括指导顾客消费、提供便民措施、完善售后服务等。

（5）征询型公关模式。征询型公关模式是一种以采集社会信息为主的公关模式。活动形式有开展社会咨询、民意测验、询问重要公众、建立信访制度、设立监督电话、处理举报和投诉、分析新闻舆论、举办信息交流会等。

（6）建设型公关模式。建设型公关模式是在企业初创时期或新产品、新服务首次推出时期，为开创新局面进行的公共关系活动模式。具体方法包括开业广告、开业庆典、新产品试销、新服务介绍、新产品发布会、免费试用、免费品尝、免费招待参观、开业折价酬宾、赠送宣传品、主动参加社区活动等。

（7）维系型公关模式。维系型公关模式是指企业在稳定发展期间，用来巩固良好形象的公共关系活动模式。目的是通过不间断的、持续的公关活动，巩固、维持与公众的良好关系和组织形象，使组织的良好印象始终保留在公众的记忆中。

（8）进攻型公关模式。进攻型公关模式是指企业采取主动出击的方式来树立和维护良好形象的公共关系活动模式。以减少或消除冲突因素，并保证预定目标的实现，从而树立和维护良好形象。

（9）文化型公关模式。文化型公关模式是指社会组织或受其委托的公共关系机构和部门在公共关系活动中有意识地进行文化定位，展现文化主题，借助文化载体，进行文化包装，提高文化品位的公共关系活动。形式包括文化包装、文化导引、组建文化基金会等。

（10）网络型公关模式。互联网提供了一种新的传播媒介方式，应用互联网可以把组织的信息传达到全球各地。主要形式包括网上调查、网上设计、网上推广等。

4）企业不同时期的形象塑造

在企业发展的不同时期，企业形象塑造的侧重点有所不同，因此应采取不同的公共关系战略。

在创业期，企业的知名度和美誉度处于"双低"阶段，企业可以选择建设性公关模式等，根据企业情况选择以下路径实施：①低知名度、低美誉度→低知名度、高美誉度→高知名度、高美誉度。②低知名度、低美誉度→高知名度、高美誉度。

在发展期，企业经过艰难的创业，有了一定的知名度和美誉度。这一阶段的策略应该是先保持企业的发展势头，多采取一些公益型、交际型和维护型的公关模式。也可以采取征询型和进攻型公关模式，以便牢牢抓住重要公众，了解公众的心理变化，不断更新换代产品，扩大企业规模，提升企业形象，向"双高"迈进。

在繁荣期，企业已规模宏大，创下了"双高"，这一时期应当采用服务型公关模式，以超值服务培养已有公众的忠诚，吸引潜在公众和非公众。同时还可以运用宣传型、公益型和维系型公关模式来维护企业的形象。

3. 企业形象的维护

无论多么美好的形象都需要精心维护，否则企业辛苦多年树立起来的形象可能在一夜间轰然倒塌，使企业的投入付之东流，因而企业形象的维护同塑造一样重要。现实中对企业形象可能产生损害的主要情形是企业遇到的各种危机。

1）企业危机

企业危机是指各种使企业遭受严重损失或面临严重损失威胁的突发事件。这些突发事件在很短时间内会波及很广的社会层面，对企业或品牌产生极为恶劣的影响。危机具有意外性、聚焦性（为媒体、公众、政府等所关注的特性）、破坏性、紧迫性四大特点。

2）企业危机公关模式

面对危机，企业必须及时进行危机公关，维护和挽回危机事件对企业造成的不良影响。企业危机公关模式主要有以下三种：

（1）防御型公关模式。防御型公关模式是指企业为防止自身的公共关系失调而采取的一种公共关系活动方式。预防的目的是在企业与公众之间出现摩擦苗头的时候，及时调整组织的政策和行为，消除摩擦苗头，始终将与公众的关系控制在期望的轨道上。

（2）矫正型公关模式。矫正型公关模式是指企业在发生危机时，为了扭转公众对企业的不良印象或已经出现的不利局面而开展的公共关系活动。其目的是对严重受损的企业形象及时纠偏、矫正，挽回不良影响，重新树立组织的良好形象。

（3）进攻型公关模式。前面已经介绍，不再赘述。

3）处理危机应坚持的原则

（1）速度原则。好事不出门，坏事传千里，在危机出现最初的12~24小时内，消息会像病毒一样，以裂变方式高速传播。企业应当机立断，快速反应，果决行动，与媒体和公众进行沟通，尽可能将不利的因素消灭在萌芽状态。

（2）系统原则。在应对一种危机时，不应忽视另一种危险的存在，绝不可顾此失彼。

（3）承担责任原则。危机发生后，企业应该勇于承担责任。即使对方在事件中有一定责任，企业也不应先追究其责任，否则各执己见，加深矛盾，只会引起公众的反感，不利于问题的解决。同时企业应该站在对方的立场上表示同情和安慰，并通过新闻媒介向公众致歉，解决深层次的心理、情感关系问题，从而赢得公众的理解和信任。

（4）真诚沟通原则。企业处于危机旋涡中时，是公众和媒介关注的焦点。企业的一举一动都将被质疑，因此千万不要有侥幸心理，企图蒙混过关。而应主动与新闻媒介联系，尽快与公众沟通，说明事实真相，促使双方互相理解，消除疑虑与不安。

（5）权威证实原则。在危机发生后，企业不应自己通过各种方式辩解，最好让具有足够权威性的客观的第三者到前台来说话，使消费者解除对自己的警戒心理，重获他们的信任。

4）企业危机信号识别

企业如果能够敏感地识别危机信号，就可以未雨绸缪。危机信号可以分为潜在的危机信号和外显的危机信号。潜在的危机信号主要表现在：少量高级人才流失；市场份额逐渐萎缩；盈利能力偏弱；执行力较差；信息沟通、传递不畅；创新能力低；缺乏发展后劲等。外显的危机信号主要表现在：人才流失率高；销量或产值急剧下降；生产设备老化；面临或处于亏损；流动资金短缺；公共关系紧张；领导人迷失经营方向等。

5）企业危机管理过程

企业的危机管理一般由确认危机、隔离危机、处理危机、消除危机、危机总结、危机反馈六个方面组成。

4. 实施公共关系战略应注意的问题

企业在塑造自身形象上往往出现许多错误。表现主要有：过于自负，目标过高，实施难度过大，最终不仅没有达到目标，反而影响企业形象，这类问题往往发生在新办企业上；或过于迂腐，缺乏活力，企业形象难以吸引社会公众，这类问题大多发生在一些老企业身上。

要正确制定和实施公共关系战略，塑造良好的企业形象，必须注意：①做好企业形象调查。要随时了解社会公众对本企业的认识、信赖和好感程度，了解人们对企业总体形象的评价。②形象定位切合实际。企业形象定位和设计要能够吸引社会公众，符合公众的心理需求和企业发展的需要，要求不要过高，但要有创新，便于操作。③企业形象要与市场地位相适应。一般来说，如果企业在市场上已处于领先地位，企业形象已植根于消费者心目中，企业就不应轻易改变自己在消费者心中已确定的地位，而应进一步增进社会公众对企业的了解和好感，扩大自己的影响。如果企业是挑战者，则应该弄清楚自己的策略目标和策略方法，找到差异，独树一帜，提升企业在社会公众心目中的形象。

1. 企业职能战略分为哪几大类？分别包括哪些职能战略？

2. 研发战略分为哪几类？有何利弊与适用条件？

3. 筹供战略的实施包括哪些环节？应分别注意哪些问题？

4. 目前出现了哪些现代企业生产模式？分别介绍其含义。

5. 实施质量战略应注意哪些问题？

6. 营销战略实施中应注意哪些问题？

7. 简述营销战略实施的传统方式与创新方式。

8. 怎样提高物流战略实施的效率？

9. 财务战略包括哪些基本内容？分为哪些类型？

10. 人力资源战略实施中应注意哪些关键问题？

11. 信息化战略实施中应注意哪些关键问题？

12. 知识管理战略实施中应注意哪些关键问题？

13. 如何成功地实施组织变革？

14. 企业文化变革过程分为哪几个阶段？

15. 单一品牌战略和多元化品牌战略各有何利弊？

16. 处理企业危机事件应坚持哪些原则？

第十二章
战略控制

本章从控制的基本概念入手，简要介绍了企业战略控制的内涵、分类、特点等基本理论要点，重点介绍了战略控制的过程、设计与评价及常用的战略控制方法。

希望读者从控制的基本原理出发来理解和认识战略控制，重点把握战略控制的过程、战略控制系统设计和战略控制评价等内容，了解常用的战略控制方法，尤其注意了解平衡计分卡的思想和方法体系。

第一节　战略控制概述

众所周知，控制是管理的一项主要职能，也是进行管理工作一个主要手段。美国的著名管理学家斯蒂芬·罗宾斯曾将控制在管理中的重要作用描述为："尽管计划可以制订出来，组织结构可以调整得非常有效，员工的积极性也可以调动起来，但是这仍然不能保证所有的行动都按计划执行，不能保证管理者追求的目标一定能实现。"如果我们把罗宾斯所说的计划理解为战略或战略计划的话，就可以清晰地勾画出战略控制在战略管理中的重要地位和作用。

一、控制的概念

控制作为一个专门的术语，源于控制论（cybernetics）。控制论来自希腊语，原意为掌舵术，包含了调节、操纵、管理、指挥、监督等多方面的含义。控制论于 1948 年由美国数学家诺伯特·维纳（N. Wiener）创立。维纳在他的《控制论》一书的副标题中指出控制论是"关于在动物和机器中控制和通信的科学"。苏联的控制论学者列尔涅尔将控制定义为："为了'改善'某个或某些受控对象的功能和发展，需要获得并使用信息，以这种信息为基础而选出的、加于该对象上的作用。"

由此可见，控制的基础是信息，一切信息的传递都是为了控制，而任何控制又都有赖于信息反馈来进行。根据信息反馈产生的效果，人们通常将反馈的信息分为正反馈和负反馈两种。如果反馈强化了信息输入对信息输出的影响，导致输出偏离目标的程度增加，即为正反馈，反之则可称为负反馈。因此控制从某种程度上讲就是弱化正反馈而相应地强化负反馈的一个不断循环渐进的过程。图 12-1 就是一个典型的具有反馈功能的控制系统图。

一般管理理论的创立者，著名的法国管理学家亨利·法约尔将控制这一术语引入管理学，并把控制和计划、组织、指挥、协调并称为管理的五大职能。在管理学中，控制被定义为："根据组织的计划和确定的目标制定各种标准，通过监督检查等手段或方法将制订的标准与计划的执行情况进行比较，及时发现偏差，分析并找出原因，采取相应的措施予以纠正，或根据已变化的外部环境和内部条件对原有的设想、步骤、措施等进行适应性调整，以确保组织目标实现的一种活动。"

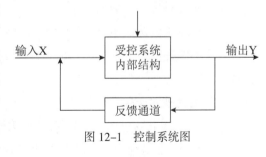

图 12-1 控制系统图

二、战略控制的内涵

劳瑞格（P. Lorange）等人认为，在组织中有三种类型的控制，即战略控制、战术控制和作业控制。战略控制主要涉及组织与环境的关系方面，以及组织的基本战略方向或态势。战术控制主要是针对战略计划的实施和执行所进行的控制。作业控制则主要是对组织日常的经营管理活动所实施的控制。战术控制和作业控制是战略控制的具体化，它们对战略控制起着支撑和保证的作用，三者形成了一个完整的控制结构。它们之间的关系如图 12-2 所示。

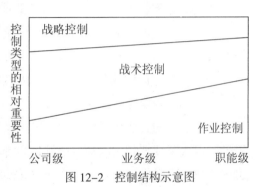

图 12-2 控制结构示意图

由此可见，战略控制是控制的一个主要方面，是保证战略目标顺利实现的重要手段。战略控制就是企业通过制定战略控制标准、发现并评估控制结果与控制标准之间的偏差及其纠正偏差的一系列控制活动。这种控制更加强调对企业环境变化适应性的调控，更加着眼于企业长期发展与愿景的控制，控制过程相对具有一定的稳定性，主要由企业的中高管理层组织实施。战略控制更加强调利用 SWOT 分析框架对企业的优势和劣势、机会和威胁进行定期或动态的分析，以不断地调整和修订企业战略，使它们保持与外部环境的适应及与企业内部条件的协调，从而使企业能够在同业或多业竞争中保持卓越和优秀。

战略控制的目的主要表现在：①保证正确、顺利地实施企业战略。②检验、修订、优化原订战略方案，以确保战略目标的实现。③为企业以后的战略制定和控制积累经验与知识。

三、影响战略控制的因素和趋势

影响战略控制的因素一般都可以分为三类：需求和市场、资源和能力、组织和文化。这三类因素在现代企业中呈现出如下的发展趋势：

1. 更加重视顾客满意的改进

顾客在做出购买决策时对质量和价值要求日益苛刻，大多数企业都在积极建立质量控制体系，不断提高产品的品质，降低生产成本，从而提高顾客满意（CS）度，赢得顾客的忠诚。

2. 日益重视对于关系的管理

企业不仅越来越重视与顾客的关系建设，如建立顾客关系管理系统（CRM），以实现顾客满意；而且也非常重视与竞争对手关系的改进，通过建立战略联盟、合资合作等措施，以实现双赢或共赢；同时还积极处理与企业员工间的关系，不断改进员工的生活条件和工作环境，培养员工对企业的忠诚，尤其是关键员工。

3. 更加重视业务整合和流程再造

现代企业的组织结构按照直线制—直线职能制—事业部制—网络组织的顺序在不断演进，企业的业务管理也由各自为政的职能机构和事业部逐渐转向相互紧密协作的项目型、合作型的业务管理。企业根据工作需要组织了很多跨部门的工作团队处理和监控企业的各项基本经营活动。当外部环境和内部条件发生较大或根本变化时，能够及时实施流程再造工程，以保证企业对环境的适应、运转的顺畅和控制的有效。

4. 更加重视全球化和区域一体化

越来越多的企业将走出国门，融入世界经济大潮，企业必须从全球化的角度进行战略思考，但战略计划和实施却要区域化、本土化，尤其当企业进入国外市场时，必须适应东道国的社会与文化。

5. 更加重视权力架构及其影响

任何组织都存在利用权力实现个人或集团利益的现象，在很多情况下，企业的战略决策就是由权力决定的。企业面临的复杂环境决定了人们在目标、价值观念、利害关系、职责和认识上的分歧，同时彼此对对方有控制权，在某种程度上又依赖于对方。

6. 更加重视信息和网络技术的应用

随着互联网技术的飞速发展，信息技术对产业组织结构、产业运作模式等产生了革命性的影响。虚拟企业、网络组织等新的产业组织方式正在如雨后春笋般飞速发展，并且对个体、群体、组织、社会的作用和影响越来越突出。这不仅给战略控制提供了更加有效的控制手段，而且给战略控制也带来了前所未有的困难与挑战。

四、战略控制方式的分类

按照控制时点、控制主体的状态和控制目的的不同将战略控制划分为不同的类型。

1. 按照控制时点的分类

按照控制时点的不同，一般将战略控制分为三种类型。

（1）事前控制。事前控制是战略实施之前所进行的一系列控制。在战略实施之前，首先要设计好正确、有效的战略计划，该计划要得到企业领导的批准，其中一些重大的经营决策活动必须经过企业高层领导人批准后方可组织实施，所批准的内容往往也就成为评价战略控制效果的控制标准。

事前控制多用于重大问题的控制，如任命重要的人员、重大合同的签订、购置大额关键设备等。由于事前控制是在战略行动成果尚未获得之前，通过对战略绩效可能偏离战略目标的情况进行预测而进行的控制，因此，为了提高预测的准确性，降低预测偏差，管理者必须对三方面的因素进行预测、分析与研究：①投入因素，即战略实施投入要素的种类、数量和质量，它们必然影响产出的结果。②早期成果因素，依据早期的成果可以预见未来的绩效。③外部环境和内部条件的变化对战略实施控制的影响。

（2）过程控制。过程控制是在战略实施过程中进行的一系列控制，关键在于找出战略实施过程中的关键环节和重要控制点，从而保证控制既能够抓住"瓶颈"和薄弱环节等控制软肋，又能够兼顾整个战略实施过程。用80/20法则说明的话，就是80%的精力要放在重点控制上，20%的精力要用在兼顾全局上。在过程控制中，要注意做好它与事前控制和事后控制的协调。

（3）事后控制。事后控制是在企业的战略计划和方案实施以后所采取的控制。控制的注意力主要集中在战略实施的结果上，通过对战略绩效进行衡量、比较和分析，找出偏差并采取措施予以纠正。事后控制类似于成语"亡羊补牢"，它的最大弊端是在实施纠正措施之前，偏差就已经产生，而已经产生的偏差又由于控制的事后性而得不到及时的纠正。

上述三种战略控制方式在一个企业中形成了一个完整的控制环，如图12-3所示。

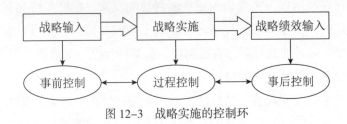

图12-3　战略实施的控制环

2. 根据控制主体状态的分类

根据控制主体的状态，可以将战略控制分为避免型控制和开关型控制两类。

（1）避免型控制。避免型控制即采用适当的战略控制手段，降低不适当战略活动发生的概率，达到不控自控的目的。如通过自动化使战略体系保持稳定，通过与外部组织共担风险减少控制，或者转移、放弃某项战略活动，以此来消除有关的控制活动。

（2）开关型控制。开关型控制又称为可行与否的控制。其原理是：在战略实施的过程中，按照既定的标准检查战略行动，确定可行与否，类似于开关的开与关。开关控制一般适用于战略实施过程中标准化的控制，或某些过程标准化的战略项目的实施控制。

3. 按照战略控制目的的分类

按照战略控制的目的，可以将战略控制分为以控制战略执行为目的的控制和以控制战略内容为目的的控制两类。

（1）以控制战略执行为目的的控制。以控制战略执行为目的的控制主要在于保证战略按照预定计划实施，使得战略结果按照期望发生。它与传统的管理控制唯一的不同是，其控制重点在于一些关键的成功因子。其控制过程包括：①识别关键成功因子。②确定关键因子的实施标准。③测定实际执行情况。④针对偏差进行纠偏。

（2）以控制战略内容为目的的控制。以控制战略内容为目的的控制主要包括以下方式：

验证战略假设。Schreyogg和Preble分别在1987年和1992年研究认为，由于公司环境因素及其相互关系不可能完全识别，因此在战略制定中必定需要做出假设。而企业的战略实施正是对战略计划进行不断验证的起点。其控制过程包括：①数据信息采集和分析。②制定相应的应对措施。

管理战略事件。验证战略假设法认为，通过进行假设就可以完全掌握制定战略时的内外部环境，进而可以验证假设，在此基础上进行控制。由于计划往往是周期性的而环境的变化却是持续的，即使能够完全掌握制定战略时的内外部环境，战略环境也会在战略实施中发生变化，这就带来了新的机会和威胁并将阻碍战略计划的绝对准确性。因此，安索夫提出的战略问题管理正是针对这个问题的战略控制方法。其控制过程包括：①识别战略环境的显著变化。②在战略实施过程中持续做出响应。这一方法的关键在于其环境扫描系统涉及面广，信息丰富。在大型组织中，"环境扫描"往往由专门的部门负责完成。对于急需解决的事件需要通过增加战略计划来实现，对于可以延缓的事件往往作为下一次计划的输入。它控制战略的内容而不是战略的实施。

周期性战略评价。1993 年，Goold 和 Quinn 提出对战略定期进行全面评价。评价的目的是在发现计划阶段的假设不再适用或者出现了新的机会和威胁时，对战略做出必要的修改。

交互式控制。这是 1995 年 Robert Simons 在《控制杠杆》一书中提出的一种交互式的诊断控制，帮助企业在战略执行中面对新的机会和威胁时如何进行战略转移。

战略控制报告。战略控制报告利用一系列的"战略方向"作为报告的主体，每个战略方向都支持整体的战略愿景、支持组织战略的成功、与战略实施的主要成功因素相关并与战略保持一致。它弥合了战略计划与控制系统的差距，完善了从战略完成到实施监控的反馈渠道。

五、战略控制的基本特征

1. 适宜性

企业战略计划是战略控制的标准，首先应当是适宜的，即具有实现公司既定战略目标的良好前景，便于以适宜的标准进行控制。在战略实施过程中的控制也应当是适宜的，即控制的力度、程度、控制点的数量都应当以成功推进战略实施为目标，控制不足易失控，而控制过度将扼杀战略执行者的创造力和积极性。

2. 可行性

企业应当保证足够的资源和能力将既定的战略付诸实施，制订有可行性的战略计划，否则，任何战略都是无源之水、无本之木，战略无法实施，战略控制更是无从谈起。如果战略计划可行，则战略控制体系的设计也要具有可行性，即要求战略控制所需的信息具有可得性、战略控制点的设置具有科学性、战略控制的成本具有合理性，等等。

3. 可接受性

可接受性是指企业的战略计划能否被企业的利益相关者接受，尤其是股东、政府和员工，这是战略控制系统具有可接受性的前提。此外，企业的战略控制系统本身也应具有可接受性，能够被企业高层和战略执行者所接受。

4. 整体与局部利益、长期与短期利益的不一致性

企业的整体是由局部构成的。从战略全局和未来发展而言，整体控制利益和局部控制利益是一致的，但在具体问题上，整体控制利益和局部控制利益可能存在不一致或背道而驰的情况，企业战略控制就是要对这些不一致的冲突进行控制。

5. 弹性和伸缩性

战略实施过程可能是确定的，也可能会进行随机的调整，而且企业的战略计划和目

标在实施过程中还要受到外部环境和内部条件的制约与影响，因此企业的战略控制也要不断地调整和变化，以适应变化了的环境和条件，使企业的战略控制具有一定的弹性和伸缩性。

第二节　战略控制过程、设计与评价

成功的战略控制必须具有完善的控制流程、科学的控制系统设计和合理的战略评价方法，这是决定战略控制是否有效的关键问题。

一、战略控制过程

1. 收集战略信息

战略信息是指与战略制定、战略实施和战略控制活动有关联的信息。收集战略信息的目的在于为战略控制标准的制定提供科学合理的决策依据。战略信息涵盖在一般信息中，需要从所收集的各类信息中甄别过滤出来。企业信息收集处理人员，尤其是企业的高层领导和中层管理人员要逐渐养成对战略信息的敏感性和捕捉意识。

2. 确定控制标准

战略控制标准是进行战略控制的期望结果，也就是战略目标的具体指标，可以按照第七章第一节中提出的维度和原则进行设计。一个较好的控制标准体系一般由定量标准和定性标准共同构成。企业常用的控制指标有销售额、销售增长率、净利润、资产总额、销售成本、市场占有率、产品质量、劳动生产率和顾客满意度等。

3. 配置控制资源

在控制标准制定完成实施之前，企业必须对当前的组织架构、人员配置、资源配置等情况进行摸底，并对它们是否适应控制要求进行必要的可行性分析。如果组织机构不适应，就要对组织机构做出相应的调整；如果人员配置缺位或不足，或者目前的人员能力欠缺，无法履行控制职责，就应当由人力资源管理部门做出相应的补充或调整；如果控制设施和仪器不到位，或者虽然已经配置到位，却由于各种原因不能有效地实施控制，企业就应当修理或筹措资金指定专人购置，并安装调试，使其正常运行。

4. 进行战略评审

在战略的实施过程中，应当通过阶段性的战略评审来检验和预测控制效果。一般评审由企业内部的专门评审小组来实施，并由企业高层领导牵头负责。评审可以是系统性全面的评审，也可以是针对某个战略业务单元（SBU）、职能部门或者一些关键工序、控制环节而开展的专项评审。很多企业已经建立了质量管理体系，因而也可通过质量管理体系开展每年度的内部和外部审核，以及管理评审等活动进行战略评审，从而减少战略评审频次。

5. 实施纠正措施

控制过程如同决策活动一样，人们只能得到一个满意的控制结果，企业事先可以根据历史数据、同行数据、国家标准等制定出一个合理的控制偏差范围，如果偏差落在所定的控制范围内，即已经达到了满意的控制效果。评审结果与控制标准之间的差异即为控制偏差，偏差产生的原因有企业内部的实施问题、制定战略的前提错误、环境的变化等因素。为纠正偏差，首先应当运用鱼刺图等分析方法找出偏差产生的原因，然后对症下药，采取纠正措施。

6. 战略控制反馈

反馈既是控制论的一个重要概念，也是控制论的一个基本原理。控制论的主要奠基人维纳认为："反馈，即将系统以往操作结果再送入系统中去，其特点是根据过去的操作情况去调整未来的行为。"反馈过程是：施控者将输入信息转换成控制信息，控制信息作用于受控者后产生的结果再被输送到原输入端，并对信息再输出发生影响，起到控制的作用，达到控制的目的。

综上所述，一个完整的战略控制过程如图 12-4 所示。

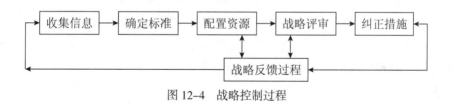

图 12-4　战略控制过程

二、战略控制设计

战略控制设计是战略控制过程中最关键的环节之一，是为战略控制制定控制策略和体系的活动。战略控制设计主要由以下几个方面的内容构成：

1. 了解战略控制的影响因素

战略控制的影响因素一般包括：①环境。企业欲设计出科学合理、控制有力的控制系统，首先就必须充分了解环境、熟悉环境，取得有效的环境信息。②人员。人员既是战略控制的主体，又是战略控制的对象。企业不仅需要选择或培训能胜任战略实施的管理者，而且需要改变企业中所有相关人员的行为习惯，使之适合于战略控制的要求。③组织。组织是指企业的人事系统、权力与控制结构、领导体制及方式，等等。④企业文化。企业文化影响着企业成员日常工作的态度和方式，如何进行有效引导，使之有利于战略的实现，是战略控制的难点。

2. 选择适宜的控制方式

控制方式的选择是控制设计中最主要的内容。选择控制方式应当注意：①必须充分考虑战略信息，将战略信息中有价值的内容设法转化成设计输入的要素。②必须考虑企业的情况，不能盲目照搬照抄其他企业或经典的控制模式。③必须熟悉各种控制方式的特点，不能仅凭企业领导的嗜好而随意地取舍或变更被实践证明行之有效的控制方式。④要注意各种控制方式的优化组合。不同的控制方式具有不同的特点，可以完成不同的控制任务。因而对控制方式进行优化组合既非常必要，又能显著提高控制的效率和效果。

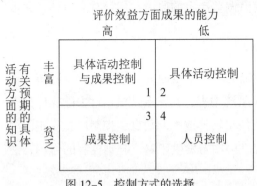

图 12-5　控制方式的选择

控制方式的选择可以根据两方面因素的组合关系来确定：一方面是企业管理人员拥有的关于预期的活动方面知识的丰富或贫乏；另一方面是企业管理人员评价效益方面重要成果的能力高低。如图 12-5 所示。

从图 12-5 可以看出，第 4 象限表示的是最难控制的情况，即企业对预期的具体活动不了解，对重要的成果领域也不能做出很好的评价。在这种情况下，企业一般应进行人员控制。

在第 3 象限，管理人员在有关预期活动方面的知识比较贫乏，但有较好的评价成果控制能力，因此工作成果便可以取得较好控制。这种控制适用于较高层的管理人员，使他们明确企业预期的成果以及各自的责任，从而达到控制的效果。

在管理人员对预期活动有较多的知识，但成果难以评价的地方，如第 2 象限的情况下，管理上应采取具体活动控制手段。例如，企业在做出高额资本投资决策以后，由于期限较长、往往很难对决策的成果做出及时精确的评价。这时管理人员可以采取具体的投资分析技术对投资活动加以控制。

在第 1 象限，管理人员评价成果的能力比较强，相关知识也比较丰富，但不能只依赖于一个固定领域的人员去采取行动，也不能过早地提出一种或多种回避的手段。此时，管理人员应考虑采用具体活动控制、成果控制或者两者并用。

在控制方式的选择过程中，企业还应当考虑另外两个因素，即控制量和控制成本。

（1）控制量。在控制设计环节应当考虑将不同力量的控制方式优化组合在一起，以实现刚柔并济、互补的效果，从而达到一方面可以减少由于控制过弱而产生的控制不力或失控问题，另一方面可以避免由于控制过度而造成紧张气氛，使企业内部员工对控制产生抵触和厌倦心理。

（2）控制成本。在控制方式的选择过程中一定要考虑各种控制方式及其组合可能造成企业成本上升的幅度，确保所选择的控制方式或控制方式的组合在成本方面与其他的控制相比具有成本上的比较优势或预期成本能够被企业承受。考虑成本问题还要权衡学习曲线和经验曲线可能给企业带来的好处。如某一控制方式可能开始阶段会产生较高的控制费用，但随着实践和培训的进行，控制费用会很快降低，这样的控制方式要对其成本进行综合考虑，不能只考虑开始阶段可能产生的费用。

3. 战略控制系统设计

由于一项战略从建立到达成预定目标的过程中包含大量的不确定性因素，这意味着对战略运行的有效控制不能仅靠少数人的努力，而要通过扎实细致的管理工作，建立起有效的控制系统。

1）战略控制的关键环节

要想使战略控制系统有效，应当对控制过程的各个环节予以充分、细致的考虑，尤其是战略控制需要控制的关键控制点。

试图对组织活动中的每一个因素进行控制是不可能的，过多的控制不仅会降低员工的士气，挫伤管理人员的积极性，还会造成时间、精力和资金上的浪费。管理者必须集中力量于关键问题，选择在系统中进行观察和收集信息的关键点，通过这些关键点来确认整个工作是否按计划进行以及采用哪些纠正措施。

首先应该对"关键绩效区"进行识别，即找出那些为确保整个企业战略获得成功而必须有效运作的区域。明确了关键绩效区，就可以在此基础上确定战略控制点，通过战略控制点进行检测和信息收集。

战略控制点的主要来源有：①业务活动中意义最为重大的因素。②工作进程中经常发生变化的环节。③可以产生波及效应的环节。

2）战略控制系统的构成

企业需要建立的战略控制系统应当包括以下五个子系统：

（1）组织基础控制子系统。控制活动总是通过一定的企业内部组织来实施并完成的。企业的组织基础包括：组织结构、责任结构和权力结构。控制是以承担责任为基础的，否则一旦出现了问题，就不知道该去哪里、找谁来解决，更严重的是出现损失后不知道由谁来承担责任，因此战略控制体系必须建立明确的责任结构。一定的责任是以获得对应的权力为前提的，没有控制某项活动的权力，就不应该为该活动产生的后果负责任。在责任结构的确定过程中，企业一般会将一部分权力授予下一级单位，这就形成了逐渐授权的权力结构。

（2）企业文化控制子系统。企业文化的约束和激励作用能够很好地起到一种无形的控制作用，使企业员工按照企业战略所要求的方式去努力工作。

（3）沟通控制子系统。沟通是信息的传递和反馈过程，沟通控制子系统的主要作用在于，由企业战略实施负责机构将关于企业使命与愿景、战略与目标、战略制定与实施中对事业部、职能部门等有重要意义的信息传递给它们，然后由事业部和职能部门等将战略实施过程中的相关信息反馈给企业战略实施负责机构，从而使战略实施负责机构通过对信息的分析获悉企业各部门目前的战略实施状况。

（4）协调控制子系统。在相关多元化公司中，任何两个业务单元之间及业务单元和母公司之间都存在协调问题，即通常所说的协同效应。协调就是为了充分、有效地利用未尽用资源所采取的行动，一般发生在具有共享一般资源或核心资源的两个组织之间。这种共享可能产生各种折中成本。

（5）考评子系统。任何一项有价值的控制活动如果没有最后的评价和基于评价结果的奖惩都不算完整。通过对每一项指标完成情况的统计，再考虑事先设定的每一指标的权重，就可以对战略实施结果进行评价。

4. 战略控制设计与反馈

在战略控制设计过程中，反馈是一个重要的因素，主要表现在：

（1）反馈对加强成果责任制十分必要。即使反馈不能用于调整输入量，也表明整个过程受到了监控。

（2）在环境变化重复发生时，反馈可以根据对成果的评价，指出创新的需要。

（3）如果要进一步保证反馈的效果，则需要有一个学习的过程。企业管理人员要认真分析不同组合的输入所产生的结果，很好地掌握输入与结果的关系，如果做到这一点，着眼点就会从成果控制系统转向具体活动控制系统，从而有效地发挥整个控制系统的作用。

值得注意的是，管理人员要有效地使用反馈模型有一定的先决条件，即环境变化要有重复性或至少有部分的重复性。如果环境变化只是一次性地发生，则反馈回去的信息在管理上用处不大。在这种情况下，管理人员即使了解成果存在的问题，也不太可能有更大的改动。此外，从成本角度考虑，设计、实施、维护一个反馈系统，代价一般是比较昂贵的。因此，在设计控制系统过程中，应有反馈的意识，但如何采取反馈手段，则应根据企业的具体情况确定。

三、战略控制评价

在战略实施过程中存在战略失效，可能影响战略目标的实现。因此，为纠正战略失效就要进行科学合理的战略评价，以保证战略实施的正常进行和战略控制的有效。

1. 战略实施失效

战略实施的过程与结果往往与人们的期望并不一致，当出现非理想状态时，称为战略失效。战略失效按出现时间的早晚可划分为早期失效、偶然失效和晚期失效三种，如图 12-6 所示。

当一项战略开始实施时，就可能遇到早期失效。实践表明，大量的战略实施早期失效率特别高，这是因为新战略还没有被员工理解和接受，或者实施者对新的环境、工作不适应。战略决策者对这种早期失效不可惊慌失措，更不可对新战略失去信心，暂时的挫折并不意味着战略的不合理。在进行战略控制时必须考虑"延滞效应"。

避免了早期失效后，就可能使工作步入正轨，而使战略进入平稳发展阶段，在图 12-6 中，以"浴盆曲线"的盆底部分表示。偶然失效是指在战略的平稳实施阶段所出现的一些意外情况。当处于偶然失效时，战略决策者不可以掉以轻心，而是应该及时、慎重地处理，维持战略的平稳推进，当战略推进一段时间以后，失效的概率可能又会提高。

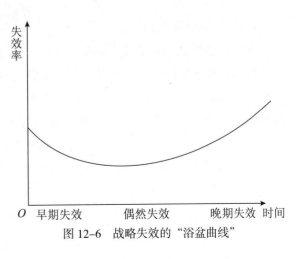

图 12-6 战略失效的"浴盆曲线"

随着时间的推移，外部环境的变化制约着战略的实施，进入了晚期失效阶段。此时，战略决策者应该适应外部环境的变化，进行战略调整，积极创造条件推进战略。

正确认识战略失效既可以防止战略在早期失效阶段的反复，又避免了晚期失效阶段慌忙修改或固执原状的错误；它使战略控制过程既有阶段性，又有相互联系、协调发展的连贯性。

2. 战略控制评价

企业如何发现战略失效，并通过分析找出失效的原因，近而采取相应的纠正措施消除战略失效呢？这就需要进行战略评价。

企业战略评价的主要内容有：①根据内部条件和外部环境的变化，经常检查企业战略的根据或基础。②经常比较战略实施的预期和实际进度或结果。③及时采取纠正行动或应急措施以保证目标或计划的实现。表 12-1 提供了一个可以反映这三项活动状况的企业战略评价表。

表12-1 企业战略评价表

企业的内部战略因素是否有重大变化	企业的外部战略因素是否有重大变化	企业在实现既定目标方面的进展是否令人满意	结果
否	否	否	采取纠正措施
有	有	是	采取纠正措施
有	有	否	采取纠正措施
有	否	是	采取纠正措施
有	否	否	采取纠正措施
否	有	是	采取纠正措施
否	有	否	采取纠正措施
否	否	是	继续原来的行动

1）评价战略制定的依据

企业战略得以成立的理由是企业在认真分析企业内外部环境关键因素的基础上，按照抓住机会、避免威胁、发挥优势和克服劣势的原则做出的匹配和选择。但在企业战略实施过程中，企业内外部环境并不是静止不变的。如果这些变化是关键性的，就会动摇企业战略得以成立的根据，企业就必须及时地调整其战略。

对企业战略依据的重新审查，要集中于那些原来作为企业战略依据的重要战略因素，包括企业内部的优势和劣势、企业外部的机会和威胁。企业高层管理者应该提出和回答下列问题：

企业内部的优势是否仍然是优势？企业是否有了新的内部优势？如果有，是什么？

企业内部的劣势是否仍然是劣势？企业是否有了新的内部劣势？如果有，是什么？

企业外部的机会是否仍然是机会？企业是否面临新的机会，如果是，是哪些？

企业的外部威胁是否仍然是威胁？企业的外部威胁是否增加了，如果是，是什么？

实践证明，理论上最好的战略往往在实践中难以实现；今天成功的战略不一定能保证明天成功。为了防止这种情况的发生，企业战略管理者必须在战略付诸实施的整个过程中不断地重新审视企业战略的依据，通常采取下面的办法和步骤，如图12-7所示。

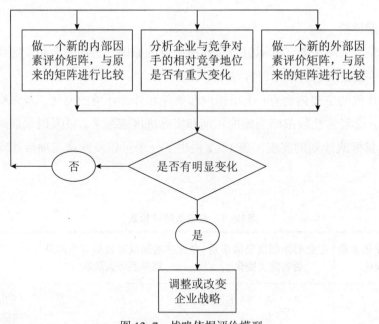

图 12-7　战略依据评价模型

（1）做出一个修改过的外部因素评价矩阵，然后将它与原来的外部因素评价矩阵进行比较，如这两个矩阵的内容一样或相似，企业就没有必要再改变或调整战略；相反，如果这两个外部因素评价矩阵不一样甚至有很大差异，那么企业的现行战略就要按照战略制定的过程重新考虑。

（2）企业战略管理者还要分析和判断企业相对于其他竞争对手的位置是否发生了重大变化，决定是否有必要对企业战略进行调整或变革。

（3）制定一个新的内部因素评价矩阵，然后与原来的内部因素评价矩阵进行比较。根据比较的结果，决定是否有必要对企业战略进行调整或变革。

2）评价战略实施的成果

战略实施的成果集中表现为企业战略运行的绩效，主要以实际工作成果的形式表现出来，对它们进行评价也就是将实际的成果与预定的目标或标准进行比较。通过比较会出现三种情况：①超过目标和标准，即出现正偏差，在没有做特定要求的情况下，出现正偏差是一种好的结果。②成果与目标正好相等，没有偏差，这也是好的结果。③实际成果低于目标，出现负偏差，这是不好的结果，应该及时采取措施纠偏。

3. 战略评价方法

（1）李德图评价法。李德图评价法又称为资本利润率评价法。资本利润率反映资本占用和所取得成果之间的一种投入产出关系。它综合地反映着企业资本利用效果的大小和资本管理水平的高低，也是从粗放型管理转向集约型管理的必然要求。

$$资本利润率 = 利润额 \div 投入资本额$$
$$= （利润额 \div 销售收入）\times （销售收入 \div 资本额）$$
$$= 销售利润率 \times 资金周转率$$

以资金周转率为纵坐标，销售利润率为横坐标，资本利润率是凸向原点的一条曲线，其值越大，曲线离原点越远，如图 12-8 所示。由于此方法由英国经济学家李德首先提出，所以该图又称李德图。

对于一个具体的企业而言，在战略实施之前，已经确定了一个长期的资本利润率控制标准，并且这一标准已经被细分成了每一年度，甚至是月度的控制标准。因此，评价企业盈利目标是否达到，以及分析盈利目标实现或未实

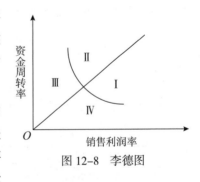

图 12-8　李德图

现的主要原因就可以通过实际资本利润率落在图 12-8 的哪个象限来确定。

区域Ⅰ：资金积累型盈利区。该区域销售利润率高，资金周转率较低。

区域Ⅱ：资金周转型盈利区。该区域资金周转率高，销售利润率低。

区域Ⅲ：销售利润过低型亏损区。该区域虽然资金周转率高，但销售利润率太低，容易形成亏损。

区域Ⅳ：资金积压型亏损区。该区域虽然销售利润率高，但资金周转太慢，也容易产生亏损。

（2）利益相关者测定法。企业的客户、债权人、员工、股东等利益相关者都非常关心企业的经营活动和业绩，并且对企业的经营活动和绩效都有自己的一套评价标准。如果企

业不能满足或达到他们的评价标准，可能会恶化企业的运营环境，影响企业的健康可持续发展。如银行拒绝给企业放贷授信额度、股东对企业选择用脚投票、员工对企业的忠诚开始动摇等。因此从利益相关者的角度对企业的战略绩效进行评价，也是保证企业战略实施成功和控制有效的必要手段。表 12-2 是一些利益相关者的测定方法。

表12-2　利益相关者测定法

利益相关者	近期测定方法	远期测定方法
顾客	销售额和销售量；新顾客的数量；需要接触的新顾客	销售增长；顾客基数的周转；控制价格能力
供应商	原材料成本；送货时间；库存；获取原材料的方便程度	原材料成本；送货时间；库存周转率；来自供应者的新建议
银行	每股盈利；股票价格；出售股票的数量；自有资本利润率	实现融资战略的能力；自有资本利润率的增长
职工	新建议的数量；劳动生产率；抱怨的次数	内部提升的数量；自动离职的人数

（3）高层管理者评价法。企业是否拥有一个精明能干的高层管理团队是影响企业战略目标实现的一个关键因素，因此，对企业的高层管理团队进行评价是企业战略评价所必需的，这一评价结果也是调整高层管理团队的重要依据。表 12-3 就是迈克斯维尼为评价高层管理者绩效而编制的评价表。

表12-3　迈克斯维尼高层管理者绩效评价表

打分项目	好	差
自有资本利润率		
销售利润率		
股东资产管理		
组织机构		
人员培养		
产品开发		
企业的道德		
企业的形象		
企业发展潜力		
市场占有率		
其他企业的购入		
研究与发展		
国际业务		

（4）关键表现领域测定法。企业进行战略评价需要针对控制关键点的评价方法，关键表现领域测定法就是这样一种方法。在实施关键领域测定法之前，必须先确定企业的关键表现领域，一般而言，战略控制的关键点即为企业的关键表现领域，但关键表现领域并不等同于战略控制关键点，它的内容应当比战略控制关键点更加丰富一些。不同企业的关键表现领域不同，同一企业在不同时期的关键表现点也不一样，因此不可盲目照搬照抄。表 12-4 是美国通用电气公司确定的八个关键表现领域和测定方法。

表 12-4　通用电气的关键表现领域测定法

关键表现领域	测定方法
盈利能力	用利润总额减去投资资本的成本测定
市场位置	用市场占有率测定
生产率	用工资总额或生产产品的折旧成本测定
产品的领先地位	对现有产品或准备开发产品的成本、质量、市场位置测定
人员发展	通过各种方式了解该公司现在和未来的人员需求
职工的心态	通过定期对职工的态度、旷工和离职情况的了解来测定职工对公司的态度
社会责任	通过对一些指标的测定来评价公司对其职工、供应商、顾客和所处社区的社会责任
长期与短期目标的平衡	通过对关键领域关系的深入研究来确定短期目标的实现不是以牺牲企业长期目标与稳定增长为代价的

第三节　战略控制方法

可以用于战略控制的方法很多，并且随着科学技术的发展，新的控制方法会不断涌现，并逐步替代原有的一些低效的控制方法。我们这里重点介绍预算控制、审计控制、审核控制、人力资源控制、平衡计分卡等战略控制方法。

一、预算控制

预算是以数字方式编制的对未来某个时期的计划或安排。几乎所有的单位每年都要编制财务预算，预算控制是管理活动中运用最广泛的控制方法之一。编制预算的结果，是要为企业的控制活动提供各方面的控制目标，进而实施目标管理。企业预算的编制方法很多，传统的预算编制方法有固定预算、弹性预算、追加预算、项目预算等。这里我们主要介绍零基预算。

零基预算（zero-based budgeting，ZBB）是由美国得克萨斯食品公司的彼得·A.派尔（Peter A.Pyhrr）在 1970 年 12 月发表的《零基预算法》一文中提出来的。后来被西方国家在预算的编制过程中普遍接受和应用。

零基预算的基本思想：在每个预算年度之始，将所有仍在进行或将要进行的活动都视为重新开始，按照组织目标，以零为基础，逐项审查各项活动对实现组织目标的意义和效果，在成本效益分析的基础上，确定各项活动的优先次序，并按照优先次序配置企业的资源。

零基预算在编制之前需要弄清楚四个方面的问题：①组织的目标是什么？②将要开展的活动可以取得那些效益，该活动为什么是需要的？不要行不行？③可选择的方案有哪些？目前的方案是最优的吗？还有更好的方案吗？④各项活动的重要次序是什么？实现目标究竟需要多少资金？

与此相对应，零基预算的编制步骤也由四步组成：第一步，在审查预算前，明确组织目标，搞清长期目标、近期目标、定量目标和定性目标之间的关系，确定重要次序；第二步，在审查预算时，将所有过去的活动都当作重新开始，以零为基础；第三步，在确定出哪些项目是真正必要的之后，根据已经定出的目标体系重新排出各项活动的优先次序；第四步，编制预算。

二、审计控制

审计控制是一种用来对企业的会计记录、报告和制度以及企业决策程序等进行控制的主要方法。审计的主要目的在于保证企业对外提供的各类会计报表以及报告的真实性，但也具有对企业内部控制的有效性和合法性进行监控的职能。审计对企业战略实施的控制，主要是通过对企业内部控制系统的评价来实现的，通过审计控制可以保证企业内部的控制是有效和合法的，从而避免企业发生"战略失效"，防止企业资产的减值和非法流失。由于审计控制具有很强的专业性，因此应当由企业或企业外部的专业会计或审计人员来实施。

1. 内部控制的含义

内部控制是指企业为了保证业务活动的有效进行，保护资产的安全与完整，防止和纠正错误与舞弊，保证会计资料的真实合法与完整而制定和实施的政策和程序。

内部控制的目标包括：①保证业务活动按照适当的授权进行。②保证所有的交易和事项以正确的金额，在恰当的会计期间记录于适当的账户。③保证对资产和记录的接触、处理均经过适当的授权。④保证账面资产和实存资产定期核定相符。

内部控制由控制环境、会计系统和控制程序三部分组成。控制环境是对企业控制的建立和实施有重大影响的因素的统称，它的好坏直接决定着企业其他控制能否实施或实施的效果。会计系统是公司为了汇总、分析、分类、记录与报告公司交易，并保持对相关资产和负债的受托责任而建立的方法和记录。控制程序是由为了合理保证公司目标的实现而建立的政策和程序组成的。控制程序分为交易授权、职责划分、凭证与记录控制、资产接触与记录使用、独立稽核五类。

2. 了解与记录内部控制

审计人员对企业的内部控制系统进行审计，就必须首先了解企业内部已经建立的控制系统。通常对于内部控制的了解是将企业业务分成销售与收款、购货与付款、生产循环、筹资与投资等业务循环，然后通过各循环内的内部控制，并进行相应的了解记录，主要有以下几步：

（1）了解内部控制的程序。在了解内部控制时，要合理利用以往的审计经验，对重要的内部控制，通常还应当询问企业有关人员并查阅相关内部控制文件、检查内部控制生成的文件和记录、观察企业的业务活动和内部控制的运行情况、选择若干具有代表性的交易和事项进行"穿行测试"等程序进一步了解。

（2）了解控制环境。

（3）了解会计系统。通过了解应能达到识别和理解企业交易和事项的主要类别、各类主要交易和事项的发生过程、重要的会计凭证账簿记录及会计报表账目、重大交易和事项的会计处理过程等。

（4）了解控制程序。控制程序对于防止或更正会计报表中的重要错报和漏报更为有效。

（5）对控制风险的初步评价。在企业内部控制失效、难以对内部控制的有效性做出评价、不拟进行符合性测试三种情况下应将重要账户或交易类别的某些或全部认定的控制风险评估为高水平；在相关的内部控制可以防止或发现漏报和拟进行符合性测试的情况下，不应评价控制风险处于高水平。

3. 记录对内部控制的了解和对控制风险的初步评价

对于调查和了解到的内部控制情况和所做的控制风险评价应及时做成适当的记录。内部控制调查记录的方法通常有调查表（问卷）、文字表述、流程图和核对表四种。

4. 内部控制测试

内部控制测试包括运用初步审计策略和符合性测试。

（1）运用初步审计策略的步骤。审计人员应当研究和评价企业的相关内部控制，据以确定实质性测试的性质、时间和范围。初步审计策略的步骤包括主要证实法的应用、较低的控制风险估计水平法运用两个方面。

（2）符合性测试。符合性测试是为了确定内部控制的设计和执行是否有效而实施的审计程序。控制设计测试和控制执行测试是符合性测试的两个基本对象。符合性测试包括同步符合性测试、追加符合性测试、计划符合性测试三类。

5. 内部控制评价

控制风险评价就是评价内部控制在防止、发现和更正会计报表里的重要错报或漏报的有效程度的过程。控制风险可评价为高水平和低水平。在控制政策和程序与认定不相关、控制政策和程序无效等情况下可以将控制风险评价为高水平。在控制政策和程序与认定相关、通过符合性测试已获得证据证明控制有效等情况下可认定为低水平。

6. 管理建议书

管理建议书是审计人员针对审计过程中注意到的、可能导致企业会计报表产生重大错误或漏报，以及资产和资金的安全等企业内部控制的重大缺陷或重大隐患，而给企业管理当局（董事会或经理层）提出的书面建议。主要内容包括对内部控制重大缺陷及其影响的描述和审计人员提出的改进建议等。

三、审核控制

审核控制是主要用来对企业的质量战略实施以及质量管理体系有效性进行控制的方法。通过审核控制可以保证企业质量管理体系的有效运行，从而提高企业产品质量水平，保证企业质量战略目标的顺利实现。对质量体系进行的审核包括内部审核、外部审核和管理评审。其中内部审核和管理评审是由企业内部的审核员完成的，而外部审核则是由体系认证方（第三方）组织的外部审核。

1. 审核的基本概念

审核就是为了获得审核证据并对其进行客观的评价，以确定满足审核准则的程度所进行的系统的、独立的并形成文件的过程。审核是对活动和过程进行检查的有效管理手段，审核的结果为管理者采取措施提供了信息。

审核的目的在于确定满足审核准则的程度，在确定审核目的时，应考虑管理的优先级、商业意图、管理体系的要求、法规要求四个方面的因素。审核的依据包括 ISO 质量管理体系要求和企业编制的质量手册、程序文件、作业指导书等。审核也是一个形成文件的过程，审核形成的文件主要有审核计划、检查表、现场审核记录、不符合项报告、审核报告等。

2. 审核的三大原则

审核应当坚持客观性、独立性和系统方法三大原则。其中，客观性主要表现在：①审核证据是客观的，即审核证据（audit evidence）是与审核准则有关的，并且能够证实的记录、事实陈述或其他信息。②对收集到的证据的评价必须是客观的。审核证据评价的结果即为审核发现（audit findings），审核发现是将收集的审核证据对照审核准则进行评价的结果。审核发现包括审核证据、审核准则和比较评价三个要素，有合格（符合）项或不合格（不符合）项两种情况。

审核的独立性主要表现在：①审核员身份独立，即相对于审核区域是独立的。②审核过程独立。③审核员的审核评价独立，即是以审核准则和审核证据为准则，而不是按个人的偏好随心所欲。

审核的系统方法主要表现在：①审核必须在文件审核符合的情况下，方可进行现场审核。②审核包含符合性、有效性两个层次，仅有一个层次内容，就无法得出正确的审核结论。③审核前必须进行审核策划。

3. 审核策划

在实施审核之前，企业首先应当进行审核策划工作，并将策划结果编写成书面文件，这些文件包括审核计划、审核组、审核用的文件和资料等。通过审核策划应达到审核计划、审核责任、审核工作文件三落实。

（1）制订审核计划。审核计划包括年度审核计划和审核活动计划。年度审核计划是审核策划的始端也是总纲，审核活动计划则是按照年度审核计划的安排具体实施。审核计划的内容包括审核目的、范围、审核准则、审核组成员及分工、审核活动时间安排、首末次会议时间等。

（2）建立审核小组。依据审核计划确定审核组长，选择审核员，建立审核小组，并明确审核组各成员的职责和权限。审核组成员按分配的任务做好：①熟悉文件和程序。②编制检查表。③考虑前次审核结果应跟踪的项目。

（3）编制检查表。检查表必须在审核前编好，包括过程检查表、要素检查表两类。检查表的编制过程包括制定审核流程图、受审核部门的选择、审核地点的选择、审核时间的确定、审核过程的确定、检查项目、证据及方法、检查依据的确定八个方面。

编制检查表应注意：①按照标准和手册的要求设计检查表。②选择典型的质量问题和常见的执行漏洞，但不要"钻牛角尖"。③要结合受审核部门的特点。④抽样应具有代表性。⑤时间要有一定的弹性。⑥部门审核要涵盖所有涉及的要素，要素审核要包括所有涉及的部门。

4. 内部审核实施

内部审核一般通过以下六个步骤来实施：

（1）首次会议。首次会议由审核组长召集主持，向受审核方介绍具体内容及方法，并协调、澄清有关问题。首次会议旨在传达并落实审核计划，简要介绍审核采用的方法和程序，建立审核组与受审核方的正式联系，提出并落实审核有关要求，澄清并协调有关审核问题。

（2）现场审核。现场审核是通过样本推测总体的过程。审核应当按计划进行，审核的内容应当按照准备好的检查表进行。现场审核的原则有：①以"客观证据"为依据。②坚持标准与实际核对，审核不能脱离准则，凡标准与实际未核对过的项目，都不能判断为合格或不合格。③独立、公正地进行审核，不能因情面或畏惧而私自消化不合格项。④坚持"三要、三不要"，即要讲客观证据，不要凭感情、凭感觉、凭印象用事；要核查实际做得怎样，不能停留在文件、汇报上；要按审核计划进行，不要"不查出问题非好汉"。

（3）客观证据收集。审核员要通过与受审核方人员的面谈，查阅质量管理文件和记录，现场观察和核对，对实际活动及结果验证，数据、图表的汇总与分析，查阅来自顾客、供货商等其他方面的报告等方式收集客观证据。

收集证据应注意：①证据不是越多越好，而是适用的证据越多越好。②证据必须是有效的（如所提供的文件和记录应经过法定批准或签字，是在有效期内等）。③要核查证据之间的相关性及一致性，进而从中发现问题或线索。④要核查证据的真实性。⑤应收集能确定审核目标是否可以达到的证据。

（4）现场审核记录。在提问、验证、观察中，审核员应做好记录，记录下审核中听到、看到的有用的真实信息，这些记录是审核员提出报告的真凭实据。

（5）不合格项报告。不合格项报告是对现场审核得到的审核发现，进行评审并经受审核方领导确认的对不合格项的陈述。

不合格项是指未满足规定的要求。不合格有与 ISO 标准要求不一致，与质量手册、程序文件、质量记录和质量计划等文件不一致，与供销合同规定不一致，违法、顾客投诉等表现形式。不合格项的类型包括文件的不合格项、设备的不合格项、产品的不合格项、人员的不合格项等。确定不合格项有规定与实际核对和以客观证据为依据两个原则。

不合格项分为严重不合格、一般不合格、观察项三种。

严重不合格。质量管理体系与约定的质量管理体系标准或文件的要求严重不符；造成系统性失效的不合格（可能需要由多个一般不合格去说明）；造成区域性失效的不合格（可能需要由多个一般不合格去说明）；可造成严重后果的不合格项。

一般不合格。不是偶然的，明显不符合文件要求的不合格项；直接影响产品质量的不合格项；造成质量活动失效的不合格项；轻微不合格项，是指孤立的、偶发的并对产品质量无直接影响的问题。

观察项。不合格证据稍不足，但存在问题，需提醒的事项；已发现问题，但尚不能构成不合格项，如听之任之可能会发展为不合格项；其他需提醒注意的事项。

不合格项报告的内容包括受审核方名称、审核员、陪同人员、日期、不合格情况的描述、不合格违反标准、文件的说明、不合格项性质等。不合格项报告无固定格式，但应满足"4C"要求，即完全（complete）、正确（correct）、清楚（clear）、简明（concise）。

（6）末次会议。末次会议是审核组、受审核方领导和有关职能部门负责人员参加的会议。末次会议旨在向受审核方介绍审核情况，以便他们能够清楚地理解审核的结果，并予以确认；报告审核发现（重点在不合格项）和审核结论；提出后续工作要求（纠正措施、跟踪审核等）；结束现场审核。

末次会议的内容主要包括：①重申审核目的和范围。②强调审核的局限性，审核是抽样进行的，存在一定风险。③宣读不合格项报告（可选择主要部分）。④提出纠正措施要求。⑤宣读审核意见。⑥受审核方领导表态，并对纠正做出承诺。

四、人力资源控制

人力资源控制涵盖企业人力资源管理的人力资源规划、人员招聘、人员培训、工作分析、绩效管理、薪酬管理等所有方面。我们主要介绍人事组织衡量和绩效评价两个方面。

1. 利克特的"方法 4"

利克特是研究衡量人事因素的先驱。他研究发现最优秀的主管人员的特征有：①总是支持他的下属。②向下属提供必要的办法、训练、内外协助以及为保证完成任务所必需的其他条件，以便下属有利于完成委派给他们的工作。③鼓励工作组里所有成员之间的沟通、交流及相互帮助。④期望有一个高标准的成效。利克特把这种管理叫作"方法 4"或参与式管理，以与使用命令式的、仁慈命令式的和协商式的三种管理方式相区别。

利克特认为管理活动和组织结构的因果变量同激励因素、目标工作成效、沟通范围和内容等干预变量的相互作用与影响，形成了利润、销售额、成本以及企业的其他目标等最终成果变量。并用图 12–9 把方法 1（使用命令式管理）、方法 2（仁慈命令式管理）同方法 4 进行了比较。利克特的研究结果还进一步表明，管理者采用"方法 4"管理法会有助于企业实现目标。

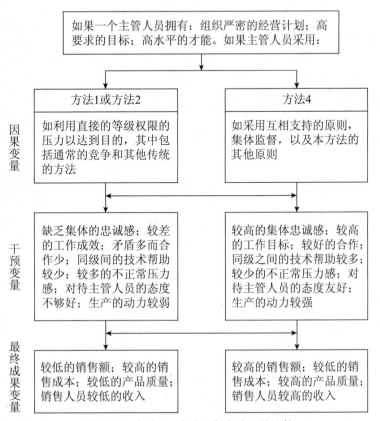

图 12–9　方法 1、方法 2 与方法 4 的比较

2. 绩效评价

对员工进行绩效评价是进行人力资源控制的核心方法，科学合理的绩效评价将有效地调动员工的工作积极性，显著提高战略实施的绩效。

（1）绩效管理。绩效管理是绩效评价的重要内容之一。绩效管理由绩效计划、绩效沟通、绩效考核、绩效反馈四部分组成，如图12-10所示。

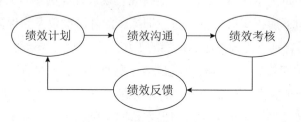

图 12-10　绩效管理的构成

绩效管理主要通过企业员工的绩效优化达到企业绩效优化的目的，有利于提升企业绩效，实现战略目标。根据翰威特公司对美国上市公司的调查，有没有绩效管理对公司的效益有着显著的影响。其调查结果见表12-5。

表 12-5　美国上市公司绩效管理调查表

指标	无绩效管理	有绩效管理
全面股东收益	0	7.9%
股票收益	4.4%	10.2%
资产收益	4.6%	8.0%
投资现金流收益	4.7%	6.6%
销售实际增长	1.1%	2.2%
人均销售	126 100 美元	169 900 美元

绩效管理也有助于保证员工行为和企业目标的一致。图12-11从一定程度上体现了两者之间的这种关系。

员工工作努力程度

努力方向与企业目标的一致性		高	低
	高	企业绩效大幅度提高	企业绩效有所提高
	低	企业绩效降低	企业绩效无明显变化

图 12-11　员工行为与企业绩效的关系

绩效管理由准备阶段、实施阶段、反馈阶段、运用阶段四步组成。如图 12-12 所示。

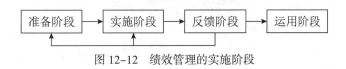

图 12-12　绩效管理的实施阶段

绩效管理的方法很多，有定量和定性两种，企业可以根据自身情况选择适合自己的评价方法。

（2）薪酬管理。薪酬管理也是绩效评价的一个重要内容。薪酬管理要坚持合法、公平、及时、经济、动态等原则。企业的外部环境、内部条件、员工个人的情况都会影响企业的薪酬。目前很多企业为了充分调动员工的积极性，都实行激励薪酬加福利的薪酬体系。

五、平衡计分卡

平衡计分卡（balanced scorecard，BSC）是 20 世纪 90 年代发展起来的一种综合评价企业战略绩效的方法。1990 年，美国马萨诸塞州的诺顿研究所承接了一项"如何评价未来组织的绩效"的课题。戴维·诺顿（David Norton）是这项研究的带头人，哈佛商学院教授罗伯特·卡普兰（Robert Kaplan）担任学术顾问。他们召集 12 个公司的代表每两个月集会一次，共同制定一个新的绩效评价模式，并于 1992 年 1 月在《哈佛商业评论》上发表了《平衡计分卡——提升经营绩效的测评方法》一文，宣告了平衡计分卡的诞生。1998 年 3 月，诺顿和卡普兰又合作出版了《平衡计分卡》一书，至此平衡计分卡建立了完整的理论体系。

1. 平衡计分卡的构成

平衡计分卡打破了传统的只注重财务指标的业绩评价方法。诺顿和卡普兰认为传统的财务会计模式只能衡量过去发生的事情（落后的结果因素），但无法评价和预计组织前瞻性的投资（领先的驱动因素）。在工业时代，以财务指标为中心设计或进行绩效评价还是有效的。但在信息社会里，以财务指标为导向的传统业绩评价理念和方法就显得过于片面，甚至会得出错误的评价结果，从而进一步诱导企业朝着不健康的方向发展或者给企业走向衰败埋下祸根。因此客观上需要一种对企业绩效进行全面评价的方法，在评价今天的结果的同时能够保证这种评价是有利于企业长期健康发展的，至少不应当损害明天企业的发展。

平衡计分卡从财务、客户、内部业务流程、学习与成长（又称学习与创新）四个方面对企业的绩效进行评价，追求企业财务与非财务指标、长期目标与短期目标、外部和内部、结果和过程、管理业绩与经营业绩之间的平衡，如图 12-13 所示。所以自诞生之日起就具有很强的生命力，得到了世界上各大跨国公司的青睐，已经在很多的企业投入实践。

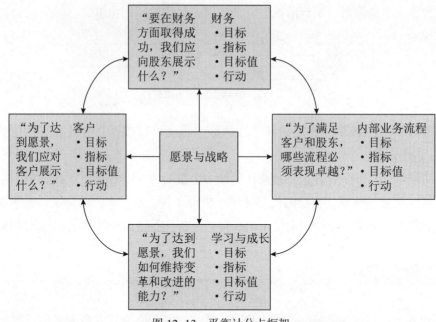

图 12-13　平衡计分卡框架

2. 战略图

战略图就是描述组织战略的地图。通过把组织的战略画在一张图里，可以使管理者对组织的战略更加清晰。战略图把企业的战略分成四个维度：财务、客户、内部业务流程、学习与创新。在所有战略维度中客户是核心，学习和创新是根本。因为顾客是企业的衣食父母，企业欲在财务方面获取较高的投资回报率，就必须提高顾客满意度，通过顾客的满意取得较好的销售收益。要使顾客满意，就必须按照顾客所要求的产品品质准时地给顾客交货，而能否保证按顾客要求的品质准时地交货又是由企业的员工素质决定的，这又体现了企业应以人为本。

图 12-14 是战略图的模板，它使原本零散的、看似不相关的企业各方面的战略紧密地联系起来。

3. 平衡计分卡的指标体系

平衡计分卡的指标体系由财务、顾客、内部业务流程、学习与成长四个方面指标组成。

（1）财务指标。诺顿和卡普兰领导的团队对企业的财务评价指标和体系进行了研究，认为在企业发展的不同阶段，应采取不同的财务策略并决定适合的财务衡量尺度。财务指标构成包括营收成长和组合、成本降低/生产力改进、资产利用三个方面。企业可以按照表 12-6 找出战略主题对应的绩效衡量指标对企业财务进行评价。

（2）顾客指标。顾客指标通常由成果（滞后）指标（概括性的量度指标）和绩效驱动因素（领先指标）两类构成。滞后指标一般包括市场占有率、旧顾客维持率、新顾客开发

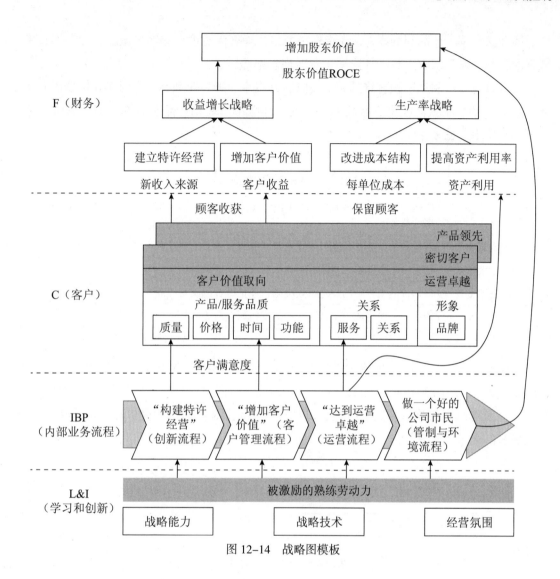

图 12-14 战略图模板

表 12-6 与业务战略相应的财务指标

		策略主题		
		营业收入成长和组合	成本降低/生产力改进	资产利用
业务战略	成长	·市场区隔的营收成长率 ·来自新产品、服务、顾客占营收的百分比	·员工平均收益	·投资（占营收的百分比） ·研发（占营收的百分比）
	维持	·目标客户的占有率 ·交叉销售 ·新应用占营收的百分比 ·顾客和产品线的获利率	·相对于竞争者的成本 ·成本下降率 ·间接开支（占营收的百分比）	·营运资金比率（现金周转期） ·主要资产类别的资本运用报酬率 ·资产利用率
	丰收	·顾客和产品线的获利率 ·非获利顾客的比率	·单位成本（每种产品、每个交易）	·回收期间 ·产出量

率、顾客获利率、产品利润率；领先指标一般包括顾客满意度、顾客忠诚度、库存周转率、账款回收率、账款回收天数、坏账率、顾客抱怨率等。

顾客满意度可驱动旧顾客维持率、新顾客开发率、顾客获利率，进而提升市场占有率。而库存周转率、账款回收率、账款回收天数、坏账率可驱动产品利润率与旧顾客维持率、新顾客开发率。见表 12-7。

表12-7 顾客方面的核心指标

市场占有率	反映一个事业单元在既有市场中所占的业务比率（以顾客数、消费金额或销售量来计算）
顾客争取率	衡量一个事业单元吸引或赢得新顾客或新业务的速率，可以是绝对或相对数目
顾客延续力	记录一个事业单元与既有顾客保持或维系关系的比率，可以是绝对或相对数目
顾客满意度	根据价值主张中的特定绩效准则，评估顾客的满意程度
顾客获利率	衡量一个顾客或一个区隔，扣除支持顾客所需的特殊费用后的纯利

诺顿和卡普兰认为顾客价值主张是由产品与服务的属性、顾客关系、形象及商誉三大属性描述的，如图 12-15 所示。其中产品与服务的属性包括功能、品质、价格与时间，顾客关系涉及对顾客的响应与交货时间，以及顾客向企业采购时的感受，形象地反映了企业吸引顾客的无形因素。

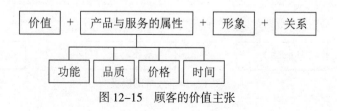

图 12-15 顾客的价值主张

（3）内部业务流程指标。诺顿和卡普兰认为，企业为了实现或满足股东的目标与顾客的需求，必须确认其创造顾客价值的程序，以充分利用企业的稀缺资源。因此，他们将企业内部业务流程划分为创新流程、营运流程与售后服务流程三大流程。

创新流程是企业产品差异化的源头，滞后指标是产品上市时间，领先指标可以是收支平衡时间或产品初次设计即完全符合规格的比例、产品初次设计至量产的变更设计次数以及专利数量等。

营运流程是从接受订单到发出成品之间的过程。滞后指标有退货率、成本下降、交期的准确性等。领先指标有每百万产品的不良率、废料率、废品率、返工率、机器故障率等。

售后服务流程的主要目的在于维持并不断提高顾客的满意度。它的滞后指标一般是故障响应速度、周期时间或顾客提出要求至问题彻底解决所需时间、衡量产品或服务递交后到顾客付清余款的时间；领先指标一般为一个电话就能解决问题的顾客比率（一次成功率）、瑕疵和退货处理速度等。

（4）学习与成长指标。人在企业中的地位越来越突出，企业员工素质日益决定着企业上述三个方面指标的最终实现，可以毫不夸张地说，如果企业员工的评价是不合格的，那么企业就不会有令顾客满意的产品，不会有令股东满意的回报。

学习与成长方面的滞后指标包括人事费用率、劳动分配率、劳动生产率、员工生产力、人力耗损指数、员工留任率、员工离职率、人机时效率。领先指标包括员工满意度、战略性职位员工胜任率、员工技能评鉴合格率、员工平均培训时数、人才投资率、平均招聘时间、薪资贡献比、员工出勤率等。

4. 平衡计分卡控制体系设计

平衡计分卡控制体系是由目的陈述、战略地图和指标体系三个方面的要素组成的。对于企业而言，设计一个完整的平衡计分卡战略控制体系是一项复杂的系统工程。为了使这项工程顺利进行，企业必须建立以总经理为首的工作小组，拟订详细的计划，按照如下步骤开展：

（1）明确组织战略。工作小组要对企业的战略决策进行深入的分析，研讨并厘清企业定位的具体内容，对企业战略选择形成共识。

（2）初步描绘企业使命陈述。工作小组通过研讨应形成对组织未来使命与愿景的清晰描述，产生初步的使命陈述。

（3）完善或修订使命陈述。工作小组对初步的使命陈述进一步分析，在企业内外收集大量的信息，从多个角度论证使命陈述对企业的适宜性。

（4）改进使命陈述，并初步形成战略目标和战略地图。

（5）确定战略地图，并初步拟定测评指标。工作小组继续深入研讨，在研讨的基础上确定企业的战略地图，形成初步的测评战略目标的表格，并开始考虑如何对战略地图中的各个目标进行测评。

（6）确定体系，即确立平衡计分卡的战略控制体系。

5. 平衡计分卡实施中应注意的问题

平衡计分卡相对于许多企业原来建立的评价体系而言，是一个脱胎换骨式的新生事物。所以在企业内部建立平衡计分卡体系就是一场深刻的变革，这场变革几乎涉及企业的每一个方面，会遇到来自企业内部和外部各个方面的阻力和压力，因此推进的难度很大，在实施过程中一定要注意以下问题：

（1）必须由企业的高层领导挂帅。平衡计分卡是重要的战略绩效评价体系，它把企业抽象的使命和战略转变为清晰的目标，并用具体的评价方法和指标进行衡量，从而实现战略的有效执行。这要求在平衡计分卡实施过程中，必须由企业的高层领导直接领导。

（2）战略目标的分解应分阶段进行，不宜操之过急，先将企业目标细化到每个战略业务单元，待条件成熟后再细化分解到人。

（3）通过绩效报告的方式，持续地进行绩效监控。在每个阶段的工作完成之后，一定要进行业务产出评价，检讨差距及原因，应当将绩效评价及改进作为管理的日常工作。

（4）持续地改进绩效指标体系。要注意指标的代表性和可操作性，不具备数据采集条件的可暂作为监控指标，条件具备后再作为测量指标。由于平衡计分卡体系中每一项衡量指标均代表关键的战略绩效，如果某些衡量指标资料未能采集，则说明某些管理流程尚未妥善执行，因此需要进行相应的流程改造，以便充分采集重要的战略实施信息。

（5）要加强沟通工作。这里的沟通应当是双向沟通，包括上与下、下与上、上之间和下之间全方位的沟通。沟通可以采取面谈、讨论会、绩效反馈等方式。通过与员工进行沟通，让员工了解绩效的评估结果，并将管理者的期望传递给员工，从而通过人际关系的改善，消除员工的不满情绪，通过员工参与平衡计分卡的推进，提高员工的满意程度，从而对员工产生激励效果，使员工乐于按照企业的目标努力地工作。

本章思考题

1. 什么是控制？管理中的控制有哪些特点和作用？

2. 什么是战略控制？战略控制的目的是什么？

3. 战略控制有哪些发展趋势？

4. 按哪些标准将战略控制分为哪些类别？

5. 战略控制有什么特征？

6. 简述战略控制过程。

7. 如何进行战略控制设计？

8. 企业战略控制常用哪些方法？

9. 企业内部审核有哪些步骤？

10. 人力资源控制有哪些常用方法？

11. 平衡计分卡的指标体系如何构成？常用哪些指标？

12. 平衡计分卡的实施中应注意哪些问题？

拓展案例

美特斯·邦威：路在何方？　　康佳的战略转型

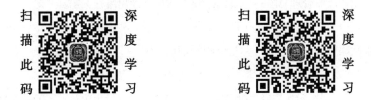

TCL的国际化战略　　格兰仕之变

参 考 文 献

[1] 伊丹敬之．经营战略的内在逻辑——看不见的资产动力论 [M]．杨春明，译．北京：中国审计出版社，1992．

[2] 迈克尔·波特．竞争战略 [M]．郭武军，等译．北京：华夏出版社，2012．

[3] 弗雷德·R. 戴维．战略管理——理论与案例 [M]．徐飞，译．北京：经济科学出版社，2015．

[4] 项保华．战略管理——艺术与实务 [M]．3 版．北京：华夏出版社，2001．

[5] 亨利·明茨伯格，等．战略历程——纵览战略管理学派 [M]．魏江，译．北京：机械工业出版社，2006．

[6] 周三多，邹统钎．战略管理思想史 [M]．上海：复旦大学出版社，2002．

[7] 蓝海林，等．企业战略管理 [M]．3 版．北京：中国人民大学出版社，2021．

[8] 吴维库．企业竞争力提升战略 [M]．北京：清华大学出版社，2002．

[9] 王平换．企业战略管理 [M]．重庆：重庆大学出版社，2002．

[10] 刘冀生．企业战略管理 [M]．2 版．北京：清华大学出版社，2003．

[11] 杨信礼，屠春友．现代领导战略思维 [M]．北京：中共中央党校出版社，2003．

[12] 罗伯特·S. 开普兰．战略中心型组织 [M]．上海博意门咨询有限公司，译．北京：中国人民大学出版社，2008．

[13] 罗伯特·卡普兰，大卫·诺顿．平衡计分卡——化战略为行动 [M]．刘俊勇，等译．广州：广东经济出版社，2013．

[14] 杰克·韦尔奇，约翰·拜恩．杰克·韦尔奇自传 [M]．曹彦博，等译．北京：中信出版社，2017．

[15] 金占明．战略管理——超竞争环境下的选择 [M]．第 2 版．北京：清华大学出版社，2004．

[16] 王迎军，柳茂平．战略管理 [M]．天津：南开大学出版社，2004．

[17] 杨锡怀，冷克平，王江．企业战略管理——理论与案例 [M]．北京：高等教育出版社，2004．

[18] 周海炜，施国良，顾永立．战略竞争情报 [M]．2 版．北京：科学出版社，2008．

[19] 约翰逊，斯科尔斯．战略管理（第六版）[M]．王军，等译．北京：人民邮电出版社，2008．

[20] 鲍勃·德威特，罗恩·梅耶尔．战略管理——解决战略矛盾，创造竞争优势 [M]．汪涛，译．北京：中国人民大学出版社，2008．

[21] 张翠英．竞争情报分析 [M]．北京：科学出版社，2008．

[22] 霍斯克森，等．战略管理——赢得竞争优势 [M]．张世云，译．北京：机械工业出版社，2010．

[23] 汤普森，等．战略管理——概念与案例（原书第二十一版）[M]．于晓宇，等译．北京：北京大学出版社，2019．

[24] 巴尼，赫斯特里．战略管理（中国版·原书第五版）[M]．李新春，等译．北京：机械工业出版社，2017．

[25] 弗雷德·R. 戴维．战略管理（第 13 版）[M]．徐飞，译．北京：中国人民大学出版社，2012．

[26] 希尔，琼斯．战略管理——概念与案例（原书第十版）[M]．薛有志，等译．北京：机械工业出版社，2017．

[27] 曲格平．开发知识资源实现跨越式发展 [J]．西安交通大学学报（社会科学版），2000（3）：3-6．

[28] 石人炳．略论 21 世纪中国的人口结构问题 [J]．湖北大学学报（哲学社会科学版），2000（3）：92-94．

[29] 张静．企业信息化战略的实施 [J]．政策与管理，2000（12）：14-17．

[30] 贺蕊莉．财政政策工具特性分析 [J]．东北财经大学学报，2001（6）：40-41．

[31] 张曙光．从韦尔奇的实践看企业家和企业家精神 [J]．现代管理科学，2002（2）：18-20．

[32] 朱自忠．人力资源战略规划的制定与创新 [J]．科技进步与对策，2002（8）：20-21．

[33] 易本钰．经济全球化背景下企业竞争与合作战略探析 [J]．安徽工业大学学报（社会科学版），2002（4）：84-85+97．

[34] 胡笑寒，万迪昉．战略控制方法的沿革与探析 [J]．管理工程学报，2003（4）：95-99．

[35] 熊本峰．关于顾客价值理论的述评与思考 [J]．重庆工商大学学报（社会科学版），2003（3）：57-59．

[36] 严建援，颜承捷，秦凡．企业战略联盟的动机、形态及其绩效的研究综述 [J]．南开学报，2003（6）：83-91．

[37] 孙林岩，汪建，曹德弼．精益生产及其在先进制造中的地位和作用 [J]．航空制造技术，2003（7）：48-57．

[38] 余祖德，位雅莉，宋朝霞．企业的物流战略及其模式选择探析 [J]．物流科技，2004（1）：4-6．

[39] 和金生，张雄林，刘宏伟．知识管理战略研究初探 [J]．科学学与科学技术管理，2004（9）：31-36．

[40] 王文超．中国企业国际化战略研究 [J]．经济问题探索，2004（2）：46-48．

[41] 胡旭初，孟丽君．顾客价值理论研究概述 [J]．山西财经大学学报，2004（5）：109-113．

[42] 程林林．战略联盟理论研究评述——历史与现实的视角 [J]．西南民族大学学报（人文社科版），2005（5）：71-74．

[43] 王珏．从 TCL 跨国并购视角看中国中小企业国际化战略 [J]．管理世界，2006（3）：150-151．

[44] 陈冬梅，王俐珍，陈安霓．数字化与战略管理理论——回顾、挑战与展望 [J]．管理世界，2020，36（5）：220-236+20．

[45] 石盛林，黄芳．战略管理认知学派研究综述 [J].科技进步与对策，2017，34（6）：156–160.

[46] 徐二明，李维光．中国企业战略管理四十年（1978—2018）——回顾、总结与展望 [J].经济与管理研究，2018，39（9）：3–16.

[47] 柳理珍，林宇豪，张兴敏．战略柔性研究综述 [J].合作经济与科技，2020（5）：122–125.

[48] 陈育增．中小企业战略柔性文献综述 [J].河北企业，2022（1）：75–77.

[49] 王永贵，汪淋淋．传统企业数字化转型战略的类型识别与转型模式选择研究 [J].管理评论，2021，33（11）：84–93.

[50] 崔淼，周晓雪．在位企业的能力构建与数字化战略更新——一项质性元分析 [J].研究与发展管理，2021，33（1）：39–52.

[51] 贾旭东，何光远．基于供应链视角的虚拟企业模型构建 [J].管理学报，2019，16（7）：957–967.

[52] 贾旭东，解志文，何光远．虚拟企业研究回顾与展望 [J].科技进步与对策，2021，38（16）：151–160.